삶의
기술
사전

Lexikon der Lebenskunst
by Andreas Brenner · Jörg Zirfas

이 도서의 국립중앙도서관 출판예정도서목록(CIP)은 서지정보유통지원시스템 홈페이지
(http://seoji.nl.go.kr)와 국가자료공동목록시스템(http://www.nl.go.kr/kolisnet)에서
이용하실 수 있습니다.(CIP제어번호: 2015015530)

삶을 예술로 만드는 일상의 철학

삶의 기술 사전

Lexikon der Lebenskunst

안드레아스 브레너 · 외르크 치르파스 지음
김희상 옮김

문학동네

요나탄, 마르틴, 그레고르, 콘스탄틴에게 바침

머리말

『삶의 기술 사전』? 그런 책을 왜 읽어야 하지? 모든 것을 남김없이 체험하기에는 너무나 짧기만 한 인생이잖아. 그런데 왜 일상이니 감사니 이웃이니 낭비 따위의 문제를 놓고 씨름해야 할까? 일상이야 늘 그럭저럭 흘러가는 것이고, 감사야 감사할 일이 있으면 하면 되는 것 아닌가. 이웃? 이웃끼리는 서로 흉보는 재미로 사는 거지 뭐. 돈을 낭비했다고? 낭비는 무슨 낭비, 기분 좀 낸 것을 가지고! 아니, 이런 것들을 배우는 기술도 있다고? 인생이 배울 수 있는 것이라고?

『삶의 기술 사전』은 무엇보다도 삶의 속도를 늦춰보자는 뜻에서 기획되었다. 시간이라는 초고속열차를 멈춰 세우고, 늘 허둥거리며 바쁘게 사는 사람들의 숨통을 틔워줄 한가로운 여유를 마련하고 싶었다. 다른 누구의 것도 아닌 자신의 인생, 그것이 대체 뭔지 생각해보고, 혹 놓치고 있는 것은 없는지 살펴보자는 의도다. 안 그래도 짧은 인생, 숨가쁘게 살면 더욱 짧아질 테니, 세상에 태어나 죽는 순간까지 맞이하는 모든 일의 소중함을 차분하게 깨달아보는 것도 좋지 않을까? 이런 뜻에서 『삶의 기술 사전』을 읽는 것은 시간 낭비가 아니라, 시간의 투자다. 무릇 우리네 인생은 우리가 허락한 바로 그 시간만 갖는 법이다. 바꿔 말해서, 한가롭고 여유롭게 바라보는 인생은 한결 더 풍요롭고 알차진다. 인생, 짧다면 한없이 짧은 이 찰나의 순간을 우리는 보란듯이 멋지게 살아야 하지 않을까. 그러기 위해서는 교양과 상상력, 요컨대 '삶의 기술'이 필요하다.

삶의 기술을 다루는 책이라고 해서 독자가 반드시 철학적 소양을 가져야 하는 것은 아니다. 일차적으로 필요한 것은 무엇보다도 자기 자신에게 관심을 갖는 일이다. 오롯한 관심을 가지고 내가 누구인지 보살피는 일이랄까. 어쩌면 독자는 증오와 성매매에 관한 철학도 있구나 하고 웃을지 모르겠다. 쾌락과 사랑을 둘러싼 토론의 재료를 찾아보는 것도 재미있지 않을까. 왜 사람은 불같은 분노를 터뜨리며 때로는 살인까지 서슴지 않는지 곰곰이 생각해보는 것도 나쁘지 않으리라. 인생을 두고 혐오나 환영을 표한다는 게 무슨 뜻인지 알게 되면 적잖이 놀랄 것이다. 또 자신이 언제나 인생의 예술가였다는 사실을 알고 흐뭇한 미소를 지으리라. 자신의 인생을 아름답고 멋지게 꾸미려 노력해왔으며 앞으로도 노력할 것이라는 사실을 새삼 깨달으며 얻는 즐거움이다. 물론 자신이 더이상 꾸밀 게 없다고 여기는 사람은 이 책을 읽지 않아도 좋다. 그러나 자신의 인생뿐 아니라, 남의 삶에 관심을 가져보는 것도 괜찮지 않을까? 아마도 변덕스러운 인간의 속내를 더욱 잘 이해할 좋은 기회가 되리라. "무엇이든 자기만의 특별한 관점으로 바라보는" 인간의 괴팍스러움을 이해한다는 것은 "인간의 비밀스러운 내면"을 활짝 열어젖히는 일과 같다.(가르베*) 사실 삶의 기술이라는 것은 세상을 삐딱한 시선으로 바라보는 변덕스러운 동시대인의 마음을 사로잡는 일이다. 그의 속마음을 들여다보고 이해하는 일이다. 인간이란 누구나 자기만의 기분을 가지고 자신의 인생을 좌우할 '선택의 행동'을 하기 마련이다.(슈미트**) 그게 곧 그 사람의 개성이다. 따라서 한 사람의 속내를 이해한다는 것은 그가 어떤 선택을 할지 미리 내다볼 수 있는 힘을 갖추게 된다는 것을 뜻한다. 아울러, 인생에는 영원히 지속되는 중대한 선택만 있는 게 아니다. 굳게 다진 결심이 내일이면 허물어지기도 한다. 또 살아가는 순간순간 우리는 얼마나 많은 소소한 결정들을 내려야 하는가. 다들 자신의 선택이 잘 들어맞기를 고대한다. 이들에게 진심에서 우러난 응원의 박수를 보낼 수 있다면, 이 또한 멋진 일이 아닐까.

사노라면 힘들고 고통스러운 순간을 맞는다. 그렇다고 좌절하게 될까 두려워 미리 움츠려서야 되겠는가. 새로운 마음가짐으로 다시금 시작하겠다는 결심은 아무리 늦어도 늦은 게 아니다. 기회가 생길 때마다 자신의 삶을 멀찌감치 떨어져서 바라봐야 할 이유는 여기에 있다. 느긋한 마음으로 인생을 곱씹어볼 때 우리는 종종 신선한 활력을 얻는다. 이렇게 해서 새로 시작할 용기와 자신감을 길러

* Christian Garve: 1742~98. 독일의 후기계몽주의 철학자. 칸트에 버금간다는 평을 듣는다.

** Wilhelm Schmid: 1953~. '삶의 기술'을 철학의 한 분야로 끌어올린 독일 철학자.

낼 수 있다면 이 얼마나 좋은 일인가. 그저 앞만 보고 달리기보다는 여유롭게 인생의 요모조모를 비틀어볼 때 인생 예술의 진정한 경지가 열린다. 이런 의미에서, 아이러니를 통해 인생을 비틀어보는 사람은 말을 잘할 뿐만 아니라 침묵할 줄도 아는 사람이다.(네하마스•) 삶의 기술이란 바로 이런 인생 예술의 경지를 말하는 것이리라. 앞서 살펴보았듯 우리 모두는 이미 인생 예술가다. 이제는 예술가라는 자부심을 가지고 평생 멋들어지게 살아보자.

그래서 말이지만 『삶의 기술 사전』 역시 다변을 쏟아놓을 게 아니라, 침묵할 줄도 알아야 하리라. 이 책에 후기를 달지 않기로 한 이유는 여기에 있다.

• Alexander Nehamas: 1946~. 그리스에서 태어나 주로 미국에서 활동하고 있는 철학자. 고대 철학에 밝으며, 문학이론에도 정통하다.

차례

일러두기

1. 주석은 모두 옮긴이주다.
2. 성경 구절 번역은 모두 『공동번역성서』 개정판을 참고했다.

감각은 악마의 간계일까

다시금 지하철을 타보는 게 어떨까. 대중교통을 이용하는 게 좋다는 뜻에서만 하는 이야기가 아니다. 지하철을 타보면 요즘 사람들이 서로 얼마나 심드렁하게 대하는지 한눈에 알 수 있기 때문이다. 지난 시절, 그러니까 아직 대중교통이 등장하기 전에는 사람들이 몇 분, 혹은 몇 시간 동안 서로 아무런 이야기도 나누지 않고 한 자리에 머물러 있는 것은 생각조차 하기 힘들었다. 사람들로 가득한 기차나 버스, 지하철에서 서로 높다란 감정의 벽을 쌓는 것은 피할 수 없는 일이기는 하다. 무엇보다도 사람이 너무 많지 않은가. 이런 마당에 일일이 말을 걸기란 불가능하거니와, 정말 내키지 않는 일이기도 하다. 어색하고 불편한 나머지 찾아낸 방법이 책을 들고 다니며 읽는 것이다. 근래에는 휴대전화가 등장해 책을 대신하고 있다. 가까이 있는 사람의 눈길은 한사코 피하면서 멀리 있는 사람과 통화를 하는 모습은, 오늘날처럼 원자화한 사회에서도 공동체라는 게 있음을 보여주려고 안간힘을 쓰는 것만 같다.

대체로 대중교통에서는(물론 거기서만 그런 것은 아니지만) '나를 건드리지 마쇼!' 하는 철칙을 꼭 지켜야 한다. 특히 구걸을 일삼는 거지나 가출 청소년 혹은 만취한 축구팬, 떼로 몰려다니며 건들거리는 불량배, 고성을 질러대는 극우파 패거리 따위가 갈수록 많은 문제를 일으키는 바람에, 이런 작자들과는 아예 상종을 하지 말아야겠다는 분위기가 팽배해 있다. 실제로 여성이나 외국인, 장애인 등 그다지 힘이 세지 못한 사람들이 폭도의 행패에 무방비로 노출되는 일이 심심찮게 벌어진다. 성경에 나오는 "놀리 메 탕게레noli me tangere"(『요한복음』 20장 17절)*라는 구절의 의미가 시대를 뛰어넘어 절박하게 다가오는 셈이다. 현대식으로는 "제발 나에게 손대지 마!" 하고 옮겨야 할까. 그러나 나만 건드리지 않으면 된다는 태도는, 잘 알려진 대로 애써 눈길을 피하고, 모른 척하며, 나와는 상관없는 일이라며 무력하게 방관하는 태도로 이어질 수 있다. 그렇다고 해서 이런 현상이 반드시 그 사회의 도덕적 몰락을 의미하는 것은 아니다. 다만, 끊임없이 자극하는 위협을 막아주는 게 꼭 필요하다는 사실을 각성시킬 따름이다. 남의 손길이 닿는 것을 두려워하도록 감각이 변화된 것은, 새로운 기술로 말미암아 생겨난 전혀 다른 환경이다. 대도시로 인구가 집중하면서 지하의 좁은 공간에 많은 사람들이 몰려들어감으로써 피할 수 없이 감각에 과부하가 걸려버리고

---

* 예수가 부활해서 막달라 마리아에게 했다는 말이다. 『공동번역성서』는 "나를 붙잡지 말고"라고 옮겼다.

만 것이랄까. 아무튼 현대의 대도시에서는 워낙 사건과 사고가 끊이지 않다보니, 자신과 상관없는 일이라면 일단 눈을 돌리고 보는, 자극에 대한 기계적인 보호 본능이 작용하는 셈이다.

더 나아가 기차를 타고 가다보면 감각의 문화집단적 변화는 평소 익숙한 지각 모델이 무너질 때 특히 두드러지게 나타난다는 것을 확인할 수 있다. 역사적으로 보면 제1차 산업혁명, 더 정확히는 19세기 철도의 등장에 따른 교통 기술의 혁신은 문화적 지각 모델의 분명한 단절을 불러왔다. 시벨부슈•는 이를 두고 시간과 공간지각의 전면적 파괴라고 불렀을 정도다. 기차를 타고 여행하는 사람은 눈앞으로 풍경이 휙휙 스쳐지나가는 통에, 어디에 눈을 맞춰야 좋을지 몰라 어리둥절하기만 하다. 전봇대가 죽 늘어선 철로를 따라, 일렬로 늘어선 문장처럼 창밖을 스쳐지나는 자연은 어딘가 모르게 일그러져 낯설기만 하다. 속도 때문에 전망을 잃어버리고 만 것이다. 게다가 몇 시간씩 걸리는 기차 여행으로 감각은 녹초가 되고 만다. 다른 승객과 이야기를 나누는 것도 몇 분이라면 모를까, 피곤하고 지겹기만 하다. 아니, 생판 처음 보는 사람과 무슨 속깊은 이야기를 나누겠는가. 결국 여행객은 책을 꺼내들고 읽는다. 함께 있으면서도 떨어져 있는, 묘하게 유리된 상황은 불편하기만 하다. 꼼짝 못하고 앉아 기차가 어서 달리기만 바라야 하는 수동적 상황은 집중력을 쉽게 분산시키는 탓에, 결국 여행객은 고개를 떨어뜨리고 졸음에 빠진

• Wolfgang Schivelbusch: 1941~. 독일의 역사학자. 인류의 정신적 발달을 다룬 저작들로 유명하다.

다. 아니, 혹시 사고라도 나지 않을까 하는 두려움에 잠도 깊이 이루지 못한다. 여기서 기술의 발달로 말미암아 감각적 지각을 외부의 자극에서 지켜주던 보호 본능은 무너지고 만다. 상황이 이렇다보니 집단의 문화적 지각 모델은 새롭게 만들어질 수밖에 없다. 바뀐 환경에 익숙해지려고 안간힘을 쓰면서, 사고를 당하는 것은 아닐까 하는 두려움을 이겨내기 위해 안전벨트라는 장치를 만들어낸다. 빠른 여행의 편안함을 누리면서도 예기치 못한 불가항력을 최소한으로 줄여보려는 몸부림이다. 이처럼 감각은 사회가 강제하는 규칙과 표준을 '받아들인다'. 여기에는 물론 기술의 발달로 생겨난 자극과 이로 말미암은 경제적 가치의 변화도 포함된다.

본래 지각능력이라는 것은 다양한 '감각기관들'(아이스테테리아aistheteria)의 조합으로 이루어진다. 다시 말해, 오감의 상호작용에 따른 결과가 감각적 지각이다. 감각 덕분에 인간은 환경에 적응하며 살아간다. 자극이라는 형태의 정보를 받아들여 뇌로 전달해서 그 의미를 해독하게 해주는 일차 기관이 감각이지 않은가. 일반적으로 감각은 시각, 청각, 후각의 이른바 '원감遠感', 그리고 미각, 촉각의 '근감近感'으로 구분된다. 근감의 경우, 느낌은 바로 그 감각기관 안에서 일어난다. 더 나아가 우리 몸안에도 감각기관이 있다. 균형을 잡아주는 평형기관, 혈압의 변화를 감지하는 신경, 근육의 이완 정도를 조절해주는 인대 등도 감각기관으로 봐야 한다. 이처럼 인간이 세상을 바라보고 자기 자신을 자각하는 일은 감각의 매개를 통해 이루어진다. 이를테면 감각의 역할은, 어떤 남자가 자신의 아내를 모자로 착각하는 것과 같은 감각장애가 일어날 때 특히 두드러져 보인

다.(올리버 색스)

고대 이후, 이름을 정확히 꼽자면 데모크리토스•가 등장한 이래, 서양은 감각을 다섯 가지로 분류해왔다. 이는 모든 문화권에 공통으로 적용되는 분류 방식은 아니다. 데모크리토스가 최초로 감각기관들의 완전한 분류를 시도하며 인간의 인지능력이 감각기관들 덕분에 발현된다는 것을 밝혀내자, 플라톤의 이데아 철학은 눈을 감각기관 가운데 가장 높은 것으로 꼽았다(플라톤이 말하는 원형으로서의 '이데아idea'는 그리스어 '아이도스eidos'가 그 원어로, '눈으로 보다'라는 뜻이다). 다시 아리스토텔레스는 감각의 위계질서를 다음과 같은 순서로 정리했다. 시각, 청각, 후각, 미각 그리고 촉각. 이후 수백 년을 거치면서 사람들은 능동적 감각과 수동적 감각, 직접적 감각과 간접적 감각, 내적인 감각과 외적인 감각, 실용적인 지각과 향유적인 지각 등으로 다양한 구분을 시도해왔다. 그중에서도 기독교 중심의 중세는 감각이 인간을 도덕적으로 타락시키는 주범이라고 보고 죄악시하는 태도를 보였다. 기독교에서 보기에 자유로움을 구가하는 감각은 악마의 장난에 지나지 않았기 때문이다. 감각은 오로지 신이 원하는 바에 이바지할 때에만 올바른 것이며, 그래야 신이 베푸는 아름다움과 질서를 경험할 수 있다고 중세의 기독교는 을러댔다. 감각을 절제하고 자제하여 올바로 사용해야만 사회와 정치 그리고 종교의 튼튼한 기반이 갖춰진다고 눈을 부릅뜬 것이다.

• 고대 그리스의 철학자. 우주에 진정으로 실재하는 것은 불생불멸의 아토마atoma(원자)와 그것이 존재하는 장소로서의 공허뿐이라 하여, 원자설에 입각한 유물론을 제창했다. 사유만으로 원자의 존재를 밝혀냈다.

근대 이후 감각은 갈수록 각광을 받았다. 인문학은 거의 한목소리로 시각의 중요성을 역설했으며, 저마다 다른 시각과 관점을 갖춰나가기에 바빴다. 이런 추세에 힘입어 새로운 시각도 계속 쏟아져 나왔다. 몇 가지 예를 들어보자면, 엑스선이 우리 몸안을 환하게 밝혀주었으며, 영화나 텔레비전을 즐기는 오락의 시각도 등장했고, 심지어 사회의 안전을 도모한다는 명목 아래 곳곳에서 감시의 눈길(감시 카메라)도 번뜩이게 되었다. 최근 들어서는 휴대전화가 출현해 시각과 청각을 동시에 만족시켜주는 쪽으로까지 발전하고 있다. 너무 시각과 청각에 치우치다보니, 촉각과 후각 등이 비중을 잃고 있는 것은 아닌지 하는 논란이 벌어질 정도이다. 촉각과 후각 혹은 미각과 같은 감각이야말로 세상에 존재하는 다양한 것들의 '섬세한 차이'를 감지하는 능력을 키워주는 것이라며 걱정하는 목소리까지 있다.(부르디외) 문화 비판적인 시각에서 볼 때, 시청각만을 강조하는 오락문화는 갈수록 감각을 규격화하고 퇴행시키며 하향평준화와 더불어 몰개성의 동질화만 낳을 것이라는 논란도 만만치 않다. 기계가 전해주는 화면과 소리로 감각을 통제하는 게 가능해져서 물질만능의 풍조를 더욱 부추길 것이라는 지적이다. 과연 컴퓨터로 조종되는 디지털 문화가 감각을 보조해서 더욱 풍부하게 만드는 역할을 할지, 아니면 오히려 감각을 퇴행시킬지 하는 문제를 두고, 지금으로서는 미래를 기다려볼 수밖에 없다. 이런 쪽으로 기술 개발 경쟁이 워낙 치열한 탓에 어떤 미래가 펼쳐질지 도저히 가늠할 수 없기 때문이다.

감각의 자극과 관련해서 살펴볼 때, 지하철을 타는 것 역시 인간 감각이 걸어온 변화 과정을 분명하게 보여준다. 사람들이 서로 무심한 태도로 대할 수밖에 없는 환경, 꼼짝없이 디지털 디스플레이의 광고만 바라봐야 하는 공간적 제약은 감각의 문화사를 압축해서 보여주는 결정체 같다. 좁은 공간 안에서 상대방의 체취를 고스란히 맡는 고역을 치르며, '제발 나에게 손을 대지 말아줬으면' 하고 기대하는 눈길로 사방을 두리번거리지만 마땅히 자신을 의지할 곳이 없어 난감하기만 하다. 창문을 통해 흘러드는 빛줄기로 신을 우러르며 보다 나은 미래를 기도할 수 있었던 고딕 성당의 널찍한 공간이 못내 아쉬워지는 게 바로 컴컴한 터널을 달리는 지하철 안에서의 마음이다. 넉넉함이 살아 숨쉬는 여유로운 공간만 그리운 것은 아니다. 시간도 마찬가지다. 13세기 이후 시간의 지형도는 갈수록 우리에게 정확함만을 강조하는 시간 윤리를 강요해왔다. 약속 시간을 칼같이 지켜야 한다는 중압감은 우리로 하여금 지하의 어둠까지 감당하게 하며 감각을 더욱 빈약하게 만들었다. 다른 기술의 발전도 감각을 키우기보다는 좀먹는 게 사실이지 않을까? 얼핏 보면 망원경이나 현미경 혹은 '카메라 오브스쿠라'• 등 기술의 지원으로 시각의 지배적 위치는 더욱 공고해진 것만 같다. 카메라만 하더라도, 사진 촬영이라는 기능으로 우리 눈을 무장해준 것처럼 보이지만, 오히려 그 기술로 말미암아 우리의 육안이 갖는 심미적 능력은 예전만 못하게 된 게 아닐까. 컴퓨터 역시 갈수록 고속화와 가속화, 공간의 압축과

• camera obscura: '어두운 방'이라는 뜻의 라틴어. 카메라의 어원이다. 빛을 차단한 암실에 바늘구멍을 뚫고 빛을 통과시켜 상이 맺히게 하는 장치다.

압착, 탈문자화와 그림을 이용한 시각화로 우리의 감각을 근본부터 달라지도록 길들일 뿐이다.

지하철의, 지하철 안에서의 문화사 역시 마찬가지 변화를 보여주는 게 아닐까? 우선, 지하철은 우리가 살아가는 세계를 탈공간화한다. 지하철은 인간이 서로를 알아볼 수 없게 만드는 곳이라는 점에서 '공간이라 부를 수 없는 장소'이다.(오제•) 이런 곳은 지하철 말고도 많다. 기차역, 호텔, 대기실, 쇼핑센터, 공항, 고속도로, 가상공간인 네트워크 등에서 사람들은 정체를 알 수 없는 익명의 존재일 뿐이다. '공간이라 부를 수 없는 장소'는 개성을 담아내지 못하며, 역사적인 특성을 살리지도 못한다. 특별한 추억을 불러일으키는 일은 더더욱 없다. 오히려 그 반대다. '공간이라 부를 수 없는 장소'는 사방에 널려 있으며, 영원히 현재적이다. 그만큼 임시적이며 하루살이의 운명을 면치 못한다. 다만 추상적인 만남의 장소이며, 그저 스쳐 지나가는 곳으로, 사람들은 서로 이름을 알 필요조차 없다. '공간이라 부를 수 없는 장소'에서 우리가 성인식을 위해 성지순례를 떠나는 여행자일 수는 없다. 이 '무한의 가상공간'에서 우리는 자신과 마주칠 뿐이기 때문이다. '인터넷을 통한 소통'이라는 말만큼 거짓말인 게 또 있을까? 인터넷상에서 우리는 외롭고 쓸쓸한 과객일 따름이다. 우리는 여기서 일시적인 계약관계라는 조건(인터넷 요금 혹은 승차권) 아래서만 주변과 관계한다. 그리고 미디어를 통해 강요되는

• Marc Augé: 1935~. 프랑스의 인류학자. 인간들이 서로 접촉할 공간을 잃어가는 현대 문화의 폐쇄성을 비판하며 이른바 '비장소non-lieux'의 이론을 주장했다. '공간이라 부를 수 없는 장소'라는 표현은 이 개념을 독자가 알기 쉽게 풀어본 것이다.

정보의 홍수에 휩쓸린다(각종 광고, 고속도로 표지판, "원하는 정보를 보려면 신용카드로 결제해주시기 바랍니다!" 따위). '공간이라 부를 수 없는 장소'는 그림과 사진의 제국이기도 하다. 일방적인 그림과 사진과 동영상을 보며 우리는 홀로 상상과 공상을 일삼을 뿐이다. 고독함으로도 모자라 우리는 익명으로 남겨지기까지 한다. 임시로 부여받은 '아이디'로 활동하면서도 늘 자신의 권리를 새롭게 입증해야 하는 조마조마한 숨바꼭질에 시달린다. 이 아슬아슬함이 무얼 말하는지는 지하철 무임승차를 해본 사람이라면 너무나 잘 알리라.•

어느 한 가지 감각에만 치우치지 않고 오감을 두루 활용할 때 인생이 흥미롭고 즐거우며 신난다는 것은, 지하철을 탈 때만 겪을 수 있는 뼈저린 반성이 아니다. '맛집'을 순례하며 이러쿵저러쿵 품평을 하는 건 괜한 일이 아니다. 자칫 단조로울 수 있는 인생에 활력을 불어넣고자 하는 일이지 않은가.(니체) 우리는 즐겁고 신나는 일을 추구하며, 따분하고 지루한 것이라면 질색을 한다. 이런 성향은 욕구 충족이라는 실존적 상황에 이르면 더욱 분명해진다. 음식과 섹스만큼 우리를 잡아끄는 게 또 있을까? 여기서 쾌락의 감각은 자연적인 게 무엇인지 분명히 경험하게 해준다. 쾌락이란 바로 자연의 언어이기 때문이다. 달리 말해서, 자연은 쾌락을 통해 그 본래 모습을 회복한다. 여기서 우리는 이렇게 외친다. "나를 만져봐!" 이처럼

• 독일의 지하철이나 버스에서는 차표 검사를 하지 않는다. 정기권을 끊어 이용하기 때문이다. 다만, 조사원이 불시에 차표를 검사한다. 세 번 이상 무임승차가 적발될 경우, 신용불량자가 되어 사회생활에 엄청난 제약을 받는다.

오감을 동원해 즐길 때, 쾌락은 여러 종류로 나뉘면서 다양한 수준 차이를 드러낸다. 예를 들어, 몸만 탐하는 동물적 쾌락은 인격적 관계를 바탕으로 한 취향을 따라잡을 수 없다. 동물적 쾌락은 자신의 이기적인 욕구에 충실한 상태인 반면, 인격적 관계는 상대방에게서 기쁨을 누리는 상태다. 상대방에 몰두함으로써 자신을 승화하는 것이다. 이런 승화를 누리는 감각은 어느 하나에 치중한 게 아니라, 우리의 감각 전체를 남김없이 만개시키는 것이다. 일체의 감각이 어우러져 맛보는 축복, 이게 쾌락이다. 이런 점에서 상대방과 나누는 쾌락은 곧 감각의 온전한 완성이다.

여기서 감각은 세상에 의존하는 것이 아니다. 오히려 세계가 우리의 감각과 관계한다. 그래서 현상학자 메를로퐁티의 다음과 같은 말은 의미심장하다. "우리가 하늘의 푸름을 생각할 때, 우리 안의 하늘도 푸르게 생각하리라." 그럼 대체 지하철은 무슨 생각을 할까?

관련 항목

기계인가 인간인가 | 일상은 경이로운 철학의 시작이다 | 주목할 것인가, 호기심만 채울 것인가

감사, 타자와 함께 살아가는 법

배은망덕은 세상에 흔한 일이라는 말이 있다. 절망의 한숨이 스산한 바람을 일으키는 삶의 질곡에서 들려오는 해묵은 소리이다. 그래도 그동안 세상은 한층 나아진 것 같다. 여기저기서 감사의 말을 숱하게 들을 수 있기 때문이다. 아침부터 저녁까지, 다시 저녁에서 아침까지, 감사라는 단어가 귓전을 떠나지 않는다. 통신회사는 자세한 안내는 하지 않고 감사하다는 말만 고객에게 무한 반복한다. 전화를 걸어줘 감사하고, 기다려줘서 감사하며, 신뢰를 가져줘 감사하단다. 그것참 묘한 일이 아닐 수 없다. 어째서 당연히 착착 이뤄져야 할 일이 이뤄지지 않을 때 감사라는 말을 귀 따갑게 들어야 할까? 지하철은 운행 지연을 기다려주는 승객에게 감사하며, 여객기 조종사는 착륙 허가를 받지 못해 허공을 떠돌 때 승객에게 감사하고, 인터넷 통신업체는 접속이 원활하지 않을 때 이용자에게 감사하단다. 감사에서 그치는 것도 아니다. 그럴 때마다 '인내심'을 가져달

란다. 양해해달라고 요구한다. 전혀 양해해줄 생각이 없었는데도 양해해줘서 감사하단다. 왜 이런 일이 벌어지는 것일까? 어째서 사정을 있는 그대로 설명하고, 사람들로 하여금 어찌해야 좋을지 차분하게 생각하도록 내버려두지 않는 것일까? 그저 허겁지겁 감사의 말만 쏟아내는 진짜 이유는 뭘까? 아마도 미안함과 공손함을 강조하느라 그러는 것이겠지…… 아니, 그 이상의 뭐가 있는 건 아닐까?

감사한다는 것과 생각한다는 것은 둘을 결합해서 써도 좋을 정도로 밀접한 관계를 갖는 말이다. 감사를 하는 사람이 원래 하는 게 무엇인가? 바로 생각이 아닌가. 생각을 통해 우리는 하이데거가 말하듯, "소중함을 깨닫는다. 소중함이야말로 우리 기억의 본질을 이루는 것이다." 기념할 만한 소중함을 돌이켜 깨닫고 이에 보답하는 게 감사하는 마음이다. "감사라는 것은 원래 신세를 졌다는 고백이다. 덕을 보았든 해를 입었든 생각이라는 되새김을 통해서만 우리는 좋은 의미에서든 나쁜 의미에서든 되갚을 뜻을 품게 된다."(하이데거) 흔히 우리는 마땅히 받아야 할 금전적 보수(모스•)보다는 예상치 못한, 또 딱히 받아야만 할 일을 하지 않았음에도 받는 깜짝 선물에 감사하고 감읍한다. 선물을 몸소 전달하지 않고 배달시키는 것은 그래서 무례한 일이 아니다. 깜짝 선물을 특히 좋아하는 심리를 잘 알고 하는 일이기 때문이다. 그러나 마찬가지로 예상 못한 선물이라 할지라도 일종의 병적인 성격을 갖는 것이라면 이야기가 달라진다. 정중하게 거절을 했음에도 사랑한다고 치근덕거리며 선물을 보내는

• Marcel Mauss: 1872~1950. 프랑스의 사회학자이자 민속학자.

짓은 고문이나 다름없는 스토킹일 뿐이다. 물론 선물보다 우리를 훨씬 더 기쁘게 해주는 것은 많다. 이를테면 구매 계약을 맺고 받은 사은품이라거나 일의 대가로 받은 보수는 자신이 직접 벌어들인 것이라는 생각에 더욱 뿌듯하다. 하지만 이런 것에 감사의 마음을 느끼지는 않는다. 어떤 반대급부로 받은 게 아니라, 전혀 그럴 만한 일을 하지 않았음에도 예상치 못하게 받는 깜짝 선물에 우리는 감사한다. 거참 묘한 노릇이다. 이런 점을 주목하는 사람이라면, 선물과 계산된 장삿속을 구별할 줄 아는 섬세한 감각의 소유자라 하겠다. 하이데거는 혹 여기에 "계산속을 보는 단순한 혐오를 넘어선 보복의 심리가 작용하는 것"은 아닐까 우려했을 정도다. 어쨌거나 장삿속은 한마디 감사의 말 이상의 것을 기대한다. 반대로 진정한 선물은, 사람들이 입을 모아 이야기하듯, 따지고 계산하는 꼼수가 아닌, 가슴에서 우러나오는 것이다. 우리의 심장은 계산을 할 줄 모르기 때문이다. 아니, 계산을 싫어하기 때문이다. 진정한 선물을 받은 사람은 일생일대의 선택을 할 기회를 맞는다. 고맙다며 받아들일 수도, 고개를 돌리고 끝끝내 거부할 수도 있다.

어쨌거나 무얼 받은 사람은 왜 감사를 표하는 것일까? 예의상? 의무감 때문에? 사실 모든 감사에는 예의를 갖춰야겠다는 생각과 의무감이 함께 깃들어 있다. 감사해야 할 의무는 키케로부터 칸트에 이르기까지 철학에서도 강조해왔다. 철학에 따르면 감사를 하지 않는 사람은 예의범절만 깨는 게 아니다. 더 나아가 반드시 지켜야만 하는 의무를 무시한다. 이 의무를 키케로와 칸트처럼 선물을 준 사람에게 진 빚으로 설명한다면, 그럼에도 감사가 마음에서 우러나오는 것일까? 빚진 기분으로 하는 감사를 사람들은 별로 마음에 들어하지 않으리라. 무슨 계약서 같은 것을 썼으니 감사를 해야 할 의무가 있다는 것은 웃기는 말이 아닐까. 의무를 회피하는 사람은 장기적으로 스스로 손해를 볼 수밖에 없다는 말도 계약관계를 떠올리게 만든다. 그렇다면 감사란 영리하게 구는 계산속과 다를 바가 없다. 선물의 경우에서 보았듯 이런 감사 역시 진정한 것이라고 보기 힘들다. 감사와 선물은 대칭적인 관계를 이루는 것이기는 하지만, 어느 한쪽이 다른 쪽에 빚을 졌다는 의미의 관계가 되어서는 곤란하다. 진정 어린 선물과 감사는 자유에서 비롯되는 게 아닐까? 이런 배경을 염두에 둘 때 비로소 "왜 인간은 감사를 해야 하는가?" 하는 물음이 의미를 가진다. 감사를 표하는 사람이라면 마음에서 우러나온 자발적인 고마움을 전해야 한다. 이런 자유야말로 감사해야 할 이유에 든든한 터전을 마련해준다.

그런데 아주 짤막하게 "고마워!" 또는 "감사!"라고만 말하는 경우를 흔히 볼 수 있다. 물론 이 말은 "당신에게 고맙습니다!" 혹은 "저는 머리 숙여 당신의 호의에 감사합니다!" 하는 온전한 문장을 줄여 쓰는 것일 터. 이렇듯 완전한 문장을 써야 감사는 그 적절한 표현을 얻는다. 그래야 감사의 발신인과 수신인이 명확하게 드러나기 때문이다. 감사란 이처럼 어떤 사람에게서 벗어나 다른 사람에게로 향하는, 일종의 관계다. 따라서 감사는 다른 사람을 인정한다는 특별한 표현이다. 그래야 비로소 이 타인은 내가 받아들인 좋은 것의 제공자라는 마음에서 더이상 타인이 아닌, 더불어 사는 인간으로 인정을 받는다. 그러므로 감사를 표하는 사람은 상대방을 창조자로 인정한다. 좋은 것을 만들어 제공해준 창조자. 우리가 감사의 기도를 올리는 것은 창조주를 인정하기 때문이 아닌가. 감사를 표하며 베풀어준 이를 인정하는 것은 곧 자신의 욕구에 눈높이를 맞춰주었다는 고마움의 표현이다. 만약 선물을 받고 부끄러움 내지는 수치를 느꼈다면, 이는 눈높이가 맞지 않았기 때문이다. 이때 창피함은 선물에 적절한 감사를 표할 수 있는 능력을 갖추지 못했다는 자책의 표현일 수도 있다. 그런 감정은 감사의 마음을 통해 인간들이 서로 얽혀 관계를 이루어간다는 것과, 감사의 단적인 소중함을 오해했기에 빚어지는 것이다. 인간은 누구나 베풂을 받고, 베풀면서 살아간다. 이게 인간관계의 본질이다. "왜곡되지 않은 것이라면 모든 관계는 (……) 베푸는 일이다."(아도르노) 선물을 주고받는 이런 얽힌 상호관계에서 인간성이 자라난다. 감사의 관계는 흔히 그 당사자들의 위상을 뒤바꿔놓기 때문이다. 그 전형적인 예가 부모와 자식 사이의 관계다. 부모는 어린 자식을 돌보지만, 나중에 어른이 된 자식은 거꾸로 부모에게 은혜를 갚아야 하듯 말이다. 베풂과 감사의 관계가 부모와 자식 관계처럼 꼭 유장하고 밀접한 것은 아니다. 그러나 이런 관계 맺음은 감사의 마음을 갖게 되는 필수적인 바탕이다. 베푸는 동시에 우리도 베풂을 받는 것만큼 아름다운 감사의 순간이 또 있을까. 많은 관계가 틀어지고 좌절을 맛보는 가장 큰 이유는 베풀지는 않고 받으려고만 드는 우리의 옹졸함에 있다. 빨리 관계를 끝내고 싶은가? 간단하다. 감사하지 마라. 왜 자꾸 마지못해 질질 끄는 의무의 관계로 끌어들이려 하느냐고 상대방을 비난하라. 의무로 마지못해 관계를 지속하는 사람일지라도 바이어*의 영화 〈돌들의 흔적〉에 나오는 장면처럼 성탄절에 맛난 술을 선물로 주고받는다면, 권태로운 관계가 다시금 신선해지며 유쾌해질 수 있지 않을까. 이렇게 되살려낸 관계는 더없이 기쁜 선물이다.

감사의 마음이 물질적인 선물이라는 일방적인 흐름에 휩쓸려내려가지 않고 제자리를 잡는다면, 상대방을 인정하고 받아들이는 행위로서 감사가 왜 소중한 것인지 고스란히 드러난다. 이로써 받아들이기 곤란하다거나 적절치 않다는 이유로 느꼈던 부끄러움이나 수치스러운 감정도 깨끗이 사라진다. 부끄러움이나 곤란함은 감사하고는 싶은데 누구에게 해야 좋을지 모를 때에만 유일하게 생겨나는 게 아닐까. 예컨대 사랑하는 사람의 목숨이 마지막 순간에 극적으로 구해져 가슴 깊숙한 곳에서 우러나오는 감사를 느끼는 무신론자는 참으로 난처하리라.(헨리히••) 전혀 예상하지 못한 의외의 결과에 놀란 의사가 얼이 나간 표정으로 자기는 감사를 받을 자격이 없다고 한사코 손사래를 치는 통에 무신론자는 누구에게 감사를 전해야 좋을지 몰라 홀로 우두커니 서 있을 따름이다. 이로써 무신론자는 감사할 길만 막히는 게 아니다. 감사가 갖는 다른 측면마저 그를 외면하고 만다. 감사는 우리에게 소통의 관계를 열어주는 것이기

• Frank Beyer: 1932~2006. 독일의 영화감독. 20세기 독일의 역사를 비판적으로 다룬 작품을 주로 만들었다. 본문에 나오는 〈돌들의 흔적Spur der Steine〉(1966)은 동독이라는 사회주의 국가체제가 갖는 허위의식을 그 강압적이고 일방적인 태도에서 찾아 고발한 작품이다. 이 작품으로 고초를 겪으면서도 바이어는 활동을 멈추지 않았다. 독일 통일 이후 본격적으로 조명을 받았다.

•• Dieter Henrich: 1927~. 독일의 철학자. 독일 관념론 해석에 독보적인 경지를 구축했다. 칸트와 횔덜린과 헤겔을 가장 탁월하게 해석한 학자로 명성이 높다.

도 하지 않은가. 이 관계에서 한쪽이 "고맙다"라고 말할 때, 다른 쪽은 그 고마움의 뜻을 받아들일 것임을 분명히 하게 마련이다. "천만에요!" 하고 말하는 것은 "감사를 받아들이겠다!"라는 의사 표시나 다름없다. 이처럼 감사할 줄 아는 마음이란 이 세상에 나 홀로 살아가는 게 아니라고 의식하는 것이다. 감사할 줄 아는 마음을 두고 "인간으로 갖추어야 할 마땅한 도리의 기억"(지멜)이라고 한 표현은 이런 더불어 살아감을 염두에 둔 것이다. 감사하는 사람은 자기 말고 다른 사람도 있다는 것을 안다. 이처럼 더불어 산다는 것을 아는 마음이 감사라는 의무의 기본이다. 따라서 감사란 다른 사람에게 빚진 외적인 게 아니라, 나의 내면에 들어 있는, 나의 마음가짐이다. 감사를 통해 나는 혼자에서 벗어나 다른 사람과 함께한다는 것을 안다. 이로써 감사함이란 인간의 도리를 아는 윤리적 삶의 기초 그 자체라 하겠다.(헨리히) 감사를 받고 감사할 줄 안다면 더할 나위 없이 좋은 일이다. 감사를 받고 감사하는 게 지나칠 정도로 아름다워서 부자연스럽다고 생각하는 사람일지라도, 그의 인생이 성공을 한다면, 다시 말해서 그가 인생의 멋진 순간들을 오래도록 새기며 바라볼 수 있는 사람이라면, 자신의 아름다웠던 삶을 두고 감사하지 않을까? 감사에 대해 감사할 줄 아는 마음, 이것이야말로 감사가 넘쳐나는 진정 고마운 삶에 이르는 길이리라.(볼노프•) 이렇게 사는 사람은 끊임없이 감사를 하느라 허리가 구부정해지는 게 아니라, 이미 자신만의 독특한 감사 표현 방식을 만들어냈으리라. 다양한 표정으로 감사를 표하

• Otto Friedrich Bollnow: 1903~1991. 독일의 철학자이자 교육학자.

는 그의 얼굴을 보며 사람들은, 아 저런 게 바로 여유로움이로구나 하고 감탄할 게 틀림없다.

관련 항목

믿음, 다채로운 세상을 만드는 힘 | 용서하라 용서하라 | 인내와 희망의 토양, 현재

감정 표현을 허하라

감정을 눈으로 볼 수 있다면, 때는 이미 늦었다. 누군가 분노로 이글거린다거나, 난처한 나머지 빰이 붉게 달아올랐거나, 기쁨으로 환호성을 지르거나, 고통으로 일그러진 표정을 짓는다면, 감정은 이미 궤도를 이탈해 폭주하고 있기 때문이다. 더이상 은자의 곳간에 숨겨둘 수 없는 감정은 그 주인의 실체를 가감 없이 폭로한다. 은자의 곳간에 머물러 있어야 신비하거늘…… 이제 사람들은 입에서 입으로 짐작을 실어나르며 공포에 떨거나 희망을 노래한다. "그럼 그렇지, 나와 다르지 않았어!" 하며 쾌재를 부르는가 하면, "아니, 그랬단 말이야?" 하며 배신감과 절망감에 새파랗게 질리기도 한다.

그래서 적어도 공공장소에서만큼은 감정을 드러내지 않는 규칙을 지켜야 한다. 물론 모든 법칙이 그렇듯 여기서도 예외는 있다. 이를테면 상대가 전혀 예상하지 못하는 가운데 감정을 표출함으로써 기습 효과를 노리는 것이다. 이럴 때 감정은 상대를 제압하는 효과적인 무기가 될 수 있다. 예를 들어 법적으로 곤경에 처한 대통령이 돌연 죄책감을 토로하며 뜨거운 눈물로 국민의 이해를 구하는 식이다. 쇠줄 같은 신경으로 부러움을 한몸에 사며 과감하고 난폭한 매너로 공포의 대상인 자동차경주 선수가 시상대에 올라서자마자 펑펑 눈물을 쏟는다. 관중이 얼마나 감격할까! 공공에서 감정을 절제하고 살아야 하는 법칙에서 예외적으로 받아들여지면서 무기 같은 효과를 올릴 수 있는 이유는 단 한 가지다. 평소에는 철저히 '냉정keep cool'했기에, 다시 말해서 좀체 감정을 드러낸 적이 없었기에 그만큼 효과가 폭발적인 것이다.

바로 그런 점에서 계몽의 양아들인 감정은 허락될 수 있다.* 그렇지만 어디까지나 잘 절제되고 계산된 것이라야 효과 만점이다. 이를테면 감정은 할로겐램프의 눈부신 조명 아래 하늘거리며 타오르는 촛불과 같은 장식이어야 한다. 이성과는 사뭇 다른 감정은 폭발적으로 분출할 때 공공질서를 위협하는 것이며, 절도와 절제를 무시한 것으로 처벌받아 마땅하다. 예민한 영혼의 지나친 감상이 세상을 구원하던 시절은 지나갔다. 자연스럽기는 하지만 늘 굴곡이 심하며 오르락내리락 혼란을 일삼는 감정을 피하지는 않는다 하더라도, 적절한 절제의 울타리 안에 가두어두고 이성에게 복종하게끔 하는 일은 꼭 필요하다. 이렇게 절제하고 다듬을 때 감정은 인간 문화의 한 독특한 형태로 자리잡을 수 있다. 계몽주의자들이 보고 호감을

• 계몽주의가 신에게 굴복하기에 앞서 개인의 주체의식을 강조하다보니 감정을 덩달아 중시했다는 의미로 이해하면 되겠다.

느낀 감정도 분명 이런 것이리라. 그러나 일반적으로 감정의 표출은 '다듬어지지 않은 야만'으로 취급되며 짙은 혐오감에 부딪힐 수밖에 없었다.

이런 혐오는 서양이 자행한 민중 학살의 주범이다. 다양한 감정을 인정하지 않고 이성이라는 틀에 가두어버리려 광분한 나머지 감정이 낳는 여러 독특한 차이를 지워버리고 말살하려 했다. 그래서 서양 사람들은 감정이라는 게 있기만 해도 병적일 정도로 상처를 받는다. 옛날 유럽 사람들은 감정이라는 것에서 "아무런 근심 걱정 없이 게으르게, 어린애처럼 놀면서 허송세월이나 하려는 향락적인 인생관"(칸트)을 보았기 때문이다. 말하자면 감정을, 서양인이 숭배해온 이상적인 인생, 곧 성실하게 배우고 익히는 인생과는 정반대로 간주했던 것이다. 야생의 거친 감정은 자신이 합리적인 태도보다 못한 것이라는 점을 인정할 리 만무하다. 반면 철학 이론은 감정을 언제나 믿기 어려운 변덕쟁이로 취급해왔다. 정신이 지어놓은 아름다운 집을 그 뿌리부터 흔들어놓지 않을까 전전긍긍했다고나 할까. 감정의 동요에 폭삭 무너져내릴까 두려웠던 나머지, 철학은 이성의 신전에다 장식에 지나지 않는 조그만 창문을 만들어놓고 그저 빠끔 열어두었을 뿐이다. 감정이 그리로 드나들며 숨통이 트이게 한 셈이다. 말썽 피우지 말고 얌전히 있으라는 배려였을까. 감정은 그만큼 두려운 것이다. 강력한 힘을 자랑하는 감정은 우리를 채울 뿐만 아니라, 공기처럼 우리를 감싸기도 한다. 종종 확인할 수 있는 것처럼 의심의 여지가 없는 확실한 사실이다. 전염병이 퍼지듯 감정이 득세를 하며 분위기를 물들인 경험이 어디 한두 번인가. 감정으로부터 완전히 자유로운 영역이 정신임을 옹호하는 사람일지라도 "감정이 인생의 진정한 동반자다"(클루게•)라는 문장을 들이밀면 맞다고 서명할 게 틀림없다. 물론 쩝쩝 입맛을 다시며 아쉬워하겠지만 말이다. 어찌할 수 없는 인간적인 면모와 그 본성상 '주관적'인 성격, 즉 절대적으로 개인적일 수밖에 없는 바탕 탓에 감정은 우격다짐으로 그 본래 얼굴을 잃고 이성이라는 탈을 쓰도록 내몰렸다. 그러니까 이성이라는 탈 뒤에서 숨죽이고 있으라는 윽박지름을 당하는 것이 감정이다. 오죽하면 감정을 두고, 지나치게 개인적이어서 누구나 공감할 수 있는 개념으로 절대 정리할 수 없다고 했을까.(쇼펜하우어)

어쨌거나 감정을 가지며, 감정을 표출하는 일은 도덕적으로 심판받아야 할 악덕이 되고 말았다. 참으로 놀라운 일이다. 감정은 그저 감정일 뿐이지 않을까? 감정을 두고 도덕적으로 옳으니 그르니 하는 게 말이 되는 일일까? 그럼에도 철학은 고개를 빳빳이 세우고 감정을 무시하라고만 한다. 감정을 아예 나쁜 것으로 몰아세우며, 감정의 세계를 애써 무시하고, 정치가로 하여금 감정이라는 것을 범죄시하며 바싹 메마르도록 몰아세우는 터에 감정을 변호하고 방어하는 일은 도덕의 당면 과제가 되고 말았다. 그러나 워낙 철학이 강력한 반항을 일삼는 탓에, 감정을 변호하려는 사람이야말로 철학으로 무장해야만 한다. 그저 막연하게 이야기할 게 아니라 앞뒤를 따져가며 분명한 논리를 제시해야 하지 않겠는가! 따라서 감정을 변호하는 철학은 그저 감정에 휩쓸리는 철학이 아니라, 모든 위대한

• Alexander Kluge: 1932~. 독일의 시나리오 작가이자 영화감독, 변호사.

철학과 마찬가지로 이성의 철학이어야 한다. 감정을 느끼는 이유를 이성으로 풀어내지 못하는 한, 감정이 터무니없는 것이라는 비난은 감수해야만 하리라. 다시 말해서 감정의 철학은 모든 위대한 철학과 똑같이 이성의 철학이어야만 한다. 앞뒤가 분명한 이유를 논리적으로 제시하지 못하는 한, 감정은 포기되어야만 한다는 말이다. 그런데 니체가 말하듯, 이성이라는 게 '옹졸하기 짝이 없는 이성'이어서는 안 된다. 감정의 이성은 어디까지나 너그러운 것, 곧 우리의 몸을 잘 아는 이성이어야 한다. '몸을 무시하고 경멸하는 사람'은 감정이 어디서 어떻게 생겨나는지 알 턱이 없다. 감정은 우리 몸이 일으키는 자연스러운 반응이기 때문이다. 결국 감정을 무시한다는 것은 자신의 몸을, 그 간절한 애원을 모르는 척하는 것과 같다. 이처럼 너그럽지 못한 심정이라면 인간이 갖는, 무엇보다도 자기 자신이 누구인지 깨닫고 싶어하는 간절한 열망을 과소평가하는 게 아닐까. 나의 자아라는 것은, 이른바 주관철학이라는 게 주장하는 것과는 달리, 나 자신과 동일하지도, 그렇다고 나 자신에게 매달리는 것도 아니다. 아무리 뒤를 좇으려 해도 언제나 저만큼 물러서 있는 나는 과연 누구일까? 오히려 거꾸로 나의 자아는 나를 다스리려 안달하는 지배자라고 봐야 하지 않을까? "나는 나 자신에게 이렇게 말한다. '여기가 아파!' 그리고 이를 악물고 아파하면서 어떻게 해야 안 아플까 고민한다." 또는 이렇게도 이야기한다. "나의 자아가 나한테 말한다. '이게 좋아!' 그러니까 나는 쾌락을 느끼며 어찌해야 여전히 쾌락을 누릴 수 있을지 골몰한다."(니체, 『차라투스트라는 이렇게 말했다』) 그러니까 이 세상을 지배하는 철학은 인간을 언제나 어느 한쪽으로 쪼그라든 존재로 바라볼 뿐이다. 말하자면 인간을 생각하는 개구리로, 또는 "차갑고 냉정한 내장을 가진 일종의 객관적 기계 내지 기록을 위한 기계"(니체, 『즐거운 학문』) 따위로 여기는 것이랄까. 쉽게 말하자. 나는, 나의 몸은 무슨 기계 같은 게 아니다. 내가 지금 절박하게 느끼는 감정은 언제나 몸의 반응이다. 그럼에도 서양 사상의 훈련을 받은 사람은 한사코 몸과 마음을 따로 떼어놓고 생각하려 든다. 정신이 감정을 압도해야만 한다고 우긴다. 정말 그런 것인지 다시 한번 생각해봐야 하지 않을까?

물론 감정을 허락하는 것은 아플 수 있다. 감상이 괜히 감상인가. 그러나 감정을 있는 그대로, 생겨난 그대로 바라보면서 우리의 생각은 새로워지고, 특히 더욱 깊어지는 게 아닐까? 예를 들어 내가 느끼는 쓰라린 아픔이 "궁극적으로 정신을 해방시켜주는 은인"일 수 있다. 아픔을 감내하며 이겨내는 게 예술이요, 학문이 아닌가. 그저 진부할 뿐인 진리를 고집하는 낡은 예술과 학문이 우리에게 무엇인가? 오히려 감정의 아픔을 외면하는 예술과 학문은 무너져야 마땅하다.(『즐거운 학문』) 바로 그래서 철학자들은 감정을 "합리적 이성을 무너뜨리려는 잠재적 위협"이라고 보고 두려워한 것이리라.(윌리엄스•) 그러나 감정을 중시하는 철학을 거부할 필요가 있을까? 니체가 비난하는 '옹졸하기 짝이 없는 철학'은 사실 감정을 두려워해야 할 이유가 별로 없다. 그 옹졸함이 보는 바와 달리, 감정은

• Sir Bernard Arthur Owen Williams: 1929~2003. 영국의 철학자. 독일 철학에 정통했고, 주로 자아의 문제를 연구했다. 옥스퍼드와 케임브리지 대학의 교수를 역임했으며, 나중에 미국의 버클리 대학에서 독일 철학을 가르쳤다.

파괴적인 게 아니다. 거꾸로 감정은 키워줘야만 한다. 감정을 무시하는 냉혹함을 자랑하는 철학이 아니라, 그때그때 우리가 느끼는 감정을 중시하고 이를 이해하려 드는 철학이야말로 우리를 돕는, 서로 더 잘 이해할 수 있게 해주는 철학이리라.(쇼펜하우어)

그러나 감정을 풀어주는 통역이 잘 이루어진다고 할지라도 기대할 수 있는 것은 그리 많지 않다. 오히려 풀어내면 풀어낼수록 감정은 더욱더 자글자글해진다. 감정은 감정으로만 풀어낼 수 있는 탓에 꼬리에 꼬리를 물며 계속되기 때문이다. "왜 도덕적으로 살아야 하는 거야?" 우리가 공동체를 이루며 더불어 사는 데 있어 가장 중요한 이 물음은 아무리 철학을 들이대봐야 풀리지 않는다. 이런 물음은 감정만이 대답해줄 수 있다. 공감하고 느껴야만 인간은 자신이 왜 도덕적으로 행동해야 하는지 수긍한다. 적어도 우리 행동의 대부분은 구태여 윤리학을 끌어다 대야 하는 게 아니다. 무얼 해야 올바른가 하는 물음은 인간의 건강한 상식이 이끄는 대로 따라갈 뿐이다. 우리에게 어떻게 하라고 말해주는 감정은 복잡다단한 상황을 통해 형성된 자동반사로부터 생겨난다. 말하자면 "이런 게 도덕이야!" 하고 부지불식간에 굳어진 조건반사라고 할까.(프리처드•) 이 단계에서 우리의 행동은 의심의 여지가 없는 신뢰로 무장한다. 이 신뢰가 한번 흔들렸다 하면 우리는 어찌할 바를 몰라 당황한다. 이럴 때는 그 어떤 도덕 이론을 끌어다 대도 아무 소용이 없다. 적어도 현대의 규범 이론이 말하는 그런 의미에서 행동의 근거를 제시하는

• Harold Arthur Prichard: 1871~1947. 영국의 도덕철학자.

식의 논리를 따를 사람은 아무도 없다. 도덕 이론보다는 상상력을 자극하는 그림과 같은 사례가 도덕적으로 더욱 적절한 행동을 이끌어낼 수 있다. 그럼에도 인간에게는 어찌해야 좋을지 막막한 순간에 행동의 지침을 내려줄 제도가 필요하다. 이럴 때는 저렇게, 저럴 때는 이렇게 행동하라는 지시가 간절히 그립기만 하다. 이런 제도나 지시는 고도로 복잡한 도덕 이론이 아니라, 현실과 허구를 적당히 뒤섞어가며 설명을 하고 계도를 해주는 형태로 나타난다. 이론보다는 이야기가 필요한 것이다.

사람들이 즐겨 듣거나 신문에서 읽는 이야기들은 때때로 어떤 정치적 사건이 갖는 범죄적인 성격을 그 어느 섬세한 윤리 이론보다도 더욱 잘 깨우쳐줄 수 있다. 그러니까 감정에 호소하는 방식이 훨씬 더 설득력을 가진다.(리처드 로티) 로티에 따르면 도덕적 행동에 설득력을 더해준다는 점에서 철학은 초라한 역할을 맡을 수밖에 없다. "올바른 행동이 무엇인지 가늠하는 직관이 각 문화에 어떻게 자리잡고 있는지 요약해서 그 차이를 음미하는 데" 철학의 역할은 그친다. 그래서 로티는 인권 보장이라는 실질적인 문제에 있어 철학을 저널리즘과 문학보다 한 차원 아래에 있는 것으로 간주한다. '요약이나 하는 철학'은 감정의 무조건반사와 같은 직관을 만들어줄 수 없다. 철학은 오로지 행위의 예측 가능성과 '도덕적 동질감이라는 감정'을 높여주는 데 이바지할 따름이다. 초라하기는 하지만, 그렇다고 철학에 의미가 없는 것은 아니다. 한편 행동을 주도하는 직관은 그동안 가꾸고 다듬어온 감정에 그 기반을 두고 있다. 바로 그런 점에서 도덕의 발달은 지식의 축적이라기보다는 감정의 연마에서 비롯됐을 따름이다. 그래서 "인간의 문화는 윤리학이라는 지식이 쌓여온 데서 성립한 게 아니라, 인간이 즐겨 듣는 비극적이고도 감동적인 이야기 덕분에 생겨났다"라는 로티의 주장은 철학에게 냉정하고 야속하게 들리지 않을 수 없다.

이로써 우리는 전혀 알지 못했던 완전히 새로운 영역으로 접어들었다. 다시 한번 로티의 주장에 귀를 기울여보자. "오늘날 우리는 인간의 탁월함이, 우정을 맺어 네편 내편을 가르지 않고 포용하는 능력보다는 이치를 알고 지식을 깨우치는 능력에 있다고 보아온 생각, 그 마지막 흔적을 지워야 하는 상황에 처하고 말았다. 인간은 엄격한 이성을 가진 존재라기보다는, 이래도 좋고 저래도 나쁠 게 없는 유연한 감정을 지닌 존재일 따름이다."

이런 낙관적인 상황 판단이 혹독한 비판이라는 시험을 과연 이겨낼 수 있을까? 이겨낸다면, 이제 움츠렸다 펼 공간과 함께 숨통이 트일 여유를 갖게 된 감정은 다시금 자신을 자유롭게 발산할 수 있을까? 그러나 현실은 다른 말을 한다. 경제를 들먹여가며 열대림을 벌채하는 철저한 계산속, 자동차의 편리함만 좇느라 망가질 대로 망가진 오존층, 대량살상무기의 계속되는 위협 등은 이래서는 안 된다는 근본적인 감정을 거스름에도 효용을 앞세운 실익의 논리로 떠받들어지고 있지 않은가? 여기서 감정은 아무런 힘을 쓰지 못한다. 감정이 논리로 무장한 토론에서 개념으로 표현되기 어렵기 때문만은 아니다. 오히려 위에서 언급한 사례들을 다뤄야 하는 차원을 감정은 따라잡을 수 없기 때문이다. "종말의 위기 앞에서 (감정의 주인인) 영혼은 파업하며 침묵할 뿐이다."(안더스*) 이에 따라 안더스가 요구하는 '순수 감정 비판'은 공포와 경악을 자아내는 실상에서 출발해야만 한다. "감정을 느끼는 우리는 우리 자신보다 왜소하다." 그러니까 감정은 전달이 어려운 탓에 별로 호소력을 갖지 못한다는 무서운 이야기다. 이 말이 맞다면, 심지어 감정이 기술을 앞세운 과학의 발달에 거스르는 방향으로 나아가는 것이라면, 핵분열의 시대를 사는 우리에게 감정이란 "미숙하기 짝이 없는 가내 노동자 수준"에 머무르는 것이리라. 첨단 기술 앞에서 작아질 수밖에 없는 우리의 감정이라는 것이 무얼 할 수 있다는 말인가? 참으로 씁쓸한 이야기가 아닐 수 없다. "이런 추세에도 무너지지 않고 간신히 버티는 우리는 갈라질 대로 갈라졌으며, 지극한 불균형으로 일그러진, 지금껏 있어온 그 어떤 것보다도 비인간적인 존재일 뿐이다."(안더스)

순수하기는 하되 아무런 힘을 쓸 수 없는 감정…… 생각할 수 있는 한 최악의 비참함이다. 신문에서 매일 만나는 이야기들은 이런 비참함이 조금도 의심할 수 없는 사실임을 확인해주고 있다. 그렇다면 이제 우리는 저 가장 높은 곳에서 도움의 손길을 뻗어주기만 기다려야 하는 것일까? 순수하게 공동선을 위해 일하는 유엔 산하의 기구야말로 우리가 가질 수 있는 감정의 최소한일까? 이런 생각은 '울리히'도 했던 모양이다. 오스트리아 평행축제 준비 위원회 사무국의 총괄비서라는 직책을 맡은 울리히는 놀라운 선견지명으로 이미 1913년에 그때껏 사람들이 듣도 보도 못한 '영혼과 섬세함을

• Günther Anders: 1902~92. 오스트리아 태생의 사회철학자. 현대의 기술 중심 사회가 품고 있는 윤리적인 문제들, 특히 '인간성의 파괴'를 주로 연구했다.

지켜나가기 위한 지구사무국'을 창설하자고 제안하고 나선 것이다.(무질•) 심지어 오스트리아의 고위 귀족도 이 제안을 듣고 그동안 문화를 올바로 돌보지 못한 소홀함이 있음을 인정했다. "그저 어떻게든 더 가지려고만 안달을 하고 기술과 지식의 연마에만 힘을 써온 탓에 우리의 영혼이 황폐해졌구려." 라인스도르프 백작은 평행축제 사무국 비서의 의견에 흔쾌히 동조했다. 그러나 울리히는 결코 '영혼을 지키는 지구사무국'의 책임자가 될 수 없으리라. 또 그래야 마땅하다. 감정이라는 것은 그 감정에 휩쓸리는 인간들만큼이나 독특하고 유일하다. 그런 감정을 관리하고 지시하며 허가하다니, 이게 말이 되는 소리일까? 감정은 그저 단순하게 생겨나는 것일 따름이다.

관련 항목

고통은 공감을 이끄는 끈 | 두려움과 더불어 살기 | 사랑은 영원에 대한 믿음이다

• Robert Musil: 1880~1942. 오스트리아의 작가. 분석적이면서 날카로운 풍자로 현실과 비현실을 넘나드는 독특한 작품세계를 펼쳐보였다. 본문에서 언급된 이야기는 무질의 대표작 『특성 없는 남자』에 등장한다. 주인공 울리히는 당시 오스트리아의 왕 프란츠 요제프의 즉위 7주년을 맞아 축제 행사를 기획하는 단체의 비서직을 맡는다. '평행축제 Parallelaktion'라는 이름은 같은 해 독일의 황제 빌헬름 2세가 즉위 30주년을 맞았기에 붙은 이름이다.

고독은 반사회적인가

아마도 고독에 관해서는 이미 옛날 사람들이 모든 걸 이야기 했으리라. 홀로 방안에 조용히 머무를 수 없다는 데서 인간의 모든 불행이 비롯되었다고 본 몽테뉴와 파스칼의 생각은 옳다. 사람들이 저마다 홀로 있는 사회를 건설하는 데 성공한다면, 적어도 악의 문제는 사라질 것이기 때문이다. 악이라는 것은 대개 사람들이 혼자 있지 못하고 서로 교통하며 얽히고설키는 데서 생겨나지 않던가. 그저 지그시 홀로 방안에 틀어박혀 있었던들 아무도 불행해지지 않았을 텐데…… 홀로 있다는 게 진정 훌륭하고 좋은 일이라는 것을 가장 잘 보여주는 예는 하느님이리라. 아니, 신보다 더 고독한 존재를 상상이나 할 수 있을까? 하지만 예나 지금이나 몽테뉴의 경고는 새겨들음직하다. "내가 온전히 나 자신일 수 있는 기술"을 터득한다는 것은 무척 어려운 일이다. 몽테뉴는 그 이유도 알고 있었다. "우리는 발목을 채우는 족쇄를 습관처럼 끌고 다닌다. 우리는 결코 자유롭지 않다. 언제나 포기한 것을 되돌아보며 아쉬워한다. 늘 이미 놓아버린 것만 계속 생각한다." 몽테뉴의 충고는 믿고 따를 만하다. "우리 안에 있는 함께하고자 하는 갈망을 버릴 수 있어야 한다. 자발적으로 자신을 가두고, 이로써 자기 자신과 온전히 만나야 한다. (……) 우리의 고통은 영혼 속에 자리잡고 있거늘. (……) 그러므로 우리는 영혼을 그 본질에 집중하게 함으로써 침착하고 평안함에 이르도록 해야 한다." 물론 고독과 홀로 있음을 구분할 줄 아는 게 중요하다. 홀로 있다고 해서 모두 다 고독한 것은 아니다. 그러나 고독한 모든 사람은 홀로 있다. 왜 그럴까? 고독은 홀로 있음의 경험이기 때문이다. 바로 그래서 고독한 사람은 홀로 있지 않으려 안간힘을 쓴다.

고대 스토아학파의 반성도 귀담아들을 만하다. 이들에 따르면 고독은 영혼을 진정시키며(아타락시아), 사회로 말미암아 생겨난 슬픔과 고통을 줄여준다(아파테이아). 여기서 인간은 자신의 욕구를 지켜보는 관객인 동시에 심판관이다. 여기에는 질투와 질시 그리고 시기의 시선이 없다. 이곳에서는 뒤틀리고 비틀림 없이 관심이 흐르는 물살처럼 자연스럽다. 집착하지 않는다. 막아서면 돌아 흐른다. 따라서 진정으로 고독한 자만이 자기 자신을 충분히 의식하고 있으며, 자신 외에 다른 사람을 필요로 하지 않는 자만이 참된 도덕의 경지에 오를 수 있다. 이는 필연적인 사실이다. 고독 속에서 인간은 완전히 자유롭기 때문이다. 다시 말해서 그 어떤 사회적 의무나 인간적인 구속에도 얽매이지 않는다. 완전한 자유 속에서 살아가는 것보다 더 도덕적일 수 있는 게 또 있을까? 완전한 자유는 책임의 온전함을 알기에 무책임한 방탕과 건방을 온몸으로 막을 터이니 말이다. 고독한 현자는 남에게 의지하지 않는다. 이것이 고독한 현인이 인생을 살아가는 기술이다. 남에게 의지하지 않는 데에는 그럴 만한 충분한 이유가 있다. 고독하게 있고자 하는 갈망은 자신이 원하는 것을 하려는 의지에서 생겨난다기보다, 자신이 원치 않는 것을 하지 않으려는 의지에서 비롯되기 때문이다. 고독을 통해 인간은 순수하고 조화로우며 진실한, 평온하면서 여유로운, 자발적이면서 충만한 인생을 살 수 있다. 따라서 고독한 사람은 선량하며 온화한 기품과 공감의 능력을 갖추어 인품이 너그럽다. 사악하고 이기적인 쪽은 오로지 사회 속에서 사는 인간이다. 얽히고설킨 관계 속에서 아집과 고집을 버리지 못하는 사람 말이다.

여기까지야 나무랄 데 없이 조화로운 그림이다. 그런데 이 조화로움은, 고독한 사람이 자신의 본질을 실현하기 위해 사회를 필요로 한다는 점에 생각이 미친다면, 더욱더 고양될 수 있다. 사회성이 얼마나 중요한가 하는 점은 현실에서 도피해 살아가는 사람만이 알 수 있는 게 아닐까? 현실에서 도피하기는 했지만, 변두리에서나마 살아갈 수 있는 것은 바로 사회가 있기 때문이다. 아무튼 사회에서 떨어져 있어본 사람은 안다. 인간이 사회를 이루며 살아간다는 게 얼마나 중요한 것인지! 그러니까 고독은 도덕과 평온의 행복만 맛보는 게 아니다. 역으로 고독은 고독을 가능하게 만들어준 사회를 맑은 눈으로 볼 수 있게 해준다. 허영과 과장, 갈증과 탐욕으로 얼룩진 세상은 고독을 경험한 사람의 눈앞에서 그 허물을 벗고, 평온하고 만족스러운 가운데 있는 그대로의 참모습을 드러내기 때문이다. 절제를 할 줄 아는 사람만이 삶의 풍요를 맛본다는 격언은 이래서 진실이다. 물론 여기서 부르는 고독의 찬가는 고독 속에서 부족함을 모르는 사람, 고독하게 있어도 사회를 품어 안으며 도덕의 의젓함을 잃지 않는 사람에게 바쳐지는 것이다.

아마도 고독의 진가는 이런 의연한 정신적 풍요에서 비로소 알아볼 수 있으리라. 고독의 도덕은 물론 외로운 도덕이다. 외로운 대신 고독은 내면으로 들어가는 길을 열어주며 우주라는 전체를 품게 만든다. 여기에서 비로소 우리는 우주를 포용하는 너그러움을 얻는다. 고독 속의 인생을 사랑할 줄 알 때, 진정한 지구적 형제애의 자세를 갖추는 것이랄까. 홀로 있음이란 둘이 함께 있기 위한 게 아니다("아담이 혼자 있는 것이 좋지 않으니, 그의 일을 거들 짝을 만들어주리라."—『창세기』 2장 18절). 아담을 홀로 두지 않으려 한 하느님의 의중을 읽어야 한다. 고독은 우주의 삼라만상과 더불어 있음이다. 고독이라는 말의 의미가 유리되고 격리되었다는 데 있지 않고, '우니오 미스티카unio mystica'가 상징하듯 '신과 하나됨'에 있는 까닭이다. 사막이나 돌산의 고독한 수행자 혹은 수도원 담장 안의 신부와 수녀, 상아탑이나 산장에 사는 철학자 등은 고독이 얼마나 특별한 경험인지 잘 알고 있다. 신과 세상과 자아가 통하며 마침내 그 장막이 걷히는 황홀한 깨달음의 경지, 이런 특권은 고독 속에서만 맛볼 수 있다. 고독의 밝은 눈은 만인 대 만인의 싸움판인 속세가 카오스에 신음하며 무너져내리리라는 것을 환히 읽어낸다. 인생의 본질에만 집중할 수 있기에 이르는 통찰의 경지다. 고독 속에 뼈를 묻고 정진해온 철학자들의 경고 덕에 세상은 아직 지탱되고 있다. 바로 그래서 철학자는 기꺼운 마음으로 홀로 산에 오른다. 고독한 가운데 우주와 하나가 되고자! 세상은 혼란 그 자체이며 잔혹하고 잔인하기 짝이 없지만, 심호흡하며 아래를 굽어보는 외로운 등산객의 눈에는 이 모든 게 단 하나의 유일한 정신, 우주를 떠받친 위대한 이성이 빚어놓은 미니어처에 지나지 않는다는 게 확연히 드러난다. 바로 이런 뜻에서 1811년 4월 쇼펜하우어는 크리스토프 마르틴 빌란트*에게 이런 선언을 했다. "인생은 까다롭고 곤란하기만 하고 재미없는 일이기에, 저는 이 인생이 무엇인지 곰곰이 생각해보는 것으로 일생을 살기로 했습니다." 모든 것을 굽어보고 전체를 총괄하는 철학의 시선으로 볼 때 '비타 악티바vita activa', 즉 활동하는 삶은 '비타 콘템플라티바vita contemplativa', 즉 관조하는 삶이 된다. 말하자면 세상은 무대이자 극장이 되며, 무대에서 벌어지는 일을 우리는 외로운 특별석에 앉아 관람하며 촌평한다. 이런 점에서 철학자는 세상 안에 머무르며 세상 밖으로 나와 세상을 굽어살피며 반성하기로 결심한 '관조자Televisior'이다. '아무도 모르는 미지의 장소에서 바라보는 시선view from nowhere'을 갖춘 사람에게 세상은 한바탕 흐드러진 꿈에 지나지 않는다. 별다른 수고를 들이지 않고도 모든 게 환하게 눈에 들어온다. 무대에 서서 연기를 하느라 난리법석을 피우지 않아도 좋기 때문이다. 그래서 고독의 도덕적 행복은 역설적이게도 '불행한 의식'의 행복이다. 헤겔이 말하는 '불행한 의식'은 곧 '아름다운 영혼'이다. 아름다운 영혼이 불행한 의식인 까닭은 이 영혼은 자신을 밖으

* Christoph Martin Wieland: 1733~1813. 독일의 시인이자 번역가이며 편집자, 계몽주의 사상가. 괴테, 실러, 헤르더와 함께 '바이마르의 네 별'로 불리기도 했다.

로 드러낼 힘이 없기 때문이다. "자신을 실재하는 사물로 만들고 그 존재를 감당할 줄 아는 힘을 아름다운 영혼은 가지고 있지 않다. 영혼은 자신의 내면에 담아둔 원대하고 장엄한 지혜가 현실의 온갖 소동으로 더럽혀지지 않을까 두려워하며 살아간다." 그래서 결국 영혼은 '자신 안에서 서서히 소진'하는 운명을 떠맡고, '형체도 없는 연기'로 허공에 피어올라 흩어진다. 고독은 이처럼 허망한 것일 따름이다.

아니, 다르게 표현할 수도 있다. 고독한 사람은 꿈을 꾸는 사람이다. 홀로 있기에 거칠 것 없이 풀려나가는 상상력의 도움을 받아 오로지 이상적인 것으로만 꾸며진 세상이 창조된다. 고독 속에서 인간은 만물의 창조주로 비상하면서 눈에 보이는 모든 것의 목적과 우리를 사로잡는 일체의 감정이 어디에 뿌리를 둔 것인지 감지한다. 여기서 비로소 위대한 상상력은 신과 세상과 융화되어 하나가 된다. 사회가 안고 있던 모든 모순은 고독한 이의 상상 속에서 합치점을 찾으려 은밀한 동거를 꿈꾼다. 이렇게 해서 의식 안으로 끌려든 세계는 내재적인 동시에, 상상으로만 존재한다는 점에서 초월적이다. 고독한 사람은 오로지 홀로 있고 싶지 않은 희망을 꿈꾸며 상상을 한다.

고독이 보여주는 이런 평온한 그림은 돌연 나타난 디드로의 주장에 따르면 갈가리 찢기고 만다. 말인즉, 세상에서 떨어져나와 인간을 사랑할 여지가 없을 정도로 자신의 심장을 응축하면서 고독에 침잠하는 사람은 이 세상에서 가장 사악한 인간이라는 것이다. 독종만이 고독을 감내한다? 이 말은 고독이 혹 도덕을 위협하는 것은 아닐까 하는 의문을 낳는다. 하지만 정말 그럴까? 금욕을 수행하는 수도자가 손님에게 잔혹하게 굴었다는 이야기를 단 한 번이라도 들어보았는가? 고독한 이들이 순결을 잃었다는 소식을 들어본 적이 있는가? 한때 순백의 정결함의 징표나 다름없던 처녀성은 곧 홀로 있음이라는 말의 동의어가 아니었던가? 인간을 향한 사랑을 끊으려고 홀로 사막으로 들어갈 정도로 독한 인간이 정말 있을까? 혹시 자의로 사막에 가는 길을 택하는 게 타의로 감옥에 가거나 단두대에 오르는 것을 피하기 위한 선택이라는 혐의를 너무 쉽게 믿고 있는 것은 아닐까? 물론 그런 혐의를 완전히 부정할 수는 없다. 실제로 종종 그런 사례를 볼 수 있으니 말이다. 그러나 도피자라는 도덕적 '오명'은 진을 빼게 만드는 허탈한 사례일 뿐, 이런 것을 도덕적 표본으로 삼을 수는 없는 게 아닐까. 극단적인 경우를 도덕의 거울로 삼아 비추는 일은 피해야 마땅하다. 오히려 시민들이 계속 칭송하는 도덕은 사막에서만 산다. 이는 순례자가 부인하기보다 정말 그렇다고 증언할 사실이다. 이미 고대인의 눈에도 사회 바깥에서 사는 사람은 동물이거나 신이었다. 동물이든 신이든 기존 사회를 위협하는 것으로 해석되는 경향이 있었다. 우선, 고독한 인간이라는 야수는 공들여 쌓아온 도덕 문명이 후퇴할 수 있음을 보여주는 상징적인 그림이기 때문이다. 신의 경우, 문제는 더욱 심각해진다. 고독한 인간이라는 신은 현재 정당한 것으로 여겨지는 사회정치의 지배구조가 진짜 정당한지에 대해 끝없이 묻는다. 말하자면, 동물이 사회 이전 단계로의 회귀를 상징한다면, 신은 기존 사회를 딛고 더욱 앞으로 나아가려는, 이른바 '포스트 사회'*를 향한 의지를 대변한다. 어쨌거나 둘 다 '비사회적'이다. 진정한 인간성이 극단적인 고립에서 드러난다는 점은 인정한다손 치더라도, 정작 그 진정한 인간성을 필요로 하는 사회에서는 너무 멀리 떨어져 있어 별 도움이 되지 않는 탓에 어쩔 수 없이 '반사회적'이라고 할 수밖에 없다.

그럼 옛사람들은 정말 고독에 관한 모든 이야기를 한 것일까? 몽테뉴에 따르면 고독의 본질은 신과의 일대일 관계를 통해서만 정당성을 얻을 수 있는 자기관계다. "기독교에서 말하는 영생이라는 목표는 우리가 이생에서 누리는 아름다움과 기쁨을 모두 포기할 때에만 이룰 수 있다. 현세의 영화를 포기한 영혼은 실제로 영원히 생생한 신앙과 희망의 격정을 맛보리라. 이는 곧 고독 속에서 환희와 행복의 인생을 꾸려가는 사람의 삶이다. 이런 삶은 다른 그 어떤 인생보다도 고결하다." 오늘날에도 이런 이야기가 설득력을 가질까? 오늘날에도 고독 속에서 저런 무한한 신앙을 갖는 사람이 있을까? "우리의 머리 위 하늘에서 빛나는 별"을 느끼며 "가슴속에 살아 있는 도덕 법칙"(칸트)에 귀를 기울일 사람이 아직도 있을까?

어쨌거나 고독한 사람은 더이상 도움을 필요로 하지 않는 사람이다. 이는 옛사람들도 익히 알고 있던 사실이다.

관련 항목

노동, 나와 남을 이롭게 하다 | 이웃, 적당한 거리의 미학 | 패거리라는 이름의 윤리적 난민

• Post-Sozial: 여기서 'Post'는 '~이후'의 의미로, 동물이 퇴보이자 추락을 의미하는 데 비해, 신은 초월과 전진을 뜻한다는 것이다.

고통은 공감을 이끄는 끈

고통은 특별한 감정이다. 근본적이며, 끝없이 추락하는 것만 같고, 종종 정체를 드러내지 않으며, 이따금씩 도저히 다스릴 수가 없다. 그만큼 복잡하며 해석을 필요로 하는 게 고통이다. 고통이라는 감정은 고개를 들자마자 "왜?" 하고 고함을 지른다. 왜 나야? 왜 지금 이러는 거야? 왜 하필 여기서 이러는 거지? 왜 이토록 강렬해? 도대체 왜 이러는 거야? 거꾸로 고통은, 유식하게 표현하자면, "왜?" 하는 물음에 마침표를 찍는다. "왜 체조를 하느냐고 물어보면, 건강을 지키고 싶어서라고 대답할 것이다. 어째서 건강을 지키려 하느냐고 묻는다면, 곧장 병은 너무나 고통스러우니까 하는 답이 돌아오리라. 왜 그렇게 고통을 싫어하느냐고 계속해서 물으면, 더 뭐라고 이유를 대기가 어려워진다. 그러니까 고통을 피하고자 하는 게 마지막 목적이다. 그리고 이 목적은 다른 어떤 것으로도 설명할 수 없는 것이다."(데이비드 흄) 그러나 거꾸로 다음과 같이 말할 수도 있지 않을까. 고통에서 자유로운, 고통을 전혀 모르는 인간은 괴물이자 별종이며 외계인이다. 고통에 대한 강한 저항력과 면역력은 그만큼 타인의 고통에 무심하고 무관심하다는 것을 상징한다. 고통을 느끼지 못하는 인간은 건강하고 행복할지는 모르나, 부도덕하며 비도덕적인 사람이다. 남의 고통은 나 몰라라 하니 말이다. 단적으로 말해 인간은 병을 앓는 존재이기에, 호메로스는 자신 있게 이렇게 노래한다. "지구상의 그 어떤 존재가 이처럼 비참할까./인간은 생명에 호흡을 불어넣어주는 것, 살아 움직이게 하는 모든 것을 두고 고통의 신음을 쏟아낸다네." 더 나아가 고통을 모르는 것은 고독으로 이끈다. 물론 고통 그 자체도 우리를 고독하게 만든다. 학파를 막론하고, 고통은 무엇보다도 한 가지 일, 곧 '개인화'를 빚어낸다는 합의가 철학에서 성립한다. '철학함'에서는 이런 합의가 이뤄졌다는 것만으로도 의미심장하다. 고통에 사로잡힌 인간에게 세상은 아무래도 좋은, 나와는 상관없는 것이다. 아파 죽겠는 사람에게 세상이 다 무엇이랴. 고통으로 고립된 인간은 절대자와 독대한다. 일체의 것에서 유리되어 면죄라고는 절대 모르는 고통과 고독의 신과 마주한다. 그래서 우리는 다음과 같은 상황을 기록한 '크로니크 둘루뢰즈 Chronique douloureuse', 즉 고통의 연대기를 기획할 수 있다. 우선, 고통 속에서 나는 세상에 대한 관심을 잃어버린다. 그런 다음, 더불어 사는 사람도 나의 관심에서 멀어진다. 만성적 고통 속에서 나는 마침내 스스로에게조차 관심을 잃는다. 여기서 결국 나는 어제 찾아와 오늘 머물러 있는 친숙한 타인으로서의 고통과 얼굴을 맞댄다(고통이 영원히 여기 머무르려는 것은 아닐는지 누가 알랴?). 그리고 고통은 이미 오래전에 제압해버린 나 자신에게 너는 누구냐고 가차없는 무자비함으로 캐묻는다. 자아의 존재를 확인함과 동시에 다시금 자아의 존재를 부정하는 역설이 고통 속에서 일어난다. 나는 고통을 받는다, 고로 나는 존재한다. 그러나 다른 쪽에서 또 이렇게 외친다. 나는 고통을 받는다, 고로 나는 존재하지 않는다.

철학은 종종 고통을 아주 단순하게 취급한다. 철학은 고통을 아예 인정하지 않으려 든다. 아픔을 두고 그런 게 어디 있느냐며 한사코 외면하려 한다. 고대의 독배에서 스토아학파의 금욕과 중세의 참회를 거쳐 실존철학과 생철학에 이르기까지 오로지 관심은 고통의 부정, 즉 고통을 놓아버릴 수 있는 마음의 여유와 평정을 어떻게 찾을 것인가에만 쏠려 있었을 뿐이다. 그 결과, 고통의 부조리함은 고통받는 사람의 몫으로만 남는다. "시 타쿠이세스 필로소푸스 만시세스Si tacuisses philosophus mansisses."• 이 말을 우리의 맥락에 맞게 자유로이 옮겨보면 다음과 같다. "철학자는 스스로에게 고통을 안기면서 침묵한다." 철학자에게 있어 고통은 기껏해야 감각의 기만이자 혼란처럼 보일 뿐이다. 심지어 달랠 길 없는 상상력이 빚어놓은 상상의 산물이 고통이라고 일갈하는 철학자까지 있는 지경이다. 아프다는데 어디가 어떻게 아픈지 도통 알 길이 없으니 말이다. 그만큼 고통은 당사자에게는 생생하고, 지켜보는 사람에게는 낯설다. 어쨌거나

• "네가 침묵했더라면, 너는 철학자로 남았을 것을!"이라는 뜻이다. 로마의 철학자 보이티우스가 쓴 『철학의 위안』에 나오는 말로, "내가 철학자라는 걸 알아보겠느냐?" 하는 물음에, 보이티우스가 "네가 그 말만 하지 않았더라면 알아보았을 것이다" 하고 답한 일화에서 나왔다.

철학에서 고통은 초연함으로 물리쳐야만 하는 것에 지나지 않으며, 그다지 중요한 게 아니다. 그래서 고통은 우리를 직접 죽음으로 이끌거나, 아니면 그저 참아내라고 윽박지른다. "고통을 자신 안에 쌓아둠으로써 사유하는 영혼은 오히려 상쾌함을 느낀다. 그래서 우리를 다스리는 이성은 조금도 해를 입지 않는다. 고통으로 폐해를 입은 우리 몸의 사지만이 고통을 이야기하리라. 물론 할 수 있다면 말이다."(마르쿠스 아우렐리우스) 몸과 영혼과 정신이라는 인간의 절묘한 트리오가 서로의 역할을 잘 나누는 기적을 이루어낼 때면 언제나 고통을 분담해 다스리는 데 성공할 수 있으리라. 정신을 최우선으로 삼을 때, 몸의 아픔이나 영혼의 심란함은 약간의 생각만으로도 얼마든지 몰아낼 수 있다. 특히 철학의 저 위대한 고통 킬러인 칸트처럼, 이렇게 출발해보는 것은 어떨까? "인생이라는 것은 그저 살기 위해 사는 것이라면 아무런 가치를 갖지 못한다. 인생은 어떤 목표를 위해 매진하는가에 따라 비로소 가치를 가질 따름이다." 이로써 고통은 수직으로 깊게 파내려가는 구조를 가진다. 고통은 몸안의 저 깊은 곳 어딘가에서 생겨나 위로 올라온다. 정신에 도달할 때쯤이면, 철학은 이미 고통을 벗어던지고 몸을 다스리는 자유를 구가한다. "판단력, 의욕, 성향, 혐오 등은 정신의 내면 깊숙한 곳에 자리잡고 있는 것이다. 고통의 해악은 거기까지 이르지 못한다."(마르쿠스 아우렐리우스) 정신 자체와 관련해본다면, 정신이 앓는 질환이라는 것도 그 파괴적이고 혼란스러운 힘을 규율이라는 "하나의 체계 안에 다잡아 정리함"으로써 얼마든지 다스릴 수 있다.(칸트) 결국 이성을 해치는 비이성적인 독초는 그 어디에서도 자라지 않는다.

이제 위의 태도와는 반대로 남의 아픔까지 자기 것처럼 여기며 공감과 동정을 나누는 다른 전통도 있음을 생각해볼 차례다. 이런 전통 역시 고통을 참고 견디려는 위의 태도 못지않은 고결한 역사를 자랑한다. 기독교, 벤담과 밀, 쇼펜하우어, 매키•와 로티 등에서 고통의 품안으로 달려드는 윤리학이 모습을 드러낸다. 이런 윤리의 출발점은, 인간이 고통을 겪음으로써 다른 사람으로 변모한다는 경험적 사실이다. 그래서 이들은 다른 사람의 고통을 자기 것처럼 여긴다. 남의 아픔을 자기 것처럼 받아들이는 탓에, "타인의 고통을 돌본다는 것"은 곧 "자기 자신의 아픔을 돌보는 일"의 확장이다.(흄) 그렇다면 남의 아픔이 진정 서로를 염려하는 인간관계의 차원을 열어줄까? 어떤 조건을 갖춰야 그런 행동이 도덕적으로 고상하게 승화할 수 있을까? 이런 사태를 역사라는 관점에서 바라본다면, 우리의 눈앞에 그리스도의 십자가가 장엄하게 떠오른다. 즉, 한 사람의 고통이 다른 사람들을 구원한다. 나를 던짐으로써 남을 구원한다는 희생과 헌신의 논리야말로 기독교의 신비를 떠받드는 원리다. 죄를 짓고 고통받는 육신을 이겨냄으로써 우리는 예수그리스도의 시대와 마찬가지로 죄악으로 물든 현세를 초월한다. 이는 곧 살아 있는 육신이 겪는 아픔을 내 것처럼 여기는 이웃 사랑의 실천이다. 내 곁에서 더불어 사는 사람의 아픔은 그리스도가 감당한 고통의 상징이다. 이것이야말로 순수하고 오롯한 아픔이다. 이로써 욕지기를 불러일

• John Leslie Mackie: 1917~81. 오스트레일리아의 철학자. 경험론의 입장에 서서 종교철학, 형이상학, 언어철학 등에 중요한 공헌을 했다.

으키던 남의 몸은 천국에 이르는 '비아 레기아Via regia', 즉 왕도가 된다. 우리는 각자 자신의 십자가를 걸머지고, 고통이라는 죽음의 위협과 맞서 싸우며, 죄로 물든 현세를 벗어나 초월해야 한다. 그러나 그동안 자신의 고통과 신의 아픔을 바라보는 관계는 약간 변하고 말았다.

그 옛날 인간이 신을 버리고 신과 멀리 떨어져 고독 속에서 길을 잃고 방황했다면, 이제 현대인은 역시 신에게 버림받은 채 의학의 손에만 휘둘리고 있다. 옛날 그랬듯 지금도(그리고 언제나 그렇겠지만) 우리 인간은 고통을 통해서만 저 초월적인 천국에 이를 수 있을 뿐이다. 자신의 고통을 애써 무시하든, 남의 고통을 내 것처럼 품고 지켜봐주든, 천국에 이르는 좁은 길을 가기 원한다면, 마음속으로 기꺼이 십자가를 걸머지는 형극의 길을 마다하지 않아야 한다. 예전에는 성경이 이 형극의 길을 동행해주는 유일한 위로였다면, 포스트모던 사회를 살아가는 우리에게 응급처치 가이드북은 진통제가 곧 구원의 손길이라고 추천한다. 더욱이 오늘날에는 처방이 없이도 손쉽게 구할 수 있는 진통제가 차고 넘쳐난다! 진통제를 먹고 바라보는 형극의 길은 불사의 영생으로 이르는 길이다. "먹어봐, 우리가 영생의 길을 열어주고 다져줄게!" 제약업계는 우리의 귀에 대고 이렇게 속삭인다. 물론 제물을 바쳐야 한다. 속세의 제물은 두말할 것 없이 돈이다. 이렇게 해서 종교 시대와 똑같은 교환거래가 이루어진다. 가격만 맞는다면, 한때 신부가 면죄부를 팔았듯, 오늘날 제약업체나 의술의 도사는 (영원한) 건강을 판다. 물론 어떤 경우에도 제값을 치러야 한다. 예나 지금이나 고통을 낳는 주범은 죄다. 영어의 '페인pain'과 프랑스어의 '펜peine'은 모두 '형벌'을 뜻하는 라틴어 '포에나poena'에서 유래한 것이다. 다시 말해서 고통을 받는 사람은 뭔가 잘못을 저지른 것이다. 오늘과 같은 민주시민의 시대를 살면서도 우리는 우직하게 계속 죄를 범하고 있는 게 틀림없다("그러지 않고서야 이 고통을 어찌 설명할까"). 결국 우리는 스스로 목숨을 끊는 자살자에 지나지 않는다. 고통뿐인 지루하고 오랜 인생을 산 끝에 우리는 결국 죽음을 마주한다. 모두 자신의 죄 때문인 것을 누구를 탓하랴. 그러니까 죽음은, 사도바울이 증언하듯, 죄 많은 인생이 누리는 보상이다.(『로마서』 5장 12절, 6장 23절)

그러나 이제 고통의 품안으로 피신하는 철학자들은 대체 고통 안에서 무엇을 구하고자 하는지 거의 생각하지 않은 게 틀림없다. 이 공감의 거장들께서는 고통받는 사람의 속으로 들어가 영혼과 몸과 정신 가운데 어느 것을 먼저 보살펴야 할지 몰라 아뜩해지고 말았기 때문이다. 공감의 함정이 어떤 것인지 잘 아는 사람은 심지어 고문을 받고 짓이겨져 괴로워하는 희생자를 빙 둘러 피해갈 게 틀림없다. 공감하고 동정하는 일은 무엇보다도 나 자신을 먼저 생각하기 때문이다. 내가 지금 힘들어 죽겠는데 어찌 남을 보살핀다는 말인가? 이는 공감과 동정에 호소하는 논리가 빠질 수밖에 없는 함정이다. 또다른 한편으로 치유의 희망이 없는 고질병을 앓는 환자에게 공감을 운운할 수 있을까? 아무리 순수한 것이라 할지라도 그저 동정을 느끼는 것만으로 충분한가? 아니, 끝이 보이지 않는 고통에 신음하며 터널 끝의 빛을 기대할 수 없는 처지의 사람을 보며 동정과 공감을 느낀다 한들 대체 뭘 어쩔 수 있다는 것인가? 아직은 건강을 잃지 않은 술꾼에게 "조심해, 알코올은 간을 상하게 만들어!" 하고 이야기하는 것은 충분히 의미를 갖지만, 무한 고문에 시달리는 만성질병 환자에게 동정 운운하는 것은 절대적인 무력감의 표현일 뿐이다. 이처럼 만성적인 고통은 소통을 불가능하게 만드는 무한 고통이다. 여기서 우리의 자아는 깨끗이 해체된다. 이 고통은 어찌나 잔인한지 나와 더불어 사는 인간을 '타불라 라사tabula rasa(빈 서판)'로 만들어버린다. 무슨 이야기를 나누어도 공허하며, 그 어떤 공감일지라도 바닥이 무너져내린다. 그러니까 만성적인 고통은 바닥이 어디인지 모를 정도로 시커멓게 입을 벌린 심연의 구렁텅이일 따름이다. '찰나'의 아픔은 생생한 진정성이나마 가지고 있다. 몸이 느끼는 그 어떤 감정보다도 처절한 게 이런 순간적인 아픔이다. 이 느낌은 워낙 직접적이고 보일 듯 생생해서 마치 시간을 벗어난 것만 같은 착각을 불러일으킬 정도다. 몸이 붕 뜨는 것 같다든지, 전혀 알지 못하는 곳을 떠돌아다니는 것만 같은 느낌은 누구든 한 번쯤 겪지 않았을까. 고통은 몸이 겪는 뭐라 말할 수 없는 것을 비명으로 표현한다. 그러나 비명은 참을 수 없는 진실을 말로 다듬을 줄 모른다. 고통의 관점에서 보면 진리는 말로 할 수 없는 공허함이며, 결국 나라는 자아의 혼잣말이다. 그 깊이에 있어 고통은 누구도 대변할 수 없는 진리이다. 고통은 고통이며 고통이자 고통이다. 누가 이를 남에게 증명해줄 것이며, 진짜 이런 게 있다고 소리 높여 싸울 것인가!

역설적이게도 인간의 삶이 고통을 통해 이같이 철저히 끝까지 가보고, 그 막다른 벽 앞에서 무릎을 꿇고 우리 모두는 똑같은 삶을 사는구나 하고 확인할 때, 도덕의 차원이 펼쳐질 기회가 생겨난다. 끝 모를 깊은 아픔은 인간이라면 누구나 똑같이 겪는 것이기 때문이다. 고통 속에서 우리는 참을 수 없는 것을 참아내며, 설명할 수 없는 것을 설명하려 시도한다. 공감을 통해 우리는 함께할 수 없는 것들을 한데 묶으려 노력하며, 말 못하는 고통에게 말을 하도록 목청을 빌려주고, 세상을 잃어버리고 고통에 떠는 사람에게 세상과 이어질 끈을 보상해준다.

관련 항목

감정 표현을 허하라 | 동물의 존엄성 | 아픔과 동정

교육의 딜레마

매를 드느냐 안 드느냐의 사소한 물음이 엄청난 차이를 낳는다. '체벌'은 곧 교직의 박탈이며, 학생의 비위를 맞추는 '친절한 가르침'은 고속 승진의 비결이다. 이런 변화와 함께 교육의 의미도 바뀌었다. '훈육'이라는 말은 원래 온실의 콩나물보다는 거친 텃밭에서 온갖 시련을 이겨내도록 키우는 자연산 작물에 더 잘 어울렸다. 체벌 없는 교육 방법을 생각할 때 사람들은 기꺼이 저 아우구스티누스회 수도사 멘델의 완두콩 실험을 떠올릴 뿐, 브륀의 수도원에서 거친 재배 방법도 썼다는 것은 애써 잊으려 한다. 그러나 우성과 우성을 결합한다고 해서 저절로 우성이 나오는 것은 아니다. 솎아주고 잘라주며 가지를 쳐주는 과정에서 겪는 아픔이 없이 저 혼자 번듯하게 크는 것은 없다. 그러니까 어르고 달래며 필요에 따라서는 매를 들기도 하는 것은 하나의 프로젝트, 곧 열악한 인간을 더 낫게 만들고자 하는 교육이라는 프로젝트를 위한 다양한 노력인 것이다. 그런

점에서 멘델의 수도원은 교육의 실험장이었다고도 할 수 있다. 이런 맥락에서는 고아원이나 교도소도 한 지붕 아래 속하는 것으로 볼 수 있다.(크레스포•) 무엇보다도 교정과 훈육을 위해서라면 다양한 방법을 응용한다는 점에서 말이다.

그러나 나쁜 쪽이 아니라 좋은 쪽으로 인간을 완전하게 키워내기 위해서는 위와 같은 무차별적인 방법을 적용하는 현실과 작별하고, 자꾸 새로운 집들만 지어낼 게 아니라, 보다 더 적절한 새 교육 방법을 창안해내야 한다. 채찍질에는 반드시 당근이 뒤따라야 한다고 하지 않던가.(레싱) 무엇보다도 권위에 의지하는 훈육이 아니라, 신뢰를 밑바탕으로 하는 교육이 되어야 한다. 그러나 권위가 아예 없는 성공적인 교육이라는 것은, 돌보는 손길 없이 완두콩을 재배하는 것만큼이나 생각하기 어렵다. 그래서 말이지만 철학자 루소는 이 문제를 심혈을 기울여 탐구했다.(루소, 『식물학의 기본 원리에 관한 편지』) 그러나 식물과 달리 인간이라는 작물은 순조롭게 자라나는 데 있어 강제를 참아내지 못한다. 특히 청소년에게 유일하게 들어맞는 교육 방법은 자유와 경험뿐이다.(루소, 『에밀』) 다른 모든 교육 목적은 자유와 경험보다 하위에 두어야만 한다. 심장에 통하는 것이 머리에 통하지 않을 까닭이 없다. "묶어두고 구속하면 자유를 향해 뛰쳐나가지만, 자유롭게 풀어주면 스스로 구속한다."(『에밀』) 그 어떤 이상에 사로잡힌 사람, 더욱이 자유라는 이름 못지않은 이상에 이끌린 사람은 강제로 훈육될 필요가 없다. 이때 교사와 제자는 이

• Maria Crespo: 스위스의 교육학자.

미 한 배를 타고 있기 때문이다. 물론 자유가 절대 포기할 수 없는 중요한 것이기는 하지만, 강력한 지원과 후원이 있어야 제자는 자신을 활짝 꽃피울 수 있다. 자, 이런 모순된 상황에서 우리에게 남는 물음은 이렇다. 자유를 위해 훈육을 포기해야 함에도 불구하고 훌륭한 교육을 위해 회초리를 드는 훈육은 허락되어야 하는가?

여기서 우리는 자유라는 것 자체를 그저 있는 것으로 가정했다. 주어진 이상으로 그대로 받아들였을 뿐, 그런 게 진짜 있는지 살펴보지 않았다. 그러나 자유가 없다면, 교육자든 학생이든 꼭두각시이거나 자동기계에 지나지 않으리라.(칸트, 『실천이성비판』) 물론 자유와 함께 커가기를 포기하는 것도 얼마든지 가능하다. 그러나 칸트에 따르면 이런 포기는 비겁함과 게으름에서 비롯된 잘못일 따름이다.(칸트, 『계몽이란 무엇인가』) 오로지 자기강제, 아마도 자기훈육만이 교육에서 흔히 벌어지는 잘못된 참혹한 상황에서 우리를 해방시켜주리라. 배움을 방해하는 커다란 유혹은 언제나 성 문제다. 이성은 물론이거니와 자신의 성적 충동을 다스리는 일도 혈기왕성한 청소년에게는 쉽지 않은 일이다.(칸트, 『교육에 관하여』) 밖에서 영향을 받아 스스로 알아보지도 못할 정도로 자기 자신을 잃어버리지 않기 위해서는 일찍부터 '가정교육 문화'를 가꾸기 위해 노력을 아끼지 않아야 한다.(칸트, 『판단력비판』) 외부의 영향에 휩쓸리기보다 자제와 절제의 미덕을 익혀가는 일은 사회 전체의 보편적인 가치에 커다란 힘을 보태는 것이다. '좋은 사람'이 되는 법을 배우는 것도 중요하지만, '훌륭한 시민'으로 성장하는 것도 늘 염두에 두어야만 한다. 이런 노력을 유럽의 남서부에서는 그리 절박하게 보지 않았던 모양이다. 거기서 가장 우선시한 것은 학생을 기쁘게 만드는 일이었다. 그래서 무엇보다도 먼저 교사들에게 온갖 연수를 받게 하고 각종 책을 한아름 안김으로써 될 수 있는 한 교양을 훌륭히 쌓도록 했다. 물론 이런 소양 교육은 학부모도 받아야 했다. 가르치는 입장에 있는 어른이 먼저 폭넓은 교양과 정확한 판단력을 갖출 때, 사랑하는 후손의 욕구와 희망을 잘 헤아려줄 수 있다고 본 것이다.(페스탈로치) 이는 물론 엄한 권위에 기댄 훈육과는 공통점이 별로 없는 교육관이다. 일부에서는 이런 교육관을 열렬히 환영했지만, 사회 전반에 걸쳐 전폭적인 지지를 받은 것은 아니다. 다시 쾨니히스베르크 쪽으로 방향을 반쯤 틀어보면, 그곳에서는 '양육'과 '교육' 그리고 '훈육', 심지어 '배양'이 거의 동시에 아주 밀접한 관련을 맺고 있음을 상기시켜준다. 이런 입장의 교육학이 목표로 하는 것은 무엇보다도 학생의 올바른 성격 형성이다. 때로는 '간접적'으로, 또 때로는 '직접적'으로 개입하고 간섭하며 떡잎부터 바로잡아주는 것이다.(헤르바르트•)

훈육처럼 빠른 효과를 보지는 못하지만, 대신 비교도 할 수 없을 만큼 대단한 영향력을 자랑하는 '생물적 배양'을 하면 어떨까 하는 생각이 이른바 생명공학 쪽에서 슬그머니 고개를 들고 있다. 그동안 훈육은 교육의 목적에 걸맞지 않다는 찜찜한 뒷맛을 남겼을 뿐만 아니라, 받는 쪽에든 가르치는 쪽에든 교육 일반을 아주 부담

• Johann Friedrich Herbart: 1776~1841. 독일의 철학자이자 교육학자. 칸트의 후임으로 쾨니히스베르크 대학에서 학생들을 가르쳤다. 윤리의식의 함양과 지성의 연마를 강조하는 엄한 교육법으로 학생들의 자율성과 운동성을 키워주지 못했다는 비판을 받았다.

스러운 노동으로 만들어버렸으니, 유전자를 이용한 '인공 배양'으로 아예 타고난 바탕을 바꿔놓자는 주장이다. 생물학의 이름으로 실행되는 이 배양은 교사와 학생 모두에게 이중의 구원을 약속할 게 틀림없다. 먼저 선생과 학생 모두 아픔을 주고받지 않고도 변화할 수 있다. 학생은 선생에게 억지로 달라지는 모습을 보여주려 애쓰지 않아도 된다. 새로운 인간으로 바꾸어내는 게 아니라, 아예 처음부터 우수한 인간으로 태어나게 하는 것이다. 물론 사람을 바꾸려고 들지 않고 있는 그대로, 생긴 그대로 받아들이는 것이 최상의 교육이긴 하다.

이런 지혜 때문에 비로소 유전자의 염기서열을 해석할 필요가 있다고 본 것은 아니리라. 유전자의 배양과 교합 문제는 이미 플라톤도 알고 있던 사실임에 틀림없다. 용감함과 신중함을 각각 대표하는 유전자가 하나의 유전자 유형 안에 함께 있다는 게 지극히 드문 일이라는 것은 굳이 과학적인 유전자 분석을 하지 않아도 충분히 알 수 있지 않은가. 플라톤이 국가가 나서서 시민이 자연적으로 타고난 결함을 현명한 배양 정책으로 바로잡아야 한다는 주장을 펼친 이유가 달리 있을까.(플라톤) 『태양의 나라』에서 이 과제는, 양심을 지닌 관리가 떠맡아 백성의 생식까지 책임져야 할 일이다. 동시에 신을 섬기는 사제이기도 한 관료는 '유전자 풀Pool of Gene'의 개선을 기대할 수 있는 결혼만 허락하며, 이를 끊임없이 감독하고 감시한다.(캄파넬라•)

교육의 훈육과 생물학적인 배양이 서로 손을 맞잡은 결과, 캄파넬라가 그렸던 강제 체제는 오늘날 불필요한 것이 되어버렸다. 이제 그 어떤 것도, 특히 후손을 그저 우연에 떠맡기고 싶지 않은 사람은, 자신의 미래는 물론이고 세계의 미래까지 스스로 책임을 걸머지겠다고 나서는 실정이다. 인터넷을 통해 언제든지 접속 가능한 정자은행과 난자은행은 벌써 신년맞이 새 상품 소개로 홈페이지를 화려하게 장식했다. 누구나 유전공학자가 되어 자신의 계보를 지키고 개선하겠다는 굳은 신념으로 새로 나온 유전자 상품을 꼼꼼히 연구하고 손수 주문할 수 있는 세상이다. 갈수록 상품이 구색을 갖추며 다채로워지고 있는데다가 각각의 유전자 염기서열이 어떤 기능을 하는지 그 지식도 풍부하게 쌓아둔 덕에 생물적 배양, 즉 인공수정은 식은 죽 먹기보다 쉬운 일이 되었다. 여기에 비하면 교육이라는 것은 그 효과도 의심스럽거니와 도대체 굼뜨고 아둔하기만 해서 속 터질 노릇이다. 그러니 인공 배양을 시도하는 사람은 앞으로 계속 늘어날 전망이다. 훈육처럼 걸핏하면 뺨을 때리고 낙제를 시키지 않아도 되니 이 얼마나 좋은 일인가. 방법도 '스캐닝'이나 '착상 전 유전자 진단법'처럼 깔끔하기만 하다. 그런데 교육에서처럼 인내와 사랑으로 돌보는 근엄한 스승은 찾아볼 수 없다. "유전자 프로그램은 (……) 말을 할 줄 모르는 벙어리인데다가, 아무리 물어봐도 아무런 대답을 주지 않는 움직일 수 없는 사실"이기 때문이다.(하버마스) 그러니 유전자 배양으로 태어난 인간 역시 아무 말을 하지 않을 게 분명하다. 아프다고 소리를 지르거나 분통을 터뜨리는 일도 없으

• Tommaso Campanella: 1568~1639. 이탈리아의 철학자. 평생 수도사로 살았다. 『태양의 나라』가 그의 대표작이다. 모든 악의 근원이 사유재산에 있다고 본 캄파넬라는 국가 전체의 이익을 우선하는 경제와 정치 체계를 갖춘 '태양 국가'의 건설을 주장했다.

리라. 모든 게 계획대로 되었다는 확신과 안도감에 말문이 막혀버린 것일까.

관련 항목

유전자 세상이라는 묵시록 | 탄생은 과연 죽음의 시작인가 | 허락, 금지, 그리고 약속

권리를 주장하는 일

권리를 주장하는 사람은 경험적으로 검증이 가능한 사실을 주장하는 사람과는 그 입지가 다뭇 다르다. 사실의 주장은 입증이 되거나 안 되거나, 두 가지 가운데 하나다. 이로써 시비는 깨끗이 끝난다. 그러나 권리를 가졌다고 주장하는 사람은 요구를 제시하며, 왜 자신의 요구가 정당한 것으로 받아들여지지 않는지 불만이 가득하다. 더이상 묻고 따지고 할 것 없이 요구를 들어달라고 정색을 한다.

살아가는 데 없어서는 안 되는 것임에도 권리를 놓고 불안에 떨며 불만으로 볼멘소리를 하다니 그것참 이상한 일이다. 권리가 없다면 우리는 아무런 보호를 받지 못하는 무방비 상태에 처한다. 보호를 받지 못하면 우리의 목숨은 최악의 위험에 빠진다.(아렌트) 바꿔 말해서, 권리를 갖는다는 것은 로빈슨 크루소처럼 홀로 버려지지 않는다는 것을 뜻한다. 권리란 거의 일용할 양식에 가까울 정도로 살아가는 데 꼭 필요한 것이다. 또 일용할 양식과 마찬가지로 권리 역시 역사에서 끝없는 논란과 시비의 대상이었다. 오늘날 개인 사이에, 혹은 국가 사이에 권리를 둘러싼 끊임없는 논란과 다툼이 괜스레 벌어지는 게 아니다. 그 같은 싸움은 권리라는 게 빵과 마찬가지로 그 총량이 제한된 것은 아닌가 하는 인상을 불러일으킨다. 그래서 누군가 이미 먹어치워버린 바람에 부족한 것은 아닐까 안절부절못하면서 할 수 있는 한 많은 양을 확보하려 혈안이 되는 것일까? 함께 나누고 공유하겠다는 생각은 감히 해서는 안 될 망발쯤으로 취급받기 일쑤다. 특정 권리와 관련해 이를 지키려는 사회 체제를 구축하려고 안달을 하는 것도 마찬가지 배경을 갖는다. 다시 말해서, 권리가 누구나 누릴 수 있는 공공의 것이 아니라, 그런 권리를 가진 몇몇 다른 사람들에게만 상대적으로 적용되는 것이라면, 이 다른 사람들은 곧 나의 적이 되고 마는 경향이 있다.(슈미트•) 그렇다면 자신의 권리 영역을 가능한 한 넓게 차지하고 다른 사람들에게 거의 여지를 남겨주지 않는 게 현명하고도 적절한 처신이다. 이러한 봉건사회의 논리는 고대처럼 그 힘을 공공의 시장에서 토론을 통해 키우는 게 아니라, 견고한 수비를 할 수 있는 성을 짓고 사병을 키우는 데 의존한다. 그래야 불평등 운운하는 세력을 쓸어버릴 수 있지 않은가.

반대로 권리 문제를 어느 한쪽의 쟁취가 곧 다른 쪽의 손실을 뜻하는 제로섬게임 모델로 바라보지 않고, 늘어날수록 모두에게 혜

• Carl Schmitt: 1888~1985. 독일의 정치철학자이자 헌법학자. 법과 정치질서는 통치자의 '결단'으로 정당화된다는 '결단주의'로 학계에 커다란 영향을 미쳤다.

택이 돌아가는 사회를 지켜내려는 쪽에서 접근하는 경우에는 이야기가 전혀 달라진다. 이런 사회의 구성원은 한결같이 권리를 확장함으로써 가능한 한 많은 사람이 동등하게 권리를 누리게 하려는 강한 열망을 갖는다.

그런데 권리를 가진 사람은 대체 뭘 갖게 되는 것일까? 법이 그의 편이라도 된다는 말인가? 법이 편들어준다는 것만으로 충분하다면, 많은 경우 권리를 가졌다는 말은 법전을 가리키는 것만으로 통하지 않을까. 그러나 법에만 의존하면 모든 게 정리될 정도로 문제가 간단한 것은 아니다. 시비가 벌어질 때마다 법정으로 가봐야 판사와 변호사에게만 좋은 일일 뿐이다. 어쨌거나 권리를 갖는다는 주장은 현행법이 보장한다는 것만으로 충분히 통할까? 천만의 말씀. 뮐러 부인이 자기 아들을 방문할 권리를 가지고 있다고 법전 어디에 쓰여 있는가? 외동아들이자 막내인 뮐러 주니어가 햄스터를 차지할 유일한 권리를 갖는다는 법조문은 어디 있나? 또 그런 조항이 실제로 있다면, 그동안 햄스터와 행복한 시간을 보내온 누나들은 어쩌란 말인가? 한마디로 말해서, 우리는 법전이 보장해주는 것보다 훨씬 더 많은 권리를 누리며 산다. "또 그래서 좋기도 하다."(보베라이트•) 모든 권리를 법으로 규정했다가는 툭하면 법전을 펼쳐보느라 아무리 튼튼한 제본인들 너덜너덜해져 남아나지 않으리라. 또 우리네 인생이 법을 관장한다는 정의의 여신 아래에서만 다스려지는

• Klaus Wowereit: 1953~. 독일의 정치가. 베를린 시장을 지냈다. 본문에 언급된 발언은 그가 2001년에 자신이 동성애자임을 밝히며 한 말이다.

것도 결코 바람직하지 않다. 사람들이 권리라는 말을 입에 올릴 때, 정의의 여신을 떠올리는 경우는 별로 없다. 다시 말해서, 자신의 권리를 주장하는 사람은 법원의 판결문을 바라는 게 아니라, 더불어 사는 이웃들이 자신의 사정을 헤아려주기를 기대한다. 그러니까 법보다는 신뢰와 배려라는 인간관계의 기본을 지켜주는 예의를 더욱 갈망하는 것이다. 따라서 권리보다는 정당함을 공감해주기를 기대한다고 말하는 게 훨씬 좋다. 그리고 이런 정당함의 공감은 그 어떤 법전에도 담겨 있지 않다.

물론 법을 이야기하지 않고 공감과 배려를 말하는 게 언제나 설득력을 갖는 것은 아니다. 명시적인 법조항이 반드시 있어야 할 경우도 분명히 있다. 예를 들어 국가원수모독죄라는 형법이 있음에도, 왕 혹은 국가수반을 비난하는 사람은 자신의 생각을 거리낌없이 밝힐 의사 표현의 권리를 가지고 있다고 주장한다. 의사 표현의 자유가 법전에 보장되어 있지 않다면, 이런 권리의 정당성을 어디에 호소하겠는가? 무엇을 근거로 자유로울 권리를 주장할 것인가?

법조문으로 성문화하기에 앞서 지키고 존중해야 할 권리는 도덕의 권리이다. 그런 게 어디 있어 하고 의심하는 사람이라면, '카스토르'• 반대자들이 벌이는 데모를 보라. 이들이 만천하에 내보이는 것은 법을 따르지 않겠다는 불복종의 의지다. 이를 막으려고 전국에서 총집결한 경찰이 벌이는 무력시위는 성문화라는 닻을 내린

• Castor: 원자력발전소에서 나오는 핵폐기물. 'Cask for Storage and Transport of Radioactive material'을 줄여 만든 조어다. 독일에서는 이를 운송할 때마다 대규모 시위가 벌어진다.

법을 지키라는 엄포다. 그러니까 상황을 종합하면 다음과 같다. "인간은 법을 준수해야 할 의무를 갖는다. 그러나 법을 지켜야 할 의무와 갈등이 빚어질 때는 양심을 따를 권리가 우선이다."(드워킨•) 두 가지를 모두 존중할 정도로 국가가 아량과 도량을 갖는 일은 아주 드물다. 심지어 칸트는 그런 일이 절대 불가능하다고 간주했다.(칸트, 『윤리형이상학』) 사정이 이렇다보니 논쟁은 예고된 것이나 다름없다. 법정이 바빠지는 것은 불 보듯 뻔한 일이다. 여기서 눈을 감고서도 알 수 있는 것은, 정의의 여신이 저울을 어느 쪽으로 기울일지 하는 것이다. "양심의 명령에 따르기는 했지만, 현행법을 깬 쪽은 그 책임을 감당해야 한다."(드워킨) 법을 깬 것은 부정할 수 없는 사실이기 때문이다. 이처럼 두 종류의 권리와 관계해야 하는 터라 우리네 인생은 복잡하기만 하다. 하지만 그로 인해 그만큼 사는 맛이 난다. 법적으로 성문화한 권리와 더불어, 아니 그런 권리에 앞서, 인간이라면 누구나 인정하고 존중하는 권리가 있다는 사실 덕에 우리의 인생은 더 훈훈해진다. 물론 입법의 절차는 밟지 않았지만, 우리가 인간인 한에서, 또 인간이기 때문에 갖는 권리, 그 이름은 양심과 도덕이라는 권리다. 인권이라는 권리를 주장한 탓에 곤경에 빠지는 이가 생겨서는 안 된다. 그러나 세상은 그렇지 못하기에, 인류는 이런 권리를 성문화한 기록을 가져야 한다(세계인권선언). 그래서 "지구상의 어느 곳에서 심각한 인권 침해가 자행되는 것을 모두가 공감"

• Ronald Dworkin: 1931~2013. 미국의 철학자. 법철학, 정치철학, 도덕철학 등의 분야에서 세계적인 명성을 자랑했다.

(칸트, 『영구평화론』)할 수 있으려면, 누구나 가지고 있지만 모두 누리지는 못하는 인권은 의무를 아울러 포함해야 한다. 다시 말해서, 권리의 주장이 헛되이 묻히는 것을 목격한 사람은 자신이 체험한 권리 침해 현장을 고발해야 할 의무를 갖는다. 이런 의무는 곧 상호존중이라는 최선의 인권을 실현하기 위한 노력이다.

권리를 주장한다고 해서 모두가 옳고 정당한 것은 아니다. 또 권리를 잠정적으로 유보하고 제한한다고 해서 곧바로 인권의 침해로 이어지는 것은 아니다. 이런 상황은 특히 자유라는 권리와 맞물려 자주 볼 수 있다. 자유는 의심의 여지가 없이 인간이 갖는 가장 소중한 자산 가운데 하나다. 그러나 자유는 그것만 홀로 떨어져 주장되는 게 아니라, 왕왕 우리가 똑같이 중시하는 가치들과 맞물려 있다. 물론 의사 표현의 자유, 종교의 자유, 운동의 자유 등은 우리가 틀림없다고 인정하는 자유다. 그러나 이런 권리를 요구하는 사람은 법정이나 국가를 상대하기에 앞서, 자기 자신 안에 그 같은 요구의 정당성을 스스로 시험하고 부여하는 양심이라는 이름의 주인을 가져야만 한다. 혹 자신만의 욕심과 이익에 눈이 먼 것은 아닌지 살필 수 있어야 한다. 나의 자유가 타인의 자유를 침해하고 짓밟는다면, 그것은 자유가 아니라 범죄이기 때문이다. 자신이 권리를 가지고 있다고 확신하는 사람은 스스로 만든 노예의 상태에서 빠져나온 인간이다. 그는 자신의 손목에 채워진 쇠사슬이 다른 누구도 아닌, 바로 자기 자신이 묶어놓은 것이라는 사실을 깨닫고 분노한다. 자기 자신을 욕심과 미망으로 억누른 게 다른 누구도 아니라 바로 자신임을 직시했기에 드러내는 분노다.(칸트, 『계몽이란 무엇인가』) 이처럼 자기 자신을 다스릴 수 있는 사람은 권리를 제한하려는 시도에 맞서 싸울 수 있다. "도대체 누구 혹은 무엇을 근거로 인간에게, 그가 원하지 않으며 동의하지 않은 것의 강제를 정당화할 수 있는가? 이는 오로지 더욱 높은 가치, 보다 더 비중이 큰 가치에 호소할 때에만 가능하다."(아이제이어 벌린) 그런 가치는 누구나 인정하는 보편 가치로서만 가능하다. 보편적으로 받아들여지는 가치를 자신과 생각이 다르다고 거부한다면, 그는 소수파의 일원이 되어 자신이 한 선택의 뼈아픈 결과를 곱씹어야 하리라. 반대로 다수파는 한 사람이 저만치 나아가 누구도 인정하지 않은 권리를 가졌노라고 주장하는 것을 부정하지 말고 사실로 인정해야 한다.

관련 항목

살인의 또다른 이름-뇌사와 장기이식 | 양심이라는 주관적 도덕 | 이기주의자로 살아가기

기계인가 인간인가

〈사모트라케의 니케〉와 페라리의 차이는 눈을 찌른다.(마리네티•) 여전히 파리의 루브르 박물관에 서 있는 니케는 어디로 날아갔는지 알 수 없는 얼굴과 함께 아름다운 젖가슴을 자랑하는 반면, 페라리는 눈 깜짝할 사이에 우리를 시에나에서 피렌체로 데려다준다. 토스카나의 산악 지대를 굽이굽이 돌아가는 도로 위를 달리며 엔진의 회전수를 폭발적으로 끌어올렸다가 브레이크 페달을 밟는 순간의 그 아찔함은 겪어보지 않은 사람은 모른다. 1단 기어로 가속을 하면 순식간에 시속 100킬로미터를 훌쩍 넘겨버린다. 여느 자동차라면 족히 몇 분은 걸리리라. 다시 브레이크를 밟으며 예각으로

• Filippo Tommaso Marinetti: 1876~1944. 이탈리아의 시인. 이른바 '미래파'라는 전위적 예술운동을 주창해, 과거의 전통을 부정하고 근대 문명이 낳은 속도와 기계를 찬미하는 것을 시의 본령으로 보았다. 본문에서 말하는 〈사모트라케의 니케〉는 기원전 2세기경 그리스에서 만들어진 조각상으로 승리의 여신 니케를 묘사한 것이다.

꺾인 곡선주로를 미끄러지듯 내려간다. 여차했다가는 도로 밖으로 튕겨나갈 정도의 속도임에도 부드럽게 중심을 잡는 페라리의 의젓함에 운전자는 넋을 잃을 지경이다. 험한 비포장도로를 달리느라 뽀얀 흙먼지를 일으키며 직선주로로 들어서는 순간 2단, 3단, 4단, 5단, 6단까지 기어를 끌어올린다. 휙휙 스쳐지나가는 들과 산의 풍경이 이토록 황홀하다니! 오디오 시스템의 스위치를 켠다. 이처럼 빠른 〈사계〉는 비발디 자신도 들어보지 못했으리라.(제엘•)

의심할 여지가 없이 신과 같은 위용을 자랑하는 기계는 분명 있다. 엄청난 고가의 고급 승용차는 심지어 "저 위대한 고딕 대성당과 등가물"(롤랑 바르트)이다. 물론 아무리 대단한 기계일지라도 인간의 손으로, 인간을 위해 만든 것이지만 말이다. 기계들 가운데 신의 경지에 가장 가까이 다가간 것은 바로 시계이리라. 아니, 오히려 신이 창조한 가장 놀라운 기적 가운데 하나인 시간에 조금이라도 더 근접하고자 하는 열망의 산물이 시계인 셈이다. 언제나 있었고, 늘 현존하며, 영원히 존재할 시간은 마치 도도히 흐르는 장강과 같아서, 멈추려거나 잡으려 하면 어느새 사라져 우리에게 등만 보여준다. 그 어떤 짝사랑이 이보다 애달플까. 그러니까 시계는 시간의 이런 소중함을 재며 깨치도록 일깨우는 기계다. 시계가 등장한 이래, 우리는 언제 무슨 일이 '많은 시간을 필요로 하며', 어떤 게 '시간을 별로 필요로 하지 않는지' 가늠해보고 시간에 등급을 매길 줄 알게 되었다. 더불어 우리는 다른 사람과 함께 시간을 나눈다. 여기서 신

• Martin Seel: 1954~. 독일의 철학자. 프랑크푸르트 대학교에서 철학을 가르치고 있다.

은 아주 공평하게 시간을 가른다. 근무시간, 여가시간, 대화시간, 식사시간, 수면시간 등등. 생명을 생겨나게 하는가 하면, '때를 다해' 소멸하게도 만드는 영원의 생명수인 시간은 인간이 시계를 발명함으로써 마침내 손아귀에 거머쥘 수 있게 되었다. 시계와 더불어 "오라 에트 라보라Ora et labora"(기도하고 일하라)•라는 규칙적인 절제의 삶이 가능해진 셈이다. 이렇게 볼 때 수도사 혹은 교황 자신이 세계의 시계 장인으로 자처하고 나선 것은 놀라운 일이 아니다.(헤크만••) 시계와 더불어 기존의 기도 규칙은 분 단위로 정확히 지켜졌으며, 필요한 경우에는 더욱 확장되기도 했다. 타종 장치를 장착한 시계를 만들어 누구나 잘 들을 수 있는 곳에 설치하고서, 시간을 알리는 종소리가 무엇을 의미하는지 새삼 경각심을 일깨우기도 했다. 시계로 정리되고 통제되는 수도원 생활이 영적으로나 경제적으로 훌륭한 모범을 보여주자, 수도원 담장 밖의 세상도 이내 그 본보기를 따랐다. 광장 한복판이나 시 청사의 첨탑에서 시계는 속세의 인간들을 굽어보며 그 삶의 흐름에 박자를 지시하기 시작했다. 그동안 세상은 어느 곳을 둘러보든 가까운 곳에, 이를테면 손목이나 기차역 또는 동사무소에 시계 하나 발견할 수 없는 곳이 거의 없을 정도가 되었다. 시간이 속절없이 흘러가고 있으니 서둘러야만 한다는 경고랄까.

그렇다고 시계가 언제나 무서운 채찍인 것만은 아니다. 시계야말로 상당히 믿음직스럽고 충직한, 기적의 창조물이다. 시계는 시

• 베네딕트회의 생활 신조. 529년에 이탈리아의 수도사 베네딕트가 창설한 이 수도회는 청빈, 동정, 복종을 맹세하며 수행과 노동에 힘쓰는 삶을 산다.

•• Herbert Heckmann: 1930~99. 독일의 작가.

간을 가늠하는 데에만 도움을 주는 게 아니라, 천체를 이해하는 데에도 없어서는 안 될 소중한 것이다. 인간이 발명해낸 그 어떤 것보다도 높은 정밀도를 자랑하는 크로노미터는 우주의 비밀을 밝혀내는 일에 봉사하라는 숙명을 타고났다. 인간이 만들어낸 기계가 인간을 압도하는 인상을 심어주면서, 신을 '우주라는 기계'를 창조한 최고의 장인으로 경배하도록 하는 엄숙한 신심을 갖게 만든 게 바로 크로노미터다. 우주 어딘가에서 뚝딱거리며 고도의 정밀성을 자랑하는 시계를 만들어 시간과 세상의 흐름을 섭리하는 신의 모습! 나도 모르게 옷깃을 여미게 만드는 장엄함이 아닐까.

그런데 기계는 이미 오래전부터 세계를 그 중심에서 지탱해주는 게 무엇인지 설명할 실마리를 제공해준다고 여겨져왔다. 데카르트는 "지구와, 눈에 보이는 모든 세상도 일종의 기계가 작동하는 것"으로 묘사한다.(데카르트, 『철학의 원리』) 이러한 기계 세상에서 인간은 특별한 지위를 부여받는다. 다시 말해서 기계가 아닌 인간은 혼과 정신을 가졌기에 기계를 만들어낼 수 있는 능력을 갖춘 존재다. 그러나 인간의 몸은 기계다. 이 몸과 인간 정신이 합작을 해서 이 세상의 "다양한 자동기계 혹은 운동능력을 갖춘 기계"를 만들어낸다.(데카르트, 『방법서설』) 신이 창조한 자동기계에는 이 세상의 모든 것, 즉 동물까지도 속한다. 단지 인간만이 그 영혼의 힘 덕택에 기계가 아니다. 신이 창조했다는 동물기계는 우리 인간이 그것을 완전히 복제해내는 데 성공한다면, 특성상 원본과 복제품을 구별할 아무런 기준이 없다. 인간이 기계와 다른 점은 영혼과 정신의 능력, 곧 언어능력을 지녔다는 것이며, 동물은 이를 갖지 않기 때문이다. 때때로 확인하게 되는 동물의 영민함은 분명 인간보다 뛰어난 측면이 있기는 하지만, 이런 영리함이 동물에게 유리한 것은 아니다. "나사와 톱니바퀴로 만들어진 시계가 우리 인간보다 정확하게 시간을 재기는 한다. 하지만, 그렇다고 시계가 인간보다 우월한 것은 아니지 않은가."(『방법서설』) 인간의 지혜는 명백히 기계라 할 수 있는 시계와 자동기계만 만들어내는 게 아니다. 더 나아가 인간은 지금껏 신만이 창조할 수 있었던 물건까지 만들어낼 수 있다. 그렇다면 이런 물건은 신이 아닌 인간의 작품이다.

이 같은 과감한 주장을 한 데카르트가 무엇을 염두에 두었는지 간파한 사람은 라이프니츠다. 라이프니츠가 보기에 데카르트는 '인간을 그대로 본뜬 복제품'을 만들고 싶었던 것이다. 이 무슨 지나친 망발이냐고? 조금만 자세히 살펴보면 꼭 그런 것만은 아니다. 인간과 동물의 차이를 조금만 상대적으로 적용해보면, 인간을 닮은 기계를 만든다는 것도 전혀 터무니없는 일만은 아니기 때문이다. 인공 동물, 심지어 인공 코끼리는 이미 1579년 피렌체에 나타나 토스카나 대공 프란체스코 1세와 그의 아내 비앙카 카펠로의 눈과 귀를 즐겁게 했다.(헤크만) 이런 마당에 인공 인간도 얼마든지 생각할 수 있지 않을까? 그러나 이런 생각은 다른 측면에서 끝까지 밀고 나가보면 상당한 혼란을 야기한다. 역사에서는 실제로 그런 일대 혼돈이 빚어지기도 했다. 쥘리앵 오프루아 드 라메트리는 인간이 어느 수준까지 기계를 만들 수 있는지 하는 문제에는 별반 관심을 갖지 않았다. 그가 더욱 흥미롭게 생각한 것은 인간 그 자체가 기계가 아닐까 하는 점이었다. 워낙 독창적인 생각을 한 탓에 네덜란드로 급히 피신하지 않을 수 없었던 라메트리는 피난처에서조차 그의 문제 많은 텍스트 때문에 다시 짐을 싸야만 했다. 결국 포츠담의 프리드리히 2세가 받아준 덕에 안도의 한숨을 돌린 라메트리는 "인간의 육체야말로 태엽을 감아줘야 돌아가는 기계다" 하는 주장을 다시금 큰 소리로 외쳤다. 시계에 빗댄 직설적인 비유는 그 자체만 놓고 보면 데카르트와 라이프니츠의 선례가 있었던 탓에 그리 놀라운 일은 아니다. 다만, 인간을 기계라고 한다면, 이 기계를 돌아가게 만드는 동력이 뭐냐 하는 문제에 이르러 라메트리는 곤경에 빠지고 말았다. 다른 모든 기계와 마찬가지로 인간이라는 이름의 기계 역시 동력을 공급해줘야 작동할 게 아닌가. 아리스토텔레스의 열렬한 추종자였던 라메트리는 인간의 영혼이야말로 동력의 중심일 것으로 파악했다. 그래서 이 근대의 유물론자께서는 인간의 영혼이 영양분을 공급해주지 않으면 몰락하는 것이라고 굳게 믿었다. "음식을 섭취하는 것은 몸이지만, 몸통 안에서 음식물은 강력한 힘을 자랑하는 액체로 변한다. 이 액체 덕분에 영혼은 강인한 용기로 무장하는 기쁨을 맛본다. 그래서 도망을 가느라 물속으로 뛰어든 병사는 소용돌이에 휩쓸리는 순간에도 대담함을 가지고 기꺼이 죽음을 맞는다."(라메트리) 이로써 그때까지 드높이 떠받들었던 영혼의 불멸성은 당연히 소멸한다. 인간에게 기계를 적용하다보니 영원을 호흡하는 영혼이라는 생각을 포기할 수밖에 없었던 것이다. 그러나 이는 동시에, 인간이 각종 기계가 모인 기지에서 누리던 특별한 지위를 잃는다는 것을 뜻한다. 인간과 동물 그리고 다른 모든 기계는 원칙적으로 동등하다. 자연은 이 모든 것을 빚을 때 "단지 한 가지 종류의 반죽만을 썼기 때문이다".(라메트리) 한때 위대한 시계 장인으로 불리던 신은 이제 위대한 제빵공이 되어야 할 터인데, 라메트리는 그마저도 인정하지 않는다. 그가 보기에 유일하게 작용하는 것은 자연일 따름이다. 결국 최고의 법칙은 자연법칙이다. 지구상에서 다른 모든 것과 더불어 이 법칙의 지배를 받는 인간은 "동물과 다를 게 하나도 없다. 기껏해야 인간은 수직으로 걸어다니는 기계일 뿐이다".(라메트리)

그래도 인간은 우월하니 어쩌니 하는 공상의 여지는 이제 말끔히 사라지고 만다. 또 그럴수록 인간은 기계에 모든 희망을 걸지 않을 수 없다. 아니, 기계의 왕국에서조차 일개 기계에 지나지 않는 인간은 기술의 도움을 받아 자신이 안고 있는 여러 문제들을 풀려는 꿈을 꾸는 이상한 존재가 되고 말았다. 기계가 꿈을 꾸다니 이 얼마나 발칙한 일인가? 그렇지만 주지하듯 인간은 이제 더이상 자신의 지위를 지켜달라고 기도만 올릴 수 없거니와, 그 지위를 잃어버린 슬픔에 고꾸라져 있을 수만도 없다. 기계를 설계하고 제작하는 일은 경제를 떠받드는 주요 산업이다. 이제는 인간의 문화 역시 기계와 기술이 좌우한다. 오늘날 우리는 기계에 완전히 종속된 삶을 살아가고 있다. 새 천 년의 시작을 앞두고 벌어졌던 소동은 우리의 기계 중독이 얼마나 심각한 지경인지 잘 보여준다. 우리를 공포에 빠뜨린 것은 이 세상의 몰락도 최후의 심판도 아니었다. 겨우 이진법의 디지털 기술이 빚어낸 혼란으로 섣달그믐날 밤을 뜬눈으로 지새우며 숨을 죽이고 공포에 떨어야만 했다. 다른 무엇보다도 기계를 먼저 걱정해야만 하는 처지는 우리가 자초한 것이다. 이제 기계와 기술을 둘러싼 물음은 던져도 그만, 안 던져도 그만인 임의적인 게 아니다.

"기술은 이미 그 한계를 벗어나 거칠 것 없는 위력을 과시한다."(하이데거) 그렇다. 기술은 더이상 우리 안에 가두어둘 수 없는 게 되고 말았다. 이제 기술의 문제는 곧 우리 자신의 문제다. 기계를 가지고 우리는 1차 세상인 자연을 갈수록 그늘 속으로 몰아넣는 2차 세상만 만든 게 아니다. 기술은 언제 어디서나 우리의 삶을 장악하고 우리를 개조하고 변조함으로써 저 옛날 라메트리가 인간을 두고 기계와 전혀 다를 바 없다고 했던 그 시점으로 우리를 되돌려놓기 시작했다. 라메트리를 복권시키는 절차가 숨가쁘게 돌아가고 있는 셈이다.

전기적 자극을 주어 심박수를 유지하게 만드는 심박 조율기, 운동능력을 되살려주는 인공관절, 심지어 우리의 욕구와 기분을 지켜주는 성기 이식에 이르기까지, '신이 만든 인간'과 '기계로 이뤄진 인간' 사이의 경계는 갈수록 흐려지고 있다. 아직은 '신이 만든 인간'인 동시에 '기계로 이뤄진 인간'인 우리는, 그러나 기술의 발달과 더불어 점점 더 기계 쪽에 가까이 가고 있다. 이미 뉘엿뉘엿 드리우기 시작한 신들의 황혼• 은 나노 기술의 승승장구로 말미암아 당장에라도 칠흑 같은 어둠 속으로 꼬리를 감출 태세다. 그리고 이는 곧 인류 자체의 몰락을 뜻한다.(조이••) 이로써 숱한 물음이 저절로 꼬리에 꼬리를 물고 나온다. 그 대표적인 것이 기계가 의식을 가질 수 있는

• Götterdämmerung: 북유럽신화에 등장하는 표현으로, '세상의 몰락'을 상징한다. 바그너의 악극 〈니벨룽겐의 반지〉의 제3막 제목이기도 하다.

•• Bill Joy: 1954~. 미국의 소프트웨어 개발자. 프로그래밍 언어 '자바'를 개발했다. 로봇과 나노 기술로 인간이 멸종 위기에 처할 것이라고 주장했다.

가 하는 물음이다. "기계는 세상에서 가장 아름다운 물건들을 만들어낸다"고 라이프니츠는 확신했다. 다만 "기계가 스스로 의식을 갖는 일은 결코 없을 것"이라고 덧붙였다.(라이프니츠) 아무래도 마지막 말은 너무 한가로운 생각이 아닐까? 이미 우리는 기계와 분간을 할 수 없을 정도로 얽혀 있다. 결국 기계의 지성이나 의식을 묻는 물음은 우리 자신과 직결된 물음이 아닐 수 없다. 이런 물음을 던지는 게 우리 자신인지, 아니면 우리 안의 기계인지 아리송하기만 한 터라, 어느 쪽이, 어떤 의도로 무슨 대답을 할지도 전혀 알 수가 없다. 하는 수 없이 물음은 그냥 그대로 버려둘 수밖에 없다. 이제는 페라리 안에서도 편안하고 안전하다는 느낌이 전혀 들지 않는다. '우리'가 이 기계의 주인일까? 혹시 이 기계가 '우리'를 소유하고 있는 것은 아닐까?(슈미츠•) 다시금 묻지 않을 수 없다. 대체 우리는 누구인가? 기계인가, 아니면 인간인가?

관련 항목

몸에 충실한 삶 | 여자 혹은 남자로 살아가기 | 인생이라는 실타래

• Hermann Schmitz: 1928~. 이른바 '신新현상학'을 대표하는 독일 철학자.

기다림의 끝

기다리는 사람은 학대를 당하면서 쾌감을 느끼는 마조히스트이며, 희망을 품는 사람은 오지 않을 유토피아를 그리는 몽상가이고, 이런 걸 두고 철학을 하는 사람은 도덕주의자일까?

기다림이란 사회도덕의 입장에서 볼 때 흥미로운 현상이다. 인간은 거의 언제나 무엇인가 기다리기 때문이다. 편지를 기다리는가 하면, 일생일대의 사랑이 찾아와주기를 간절히 기다리고, 목을 길게 빼고 평화가 어디쯤 와 있나 살피는가 하면, 일자리를 애가 타게 기다리기도 한다. 이때 누가 누구를 어디서 얼마나 오래 혹은 얼마나 자주 기다리게 하는지, 또는 기다리게 할 수 있는지만 큰 흥밋거리는 아니다. 사회는 바로 인간이 저마다 다른 기다림의 지평을 가졌기 때문에 이뤄지는 게 아닐까? 이게 무슨 말인가 의아해할 독자를 위해 다음과 같은 예를 들어 설명해본다. 사회적인 처지가 열악한 사람은 이미 오래전에 계급이 사라진 사회, 그러니까 '본래 계급적 차별'이 없는 사회에서조차 묘하게도 시대착오적인 이등칸만 타고 다녀야 한다. 다시 말해서 일등칸을 타는 사람에 비해 훨씬 더 많은 것을 기다려야만 하며, 또다른 사람을 기다리게 만든다. 기다림도 이처럼 처지에 따라 차원이 달라진다. 어디 그뿐인가? 열등한 처지의 사람은 심지어 훨씬 더 느린 열차를 이용할 수밖에 없기 때문에, 그만큼 더 늦게 도착한다. 기다리고 기다리게 만드는 불안과 초조와 시간 낭비 역시 처지에 따라 차원을 달리한다.

그러나 특별한 의미에서 기다림은 인간의 지위 고하를 따지지 않는다. 기다리라고 써붙인 공간에서만 그런 것은 아니다. 아니, 우리는 평생 기다리며 살아간다. 인생 자체가 일종의 대기실이랄까. 원래 모든 시작은 낙원의 향기를 물씬 풍겼다. 왜 인간이 낙원에서 쫓겨났는지 그 이유는 이미 잘 알려져 있다. 그러나 왜 하필이면 속세로 쫓겨나야 했을까? 사도 요한의 대답은 충격적이다. 악마가 자신에게 시간이 얼마 남지 않았다는 것을 알았기 때문이라나?(『요한계시록』 12장 12절)• 왜 하필이면 악마가 기다려줄 수 없었던 것일까? "왜 그때그때 다른 말을 하면서, 언제나 타이밍이 정확하게 맞는 말만 하는 악마가 며칠 더 기다려주지 못하고 인간의 미래를 막아버린 것일까?"(블루멘베르크••) 세상의 시간을 모두 가지고 있어서, 다시 말해 더 기다리지 않아도 좋을 때, 악독하게 굴었어도 충분

• 『공동번역성서』는 "제 때가 얼마 남지 않은 것을 깨달은 악마가 크게 노하여 너희에게 내려갔으니 땅과 바다는 화를 입을 것이다"라고 옮겼다.

•• Hans Blumenberg: 1920~96. 독일의 철학자. 현상학에서 연구를 시작했고, 철학의 비유적 표현들에 주목하면서 '시학과 해석학'이라는 연구 그룹을 주도했다.

하지 않을까? 그러니까 천국에 그냥 놓아두고 괴롭혀도 좋았을 것을, 왜 속세로 굳이 몰아내야 했을까? 사악함은, 블루멘베르크가 생각하듯 속세의 시간과 맞물려야 그 진가를 발휘하는 것일까? 시간을 허비하며 기다리고 살아야만 사악함이 빛을 발할까? 인간은 그 본성상 기다릴 줄 모르는 존재이기에 기다림이라는 형벌을 감당하라고 속세로 쫓겨난 것일까?

시간을 번다는 말은 언제까지 일을 끝내라고 기한을 정해줄 때에만 의미를 갖는다. 그러니까 이 말은 뒤집으면, 그 시간 단위를 넘어서면서부터는 기다리지 않겠다는 다짐이다. 간곡한 부탁으로 기한을 연장받았을 때, 우리는 안도의 한숨을 내쉰다. '데드라인deadline'이나 '리앙 느 바 플뤼Rien ne va plus'* 따위의 말을 괜히 하는 게 아니다. 오죽하면 기한을 넘겼다고 해서 '죽음'을 언급할까. 인간의 본질을 탐구하는 인간학의 입장에서 이 말은 곧 기다림이 죽음과 맞물려 있다는 것을 뜻한다. 죽음을 염두에 둘 때 인간은 엄청난 시간의 압박을 받는다. 두 눈 부릅뜨고 있는 죽음 앞에서 더 기다리고 자시고 할 수가 없다. 인생의 유한함이라는 조건 아래서 살 수밖에 없는 인간은 기다려야만 하는 자신의 처지에 분통이 터진다. 하기야 죽음을 향해 달려가는 인생에서 한가하게 기다릴 시간이 어디 있는가? 아니, 죽을 것을 알기에, 죽음을 통해 사는 인생이라고 해야 할까? 어쨌거나 유한한 인생의 한복판에서 기다린다는 것은 그 유한함을 갉아먹는 일일 뿐이다. 특히 현대에 들어와 기다림은 곧 비극

* 룰렛 게임에서 쓰는 말로, 판돈을 걸 시간이 지났다는 뜻이다.

의 동의어가 되고 말았다. 조금도 기다리지 못하고 재촉을 해대는 통에 숱한 도덕적 문제도 생기고 있다. 현대에 들어서면서 시간은 정말 귀해지고 말았기 때문이다. 어딜 가든 시간이 부족하다는 한숨과 푸념, 심지어 짜증이 난무한다. 현대인은 명백하게도 더이상 시간이 없다. 그것도 평생에 걸쳐! 한가하게 구석에 틀어박혀 자신이 왜 이런 행동을 해야 하는지 그 도덕적 근거를 낱낱이 훑으며 정당화의 궁극적인 다짐을 놓을 시간은 더더구나 없다. 이렇게 볼 때 시간 부족은 악이 생겨나게 만드는 뿌리다. 시간이 부족하다는 핑계를 들이대며 도덕을 생각할 짬이 없었노라고 둘러댈 것이기 때문이다. 우리는 언제나 옳은 것은 기다려야만 하는 저주를 받았다는 투덜거림과 함께! '모든 게 다 잘될 거야!' 결국 이런 체념과 방기만 기승을 부린다. 시간이 부족하다는 상황이 유혹의 혀끝을 날름거리는 통에 사악함의 원천으로 빠져드는 것이다. 앞으로 다 잘될 거라는 악마의 꼬드김에 인간은 될 대로 되라며 몸부터 던진다. '다 잘될 거라면, 지금 여기서 당장!' 그러나 인생의 시간은 유일하게 이론을 꾸며볼 능력을 가진 시간이기도 하다. 죽음을 향해, 혹은 죽음에서, 살아야 하는 기한만 정해져 있지 않다면, 우리가 언젠가 모든 것을 남김없이 알 수 있는 날도 오리라. 그래서 무한함을 유한함의 관점에서 보려고 시도한 모든 이론이 쓸모가 없어지는 날도 오지 않을까? 그럼 우리는 마침내 느긋한 마음으로 기다릴 수 있을까?

그러나 시간과 도덕이라는 관점에서 볼 때, 낙원에서 추방당하는 대신 지혜를 갖게 된 것은 결코 좋은 거래가 아니었다. 인간은 영원을 잃어버리는 대신 앎의 능력을 허락받는 '흥정'을 하기는 했지만, 평생 매달려도 모든 앎을 소화하기에는 시간이 턱없이 부족하기 때문이다. 언제 무엇을 알든 끝까지 속시원히 풀리는 일은 전혀 없다. 결국 인간은 궁극적인 깨우침을 늘 기다릴 수밖에 없다. 신처럼 선과 악을 가려볼 능력을 허락받고, 성경이 말하듯 눈이 밝아져 영리해지기는 했지만, 세상의 궁극적인 이치를 깨칠 (무한한) 시간은 가지지 못한 탓에 늘 제자리를 맴도는 반성과 함께 하염없이 기다릴 뿐이다. 이제야 인간은 가슴을 쥐어뜯으며 후회를 한다. 결국 인간을 낙원의 땅에서 몰아낸 쪽은 악마가 아니라 신이었다. '생명나무'의 열매를 먹고 영생을 누리기 전에 우리 주 하느님 아버지가 손수 인간을 추방한 것이다.(『창세기』 3장 22절) 물론 옛날보다 지금이 나아지기는 했다. 인류는 꾸준히 발달을 이루며 오늘에 이르렀다. 그러나 여기서도 양심의 가책은 아프기만 하다. 더 좋은 것을 누리지 못하고 세상을 떠난 선조에게 느끼는 미안함이랄까. 그러면서도 내심 득의만만해하는 못된 심보는 악마를 그대로 닮았다. 죄책감과 기쁨을 동시에 느끼는 이런 이중성은 앞으로 살아갈 세대도 고스란히 짊어져야 하리라. 미래 세대에 대한 시샘과 질시, 인생이 너무 짧다는 안타까움이 사악한 독기를 뿜어내는 통에 선조와 후손 사이에 낀 우리는 괴롭기만 하다.

이처럼 시간이라는 것은 사악함의 뿌리다. 더구나 기대를 품게 만들고 실망을 안긴다는 점에서, 다시 말해서 역사를 감당하게 만든다는 점에서, 시간은 가혹하기만 한 악의 뿌리다. 낙원의 상실과 함께 무한하기만 한 희망을 유한한 인생의 시간으로 채울 수 없게 되어, 인간은 엄청난 시간의 압박에 시달린다. 이제 인간에게 남은 것이라고는 기다림을 배우는 일밖에 없다. 사악함은 경쟁자에 맞서 최대한의 만족을 얻으려는 데서도 피할 수 없이 고개를 내민다. 함께 누리는 '지속적인 발전' 대신 '나만 멀쩡하면 홍수가 난들 어떠랴!' 하는 심보다. 이런 마당에 시간을 얻는다는 것은 곧 세상을 차지하는 것과 같다. 현대적으로 말하자면 '시간은 돈이다!'랄까. 기대와, 그 기대의 만족이라는 경험이 서로 정면충돌하며 실망만 안기는 탓에, 인간은 모든 것을 가져야만 사악하지 않을 것이라는 결론을 내릴 수밖에 없다. 희망할 수 있는 모든 것을 다 가진 인간은 기억하고 예상하며 기다릴 필요가 없기에, 마침내 선한 웃음을 지을 게 아닌가. 그러나 턱없이 부족하기만 한 자원을 놓고 머리 터지게 싸우는 일처럼 어리석은 게 또 있을까? 어차피 유한한 존재인 인간이 시간 압박에 시달린다는 것도 논리적으로 따지면 전혀 말이 안 되는 소리에 지나지 않는다. 오늘날 우리가 체험하는 것은 완전히 다른 시간이다. 현대 자본주의에서 소비 욕망은 걷잡을 수 없는 지경으로 치닫기만 한다. 이래도 괜찮은지 불안해하고 초조해하면서도 고삐가 풀려버린 욕망의 뒤를 허덕이며 쫓을 뿐이다. 소비는 갈수록 "더 많이!" 하고 외친다. 말하자면 인간을 영원한 기다림의 상태에 붙들어매는 것이다. 낙원에 살던 선한 인간은 욕구라는 것을 몰랐다. 그러니 시간을 알아야 할 이유도 없었다. 남들과 경쟁할 필요가 없었으며, 충동에 휘둘리지도 않았다.

도덕적 인간은 시간에 얽매이지 않으며, 기다리느라 초조해하지도 않는다. 낙원의 신화가 갖는 심오한 의미를 꿰뚫어보았기 때문이다. 신이 허락한 시간과 공간의 한계를 받아들이고, 이를 다른 사람과 기꺼이 나누어 쓸 줄 알기에 여유롭고 차분한 인생, 곧 도덕적인 삶을 산다. 경계를 알기에 "여유를 가지고 모든 향유할 수 있는 것을 즐기고 누린다".(블루멘베르크) 낙원의 인간은 기다릴 필요가 없는 인간이다. 속세는 시간을 필요로 하기에, 자신이 가진 시간과 부딪칠 수밖에 없는 인간은 기다림을 배우지 못해 냉소하며 저주만 쏟아낼 뿐이다. 만약 인간이 경계를 건드리지 않고 주어진 그대로 받아들인다면, 이로써 경계를 있는 그대로 무의식적으로나마 수용한다면, 동시에 인간은 욕구를 자제할 줄 알게 된다. 함께 더불어 사는 도덕적 삶의 지평이 열리는 것이다. 성경 말씀의 진의가 고스란히 다가오는 순간이다. 저것만큼은 "따먹지도 말고 만지지도 말라고 하셨다". 그러지 않으면 죽음만이 우리를 기다린다.(『창세기』 3장 3절) 기다리지 않아도 된다는 것, 시간의 속박을 벗어던진다는 것, 이는 신이 내린 계명의 존중이자 실천이다. 이로써 인생은 무한한 향유의 기쁨을 누린다. 천국에서 쫓겨남으로써 내몰린 욕구의 무한함에서 빠져나왔기 때문이다. 끝없이 도덕적 문제를 낳던 욕심을 벗어던졌기 때문이다. 그러나 낙원으로 돌아갈 길이 막막하기만 한 우리는 기다릴 수밖에 없다. 인간은 시간 부족에 시달리는 존재로 남을 따름이다. 시간이 없다는 것, 이는 곧 기다림을 의미할 뿐이다. "기다림은 우리를 비도덕적으로 만든다."(니체)

세상의 파멸과 종말을 굳게 믿고 기다리는 기독교인도 그럼 비도덕적일까 하는 물음은 접어두기로 하자. 이들은 최후의 심판이라는 것으로 세상의 지배 권력을 공고히 다지는 일에만 관심을 쏟아오지 않았던가. 동시에 유대인들은 이 모델을 가지고 심지어 선민의식을 꾸며대기도 했다. 그러나 분명히 해두자. 선택을 받은 민족은 기다림을 특히 더 감당해야만 하는 민족에 지나지 않는다. 구세주가 강림하기까지 그들은 목을 빼고 기다릴 수밖에 없다. 따라서 유대인은 기다림을 처음부터 끝까지 철저하게 기획된 프로그램으로 만들었다. 이들에게 기다림은 길거나 짧은 연극일 뿐이다.(『요한계시록』 6장 10절 이하) 오래도록 지치지 않고 기다릴 터이니 부디 불의 심판을 내려달라고 하면서도, 당장 흘린 피의 원수를 갚아달라고 부르짖는다. 세상의 종말은 기대를 품고 기다려온 불만으로 가득한 역사다. 최후의 심판을 외치며, 정의가 그 파멸의 힘으로 비정상적인 것, 예측할 수 없는 것, 전혀 새로운 것을 세워줄 것을 요구한다. 물론 그 계획은 신만 아는 것이다.

기독교의 몰락과 함께 최후의 심판 이야기가 무력해지고 말았음에도, 형이상학 없이 사는 사람들은 상관없다는 표정으로 자신의 생각을 고집할 따름이다. 반대로 형이상학에 충실한 삶을 살면서 장차 다가올 최고 권세의 심판을 두려워하던 사람들은 다행이라며 가슴을 쓸어내린다. 그러나 최후의 심판을 위협이 아니라 절대 정의의 작용으로 이해한다면, 이런 결말을 더이상 바랄 수 없게 된 신앙인이 얼마나 실망할지 가늠이 된다. 매일 고통과 불편을 감내하면서도 기꺼이 기다릴 수 있었던 것은, 정의가 실현되기를 간절히 바랐기 때문이니 말이다. 그러나 모든 것을 일거에 밝혀줄 위대한 심판의 날은 아무래도 허사로 끝날 게 분명해 보인다. 신이 전능함을 자랑하기 위해 생명의 젖줄을 틀어막아버린다면, 그래서 자신의 정당함을 과시하기 위해 최후의 심판을 결행한다면, 이는 계몽과 더불어 시작된 세속화 과정의 완성으로 이해될 수밖에 없기 때문이다. 전능한 신이 주체로서의 인간을 시기해 최후의 심판을 한다면, 결국 신이 인간에게 굴복한 것으로 볼 수밖에 없다. 그래서일까? 계몽주의의 출현 이래, 모두가 기다리는 전능한 심판관은 사라지고 말았다. 단지, 수많은 작은 심판관들이 종종 서로 의지하며 판결을 내릴 뿐이다.

이런 상황은 우리가 익히 알고 있는 마조히즘이라는 현상을 낳는다. 마조히스트는 기다림의 기술을 섭렵한 사람이다. 마조히스트의 기다림에서 이상과 현실은 통일을 이룬다. 마조히스트는 끝없는 기대를 가지고 당장의 고통이 나중에 기쁨을 맛보게 해줄 조건이라고 상상한다. 그리고 그 상상의 쾌락에 몸을 떤다. 여기서 기다림은 분명 이중의 구조로 이루어져 있다. 기다림의 목표인 쾌락은, 더욱 강렬한 쾌락을 맛보고자 하는 마조히스트의 심리에 의해 자꾸 뒤로 밀려난다. 마조히스트는 지금 이 순간에 맛보는 고통스러운 기다림에 심취한다. "고통은 지금껏 기대해온 것의 현실인 반면, 쾌락은 기다림의 충족이다."(들뢰즈, 「마조히즘에 관한 연구」) 여기서 마조히스트는 적어도 무엇을 어떻게 왜 기다리려 하는지 알고 있는 것처럼 보인다.

기다림이라는 문제를 인생의 의미 문제와 결부시키는 마조히스트는 고통에 찌든 나머지 이제껏 종종 병자로 취급받곤 했다. 현대 문화에서 인간들은 더이상 신을 기다리지 않는다. 우리는 다만 고도Godot를 기다릴 뿐이다. 그저 우리는 꼼짝도 못하고 기다리느라 제자리에서 굳고 말았다. 왜 기다리는지도 모르며, 제때에 정확한 장소에서 기다리고 있는 것인지조차 아리송하기만 하다. 정작 고도가 누구인지 우리는 알지 못한다. 기다리고 있는 사람이 고도인지조차 확실치 않다. 심지어 기다리면서 뭔가 다른 일을 해도 되는지도 알 수가 없다(예를 들어 스스로 목을 매달아도 되는 것인지, 아무런 판단을 할 수가 없다). 희곡 『고도를 기다리며』는 모든 행위의 무의미함, 부동不動의 불확실성, 인간이 겪는 '무자비한 혼란스러움'을 상징하는 현대의 암호다. 현대인이 피할 수 없이 맞닥뜨려야만 하는 부조리의 압축판이랄까. "우리는 고도를 기다린다." "아하, 그래. (사이) 그럼 뭘 해야 하지?" "할 수 있는 게 아무것도 없잖아."(베케트) 결국 인간은 시대의 막간에 나와 재롱을 떨어야 하는 어릿광대로 전락하고 말았다. 인간은 자신이 중간 휴식시간에 나와 관중을 웃겨야 하는 그 시대가 어떤 것인지조차 알지 못한다. 그저 영원히 되풀이되며 일체의 의미를 털어버리고 깔아뭉개는 무한함의 연속이 우리가 살아가는 시대의 참모습이 아닐까? 그러나 어릿광대는 뭐가 뭔지 모르겠다는 듯 눈망울을 바삐 굴려댈 뿐이다.

마지막으로 던져야 할 물음은 이렇다. 우리는 평생 무한한 것, 도저히 도달할 수 없는 것을 기다리고 있는 게 아닐까? 혹시 그 무한한 것은 미래가 아닌, 과거에 이미 있었던 게 아닐까?

관련 항목

낭비, 돈과 시간을 놓아버려라 | 쇠약해짐과 죽음 | 인내와 희망의 토양, 현재

기억과 망각

왜 우리는 모든 걸 일일이 기억하려고 들까? 그렇지 않아도 해야 할 일이 차고 넘쳐나지 않는가? 끼니마다 챙겨 먹고 설거지를 하고 결혼기념일을 지키며 돌아가신 베르타 숙모님의 기일까지 기억하는 것으로도 모자라, 세계대전에서 희생당한 전몰장병이나 전 세계의 고문 피해자 혹은 에이즈 사망자나 독재에 맞서 싸우다 죽은 사람들에게까지 묵념을 올리며 '저 머나먼 기억'까지 보듬어야 하는 이유가 뭘까? 최근에는 이 같은 기억이 진정 '추모와 기념'을 위한 것인지, 아니면 살아남은 자의 자기위안에 지나지 않는지 하는 문제로 격론이 벌어지기도 했다. 그러나 다시 보면 이런 논의 자체가 부질없는 노릇이지 싶다. 인간이 죽음을 기억해온 것은 죽은 뒤에도 영혼은 살아 떠돈다는 믿음에 깊이 뿌리를 내리고 있으니 말이다. 어쨌거나 인간의 기억이 한사코 매달리는 불멸 내지 불사라는 생각은 참으로 묘한 게 아닐 수 없다. 몇 가지 예를 들어보자. 1907년 프랑스 철학자 알랭은 세상을 떠난 자의 정신이 살아 있는 사람 안에 깃들어, "죽은 자는 자신이 살고 싶어하는 그대로 생각하고 말하며 행동하고…… 충고하고 의지를 가지며 칭찬하거나 나무란다"라고 단언했다. 그러니까 죽은 자는 산 사람 안에서 계속 살아간다는 확인이다. 슈테른베르거•는 1977년, 죽은 자는 기억 속에서 살고 죽기를 반복하며 이중의 삶을 살고 있다고 썼다. 물론 이 이중의 삶은 기억 안에서만 이루어지는 탓에 접근하기가 무척 힘들다. 이에 관해 노르베르트 엘리아스는, 우리가 기억을 통해 죽은 자를 되살려내는 것은 죽은 자가 망각되지 않도록 지켜주기 위함이라고 논평한다. 그런가 하면 브룸리크••는 1995년, 기억을 통한 연대감의 확인을 마침내 "역사에서 부당하게 그 권리를 침해당한 모든 사람들"에게 확장할 것을 요구했다. 비록 "상상 속에서만 죽은 이를 만나볼 수 있을지라도 부당하게 죽어간 이를 떠올림으로써 현대를 살아가는 개인들 각자가 그런 일이 되풀이되어서는 안 된다는 분명한 도덕적 자각"을 해야 한다는 것이다. 아마도 누군가를 죽음 이후에 살려내는 가장 좋은 방법은, 프로이트가 형제의 손에 죽어간 조상•••과 관련지어 짐작하고 있듯, 그를 부당하게 죽이는 일이리라. 부당한 죽음은 죽은 이에게, 그가 살아서 단 한 번도 가져본 적이 없는 강력함을 선사한다.

• Dolf Sternberger: 1907~89. 독일의 정치학자이자 저널리스트. 제2차 세계대전 이후 독일 정치학의 기틀을 새로 마련했다.

•• Micha Brumlik: 1947~. 교육학자. 현재 독일에서 유대인을 대표하는 인물이다.

••• 성경에 나오는 카인과 아벨의 이야기로 보인다.

그렇지만 한 걸음 더 나아가 죽은 사람이 산 사람보다 압도적으로 많은 경우를 생각해본다면, 죽은 이가 산 사람 안에서 계속 살아간다는 생각은 무시무시한 폭발력을 갖는다. 여기서 "불사의 뱀파이어라는 상상"(마코•)이 나래를 펴는 것도 무리는 아니다. 기억이 무슨 컨테이너 같은 것이어서 죽은 사람들이 우리의 기억 속에 계속 누적된다는 식의 생각에서 출발하지 않더라도, 죽음을 잔혹한 침입자쯤으로 바라보는 이런 생각의 바탕에는 과거가 현재와 미래를 좌지우지하는 것은 아닐까 하는 두려움이 깔려 있다. 여기서 기억은 일종의 집단적 기념비이며, '르브낭revenant', 즉 돌아온 망령으로 쉬지 못하고 떠도는 죽은 이들을 추모하는 묘비이다. 이로써 죽은 이는 시간의 흐름을 이겨내고 승리의 미소를 짓는다. 죽음의 기억은 연대기인 동시에 미래 예언이다. 이를테면 기억은, 과거가 현재와 미래를 결정짓는 시간의 저수지와 같은 것이다. 회상을 통해 죽은 이에게 매달림으로써 우리의 현재와 미래는 고풍스러운 박물관으로 변모하고 만다.

현대가 기억을 해야만 하며 망각하지 말아야 한다는 도덕적 명령을 내리는 한, 망각이라는 것은 구제받지 못할 병이다(명령의 관점). 그러나 동시에 망각은 어쩔 수 없이 받아들여야만 하는 지극히 정상적인 것이다. 기억이라는 것 자체가 인간이 지닌 가능성들을 제한하기 때문에, 망각하지 않고 인생을 살 수 없다는 것은 분명한

• Thomas Macho: 1952~. 오스트리아의 문화학자이자 철학자. 죽음의 문제를 집중적으로 연구하고 있다.

이야기다. 기억에 매달리고 집착하는 한 우리의 꿈은 포기될 수밖에 없으며, 포기의 아픔을 잊지 않고서는 더이상 살아갈 수 없는 노릇이지 않은가. 물론 이를 악물고 아픔을 감당하면서 과거를 소화하고 현재를 나의 것으로 꾸려가는 유연하고도 강인한 힘이 있다면 이야기는 달라지리라. 그러나 그런 가혹한 과정을 흠집 하나 얻지 않고 이겨낼 사람이 과연 얼마나 될까? 오히려 과거를 깡그리 잊어버리고 나 몰라라 하는 무책임한 태도를 가져야만 우리는 훌훌 털고 일어날 수 있다. 말하자면 모르는 척 행동하는 것이랄까. 모르는 척 하는 것. 이는 곧 망각의 상태를 꾸며냄을 의미한다. 여기서 망각은 완벽한 '담나티오 메모리에Damnatio memoriae', 즉 '기억의 저주'가 아니다. 그렇다고 이율배반적으로 기억을 벌충해주는 것으로 생각해야만 할 필요도 없다. 그러니까 망각이란 기억을 도와 기억에서 빠져나오게끔 해주는 것은 아니다. 과거와 작별할 수 있는 사람, 과거라는 납덩이에 끌려다니지 않는 사람만이 현재와 미래를 가질 수 있다. 망각의 덕은 시간의 지배를 이겨내는 데서 나타난다. 망각의 능력은 과거라는 시간을 괄호 안에 묶어버릴 가능성을 열어준다. 이는 곧 나 자신을 새롭게 세우는 데 필요한 시간을 얻는 일이기도 하다.

그러나 망각이라는 것은 그 무엇과도 비교할 수 없으리만치 복잡하다. 잊고 싶다고 해서, 또는 잊어야만 한다는 의무감에, 부러 망각할 수야 없는 노릇 아닌가. 오히려 잊으려 하고, 끊임없이 잊겠노라고 다짐하는 사람은 그 잊고 싶은 것을 결코 놓아버릴 수 없다. "망각의 기술? 그런 건 잊어라!"(움베르토 에코) 또 망각이라는 것을 자신의 의지로 망각할 수도 없는 노릇이다. 설혹 망각이 찾아왔다고 해도 기억은 멀리 떨어져 있지 않다. 무엇인가 망각했음을 깨닫는 순간, 우리는 기억을 찾아나서기 때문이다. 말하자면 망각은 기억을 모색하게 만드는 조건이랄까. 어떤 장면을 보는 순간, 잊었던 게 문득 생각나는 것을 보면, 망각은 기억의 부산물이기도 하다. 다른 측면에서 보자면, 기억과 망각은 서로 손을 맞잡는 것이다. 우리는 기억하는 것만 잊을 수 있으며, 동시에 잊을 수 있는 것을 기억하기 때문이다. 또한 뭔가 잊어버린 게 없는지 알려면, 먼저 우리는 그것을 잊어버렸다는 사실을 기억해야만 한다. 만약 기억이 시간이라는 것을 있게 만드는 선험적 조건, 시간의 대상을 생각할 수 있는 선험적 조건이라면 어떻게 될까? 다시 말해 기억이 있어야만 우리가 시간이라는 것을, 시간 속에서 변화하고 흘러가는 대상을 생각할 수 있다면, 망각이라는 것은 도저히 어찌해볼 수 없는 과거라는 상태를 뜻할까? 기억이 있어야만 시간을 생각할 수 있다면, 망각한 우리에게 과거는 사라진 것, 곧 없는 것일까?

그렇다면 우리는 전통이라는 것을 비극과 슬픔의 대상으로만 바라봐야 하는 게 아닐까 하는 의문이 자연스레 고개를 든다. 전통은 지나간 것, 흘러간 것으로서 언젠가 완전히 잊히게 될 것이기 때문이다. 소중했던 과거의 기억을 완전히 빼앗긴 우리는 비통히 눈물을 흘릴 수밖에 없다. 도저히 되살려낼 수 없기에, 이제는 없는 것이기에! 모든 게 망각 속에서 해체되고, 망각의 망각 속으로 묻혀버리고 말리라. 인류의 기억에서조차 몇 가지는 지워져버릴 수 있다. 이처럼 상실될 가능성에 대비해 인간은 기억이라는 표석을 세우고 그 보존을 위해 노력해야 하지 않을까? 다른 사람, 이를테면 후손에게, 다른 사람, 곧 조상의 역사를 전해줘야 할 테니 말이다. 그렇다면 기억이란 일종의 약속이 되리라. 이것만큼은 잊지 말자는 약속! 아니, 혹시 약속만 기억으로 덩그러니 남는 것은 아닐까? 이렇게 볼 때 우리는 기억이라는 것을 통해 과거와 연대감을 다지는 회상과 추모의 도덕이 왜 필요한지, 그 답을 찾을 수 있다. 기념이나 추모라는 게 개인 차원의 것이어야 하느냐, 아니면 국민 전체 차원의 것이어야 하느냐는 물음은 중요한 게 아니다. 정의를 기억한다는 게 무엇인지 어떻게 설명할까 하는 것도 문제의 핵심에서 비켜난 질문이다. 인간의 도덕적 자기만족을 위해 과거의 희생자를 '도구화'하는 것은 아닌가 하는 물음도 적절한 접근 방식이 아니다. 그저 희생자를 위한 순수한 추모라는 것은 더더욱 말이 되지 않는다. 오히려 도대체 왜 인간의 도덕은 추모라는 것을 필요로 할까, 그 이유를 제시하는 것이 우리의 문제이다. 왜 우리는 과거의 희생자를 기억해야 하는지 설명할 수 있어야 한다. 그건, 기억하지 않는다면 망각의 저편으로 사라지고 말기 때문이다. 망각된 것은 우리가 생각할 수 없는 것이기 때문이다.

예를 들어 왜 우리는 후르비네크Hurbinek를 기억해야만 할까? 후르비네크는 프리모 레비의 자전적 소설 『휴전』에 나오는 세 살배기 아이다. 사람들은 이 아이가 아마도 아우슈비츠에서 태어났을 것으로 짐작한다. 그 희한한 발음의 이름 역시 말을 못하는 아이의 알아듣기 힘든 옹알거림을 그대로 흉내낸 것에 지나지 않는다. 죽음의 수용소 아우슈비츠에서 태어난 '죽음의 아이'가 후르비네크다. 아기는 "나무를 단 한 번도 본 적이 없다. 아이는 마지막 숨을 거두는 그 순간까지 인간 세상에 들어가기 위해 안간힘을 썼다. 야수와도 같은 권력의 손길이 아이를 내몬 바로 그 세상으로. 이름도 없는 아이 후르비네크의 그 앙증맞은 팔에는 아우슈비츠가 새겨넣은 문신이 선명했다—후르비네크는 1945년 3월 초에 죽었다. 자유의 몸으로, 그러나 아무런 구원을 받지 못한 채. 아이에게서 남은 것은 아무것도 없다……".(레비) 아무것도 남지 않았다. 다만 레비가 남겨놓은 증언밖에는. 그런데도 왜 우리는 후르비네크를 기억해야만 할까?

성공적인 인생의 조건이 시간을 성공적으로 다루는가 하는 것이라면, 다시 말해서 미래를 꿈꾸고 계획하는 게 인간의 본질이라면, 스스로 미래를 결정할 수 없었던 사람의 아픔을 헤아리며 보듬고 추모하는 일은 우리가 마땅히 감당해야 할 도덕적 의무다. 미래가 닫힌다는 것, 미래를 봉쇄당한다는 것, 이는 곧 인간과 비인간을 가르는 경계 지점이다. 이렇듯 경계가 표시된 지점에서 기억은 구체적인 얼굴과 표정 그리고 이름을 얻는다. 국가나 사회라는 집단이 거창한 의식을 치르며 기념을 하는 것과는 달리, 단 한 명의 개인일지라도 누가 시키지 않았음에도 자발적으로 나서서 촛불을 드는 추모는, 누군가의 미래가 방해받고 비틀린다는 게 우리 개개인의 심장을 얼마나 절절하게 울리는 일인지 선명하게 보여준다. 말을 할 줄 아는 삶조차 채 시작하지 못했던 후르비네크…… 어떤 의미에서는 세상에 태어난 게 아니라고도 할 수 있는 후르비네크의 절망적인 미래를 보며 우리는 가슴에서 우러나온 눈물을 흘린다. 어떤 개인을 추모한다는 것, 비록 암호와도 같은 것일지라도 인생에 족적을 남긴 개인을 기억한다는 것은 그래서 아주 중요한 일이다. 해나 아렌트는 후르비네크의 아픔을 이른바 '난민displaced persons'이라는 성인의 사례를 들어 역추적하고 있다. 제2차 세계대전에서 강제수용소와 포로수용소에 갇혔던 어른들이 어떻게 고향과 조국을 빼앗겼는지 증언하고 있는 것이다. 인간이라는 것 외에는 가진 게 아무것도 없는 모든 포로는, '불변의 절대적인, 아무 말도 할 수 없는 개인'으로 유리되고 격리당하고 말았다. 이들은 하나의 집단으로 취급되었을 뿐이며, 집단 안에서조차 개인일 수 없었다. 아렌트의 증언은 계속된다. 고향과 국가를 잃은 이 포로들은, "인간인 동시에 개인이었다. 지극히 일반적이면서 더할 나위 없이 특수한 인간이자 개인이었다. 이들은 그만큼 추상적이었다. 이들에게는 속할 세계가 없었기 때문이다".

후르비네크의 세상은 아우슈비츠라는 이름의 비非세상, 반反세상이다. 여기서 이 아이는 헝가리 소년의 보살핌에도 말을 배우지 못한다. 인간이 말을 통해 세상으로 나오는 것, 자기 자신을 발견하는 것, 미래를 꿈꾸고 꾸며가는 것을 아우슈비츠는 방해하기 때문이다. 그래도 우리는 벙어리에게 언어를 빌려줄 수는 있다. 이름도 없고, 말도 못하는 벙어리의 처지를 묘사한 기록으로 한 인간이 존재했다는 증언을 남기는 것이다. 물론 이런 증언이 일반의 양심을 위로하려는 알리바이일 수는 없다. 증언을 남긴다고 해도 희생자와 가해자 사이의 화해가 가능할까 하는 물음은 여전히 풀리지 않은 채로 남기 때문이다. 그러나 후르비네크를 기억한다는 것은, 도덕의 관점에서 보자면, 그를 '인간 세상으로 들어설 수 있게 부축해준다는 것'을 뜻한다. 인간이라면 누구나 이 세상에 들어설 수 있으며, 또 들어서야 한다는 이치를 가슴에 새기는 일이다. 이런 의미에서 역사의 희생자란 미래를 가질 수 없는 사람이다. 삶을 설계하고 기획하며 자신의 꿈을 실현하기 위해 노력하는 게 불가능한, 세상에 자신의 흔적을 남길 권리를 보장받지 못한 사람은 역사에 희생자로 기록되어야 마땅하다. 바로 그래서 인간의 윤리는 개인의 불행하고 비인간적인 과거를 낱낱이 기억해야 한다. 그래야 모든 사람이 미래다운 미래를 열어나갈 수 있다. 이 경우 정의란 미래를 가로막고 있는 게 무엇인지 헤아리는 일이다. 미래를 열어주기 위해 필요한 게 뭔지 기억해야만 한다. 이 점만큼은 망각하지 말아야 한다.

관련 항목

나이를 먹는다는 것 | 쇠약해짐과 죽음 | 의무를 넘어 여유로운 삶으로

나이를 먹는다는 것

원하든 원치 않든 우리는 나이를 먹는다. 통계를 놓고 봐도 이는 분명한 사실이다. 19세기 중반 평균 수명은 37.2세에 지나지 않았다. 그러던 게 20세기 말에 들어와 74.6세로 두 배가 넘게 늘어났다. 독일제국•이 세워지던 당시 65세 이상의 노인은 여자가 7.5퍼센트, 남자가 6.5퍼센트에 불과했다. 오늘날 서구 산업국가에서 평균 수명은 남자는 최소 70세이며, 여자는 거의 80세에 육박하고 있다. 구체적으로 말하자면, 현재 독일에서 65세 이상은 인구의 15퍼센트에 달하며, 전망에 따르면 2035년까지 25~30퍼센트 정도로 높아질 것이라고 한다. 생물적인 수명이 이처럼 늘어만 가면 우리는 자연스레 장구한 인생행로라는 말을 하지 않을 수 없다. 오늘날 개발도상국에서 보이는 유아 및 아동의 높은 사망률에 견주어 가슴 한편을

• Deutsches Reich: 1871년부터 1945년까지 쓰인 독일의 국호.

무겁게 만드는 이야기다. 이 개발도상국들에서는 영양 결핍 혹은 잘못된 식생활과 설사 그리고 호흡기 질환, 이렇게 세 가지가 주요 사망 원인 열 가지 가운데 상위를 차지한다. 그뒤를 기생충, 백일해, 폐결핵, 사고, 빈혈, 말라리아 그리고 홍역이 따른다.

통계로 전혀 알 수 없는 사실은, 몇 살부터 늙은 것으로 봐야 하느냐는 것이다. 물론 우리의 일반적인 언어 습관은 60세에서 75세까지를 '젊은 노인' 혹은 '젊은 시니어'라 부르고 75세 이상을 '늙은 노인' 또는 '고령자'라고 하는 데 익숙해져 있기는 하지만 말이다. 인류학은 우리에게 나이가 아주 다양하게 정의되는 것임을 가르쳐준다. 2세를 생산할 능력이 줄어드는 것을 가지고도 우리는 나이를 말할 수 있다. 직업 일선에서 물러나 은퇴하는 게 나이 먹었다는 기준이기도 하다. 말하자면 특정 연령대에 속한다고나 할까. 결혼의 여부가 나이 먹었다는 척도가 되기도 한다. 어떤 문화권에서는 미혼자는 나이를 먹지 않는다. 그런가 하면 또다른 문화권에서는 결혼하지 않은 사람이야말로 쉬 늙는다고 한다. 사회에서 어느 정도 권력이나 자본 혹은 일정 수준의 지혜를 축적한 사람을 연장자로 대우하는 문화도 있다. 대개의 문화에서 노인은 문화적 유산의 계승자로 떠받들어지지만, 진보를 가로막는다는 이유로 홀대를 당하기도 한다. 심지어 어떤 미개한 나라에서는 노인이 거추장스럽다고 잡아먹기까지 했다. 인육을 먹는 식도락 유행이 사라진 오늘날에는 노인을 양로원에 가두어 무력하게 만들어버린다. 한편 통계는 끊임없이 나이를 먹어가는 상황에서 뭘 어떻게 해야 하는가 하는 물음에도 아무런 답을 주지 못한다. 노년의 삶이 어떠해야 하는지 문화적으로 미리 다듬어져 있거나 친숙한 모범이 주어져 있지 않은 상황에서 우리는 어떻게 살아야만 하는 것일까?

오랜 인생을 의미 있게 살기 위해 장기적인 관점에서 계획을 세우고 그에 맞는 정신적 틀을 짠 다음, 꾸준히 이 틀을 채워가야만 하는 것일까? 인생을 끝에서부터 살아야 할까? 나이들어 권태와 무관심에 빠지지 않고 성숙한 인생을 즐기고 누리다가 욥처럼 "수를 다 누리고 늙어서"(『욥기』 42장 17절) 세상을 떠나기 위해서는 끝에서부터 계획하는 인생을 살아야만 할까? 대체 인생의 계획이라는 게 얼마큼 의미를 갖는 일일까? 살아야 할 햇수가 꾸준히 줄어들고, 미래를 바라본다 해도 그동안 현재의 것과는 비교조차 할 수 없는 초라한 삶으로 변질되어버리고 말았다면, 그래도 계획을 세워야만 할까? 아니면 돌이킬 수 없는 나이 먹는 현상을 차라리 매일 조금씩 죽어가는 과정으로 받아들이는 게 좋을까? 안타깝게도 늙은 인간은 느려진다. 이런 느림이 잔치를 베풀어 축하해줘야 할 일은 물론 아니다. 품위 있는 것으로 경건하게 떠받들어야 하는 것은 더더욱 아니다. 노인의 느림은 참을성을 가지고 지켜보면 불쌍하다는 생각만 드는 고통스러운 것일 따름이다. 나이를 먹는다는 것은 자기도 모르는 사이에 계단을 내려가고 있는 것과 같다. 이제 곧 위로 한 계단도 올라갈 수 없는 날이 오리라. 피할 수 없이 자신의 한계와 맞부닥뜨리는 순간을 맞으리라. 선과 악이 무엇이냐는 물음은 여전히 풀리지 않았는데 좋은 결말을 맺기 위해 노력해야 한다는 사실에 가슴만 쓰라릴 뿐이다. 시간이 촉박하다. 시간이 몰아세우고 있다.

이런 맥락에서 노인은 이제 곧 맞이할 마지막을 바라보며 남은 시간을 어떻게 다루어야 할까 하는 물음을 자연스레 품는다. 작가 엘리아스 카네티는 우리에게 다음과 같이 생각해볼 것을 권한다. 언제 태어났는지는 모르지만, 생애 마지막 순간의 나이는 아는 사람을 떠올려보자는 것이다. 말하자면 '시한부 인생'을 사는 사람이라고 할까. 생일과 사망 날짜를 적은 쪽지를 캡슐에 넣어 잘 봉인한 다음 목에 걸고 다니는 사람을 떠올려보자. 남은 시간이 얼마나 되는지 알기에 인생의 매 순간 홀가분한 마음으로 무슨 이야기든 거리낌없이 나눌 수 있지 않겠는가! 아직 계획할 수 있음에 경탄하며 시간을 스스로 다스릴 수 있음에 감사의 마음을 품는 인생! 궁극의 순간을 이미 예견하고 있기에 돌연히 찾아오는 죽음 앞에서 쓰라린 눈물을 흘리는 비탄과 감상을 이겨낼 수 있는 인생! 여기서 우리의 좌우명은 다음과 같으리라. 끝을 모르는 불안한 인생을 사느니 확실한 50년을 살자! 마치 언제라도 해약할 수 있는 은행 계좌와 같은 인생을 사는 것이랄까. 계좌를 해약할 때까지는 마음 내키는 대로 모험을 즐길 수 있다. 죽음을 두려워하지 않고 마음 가는 대로 살아보는 인생! 허락받은 시간 동안 왕 앞에서 마음껏 재롱을 피우는 어릿광대처럼 존재가 사라지는 그날까지 거칠 것 없는 인생을 즐겨보는 거다. 물론 언제 죽음이 덮칠지 안다면, 죽음의 시각에서만 인생을 바라보느라 남은 시간을 헤아리며 초조해할 수도 있으리라. 그러나 더욱 확실한 것은 미래의 시간이 현재로 흘러들리라는 점이다. 인간의 내면에서 과거로부터 미래로만 뻗어나가던 시간은, 이제 죽음의 시점이 확고부동하게 정해졌으니 흐름의 방향을 바꾸어 인간의 내면으로 흘러든다.

염세주의자 쇼펜하우어는 이런 역류를 아주 긍정적으로 평가했다. 죽음을 맞이하는 쓰라린 환멸의 순간에 나이가 많은 이들이 강점을 갖는다고 본 것이다. 인생이 쓰고 있던 마스크가 이미 벗겨졌기 때문이다. 인간으로 사는 일의 허영과 허무가 고스란히 드러나 있다. 인생은 이미 등뒤로 흘러가버린 것, 마무리해서 흘려보낸 것일 뿐이다.(쇼펜하우어) 노인이라고 해서 쾌활하지 않을 이유가 없다. 평온한 마음과 침착한 정신으로 과거를 돌아보며 행복을 느낀다. 반면, 청년은 미래를 향해 열려 있는 무한한 희망이 채워지지 않는 탓에 환멸과 슬픔만 곱씹는다. 요컨대 청년은 행복을 갈망하기 때문에 불행하며, 노인은 이제 불행의 속내를 환하게 들여다보는 까닭에 행복하다. 이처럼 행복과 불행은 상대적이다.

그리고 노인이 여유롭게 펼치는 '유쾌한 학문'은, 인생의 지혜에 통달해 경구를 늘 입에 달고 잘난 척을 일삼는 염세주의자의 흥을 얼마나 무참히 깨버리던가. 미소를 머금고 되돌아본 인생의 한낮은 얼마나 아름다웠던가! 노인의 쾌활한 넋두리에 염세주의자는 할말을 잃을 따름이다. 잿빛 그늘이 드리운 황혼이라고 해서 한낮마저 우중충했다고 할 수는 없을 터! 게다가 황혼과 노인은 종종 도덕으로 흠뻑 물들어 있기 마련 아닌가. 즐거운 미소와 함께 젊은 날의 불행을 반추하면서 그래도 인생은 살아볼 만했다고 훈계를 일삼는 노인 앞에서, 염세주의자는 뭐라 말해야 좋을지 몰라 난감할 뿐이다. 저 오랜 '라우다토르 템포리스 악티laudator temporis acti'*가 그런 캐릭터는 누구나 잘 알고 있지 않은가. 언제나 옛날이 좋았다며 읊조리기에 바쁜 노인네! 그래서 노년의 철학함은, 지친 몸과 마음을 자부심에 빛나는 천재의 푹신한 침상에 누이고 평안히 쉬라며 종종 유혹의 손길을 뻗는 모양이다. 이제 인생의 막바지에 도달한 노인은 필생의 업적을 두고두고 기릴 명예의 전당을 짓는다. "신의 의젓하고 장엄한 풍모"를 자랑하게 된 위대한 노인은, 자신을 따르기로 "굳은 결심을 한 동지, 믿을 수 있는 친구, 지원군, 전령, 요란한 추종자 무리"(니체)를 그 눈부신 지혜와 학식이라는 권좌 주위로 끌어모은다. 한마디로, 철학하는 노인은 교주가 된다. 그는 하루라도 빨리 신도들을 끌어모아 구원의 말씀을 전하고 싶다. 설교를 하기 위해 단상에 올라야 한다. 철학하는 노인은 이제 시간의 역류에도 끄떡하지 않는, 자신의 교회가 그 위에 우뚝 선, 반석이다. 그의 뒤를 홍수가 덮치지는 않으리라. 아니, 그의 뒤에 올 것은 전혀 없다. 아무것도 없는 공허다. 철학이 씨름하던 세계라는 시간은 이제 덧없는 존재를 마감할 노철학자의 개인적인 시간으로 졸아든다. 우주의 시간은 노인의 시간으로 압축된다. 누가 이보다 더 아름다운 자부심, 황홀한 자만심을 생각할 수 있을까?

여기서 노년이라는 그림은 모든 것을 일일이 간섭하는 시간에 좌우된다는 게 분명해진다. 우리가 살아가는 현대 세상에서 늙는다는 것은 시간이 흐른다는 것, 갈수록 빠르게 흐른다는 것을 경험함을 뜻한다. 나이를 먹을수록 시간은 빛살처럼 빨라진다. 단 한 순간의 시간일지라도 잃어서는 안 된다. 어쨌거나 사후의 영생을 믿지 않는다면 일분 일초도 허투루 쓸 수 없다. 현대에 들어와 노인은 아

• '과거의 찬미자'라는 뜻. 호라티우스의 『시의 기술』에 나오는 구절이다.

예 시간이라는 틀에서 튕겨나간다. 이제 홀로 죽음 앞에 선다. 죽음이란 참 '호리빌레 딕투horribile dictu'*하게도, 돌이킬 수 없는 인생의 끝장이다. 이제 살아갈 시간이 없다는 게 분명해진다. 인생이라는 시간과 우주라는 시간 사이에 끝을 알 수 없는 심연이 입을 벌린다. 시간은 냉소할 뿐이다. 늙어버린 개인의 운명 따위에는 관심이 없다는 듯 차가운 비웃음이다.

갈수록 빨라져감에 따라 유연하게 생각하고 행동하라는 목소리가 커지며 세대 차이가 어지럼증을 불러일으키는 현대사회에서, 노인이 인생 경험과 도덕을 후대에 전해주기란 지난한 일이다. 그리고 이런 어려움은 하루가 다르게 커지고 있다. 세대 사이의 경계를 정확히 그을 수 없다보니 여기저기서 툭툭 끊어지는 단절의 파열음과 불협화음만 들려올 뿐이다. 이렇게 해서 애늙은이와 늙은 어린애가 나란히 공존한다. 사람들은 나이라는 주제만 꺼냈다 하면 그 반대 개념, 즉 젊음만 앞다투어 입에 올릴 따름이다. 젊음의 독재에 대항하는 데는 두 가지 길이 있다. 그 하나는 다음과 같은 물음을 던져보는 것이다. 인간의 인생행로가 (일곱) 계단**, 중간 과정, 각종 의례와 차별화 등을 거치지 않고 곧바로 노년이라는 인생 국면에 접어들게 되면 무슨 일이 벌어질까? 어리고 젊은 것만 선호하는 이 미숙한 사회에서도 인생 전체를 아우르는 안목을 키우는 게 가능할까? 시간이 무한하다는 자기최면에 빠져 까짓 지혜가 부족한 것쯤이야

* '말하기 끔찍스럽다'는 뜻의 라틴어.

** 여기서 '일곱'이라는 숫자는 인생이 반드시 거쳐야 할 단계(탄생, 유아기, 청소년, 청년, 장년, 중년, 노년)를 나타내는 것으로, 기독교 문화에서는 완전성을 상징한다.

언제라도 채우고 메울 수 있다며 흥청망청 놀기만 하는 사람들에게 무얼 기대할 수 있을까? 젊음을 선호하는 광풍이 사회 전반을 휩쓸면서 세대 간의 결속이 두 동강 난 것은 아닐까? 전통적인 위계질서가 무너지면서 심지어 어린애를 상대로 아무렇지도 않게 폭력을 휘두르는 것을 정당화하는 황당한 상황이 벌어지지는 않을까? 저마다 젊다고 우겨대는 마당에 조금이라도 약해 보이는 사람은 무차별 공격의 대상이 될 것이기 때문이다. 전통적인 역할 분담이 뒤집어지는 일은 어디까지 벌어질까? 예를 들어 부모가 거꾸로 미성년자인 자식에게 보살핌을 받는다거나, 엄마가 딸과 젊어지려는 경쟁을 서슴지 않는 것은 아닐까? 또 모든 것이 젊은이에게만 초점을 맞춰 개발되고 생산되는 마당에서는 교육의 방향도 바뀔 게 틀림없다. 이를테면 아들이 아버지에게 컴퓨터 기술을 가르치는 것처럼 말이다.

이런 추세를 막을 방법이 없는 것은 아니다. 나이 먹는 것 자체를 긍정적으로 받아들이는 잘 늙는 기술을 함께 생각해보는 것은 어떨까? 이런 맥락에서 우리는 다시 한번 카네티를 읽을 필요가 있다. 특히 『파리의 고통』에서 우리는 '늙음의 찬미'를 발견할 수 있다. 잘 늙는 기술은 물론 개인적인 차원의 것이기는 하지만, 여기에는 남을 배려하는 도덕이 중요한 역할을 하며, 과거를 회상하면서 타인에게 연민을 느끼며 공감해나간다는 점에서 여러 개인이 한데 어울리는 다차원의 것이기도 하다. 나이를 먹으면서 비로소 우리는 어떤 사람을 다시금 새롭게, 다르게 알 수 있는 기회를 얻는다. 그만큼 한 인간을 다채롭게 알게 되는 것이다. 이유는 간단하다. 나이를 먹은 우리는 자신을 상대에게 맞춰야 할 필요가 없기 때문이다. 노년에 이르러서야 비로소 우리는 그동안 주입된 도덕 법칙을 돌이켜보고 실제로 내 것으로 만들 시간과 여유를 가질 수 있다. 경우에 따라서는 도덕을 현실에 맞게 바꾸기도 한다. 어쨌거나 도덕을 몸에 딱 맞게 내 것으로 만드는 일은 오랜 세월에 걸쳐 삶과 씨름해온 끝에 얻어내는 결과이리라. 나이를 먹어야 비로소 인간은 살아남은 자로서 죽은 사람을 추억할 자격을 얻는다. 추억을 통해 죽은 사람에게 연민과 공감을 보내며 화해와 이해의 손길을 내민다. 말하자면, 추억이라는 행위를 통해 죽은 사람을 다시 '삶으로 불러들이는 것'이랄까. 이런 관점에서, "노년은 나이에 걸맞게 살아오지 못한 사람에게만 능력의 상실이자 쇠퇴일 따름이다".(카네티) 지금까지의 체험들을 소중하게 곱씹어볼 수 있다는 점이야말로 노인이 누릴 수 있는 특권이자 강점이다. 앞으로 체험할 날이 많이 남지 않은 탓에 그 소중함은 절실할 수밖에 없다. 배움이라는 게 덧없어진다는 점도 노년의 특징이다. 앞으로 써먹을 기회가 없는 지식을 애써 배울 필요가 없지 않은가. 어떤 게 더 유리할까 따지는 것도 무의미한 일이다. 모든 게 저마다 고유한 의미를 회복하기 때문에 어느 하나 소중하지 않은 게 없다. 노인 개인이 축적해온 지식도 없어서는 안 될 귀한 것이다. 그 외의 다른 누구도 알지 못하며 이야기해줄 수 없는 지식은 얼마나 소중한가.

철학이 나이 먹는 일을 귀하게 떠받드는 이유가 바로 여기에 있다. 노인이 살아가는 공간은 과거다. 다시 말해서 노인은 추억 속에서 살아간다. 추억 안에서 자신과 세계를 다시금 발견한다. 노인에게 미래는 없는 것을 기다리는 일과 마찬가지인 반면, 과거는 차고 넘치는 추억의 흔적들을 검색하는 창구와 같은 것이다. 슬그머니 미소가 배어나오는 서글픔으로 노인은, 눈앞에 펼쳐져 있으나 자신의 것으로 만들 수는 없는 풍요롭고 다채로운 세상을 바라본다. 그래서 말이지만 노년의 행복은 아무리 길어올려도 바닥을 드러내지 않는 기억의 우물 속을 들여다보는 데 있다. 그동안 만났던 사람들, 그 만남의 다양한 분위기들, 체험들, 그때그때의 감정과 느낌이 시간과 함께 다시 샘솟듯 할 때 노인은 행복한 미소를 짓는다. 추억이 노인을 살아가게 만든다. 이 말은 노인이 죽더라도 그 효력을 잃지 않는다.

관련 항목

쇠약해짐과 죽음 | 탄생은 과연 죽음의 시작인가 | 행복은 시간으로부터의 해방이다

낭비, 돈과 시간을 놓아버려라

태초에는 계명이 있었다. 아니, 항상 뭔가 하지 마라는 식이니 차라리 금령이라 해야 할까. "다섯번째 계명을 명심하라. 네 시간을 죽이지 마라."(케스트너•) 이 문장은 지극한 시간 곤궁에 시달리는 현대의 한복판에 뚝 떨어져내렸다. 다시금 눈코 뜰 새 없이 바쁘게만 돌아가는 베를린이라는 대도시의 심장부를 강타했다. 그만큼 문장이 담고 있는 뜻은 심오하다. 그러나 사람들은 시간을 죽이기는 커녕 자꾸 새 시간을 만들어내지 못해 안달이다. 시간이 남아돌아야 다시금 그때그때 기분과 변덕에 따라 그 시간을 죽일 수 있으니까.

시간을 만들어내려고 인간은 벌써 오래전부터 헤매고 다녔다. 시간이 돈이어서 그런 것만은 아니다. 시간과 돈을 낭비하고 있

• Erich Kästner: 1899~1974. 독일의 시인이자 소설가. 재기와 유머가 넘치는 청소년 소설을 많이 썼다.

다는 경고등이 켜질까 싶어 시간에 집착한 것만은 아니라는 뜻이다. 무엇보다도 시간은 신이 그 거룩하고 위대한 솜씨로 빚어놓은 작품이다. 그러니 늘 등을 보이고 달아나는 시간, 이 영원의 숨결을 붙잡아둘 뿐만 아니라 창조할 줄 아는 사람은 신의 경지에 올라선 것이나 다름없다. 어느 가엾은 철학자가 신은 죽었다고 악다구니를 쓴 시대조차 시간의 창조는 최우선의 과제였다. 신의 죽음을 한사코 믿지 않으려 했던 신도들 역시 시간 창조의 중요함만큼은 흔쾌히 동의했다. 이유? 이유는 간단하다. 시간은 자유니까. 그러나 모든 자유가 그러하듯 시간에도 지혜롭게 다루어야만 한다는 무거운 책임이 따라붙는다. "자신이 시간의 주인이 된다는 것은, 그 시간이 자신의 결정에 따른 것이 아니라면, 그 어떤 일도 일어나지 않는 시간의 단위를 계속 확장해가는 것을 뜻한다. 오로지 내가 결심한 대로 하루하루, 더 나아가 한해 한해를 살아가야 한다."(뤼베•) 그래서 말이지만 시간은 우리를 갈수록 곤경으로 몰아넣는다. 한편으로 시간을 충분히 누려본 일이 거의 없는데도, 또다른 한편으로는 귀중하기 짝이 없는 시간을 무의미하게 팽개쳐두고 도망 다니기에 급급한다. 시간을 아껴야겠다고 굳은 의지를 다지면서도 늘 시간이나 죽이며 죽치고 앉아 있는 자신의 모습에 한숨이 절로 나온다. 묘하게도, 이런 식으로 시간을 허비하면 할수록 나중에 얼마든지 따라잡을 수 있다고 더욱더 굳게 믿는 터무니없는 자신감이 생긴다.

시간은 돈과 달리 불려보겠다고 저축하는 게 쉽지 않은 탓에,

• Hermann Lübbe: 1926~. 독일의 정치철학자. 좌우를 가리지 않는 독설로 유명하다.

시간을 다루는 데 있어 창의적인 태도는 특히 중요하다. 혹자는 창의성을 기술자의 문제로 떠넘기며, 시간을 간접적으로나마 절약할 새로운 기술을 발명해주기를 기대한다. 다행인지 모르겠지만, 이런 기술은 차고 넘쳐난다. 예를 들어 전자레인지만 있으면 패스트푸드로 한끼 식사를 뚝딱 때울 수 있다. 인터넷에서 디지털이라는 이름의 스케이트를 타고 초고속으로 밀라노로 달려가 그곳의 '슬로푸드 레스토랑'에서 느긋하게 눈요기를 즐기는 것은 또 어떤가? 그러나 아쉽게도 이런 외식은 잠깐 쉬자고 열어놓은 저 '윈도'라는 가상의 창을 통해서만 가능한 탓에 실속 없이 배만 고프다. 게다가 주말 계획과 연간 계획을 엉망으로 만들지 않으려면 얼른 그 휴식용 '윈도'를 닫아야만 한다. 결국 필요한 것은 지혜로운 시간 관리다. 그리고 시간 관리를 위해서는 많은 시간을 예약해두어야만 한다. 계산기, 필기도구, 각종 참고 자료 박스, 체크리스트, 그리고 이에 필요한 전자기기들을 총망라하고 집중적으로 시간 관리 계획표를 짜야만 한다. 그런데 프로그램 하나 다운로드하는 데 시간은 왜 그리도 오래 걸리는 걸까? 툭하면 파일 하나를 열 수 없으니 다시 내려받으란다. 시간 아끼자고 한 일인데 날리는 시간이 적지 않다. 아무튼 시간의 카오스에 질서의 서광이 내리비추기 바라는 마음만큼은 간절하다. 얼마 되지는 않지만 이처럼 공들여 저축한 시간을 나중에 긴히 쓸 수 있다면 얼마나 좋을까? 그러나 시간은 돈처럼 계산한 대로 믿고 저축할 수 있는 게 아니다. 노후를 대비한답시고 들어놓은 연금보험을 생각해보자. 물론 나중에 은퇴해서 보험금을 타면 경제적 여유뿐만 아니라 느긋한 여가도 즐길 수 있으리라. 그게 다 한창 일하던 젊은 날, 숨 돌릴 겨를 없이 뛰면서 저축해둔 것이니 뿌듯하기도 하리라. 보잘것없이 쥐꼬리만한 국민연금으로는 턱없이 부족해 늘그막에 허드렛일하러 다니는 것보다야 훨씬 낫지 않은가. 노인은 이런 생각에 빙그레 미소를 지으며 증손자의 기저귀를 갈아주리라. 세계일주 여행이라도 할까 하고 욕심을 내봤으나 무거운 몸으로 돌아다니다가 객사라도 하는 것은 아닐까 싶어 식은땀이 난다.

지금껏 언급한 시간 창조 기술 외에 가장 믿음직한 시간 절약의 방법으로는 수면시간 단축을 추천할 수 있다. 레오나르도 다빈치처럼 치밀하게 계산해서 잠을 적게 자는 사람은, 물론 다빈치 못지않은 천재성을 가지고 있다고 가정한다면, 단 하루에도 아주 많은 것을 창조할 수 있으리라. 이렇게 평생을 살면 그 결과물은 엄청나지 않을까. 그러나 누구나 레오나르도 다빈치처럼 내면의 시계가 훌륭한 리듬을 자랑하는 것은 아니므로, 시간을 효율적으로 관리하고 싶은 사람은 크로노미터와 같은 초정밀 시계에 자신의 인생을 맞추고 단 1분, 1초도 틀리지 않는 정확성을 자랑하도록 꾸준히 연습을 해야만 하리라. 시간을 엄수하는 자세는 갖추어야 마땅한 덕목이다.(뤼베) 정확함은 다른 사람들과 더 많은 시간을 누릴 수 있게 해주며, 더욱 많은 사람들과 시간을 나누게도 해준다. 아주 기분좋은 부수 효과다. 나누면 줄어들기보다 더욱 늘어나는 기적의 이치는, 행복만이 아니라 시간에도 적용되는 진리다. 물론 시간을 통해 무엇을 함께 이루고자 하는지 합의가 되어 있다는 전제 아래서 말이다. 무엇보다도 목적은 모두가 동의를 해야 한다. 저마다 자기 시간의 주인이 되자는 목적 말이다. 이런 주인의식을 가진 사람은 "주변의 존경을 한몸에 받으며, 건강하고 성공적이며, 또 대개 높은 지위에 오르는 삶을 산다". 경영자를 위한 시간 관리 입문서에 나오는 말이다.(슈미트•)

사실 이런 생각은 최근에 비로소 생겨난 것이다. 고대나 기독교의 중세에 시간의 주인의식을 요구할 생각을 떠올린 사람은 없었으리라. 감히 시간의 주인이 되겠다니, 신을 욕보이는 일일 뿐만 아니라, 제 주제를 알지 못하는 망발로 여겨졌을 게 틀림없다. 그래서 고대 그리스 사람들은 세상의 모든 것은 사계절이 순환하는 자연의 시간에서 왔다가 사라지는 덧없는 변화의 연속이라는 이론뿐만 아니라, 인간들 사이의 정의라는 개념까지 이끌어냈다. 이를테면 "시간은 저질러진 부정과 불의를 반드시 찾아내어 응징한다"(휘트로••)는 것이다. 기독교 사상에서 정의는 종말에 이르러서야 실현되기에 시간은 전혀 문제가 되지 않았다. 최후의 심판을 받아야 모든 시비가 가려질 게 아닌가. 오히려 끝나기를 원치 않는 시간, 즉 신이 위대한 작품을 창조하는 영원이라는 '비非시간'이 중요하게 여겨졌을 따름이다. 이 영원은 뭐라 말하기 힘든 것(아우구스티누스, 『고백록』)이지만, 신의 위대함을 전하기에는 부족함이 없다. 시간 안에서 우리네 인생, 즉 태어남으로 시작해 죽음으로 끝나는 인생은 물이 모래 속으로 스며들듯 흘러가 없어지는 것이다. "살아가는 순간마다 전체 수명은 삭감되며, 남은 인생은 매일 줄어듦으로, 인생 자체는

• Josef Schmidt: 경제경영서 저자.

•• Gerald Whitrow: 1912~2000. 영국의 수학자이자 과학사가. 역사에서의 '시간' 문제를 집중적으로 다루었다.

죽음을 향해 달려가는 것에 지나지 않는다. 이 달음박질에서 잠깐이라도 멈춰 설 수 있는 사람은 아무도 없다. 좀 천천히 가자고 투정을 부릴 수도 없다."(아우구스티누스, 『신국론』) 이후 시간의 급박함을 파악한 사람들은 신에게 선물받은 인생이라는 시간을 가지고 무엇이든 만들어보려고 바삐 서두르게 되었다. 이 무엇이란 게 좋은 것인가 하는 물음은 종말의 날, 곧 최후의 심판에 이르러서야 비로소 판가름이 나리라.

최후의 심판이 두려운 탓에 인간들이 대부를 내세워 신을 세상에서 몰아내고자 했다면, 애당초 이 계획은 철저히 실패할 수밖에 없는 것이었다고 봐야만 한다. '종말이라는 기한이 풀려버린 시간', 즉 더이상 신의 심판으로 제한되지 않는 현세의 시간은 도무지 그 결과를 예측할 수 없는 엄청난 역효과를 초래할 것이기 때문이다. 어쨌거나 영원이라는 이름의 '비시간'이 우리를 기다려주지 않을 게 분명하지 않은가! 신, 자연 또는 유전공학자가 우리에게 베풀어준 시간은 끔찍할 정도로 짧은 탓에, 우리는 어떤 비용, 무슨 수단을 써서라도 우리가 누리는 생명이라는 시간을 약간이라도 더 늘리려 눈에 불을 켤 것이다. 그러나 늘리면 무엇하랴? 어차피 영원히 살 수는 없을 터. 그래서 다음의 말은 진리이다. "우리의 미래는, 죽음에 가로막힌 우리의 앞날은 짧기만 하다."(마르크바르트•) 그러나 이런 깨달음을 얻은들 무엇하랴? 옛날 사람들과 달리 현대인은 전혀 충

• Odo Marquard: 1928~. 독일의 철학자. 문명 비판의 시각에서 촌철살인의 명문을 많이 남겼다.

격을 받지 않고, 다 알고 있는 이야기를 새삼스레 하는 이유가 뭐냐며, 그러거나 말거나 자신의 수명을 늘리는 일에만 골몰할 텐데……

돈이야 높은 이자를 약속해주는 곳에 저축해두었다가 조건이 맞는 때 꺼내면 집을 장만하기라도 할 수 있다. 그러나 시간과 돈이 꼭 그런 관계만을 보여주는 것은 아니다. 예를 들어 대출금의 상환 기간이 늘어날수록 이자 부담은 엄청난 중압감으로 다가올 수 있다. 사실, 돈과 시간의 연관처럼 까다로운 관계도 없다. 보다 더 합리적인 생산방법에 집중적으로 투자를 해서 시간을 절약한다는 것도 진부한 이야기다. 그래봐야 흘러간 옛 노래만 되풀이할 뿐이다. "시간은 돈이다." 그걸 누가 모르는가. 그래서 돈도 시간도 헛되이 낭비해서는 안 된다는 말을 들으면, 하품만 나올 뿐이다. 정확히 이야기해서, 낭비하지 말라고만 말하지 말고, 어떻게 하는 게 낭비인지 분명하게 설명을 해줘야만 한다. 그래야 우리는 돈과 시간의 연관관계가 어떤 것인지 답을 얻을 수 있다. 돈은 어떻게 쓰는 게 낭비인가? 어찌하는 게 시간을 헛되이 날려버리는 것일까? 왜 돈 낭비와 시간 허비는 그토록 경멸을 받는가? 우리는 먼저 이 물음들의 답부터 구해야만 한다.

시민 상업계급이 등장한 이래 돈을 무의미하게 쓰는 일, 즉 아무것도 얻을 게 없는 일에 돈을 쓰는 것은 낭비로 여겨져왔다. 엄밀히 따지면, 심지어 가진 것을 늘리지 못하는 것도 낭비였다. 성경에는 주인이 준 달란트를 폭리를 취하는 데 쓰지 않고 땅에 묻어두었다는 이유로 치도곤을 당하는 종의 이야기가 나오지 않는가.(『마태복음』 25장 14~30절) 어쨌거나 정리해보면, 낭비를 말하는 사람은 가치 있는 게 뭔지 알고 있으며, 늘리지는 못할지라도 적어도 지켜야 하는 게 무엇인지는 꿰고 있는 사람이다. 그러나 돈의 경우 낭비를 말하는 것은 그리 간단한 일이 아니다. 여기에는 자칫하면 넘겨짚을 위험이 도사리고 있기 때문이다. 예를 들어 유산으로 받은 돈을 가지고 고급 스포츠카를 사는 게 낭비인가? 아니면 고이고이 종이박스 안에 넣어두었다가 깜빡한 탓에 쓰레기로 착각해 소각해 버리는 게 낭비일까? 태워버린 경우, 비록 돈은 연기가 되어 사라졌지만, 남은 돈이 그만큼 귀해진 덕분에 돈의 무서움을 깨닫고 더욱 가치 있는 일을 할 수도 있으리라. 스포츠카로 과속하다가 전복 사고를 당해 죽는 것보다는 훨씬 낫지 않은가? 이처럼 돈 낭비를 말한다는 것은 생각처럼 간단한 일이 아니다. 이런 어려움은 돈이 본래 가진 성격 때문에 생겨난다. 돈은 그 자체로만 보자면 '공허한 것'이다.(지멜) 사실 돈은 그 공허함 때문에 낭비할 수 없는 것이다. 돈 그 자체가 낭비되는 게 아니라, 돈을 거침없이 쓸 때 우리의 인생 속도에 가속도가 붙는다.(지멜) 다시 말해서 우리는 돈과 함께 시간, 인생이라는 시간을 허비하는 것이다. 돈은 "처분을 할 때에만 쓸 수 있는 물건"(칸트)이기에, 돈뿐 아니라 시간까지 몽텅 잃어버리게 만든다. 돈을 좇는 인생은 언제나 시간 부족에 허덕인다.

푼돈과 잔돈을 꼭 움켜쥐고 있는 것보다 훨씬 더 현명한 일은 잡아채기만 하던 시간의 고삐를 자발적으로 손에서 놓아버리는 것이다. 물론 놓기 위해서는, 일단 시간을 다시금 자신의 손아귀 안에 단단히 틀어쥐어야 한다. 내 집 장만도 중요하지만, 내 인생이라는 시간은 훨씬 더 소중하지 않은가.(노보트니*) 이제 자신의 시간을 영리하게 쓰는 관리자가 되는 것만으로는 충분하지 않다. 아니다. 이제부터는 시간을 가지고 정치를 해야만 한다.(노보트니•) 그때그때 상황에 따른 정책의 선택이 개인별로 큰 차이를 보일지라도, 한 가지 점에서만큼은 합치점을 찾아야 한다. 즉, 빨라지기만 하는 시간의 흐름에 제동을 걸고, 속도를 낮추려 시도하는 것이다. 그래야만 정신없이 앞만 보고 달려가는 현대사회에서 시간의 주인이 될 수 있다. 숨을 고르고 속도를 낮추자. 이렇게 할 때에만 무섭게 달려가는 시간, 곧 우리 자신의 인생인 시간의 상투를 부여잡을 수 있다. 미래 시간의 중대한 정치 프로젝트가 되어야 할 '속도 낮춤'은 일자리와 식탁에서 '빨리 빨리'를 거부하는 개인적 결단에서 시작되어야 한다. 또 성공만 중시하는 성과주의 이데올로기를 완전히 뒤엎는다고 해서 이 프로젝트가 끝나는 것은 아니다. 속도를 늦춘 여유로운 삶을 원하는 사람은 이제까지와는 전혀 다른, 완전히 새로운 인생 모델, 즉 '잘사는' 게 아니라 '훌륭하게 사는' 인생 모델을 이웃과 더불어 만들어나가야 한다.(레하이스••) 시간의 흐름을 늦추는 방법에는 지금까지의 생활 방식을 전면적으로 갈아엎는 혁명적 기술만 있는 게 아니다. 반드시 최신형 컴퓨터로 시간 관리를 해야만 하는 것은 아니라는 말이다. 새로운 휴대전화가 나왔다고 해서 우르르 몰려갈 필요는 없다. 물론 그런 기술도 중요하다. 부정하자는 것은 아니다. 다만, 아주 간편하며 그 무엇보다도 더 따뜻한 방법이 있다는 것을

• Helga Nowotny: 1937~. 오스트리아의 사회학자. 취리히 공대 교수, 유럽연합 유럽연구이사회 회장을 지냈다.

•• Fritz Reheis: 1949~. 독일의 사회학자. 현재 밤베르크 대학교 교수로 있다.

잊지 말자. 그것은 곧 "가까운 사람과 더불어 사는 시간의 다변화"이다.(마르크바르트) 우리는 언제나 우리보다 오래 살아왔으며, 또 오래 살게 될 사람들과 함께 산다. 우리의 시간을 그들의 시간과 함께 나눈다면, 각자의 인생이 누리는 시간은 엄청나게 늘어난다. 손자가 할머니의 품에 안겨 재롱을 떨 때, 할머니가 살아온 풍부한 인생이 손자에게 녹아들며, 손자가 앞두고 있는 망망한 미래의 전망은 할머니의 가슴을 푸르게 빛나게 한다. 이처럼 함께 시간을 보내는 일을 지금껏 낭비로만 여긴 것은 아니었을까? 이는 오히려 더없는 소중함을 누리는 축복이 아닐까?

관련 항목

기다림의 끝 | 나이를 먹는다는 것 | 일상은 경이로운 철학의 시작이다

노동, 나와 남을 이롭게 하다

일을 할 수 있다는 것만큼 기쁘고 고마운 게 또 있을까. 책상이나 공장의 컨베이어와 같이 흔히 일자리라 부르는 곳에서 우리는 땀흘려 일한다. 마침내 퇴근이다. 하루 일과를 마치고 작업장을 나서는 순간만큼 기분좋은 때도 드물다. 그러나 일이라는 게 여기서 그치는 것은 아니다. 지하철이나 자전거를 타고 우리는 계속 일을 하러 간다. 관계를 돌보고 가꾸기 위해 신경써야 할 일이 어디 한둘인가. 심지어 누군가의 슬픔을 함께 나누는 일도 하러 가야 한다. 행복이든 불행이든 우리의 손길을 필요로 하는 일은 많기만 하다. 이렇듯 우리는 크고 작은 일들을 처리한 뒤 지친 몸을 쉬기 위해 잠자리에 든다. 내일도 해는 어김없이 뜰 것이기에 신선한 활력을 재충전하기 위해서라도 숙면은 꼭 필요한 일이다. 이처럼 우리의 하루는 먹고 가르치고 돈을 벌고 여가를 즐기며 이웃과의 관계를 돈독히 하고 잠깐잠깐 휴식을 가지며 끊임없이 배우고 익히는 일들의 연속이다.

일에 방해가 되지 않는다면, 대체 두 발을 굳건히 딛고 선 우리가 왜 이렇게 개미처럼 쉴새없이 일을 해야 하는지 잠깐 생각해보는 것도 나쁘지 않으리라. 끊임없이 일을 해야만 하는, 어찌 보면 이 끔찍한 사정도, 우리가 낙원에서 쫓겨나면서 시작되었다는 데 생각에 미치면 아마도 깜짝 놀랄 사람이 많을 것이다. "너는, 흙에서 난 몸이니 흙으로 돌아가기까지 이마에 땀을 흘려야 낟알을 얻어먹으리라."(『창세기』 3장 19절) 평소 힘들여 일하지 않는 것을 싫어한 사도바울은 사람들에게 노동이야말로 사람됨을 갖추는 최소한의 조건이라고 설파한다. "일하기 싫어하는 사람은 먹지도 마라."(『데살로니가후서』 3장 10절) 이 말의 효력은 지금도 여전하다. 일을 하기 싫거나 혹은 손수 일하는 대신 다른 이를 부릴 준비가 되어 있지 않은 사람은 끼니를 챙겨 먹기 곤란하다. 적어도 배불리 먹지는 못한다. 어쨌거나 때만 되면 배고픔은 정확히 찾아오기에 일을 해야 할 자극만큼은 충분하다. 그런데 반평생을 일하는 우리나 심지어 평생 일만 하는 일 중독자는 자신이 일한 만큼 먹을 시간도 마음의 여유도 부족하다. 그렇다면 도대체 우리는 왜 일을 하는 것일까?

물음이 묘하게 들리는 이유는 다른 게 아니다. 현대인은 원래 울부짖고 이를 갈며 감당했어야 마땅할 신의 저주를 인생의 묘약으로 만들어버렸다. 진땀을 흘려야 낟알 하나 얻어먹는 고통은 인생을 살며 누리는 축복으로 둔갑했다. 이 같은 간지奸智를 고대인은 미처 몰랐다. 누구도 그들에게 일을 하는 게 신이 내린 형벌이며 지옥의 고통이라고 이야기해주지 않았다. 고대인들 가운데 돈과 시간이 넉넉한 사람은, 다른 선택의 여지가 없는 사람들, 즉 노예에게 일을 맡졌다. 힘들여 밥 벌어 먹는 일에서 자유로워진 주인에게 남은 것은 정치라는 놀이였다. 정치가라는 게 보수를 받는 직업, 즉 밥벌이가 되기 오래전에는, 남들에게 일을 맡긴 사람이 공공의 안녕과 질서를 가지고 놀며 즐겼다. 물론 그 대가를 받지 않는 것은 철학에 헌신하는 것(플라톤)과 마찬가지로 명예의 문제였다. 익히 알려져 있듯 그동안 정치와 철학은 적지 않은 변화를 맛보았다. 부유한 사람이 자신의 부를 늘리는 데 몰두하기보다 공동의 선을 위해 자신의 자유를 포기하면서까지 '필연성의 노예'(아렌트)가 되어야 한다는 생각은, 오늘날에는 쉽게 수긍할 수 없는 기괴한 것이다. 그만큼 일, 즉 노동을 바라보는 우리의 관점은 달라졌다. 너무 지저분하거나 보수가 형편없는 게 아닌 한, 노동은 '인간과 자연 사이에 이뤄지는 신진대사'(마르크스)로서 인간이 반드시 해야만 하는 유일한 것이다. 말인즉, 먹고 싸는 일만큼이나 자연스럽고 꼭 필요한 게 노동이라는 것이다. 따라서 노동을 한다는 것은 조금도 부끄러운 일이 아니다.(아렌트) 노동을 바라보는 초점을 조금 옮겨보아도 그것이 부끄러운 게 아니라는 점은 잘 확인된다. 일단, 노동을 장려하기 위해 사유재산이라는 것을 만들어냈다. 둘째, 이로써 인간은 더 많이 갖고자 하는 욕망을 갖는다. 셋째, 그만큼 일을 열심히 한다. 또는 행운아라면, 남들이 대신 해주는 일로 재산을 불린다.

이처럼 인간의 노동은 이제 변질되었다. 신이 내린 형벌로서 주어진 노동이 재산 증식의 수단이 되었다. 사람들은 저 에덴동산의 선악과나무에 매달린 불길한 지혜를 제외하고는 무엇이든 가지려 안달을 한다. 자연이 선물하는 열매들이 나의 소유가 되면 기분이

몹시 좋아진다. 그러나 이런 재산이 반드시 행복을 가져다주는 것은 아니다. 재물을 생각할 때마다 사람들은 들과 숲 혹은 노예에게서 취할 수 있는 것뿐 아니라 나아가 재산 그 자체를 떠올리며 안달복달한다. 아니, 아예 자기 자신을 재산 취급한다. 몸도 재산이라고 여기는 것이다.(로크) 재산 증식이란 배 터지도록 먹어대는 것만을 뜻하지는 않는다. 오히려 인간은 계속 귀중한 것을 수집하기 위해 열을 올린다. 일에 대한 열망은 더욱 뜨거워지고 집요해질 수밖에 없다. 물론 노동 그 자체를 즐기는 게 아니라 소유욕을 채우기 위한 몸부림일 따름이다. 예를 들어 은행 계좌의 잔고가 하늘 높은 줄 모르고 치솟아야만 한다. 이로써 '조온 폴리티콘zoon politikon', 즉 정치적 동물은 자본 수집가로서 '아니말 라보란스animal laborans', 즉 일하는 동물로 변모하며, 공동의 이해를 도모하던 삶에서 개인의 사욕만을 강조하는 좁디좁은 곳으로 움츠러들었다.(아렌트)

과도한 노동은 온갖 해악을 낳는다. 부당 착취는 물론이거니와 여가를 둘러싼 격한 논쟁도 유발한다. 이윤이란 결국 노동자의 정당한 임금을 깎아야만 얻을 수 있는 것이다. 어떻게든 값싼 인력을 쓰려 광분하다보니 남의 것을 착취하는 데서 그치지 않고 제 살 깎아먹기를 하고 있다는 사실조차 사람들은 모른다. 한쪽에서는 조금이라도 더 여가를 가지려 하고, 다른 한쪽에서는 어찌 해야 근무시간을 늘릴 수 있을지 머리를 쥐어짠다. 노동의 미덕 운운하며 일자리에 붙들어두려던 게 실은 임금 착취를 그럴싸하게 포장한 것임을 안 사람들은 분노한다. 조금이라도 더 여가를 얻어내려 투쟁을 불사하는 모습은 마치 지옥의 불에서 빠져나오려고 안간힘 쓰는 것처럼 보인다.

노동이라는 게 그리도 끔찍한 것이라면, 만약 다시 옛날 그리스 폴리스 시민들처럼 자유를 회복해 시간이 남아돈다면 사람들은 무얼 기대할까? 밤낮으로 취미생활에 몰두하는 것으로 기대를 충족할 수 없으리라는 점은 이미 짐작하고도 남는다. 취미도 일이며, 주변에는 여전히 나의 손길을 기다리는 일이 수두룩하기 때문이다. 너나 나나 밥벌이를 할 수밖에 없다는 대중 현상은 갈수록 인간을 개인이라는 사적 영역 안으로 몰아넣는다. 공감대가 없이 말초적 자극에만 목을 매는 대중문화는 문화를 잠식한다.(아렌트) 이로 말미암아 서글프게도 우리는 즐거움을 잃게 된다. 한때 지상의 소금이었던 즐거움은 이제 자취도 없이 사라져버렸다. "현세의 삶에 언제나 축복을 내려주던 즐거움은 근대에 들어와 '최대 다수의 행복'이라는 주문으로 여지없이 세속화하고 말았다."(아렌트) 행복을 다수의 것으로 일반화하려는 데 숨어 있는 모순은 김빠진 즐거움이라는 무미건조함만을 낳는다. 나를, 내 자아를 완성하는 작업으로서 노동, 나의 실현으로서 일은, 이미 오래전에 진정한 즐거움을 조금도 주지 못하는 따분한 것이 되고 말았다. 노동 분업과 여가에 대한 집착으로 인해 노동의 의미는 그저 밥벌이라는 협소한 기능으로 졸아들 뿐이다. 그러나 임금노동이 더이상 아무것도 가져다주지 못하는 마당에 과연 노동 그 자체에서 무얼 더 기대할 수 있을까?

우선 일체의 노동이 완전히 사라진다고 해서 이 땅 위에 천국이 실현되었다고 상상할 수는 없는 노릇이다. 일에서 자유로운 인생이 얼마나 지루한 것일까? 칸트는 이런 지루함이 아담과 이브에게

마저 고문이었을 것이라고 짐작한다. 바로 그래서 칸트는 아주 어린 시절부터 일하는 법을 배우게 하라고 권한다.(칸트) 그러나 이런 순수한 교육적 의도의 함의는 유능하고 성실한 인재를 길러내라는 요구가 아니다. 오히려 이런 요구는 뒤에 오는 부차적인 것에 지나지 않는다. 더욱 중요하고 보다 더 꾸준히 추구되어야 하는 목표는 노동을 통한 자기 자신의 변화이며, 이로 말미암은 타인의 변화이다. "욕구를 해결하기 위한 개인의 노동은 자신의 욕구를 만족시킬 뿐만 아니라 동시에 남의 욕구도 충족시킨다. 그리고 자신의 욕구를 충족시키는 것은 타인의 노동을 통해서만 가능하다."(헤겔) 분업을 통한 가치 창조 같은 것을 이야기하는 게 아니다. 여기서 헤겔이 강조하고 있는 것은 서로 상대방을 인정해주는 게 노동의 본질이라는 점이다. 나는 나의 일을 통해 상대의 존재를 인정하며, 상대 또한 그의 일을 통해 나를 인정한다. 이게 노동의 진정한 의미다. 이처럼 일을 통해 나를 실현하고 상대를 인정하는 사람은 자기 자신을 키우며 남을 위해 봉사한다. 나 자신을 다듬고 나 자신을 위해 노력하는 사람은 곧 남을 위해 일하는 인간이다. 이로써 노동의 참의미를 깨우쳤을 때, 나는 마지못해 힘들여 일을 하는 게 아니라 '유쾌한 놀이'로 노동을 즐긴다.

놀이는 본질상 노동과 같은 것인 동시에 다른 것이다. 아이들에게서 볼 수 있듯 놀이는 노동과 마찬가지로 우리에게 꼭 필요한 활동이다. 그러나 노동과 달리 놀이는 아무리 힘이 들어도 비참하다거나 곤궁하다고 느껴지지는 않는다. 놀이에는 '이마에 땀을 흘린다'는 표현이 어울리지 않지만, 그래도 우리를 땀흘리게 만든다. 물론 노동으로 말미암아 흘리는 땀과는 전혀 다른 의미에서 말이다. 또 놀이와 노동은 나와 상대방이 서로를 인정한다는 공통점을 갖는다. 서로 인정을 바라는 목표를 이루기 위해서는 일종의 도덕적 태도가 요구된다. 꾀부리지 않고 일해야 한다는 노동 윤리나 스포츠의 페어플레이 정신을 말하는 것은 아니다. 그보다는 인정을 갈망하는 나 자신과 상대방의 욕구를 있는 그대로 받아들이는 정신적 태도가 더욱 절실하다. 이런 성찰이 요구하는 덕목은 진지함이다. "인간은 놀이를 즐길 때에만 온전한 인간이다."(실러) 노동이 아닌 놀이에서만 '삶의 기술'을 다듬고 이끌어낼 수 있으리라는 게 실러의 견해다. 여기서 '삶의 기술'이라 함은 고대 그리스인들이 아주 탁월하게 이뤄낸 삶의 방식을 염두에 둔 표현이다. 가능한 한 노동의 멍에가 가벼워지기를 원하는 우리는 이런 삶의 방식을 되살려내기 위해 노력해야 하지 않을까.

놀이는 시간을 필요로 한다. 그러나 노동에서 자유로운 시간이라고 해서 곧 놀이시간이 되는 것은 아니다. 놀이도 연습과 훈련을 필요로 한다. 그동안 노동의 미덕과 그 엄수에만 매달려왔기에 우리는 다시 놀이를 즐길 여유를 배우고 익혀야만 한다. 이런 여유에서 멀어지면 멀어질수록 배우는 일은 그만큼 더 어려워진다. 누구든 다른 사람에게 자신의 일을 대신하게 해서는 안 되는 법이라는 통찰에 가슴만 서늘할 뿐이다. 이런 시시포스의 통찰에 사람들은 지친 표정을 짓거나 신난다는 반응을 보이리라. 늘 똑같이 반복되는 일은 사람을 지치게 만들지만, 여유를 갖고 즐기는 일은 언제나 신선하다. 어쨌거나 시시포스는 신이 나서 즐거워했을 뿐만 아니라,

심지어 행복한 미소를 짓기까지 했다.(카뮈)

관련 항목

낭비, 돈과 시간을 놓아버려라 | 잇속은 존중에서 비롯된다 | 행복은 시간으로부터의 해방이다

대화가 필요해

제아무리 현명한 내용을 담았을지라도, 말은 어디까지나 은이다. 귀담아들어줄 때 비로소 말은 금이 된다. 침묵이 금이라는 속담은 한번 뒤집어줘야 뜻이 살아난다. 입 꾹 다물고 침묵하라는 게 아니다. 귀를 활짝 열고, 남의 말을 귀담아들으라는 가르침이다. 말은 누구나 할 수 있지만, 들을 줄 아는 사람은 드물다. 말함과 들어줌이 서로 화답할 때, 대화가 이루어진다. 그런데 자기 말만 할 뿐, 남의 말은 들어주지 않으니 가슴을 연 대화는 희귀한 현상일 수밖에 없다. 함께 말을 나누는 대화라는 조화로움은, 걸핏하면 한쪽만 말하고 다른 한쪽은 듣기만 하는 것으로 갈라지기 일쑤다. 그럼 다시 우리는 일방적인 강연을 듣는 것이나 다름없다. 지루한 나머지 졸음이 쏟아지는 강의는 귀를 쫑긋 세우고 경청하려 하면 할수록 보고 듣는 능력을 앗아간다. 열변을 토하는 강사에게는 미안한 일이지만, 몸에서 빠져나온 나는 여기저기를 자유자재로 돌아다닌다. 단골 바에 갔나 싶더니, 어느덧 기차역에 서 있다가, 눈 깜짝할 사이에 국제 규격의 수영장에서 수영을 즐긴다. 아무 문제 없이 편하게 나눌 수 있을 것만 같았던 대화는 미처 알아차리기도 전에 일장 연설과 훈계가 되어버리고, 이제 어느 쪽도 더이상 대화를 이끌고 나갈 흥미를 느끼지 못한다. 양쪽 모두 들어줄 생각이 없는데 무슨 대화가 이뤄질까. 그저 유일하게 '함께하고' 있는 것이라고는 지금 같이 있는 공간뿐이다. 이른바 일방적인 일장 연설이란, 말하는 쪽과 듣는 쪽의 시선이 서로 엇갈리며 저마다 엉뚱한 곳을 보고 있다는 데서 잘 알아볼 수 있다. 이런 마당에 대화가 이뤄지기를 기대하기란 어렵다. 쌍방의 소통이어야 할 대화가 일방의 강론으로 변모하는 일은 심심찮게 벌어진다. 특히 서로 상대에게 지나친 친절을 베푸는 경우, 이런 일은 다반사가 된다. 그러니까 어느 쪽도 이야기를 끝낼 용기나 지혜를 갖지 못해 벌어지는 일이다. 누구도 '마지막 말'을 입 밖에 꺼내지 못하는 탓에 겉도는 이야기는 허공을 맴돈다. 한쪽은 난처하기만 하고, 다른 한쪽은 기회만 호시탐탐 노린다. '마지막 말'을 찾아내고, 또 입 밖으로 꺼내기 위해서는 용기와 책임감이 필요하다.(뢰비트•) 그리고 대화를 시작하는 '첫마디'에서 같은 덕목이 요구된다는 점도 새겨봄직하다.

진지한 대화가 이뤄질 때에는 어느 것 하나 놓칠 말이 없다. 한쪽만 뻗대는 일방적인 연설과 달리 대화에서는 그 어느 쪽도 무시

• Karl Löwith: 1897~1973. 유대계 독일 철학자. 나치의 탄압을 받아 미국, 일본 등을 전전했다. 역사철학에서 독보적인 연구 업적을 쌓았다.

당하지 않는다. 그러니까 대화란 의심할 바 없이 서로가 상대를 인정하는 행동이다. 대화 당사자는 상대의 인격을 인정하고 존중한다. 함께 머리를 맞대고 이야기를 나누고 있다는 점이 가장 좋은 증거다. 상대는 나를 인정해주며, 그 인정이 없이는 내가 나 자신을 추스를 수 없다는 가장 강력한 표현이 곧 대화다.(테일러•) 상대는 나에게 말을 걸며, 나는 상대가 말을 걸도록 넉넉한 여유를 베푼다. 나 역시 상대은 말을 걸어주며, 그 같은 여유를 기대한다. 물론 이야기가 오가는 동안은 아직 안심하기 이르다. (아직은) 찌르지 않았기 때문이다.(뒤렌마트••) 혹은 평화협상이 진행되는 경우는 일단 사격 중지 상태다. 말하자면, 대화라고 해서 언제나 서로 어깨를 다독이며 평화롭게 말을 주고받는 게 아니다. 불편하기만 한 대화도 얼마든지 있지 않은가. 처음부터 상대방에게 유쾌하지 않은 소식을 전해줘야 하는 대화의 경우가 특히 그렇다. 이런 대화에서는 한쪽이 곤란한 표정으로 잔뜩 찌푸리는 탓에 서로 매끄럽게 이해하리라는 기대는 크게 하지 않는 게 좋다. 물론 해고를 통보하는 마당이라고 해도 얼마든지 내실 있게 건설적인 이야기를 주고받을 수 있다. 다만, 어느 한쪽이 지나치게 경직돼 부들부들 떤다면, 좋은 대화의 특징인 생각의 자유로운 흐름은 방해받고 만다. 느긋한 마음으로 나누는 좋은 대화는 우리의 눈앞에 다양한 세상들을 펼쳐 보인다. 혼자 중얼거리는 독백만으로는 도저히 이룰 수 없는 통찰을 얻게 해주는 게 훌륭

• Charles Taylor: 1931~. 캐나다의 정치학자이자 철학자. 공동체주의의 선봉장이다.

•• Friedrich Dürrenmatt: 1921~90. 스위스의 작가. 기괴한 문장의 통렬한 풍자로 유명하다.

한 대화다. 양쪽이 함께 대화의 끈을 풀어가면서 때때로 용기 있게 반론과 이의를 제기하기를 꺼리지 않는다면, 대화의 끈은 다채로운 색깔을 자랑하면서 상당히 튼튼한 동아줄로 엮일 수 있다. 대화 당사자들이 모두 성실하게 노력한다는 전제 아래서, 철학이 가꾸려 진력해온 이성, 우리 자신과 세상을 이해하는 데 도움을 주는 이성이 고개를 든다.

서로 이야기를 나누는 대화는 마음과 마음을 연결할 뿐만 아니라, 함께하는 사회의 터전을 닦아주기도 한다. 대화를 통해 우리는 "왜 어떤 행동방식이 사회적인 구속력을 가져야 하는지 저마다 생각하는 근거를 밝혀줄 수 있다. 그래서 당사자 각자가 그때그때 주어진 상황에 따라 제안된 규범이 '모두에게 동등하게 좋은 것'이라는 확신을 가질 수 있어야만 한다".(하버마스) 함께 머리를 맞대고 이야기를 나눈다는 것은 대화의 규칙을 인정하는 데서 출발한다. 이를 인정할 때 비로소 이야기를 나누며 대화의 범위를 넘어서는 규칙, 곧 법을 만들어낼 기회가 생긴다.(아펠•) 대화의 적절한 틀을 지켜가면서 사회의 윤리 규범을 이끌어내는 것, 이는 인간이 더불어 사는 데 꼭 필요한 일이다. 함께 이야기를 나눈다 함은 곧 함께 행동하는 것이다. 주례에게 "예!" 하고 큰 소리로 외쳐야 결혼생활을 누릴 수 있듯이 말이다. 여기에서 분명하게 드러나듯 말은 언제나 그에 합당한 결과를 불러온다.

의미 있는 대화를 위해 다수가 지켜야 할 최고의 법칙은 곧

• Karl-Otto Apel: 1922~. 독일의 철학자. 이른바 '담론윤리학'을 대표하는 인물이다.

'올곧음'이다. 이는 대화에만 국한되는 게 아니라, 우리의 생활 전반에 걸쳐 가장 중시해야 할 것이다. 사람은 적어도 스스로 확실하다고 믿는 것을 입 밖에 꺼내야 한다. 그러므로 사람의 말은 평소 그 행실의 표현이다. 서로 전혀 다른 태도로 인생을 바라보는 사람들은 지속적인 만남을 이룰 수 없다. 마찬가지로 말에 진실을 담고 있으며, 자기 말에 책임을 지는 구속력을 갖는다는 것은, 대화의 조건일 뿐만 아니라 인생 전체를 의미 있게 만들어주는 최상의 덕이다.

대화를 통해 빚어지는 공감대는, 그저 정보를 교환하는 만남이나, 상관이 부하 직원에게 명령을 내리는 것과는 사뭇 차원이 다르다. 그러나 대화의 자유란 대화 당사자가 자신이 원하는 것을 이야기하는 자유만을 뜻하지는 않는다. 물론 자신의 생각을 자유롭게 털어놓을 수는 있지만, 좋은 대화 상대라면 자신의 자유만을 끝까지 고집하지는 않으리라. 예를 들어 신학을 주제로 이야기를 나누는데 불쑥 자동차 브랜드가 어쩌고 하면 곤란하지 않겠는가. 반대의 상황도 마찬가지다. 오히려 대화의 자유는 대화 그 자체에 있다. 다시 말해서 어느 한쪽이 자신의 이야기만 고집하는 게 아니라, 같은 주제를 놓고 각자 자신의 의견을 개진하는 가운데 자연스럽게 대화가 풀려나가야 한다. 대화의 자유란 이렇게 펼쳐져야 한다. 무슨 말이 오갈지 대화 당사자가 예상할 수는 없는 노릇이지만, 상대의 말에 귀를 기울이며 '생각을 곱씹어보는 것'(뢰비트)은 상대가 한 말을 그대로 되짚어보는 게 아니라, 자신의 '고유한 생각'을 갖는 것이다. 상대방이 생각을 밝히면 거기에 자신의 생각을 더해 더욱 깊고 풍성한 통찰을 얻어내는 것, 이게 바로 대화의 묘미다. 물론 상대가 던진 자극을 가지고 무엇을 해나갈 것인지는 들어봐야만 안다. 경청은 그래서 중요하다.

앞서 말했듯, 대화에서는 참여하는 한 사람 한 사람이 모두 중요하다. 심지어 대화에 참여하지 않는 사람도 귀를 기울일 수 있게 해줘야 한다. 언뜻 들으면 놀라운 이야기일지 모르지만, 많은 경우 제삼자는 바로 그 대화 당사자가 아니기 때문에 더욱 많은 것을 듣고 이해할 수 있다. 이유는 간단하다. 그만큼 떨어져서 듣기 때문이다. 넌지시 엿듣든, 참가자들의 동의 아래 귀동냥을 하든, 사정은 마찬가지다. 토크쇼의 게스트가 워낙 말을 더듬는 바람에 도통 무슨 말을 하는지 알아들을 수 없는데도 솜씨가 능숙한 진행자가 중간중간 끼어들며 몇 마디만 잡아줘도, 소파에 앉아 방송을 지켜보는 시청자는 무엇을 두고 대화가 이뤄지는지 얼마든지 이해하는 것을 보라. 심지어 액면 그 이상의 것이나, 전혀 의도되지 않은 다른 측면까지도 시청자는 이해할 수 있다. 여기서 이해는 해석의 기술(가다머)이거나 혹은 번역 능력을 뜻한다. 서로 다른 언어로 말하고 있기 때문에 조심스러운 것만은 아니다. 말에서 풍기는 분위기와 몸짓이 품고 있는 의미도 읽어내야만 한다. 상대의 의중을 올바르게 해석하고 적절하게 번역하는 것은 경우에 따라 생사를 가를 수도 있는 중요한 일이다. 말을 할 때 정확하고 적절한 톤을 구사해야 하는 것처럼, 경청할 때에도 상대가 쓰는 말의 뉘앙스를 올바로 해석해야 한다. 그러니까 이것도 학습의 문제다. 특히 경험이 커다란 비중을 차지하기 때문에 무엇보다도 듣기를 많이 해야 한다. 한마디라도 놓칠세라 귀담아들으며 의미를 섬세하게 새겨들어야 훌륭한 대화 상대가 될 수 있다. 경청의 학습은 서로 이야기를 나누는 데만 도움이 되는 게 아니다. 더 나아가 경청은 대화라는 세계 전체를 우리 앞에 활짝 열어준다. 인간은 입을 열고 말을 할 때만 대화할 수 있는 게 아니다. 표정과 몸짓을 통해서도 우리는 얼마든지 대화한다. 그 의미는 서로 배우며 함께 익힌다. 나만 아는 표정, 나만 이해하는 몸짓으로는 결코 함께할 수 없다.(비트겐슈타인) 홀로 중얼거리기보다 함께 이야기 나누는 것을 즐기는 사람들이 이런 표정과 몸짓만 마음에 들어하는 것은 아니다. 무엇보다도 그들은 표정과 몸짓에 의미를 부여해주는 공동체를 가꾸고 그 안에서 살아가기 바라는 것이다.

그러므로 함께 이야기를 나눈다는 것은 그저 단순한 사건이 아니라, 그 자체로 기쁨의 나눔이자 고단함의 위로다. 함께 이야기하는 것 말고 달리 어떻게 서로 사귀고 소중히 여길 수 있겠는가? 더욱 중요한 것은, 다른 사람과 대화를 하는 것만큼 자기 자신을 잘 알 수 있는 기회가 또 있을까 하는 점이다. 함께 이야기를 함으로써 열어가는 세상은 다양한 언어들의 세상인 동시에 다채로운 색깔을 자랑하는 풍부한 경험의 세상이기도 하다. 여기에 함께 속해 더불어 나누고 즐기는 기회를 갖는다는 것은 얼마나 행복한 일인가. 이때, 홀로 있음만이 인생을 살아가는 탁월한 방법이 아니라, 함께함 역시 인생을 사는 훌륭한 방법이라는 깨달음도 얻는다. "우리는 대화를 나누는 인생만 사는 게 아니다. 우리가 사는 단 한 번뿐인 삶은 함께 이야기를 나누고 아울러 홀로 의미를 새겨가며 가꿔야 한다."(마르크바르트) 대화 이후에도 인생은 계속되기에, 물론 무한하지는 않지만 앞으로도 대화의 기회는 또 있을 것이기에, 근본적으로 대화는 여유로운 마음으로 하는 게 좋다. 당장 무슨 결판을 내야 한다는 듯 덤비는 것은, 지금껏 살펴보았듯 남의 말을 잘 새겨듣는 대화가 아니라, 초조한 나머지 자기 고집만 피우는 졸렬한 폭력일 따름이다. 급할 게 뭐 있는가. 여유로운 대화를 마칠 때마다 우리는 그만큼 더 현명해지는 것을! 물론 이때 배우는 지혜가 홀로 있든 함께 있든 침묵이 금이로구나 하는 것뿐일지라도 말이다.

관련 도서

권리를 주장하는 일 | 위선과 아첨 | 인사, 고독한 타인을 깨우는 일

동물의 존엄성

장작더미를 산처럼 쌓아놓은 곳에서 거대한 불길이 치솟았다. 사체들의 가죽과 털이 타는 냄새가 매캐했다. 그런가 하면 커다랗게 주둥이를 벌린 웅덩이 속으로 불도저가 죽은 몸뚱이들을 밀어 넣었다. 21세기 초, 유럽 한복판에서 벌어진 일이다. 화장이든 매장이든 인간이 아니라 동물을 처리한 것이기는 하지만, 중세에나 볼 수 있었을 법한 일이 태연하게 벌어지는 것을 보고 사람들은 경악해 마지않았다. 굳이 중세를 들먹이지 않더라도 이미 과거사려니 했던 일이 눈앞에서 아무렇지도 않게 벌어지자 분노의 불길이 타올랐다. 동물이야 역병 때문에 어쩔 수 없다 하더라도 인간이라면 최소한 그런 짓은 하지 말아야 한다고, 사건을 보도한 기사는 힘주어 강조했다. 이게 앞뒤가 맞는 얘기일까? 동물이야 아무래도 좋은데 인간의 품위에는 맞는 일이 아니라고? 자기주장을 놓고 이처럼 친절하게 토까지 달아놓다니, 상당히 자의적인 기사가 아닐 수 없다.

왜, 무엇 때문에 그래서는 안 된다는 것이냐는 물음이 자연스레 고개를 든다. 시비를 걸려는 게 아니라, 정말 왜 안 되는지 묻지 않을 수 없기 때문이다. 동물을 사냥하고 괴롭히며 잡아서 팔고 심지어 토막까지 내는 일은 우리 문화의 일부가 아닌가? 예를 들어 코디•는 어떻게 명성을 얻었나? 일명 버펄로 빌로 유명한 코디는 물소에게 총질을 해대 오늘날까지도 영웅으로 대접받는 호사를 누리고 있지 않은가? 사냥이 어찌나 성공적이었던지 총을 들이댈 물소가 부족해서 일자리를 잃는가 싶더니, 이내 국제적인 활동을 벌이는 서부 쇼 전문 엔터테인먼트 회사를 창설해 사장 자리에까지 오른 버펄로 빌이 아닌가 말이다. 막대한 부를 모은 코디는 금광을 사들였을 뿐만 아니라, 자신의 이름을 딴 도시까지 세울 정도였다. 또다른 이야기꾼 한 명은 자신의 사냥 경험담으로 노벨 문학상까지 받았으며, 오늘날까지도 방탕아 분위기를 물씬 풍기는 무기 애호가로 부러움을 한몸에 받고 있다. 바로 헤밍웨이 말이다. 이처럼 동물을 때려잡는 사람은 최상류층 인사로 오락과 부를 만끽하며 국제적인 명성을 자랑하는 인생을 누리는, 더할 나위 없는 행운아이지 않은가?

그럼에도 동물을 해치면 안 된다고? 동물도 나름대로 품위 있게 대접받을 권리를 가졌다고? 그런 주장을 거침없이 하는 근거는 무엇인가? 현실 문화와 맞지 않을 뿐만 아니라, 그 현실을 이론으로 뒷받침해온 철학적 사고방식과도 충돌하는 주장이 아닌가?

• William Frederick Cody: 1846~1917. 버펄로 빌이라는 별칭으로 널리 알려진 물소 사냥꾼. 서부극 쇼의 극단주로도 대단한 성공을 거두었다.

동물도 존엄성을 갖는다는 말은 대체 어디에 근거를 둔 것일까? 존엄성이라는 개념은 오로지 인간과 관련해서만 써오지 않았는가? 철학에서 이 개념은 특히 칸트가 다듬은 것이다. 존엄한 것은 "그 어떤 대가도 뛰어넘는 숭고한 것이다". 한마디로 말해 돈으로 헤아릴 수 없는 게 존엄한 것이라는 가르침이다. 값어치의 저편에 있는 것은 그 자체로 충만한 존재다. 바꾸어 말해서, '목적'이 되어야지 수단 취급을 해서는 안 되는 게 존엄한 존재다. 칸트의 논리를 이쯤까지만 따른다면, 현재 우리의 법과 도덕 현실은 전혀 문제될 게 없어 보인다. 동물은 돈이 오가는 가운데 사고팔리지만, 인간은 그렇지 않으니 말이다. 주인이 바뀌는 법적인 거래로 동물이 다치는 것은 아니라고 보는 반면, 인간을 사고파는 일은 엄연한 범죄행위로 본다. 왜 그런 것일까? 대체 무슨 이유로 인간은 드높은 법적 지위를 부여받고 목적 그 자체로 인정을 받음에도, 동물은 그렇지 못할까? 도대체 저 강력한 영향력을 갖는 칸트 철학이 뭐라고 했기에 20세기도 훌쩍 지난 오늘날까지도 법전에서 동물은 '물권' 취급을 받는 것일까?

제인 구달과 폴커 조머•의 연구가 활발히 이루어졌음에도 오늘날 우리는 대개 인간만이 도덕적 행동능력을 가졌다는 주장을 고집하고 있다. 다시 말해서 어떤 행동이 좋은 것인지 판단을 할 수 있는 능력은 인간만이 유일하게 가졌다고 굳게 믿는다. 그리고 바로

• Volker Sommer: 1954~. 독일의 인류학자. 원숭이의 행태를 인간과 비교하는 연구를 해왔다.

이런 재능이 인간, 칸트의 말을 빌리자면 '인격체'에게 존엄성을 부여한단다. 합리성과 도덕을 중시하는 이런 도식에 맞서, 적어도 다음과 같은 세 가지 반론 제기가 가능하다.

첫번째 반론은 벤담이 내놓은 것이다. 공리주의의 창설자인 벤담은 칸트식의 논의를 철저히 비판하면서, 도덕성이라는 것은 해당 존재가 이성과 도덕에 관한 통찰을 할 수 있느냐는 문제가 아니라, 고통을 느끼며 아파할 줄 아느냐는 물음으로 판가름해야 한다고 맞섰다. 물론 아파할 줄 안다고 해서 모두 도덕적 실천가인 것은 아니지만, 어떤 경우든 남의 도덕적 행동에 영향을 받는 것은 확실하니만큼 윤리적인 배려가 꼭 필요하다는 지적이다.

그러나 아픔에 초점을 맞춘 접근은 두 가지 관점에서 문제의 여지가 있다. 먼저 고개를 드는 의문은, 영혼의 아픔을 둘러싼 것이다. 이런 것도 벤담이 말하는 고통에 속할까? 속한다면, 우리는 그것을 어떻게 확인할 수 있을까? 아픔의 무게를 재기라도 해야 할까? 인간에게 당신이 갖는 아픔의 무게를 재겠다고 하는 것은 터무니없는 망발이자, 새로운 아픔을 안겨주는 만행일 수도 있다. 그리고 어떤 존재가 전혀 아픔을 느끼지 못한다면 어쩔 것인가? 예를 들어 의식을 완전히 잃은 사람이나 진통제 시약을 투여한 실험동물과 같은 경우라면? 인간과 동물에게 저지르는 짓이 아픔을 불러일으키지 않는다면, 우리는 아무 거리낌 없이 그런 짓을 해도 되는 것일까? 아픔을 느끼지 않는다고 해서 죽여도 좋다? 그것참 심각한 이야기다.

칸트의 도덕 이성 중심적인 견해에 대한 두번째 비판을 내놓는 진영에서 가장 유명한 인물은 피터 싱어•다. 1970년대 미국에서 '동물해방운동'을 이끈 싱어는 인간에만 초점을 맞춘 칸트의 인격 개념을, 존 로크가 제안한 인격 개념을 토대로 이끌어낸 주장으로 공격한다. 이에 따르면 윤리 공동체의 일원이 될 수 있는 기준은, 로크의 표현을 그대로 빌리자면, 자기 자신을 "시간이 흘러도 변하지 않고 존재하는 통일체"라고 생각할 줄 아는 능력의 소유 여부다. 그러니까 로크는 시간의 흐름과 상관없이 '나는 나다!' 하고 자의식을 가질 줄 아는 존재는 모두 '인격체'라고 불렀다. 싱어는 이런 입장에 전적으로 동의한다. 인간이 아닌 존재들 가운데 그런 의식능력을 가진 것은 분명 많기만 하다. 비록 '나'라는 말은 못한다손 치더라도 말이다. 더욱이 이런 정의는 유인원에게 확실히 적용된다. 그러니까 싱어는, 원숭이는 인격체이므로 죽여서는 안 된다고 주장한다. 그러나 이 논리에는 결정적인 허점이 있다. 예를 들어 약을 먹여 그런 의식능력을 앗아버린다면 죽여도 좋다는 말이 되지 않는가. 또다른 측면에서 볼 때에도 이 논리는 고통 운운했던 입장보다도 후퇴한 것이다. 아파할 줄 안다는 이유로 도덕의 보호를 누렸던 많은 동물들이 다시금 버림받고 마는 것이다. 실험실에서 가장 많은 고통을 당하는 생쥐가 '시간이 흘러도 변하지 않고 존재하는 통일체'라는 의식을 갖는지 증명한다는 것은 거의 불가능에 가까운 일이지 않을까?

그래서 등장한 세번째 비판 노선은 전혀 다른 전략을 취한다.

• Peter Singer: 1946~. 호주 태생의 철학자이자 윤리학자. 공리주의에 입각한 윤리적 관점을 제시해 많은 논란을 불러일으켰다.

인간만 인격체로 인정하는 도덕 이성 중심의 논리에 맞서, 이 노선은 아픔도 의식도 아닌 '존엄성'이라는 개념 자체를 문제삼는다.

칸트의 존엄성 개념이 적어도 인간이라는 인격체만큼은 확실하게 보호해주기 때문에, 동물 집단 화형을 목격한 이들은 혹시 이 개념으로 동물들도 보호해줄 수 있지 않을까 하는 데 생각이 미쳤다. 그러니까 동물에게 의식이니 아픔이니 따질 것 없이 그저 보호받기에 충분한 기준만 만들어주면 되지 않을까 기대한 것이다. 동물은 의식의 능력을 갖지 않는다고, 인간과 달리 그런 것을 굳이 가질 필요도 없다고 하면 그만이지 않은가. 의식을 인정하지 않으면 동물이 존엄성을 인정받기 어려워진다는 것은 동물에게는 오히려 유리하게 작용할 수 있다. 칸트는 분명 윤리적 통찰이라는 능력에 기초해 인간 존엄성의 중요한 측면을 밝혀줬다. 다만, 거꾸로 이렇게도 물을 수 있지 않을까? 인간들 가운데서도 윤리적 통찰을 할 수 없는 사람이 틀림없이 있지 않은가? 그럼 그런 사람은 존엄성을 갖는가, 갖지 못하는가? 따라서 존엄성을 윤리적 능력에만 국한시키는 것은 잘못이다. 아무래도 '존엄성'은 더욱 근본적인 개념이 틀림없다.

존엄성이 더욱 근본적이라는 점은 우리가 일상에서 흔히 쓰는 표현들에서 잘 드러난다. 이를테면 우리는 '존귀한 노인'이라거나 '품위 있는 걸음걸이'라는 말을 자주 쓴다. 늙었음에도 자세가 조금도 구부정하지 않고 꼿꼿하다든지, 걸음걸이에서 기품이 느껴지는 경우 쓰는 표현들이다. 그런데 이런 종류의 근엄함이나 위엄은 '인간의 존엄성' 개념이 뜻하는 바와 분명 다르다. 품위 있는 걸음걸이나 꼿꼿한 자세는 가질 수도 안 가질 수도 있는 우연적인 것이다. 그러나 개념으로서 존엄성은 인간이라면 누구나 반드시 갖는 근본적인 게 아닌가. 존엄성을 두고 '타고난'이라는 표현을 쓰는 이유가 달리 있을까? 인간의 타고난 존엄성이란 혹 잃어버리거나 안 가질 수도 있는 게 아니다.

인간이 아닌 다른 존재들의 존엄성도 비슷하게 표현할 수 있지 않을까? 이를테면 우리는 '근엄한 사자' 혹은 '위엄 있는 독수리' 또는 '늠름한 곰'이라는 표현을 쓰곤 한다. 모두 어떤 가문이나 집단 혹은 국가의 권세를 상징하기 위해 깃발의 문장에 쓰이는 동물이다. 시대를 통틀어 오늘날까지도 지배자는 이런 동물의 강인함을 권력과 연관시키는 게 커다란 도움을 준다고 여기고 있는 것이다. 이 같은 강인함은 타고난 본성이며, 그 늠름함과 여유로움은 인간에게도 좋은 특징이다. 다시 말해 '존엄'하다는 건 바로 이런 속성을 가리키는 것이다. 그러니까 이 존엄함은 '인간의 존엄성'과 분명하게 공통으로 겹치는 부분을 갖는다. 존엄성은 그게 어떤 종류의 것이든 존재할 권리를 갖는다. 즉, 존엄성을 훼손하는 것은 엄격하게 금지되어야 마땅하다. 인간의 존엄성은 어떤 경우에서든 손을 대서는 안 되는 불가침의 것이다. 이는 헌법이 보장하는 권리로, 동어반복에 지나지 않는다. 존엄성은 어떤 경우에도 빼앗거나 짓밟을 수 없는 불가침의 것이기 때문이다. '존엄성의 훼손'이나 그 비슷한 표현은, '존엄이 실현됨'에 있어 그 가능성이 보장되는가 그렇지 못한가 하는 기로에 설 수 있다는 염려를 표현할 따름이다.(슈페만•)

그래서 우리는 다음과 같은 생각에 친숙해져야만 한다. 우리는 다른 생명의 값어치를 존중해야 할 뿐 아니라, 그 값을 합당하게 지불해야만 한다. 지금까지 우리의 생활을 지배해온 경제는 이런 형태의 존엄성이 발전하고 발현하는 것을 막아왔다. 이제 마침내 정당한 값을 치르는 거래의 도리를 중시해야만 한다. 이는 동물만을 위해서가 아니라 바로 우리 자신을 위해서도 좋은 일이다. 가지려거든 마땅한 값을 치러라. "가격을 정확히 밝히지 않고 빙빙 에두르는 이야기는 정말이지 싸구려에 지나지 않는다."(마갈릿••) 문제는, 항상 거품만 일으키고 다니는 사기꾼이다. 조심하라, 자신이 거품만 부풀리고 있다는 것을 자기 입으로 털어놓는 사람은 없으니!•••

관련 항목

살인의 또다른 이름-뇌사와 장기이식 | 양심이라는 주관적 도덕 | 예의란 인간다운 나에 대한 열망

• Robert Spaemann: 1927～. 독일의 철학자. 고전철학에 능통하며 삶의 현장에서 철학을 펼치기로 유명하다.

•• Avischai Margalit: 1939～. 이스라엘의 철학자.

••• 이 글에서 명시적으로 언급하고 있지 않지만, 저자는 광우병 사태를 염두에 둔 게 분명하다. 유럽에서 광우병이 한창 기승을 부리던 2002년, 독일의 유력 일간지 쥐트도이체 차이퉁의 사설에 다음과 같은 구절이 나온다. "값싼 고기를 먹으려고 초식동물인 소에게 육식을 시키는 바람에 소가 미쳐버리지 않았던가. 소에게 마땅한 대접을 해주지 않고 얼렁뚱땅 근수나 불리려다가 집단 화형시키는 대재앙을 겪지 않았던가. 병 주고 불태워 죽이고. 인간은 동물 앞에서 정말 부끄러운 줄 알아야 한다."(2002년 5월 28일자)

두려움과 더불어 살기

사람을 보고 겁쟁이라고 놀리는 건 유쾌한 일이 아니다. 무서울 정도로 빠른 속도를 자랑하는 썰매를 탄다거나, 사적으로든 사업상으로든 경쟁관계에 있는 사람을 떠올리면 온몸이 긴장을 하는 것이야 당연한 일이지 않은가. 아니, 그런 놀림이 전적으로 잘못된 태도인 경우도 적지 않다. 사람들은 또 아주 당연하다는 듯 동물을 끌어다대기도 한다. "에라, 이 토끼 같은 겁쟁이야!" 하는 식으로 말이다. 사실 이 말은 그리 틀린 게 아니다. 우리는 언제나 어떤 구체적인 것에 겁을 내는데, 이때 우리는 동물과 똑같다. 동물처럼 적과 위험을 피해 달아나고 나서야 비로소 안도의 한숨을 내쉬는 게 우리 인간이다. 겁을 내게 만든 원인이 사라지고 나면 동물도 헐떡이며 숨을 고르지 않던가. 하지만 두려움은 다르다. 두려움은 그 바닥을 알 수 없는 심연이다. 거칠 것 없는 평원을 걸어갈지라도, 어딘가에 입을 벌리고 있을지 모를 심연은 우리를 두렵게 한다. 두려움은 경계라는 것을 모른다. 인간은 사면이 벽으로 둘러싸인 공간에서조차 두려움을 느낀다. 두려움은 한밤중에 숨어든 도둑처럼 내몰 수 있는 게 아니다. 그리고 두려움은 어둠 속에서만 찾아오지도 않는다. 두려움은 어디서나 볼 수 있는 '현상'이다. 특히 현대에 들어 두려움은 도처에 만연해 있다. 심지어 우리가 나타나기도 전에 두려움이 이미 떡하니 자리를 잡고 우리를 맞이하기 일쑤다. 그리고 공포와는 달리 두려움은 구체적인 얼굴을 가지고 있지 않다. 바로 그래서 두려움과 더불어 사는 법을 배우는 것은 꼭 필요한 일이다. 비록 겁과는 달리 아무리 배워도 완전히 다스릴 수 없는 게 두려움이기는 하지만 말이다. 겁을 낸다는 것, 소름이 끼친다는 게 무엇인지 알고 싶어 길을 떠난 소년은 여러 차례 실패를 거듭한 끝에 결국 오싹 소름이 돋는다는 게 뭘 뜻하는지 알아낸다.(그림 형제)• 그러나 인생을 뿌리에서부터 사로잡고 있는 두려움은 그 정체를 알아낼 수 없는 것으로 남을 뿐이다. 두려움은 늘 우리와 함께 있지만, 그게 대체 무엇인지, 무엇 때문에 생겨나는지, 무슨 이유로 비롯되는 것인지 절대 구체적으로 말할 수가 없다.

우리를 괴롭히는 많은 것과 마찬가지로 두려움 역시 에덴동산이라는 낙원에서 쫓겨나면서 인간에게 심어진 것으로, 결국 죄와 허물과 밀접한 관련이 있다. 이런 연관을 끊어버리지 못하는 한, 두

• 그림 형제의 동화 「소름을 찾아나선 소년」을 언급하고 있다. 겁을 낸다는 게 무엇인지 도무지 몰랐던 주인공이 세상을 돌아다니며 소름 끼치는 것을 경험해보려 했으나 실패만 거듭한다. 결국 아내가 끼얹은 찬물을 뒤집어쓰고 소름이 끼친다는 게 무엇인지 깨닫는다.

려움을 떨쳐버리는 구원은 맛볼 수 없다. 그리고 우리 모두는 원죄라는 짐을 지고 있다. 사실 태어나면서부터 우리는 어떤 형태로든 남에게 신세를 지고 있지 않은가. 그러나 죄를 지었다는 것은 결백한 상태, 순결함이 먼저 있었기에 가능한 일이리라. 그리고 이 순결함이란 곧 '무지함'의 다른 표현이다. 무지란 말 그대로 아무것도 모르는 상태다. 선과 악을 구별하지 못하는 게 무지함이다. 이것과 저것을 구별하지 못하며 여기와 저기를 가르는 경계를 모르기에 무지함은 막연함이다. 아니, 무지하다는 말 그대로 아무것도 없음이다. 이런 '막연함' '아무것도 없는 무無'가 '두려움'을 낳는다.(키르케고르) 결국 앎을 통하지 않는 다른 방법으로는 두려움을 이겨낼 수가 없다. 선악과를 따지 않고서는 두려움을 이길 수가 없다. 그러나 앎, 깨우침과 함께 고통이 시작된다. 깨어 있고자 하는 정신은 몸과 마음의 평안을 허락하지 않는다. 병들어 아파하는 정신은 뒤로 물러서서 몸과 마음을 다스리는 끈을 놓지 않는다. 두려움은 잠복 상태로 들어간다. 이렇게 잠복한 두려움은 영혼을 불안하게 만들며, 몸으로 하여금 '긴장과 압박'을 벗어나지 못하게 한다.(슈미츠) 두려움은 우리에게 어지럼증을 느끼게 만든다. 이는 곧 '자유라는 이름의 현기증'이다. 두려움을 사랑하는 동시에, 두려움에서 도피하려는 현기증이다.(키르케고르) 선악과를 따먹는 자유는 우리에게 진리를 선물한다. 그러나 마음의 문을 활짝 열고 이 진리를 받아들일 용기를 가진 사람은 극소수다. 사람들은 오히려 이 진리가 두려워 떨 뿐이다.(키르케고르) 용기를 가진 자만이 두려움을 극복할 수 있다. 두려움을 인생의 스승이라고 하는 이유가 달리 있는 게 아니다. 그러나 두려움을 모르는 인생의 주인은 동물이 아니면 천사일 따름이다.(키르케고르) 인간은 두려움을 모르는 인생을 누릴 수 없다. 스스로 두려움에 빠지는 것, 이게 우리의 운명이다.

그렇다고 두려움에 자신을 내맡긴 채 속수무책으로 끌려다녀야만 할까? "세상에서는 너희가 환난을 당하나 담대하라"(『요한복음』 16장 33절) 하고 성경은 이야기한다. 이렇게 본다면 두려움이야말로 "기독교 신앙의 전제 조건이다."(슐츠•) 또는 기독교야말로 두려움의 문제를 풀기 위한 대답으로 주어진 종교이리라. 왜 기독교 이전에는 두려움이 크게 주목받지 못했는가 하는 의문은 이렇게 해서 풀린다. 이로써 세상과 그 환난을 이기게 해주는 예수의 위로는 그만큼 힘을 얻는 동시에 무력해진다. 두려움이라는 것은 세상 안에서만 겪는 게 아니기 때문이다. 오히려 두려움은 아예 세상 그 자체를 문제삼는다. "우리를 두렵게 하는 것은 '세계 내 존재In-der-Welt-Sein' 그 자체다."(하이데거) 두려움은 단순히 겁을 내는 게 아니며 세상 안에 있는 어떤 것에 대한 반응이 아니다. 그 앞에서 도망가거나, 아예 제거해버리면 그만인 적을 두고 느끼는 감정이 아니다. 오히려 두려움은 '세계 안에서 살아가는 일' 그 자체에 뿌리를 두고 있는 것이다. 두려움에서 도피할 길은 없다. 동시에 두려움은 그때그때 다르게 느껴진다. 생생하기만 했던 두려움이 어느새 사라지는가 하면, 자취를 감추었나 싶더니 눈앞에서 우리를 노려보고 있다. 그래서 흔히 우리는 "무엇 때문에 그래?" 하는 물음에 "아무것도 아냐!" 하고

• Walter Schulz: 1912~2000. 독일의 철학자. 고전문헌학과 개신교신학에 조예가 깊었다.

대답하곤 한다. 이 간결하면서도 별걱정 없어 보이는 '아무것도 아닌 것'이 얼마나 뿌리깊은 것인가 하는 점은 두려움과 공포의 차이가 증명한다. 두려움을 통해 우리는 없는 것, 있지 않은 것을 느끼고 감지한다. 적어도 공포에서처럼 구체적인 대상을 두지 않는다. 두려움은 세상을 상대하는 게 아니다. 세상의 어떤 구체적인 것을 무서워하는 것은 공포일 따름이다. 두려움은 다만 '세계 내 존재', 언제나 고독할 수밖에 없는 존재 때문에 생겨나는 것이다. 비록 두려움이 타인과 상관없이 개인의 내면에서 생겨나는 느낌이기는 하지만, 그래도 두려움은 고독한 감정이다. 그렇다고 이 두려움이 고독에서 비롯되는 것은 아니다. 고독을 무서워하는 것보다 두려움이 항상 앞서 있다. 인간이란 늘 고독한 존재이기는 하지만, 고독 때문에 두려움을 갖는 것은 아니다. 오히려 "인간의 현존재는 그 존재의 근원에서부터 두려움에 떤다"(하이데거)는 체험이 인간으로 하여금 더더욱 두려움을 갖게 만든다.

코펜하겐에서 우리를 현기증나게 만들었던 두려움은 파리의 사르트르에 이르러 '자유를 눈앞에 둔 두려움' '자유 때문에 생겨나는 두려움'으로 밝혀진다. 무엇보다도 자유는 모든 이들이 갈망하는 자유로운 가능성의 땅이 아니기 때문이다. 오히려 자유는 우리가 속수무책으로 끌어안아야만 하는, 피할 수 없는 심판이다. 우리는 자유를 타고났다. 자유를 피하려 드는 것은 허튼 일이다.(사르트르) 자유를 피해 달아날 곳은 그 어디에도 없기 때문이다. 두려움은 우리가 삶 앞에서 혼자일 수밖에 없음을 보여준다. 내 인생을 책임져야 하는 것은 나 자신뿐이라고 가르친다. 나는 홀로 있으며, 동시에 자유롭다. 내 인생의 선택은 어디까지나 나의 몫일 따름이다. 자유에서, 두려움에서 도망하려는 태도는 이해가 가고도 남는다. 그러나 무의미하다.(사르트르) 우리가 인생을 살아가며 혼자일 수밖에 없다는 점은 반박할 수 없는 사실이다. 또 홀로 있다는 게 문제도 아니다. 문제는 다른 곳에 있다. 섬처럼 떨어져 홀로 있음과 이로 말미암아 생겨나는 두려움을 극복하지 못하고 남들과 만날 때 문제가 생겨난다. 그럼 대체 어떻게 해야 이 두려움을 이겨낼 수 있을까? 도대체 이 두려움을 어떻게 다뤄줘야 하는 것일까? 혼자 살 수는 없기에, 아니 혼자 살고 싶지 않기에, 이 물음은 그만큼 절박하다.

만남은 그게 어떤 것이든 책임을 동반한다는 점에서 더욱 어렵다. 정확히 말해서, 만남은 다시금 우리를 두렵게 만든다. 더욱이 기꺼이 갖고자 하는 만남, 상대가 없이는 이뤄질 수 없으며, 바로 그래서 상대가 중심이 되어야 하는 만남의 경우에 두려움과 책임은 막중해진다. 아마도 타인과 가장 화끈하고 위험한 만남일 에로틱한 관계의 경우, 두려움은 봇물 터지듯 격심할 수 있다. 키르케고르가 확인하듯, 여기서 정신은 더이상 함께 갈 수 없는 탓에, 말하자면 수건을 던지며 이렇게 외친다. "여기서 나는 제삼자일 수밖에 없다. 차라리 숨어 있는 편이 낫겠다." 이 숨바꼭질은 물론 부끄러움 없이 이뤄지지 않는다. 에로틱한 관계에서 나는 "나 자신을 자연으로 끌어내리는 짓"을 감행한다. 이제 나는 "나 자신을 눈으로 볼 수 있는 겉모습에만 맞춰 꾸며낸다."(사르트르) 그리고 깨닫는다. "남들이 보는 나 자신이 부끄럽기만 하다."(사르트르) 이런 부끄러움이 두려움을 만들어냄은 불 보듯 환한 일이다. 그리고 이 두려움은 노이로제가 될 수 있다.(프로이트) 노이로제로까지 발전한 두려움으로 심각한 타격을 받는 것은 성적인 쾌락만이 아니다.

그런데 우리는 에로틱의 영역에서만 타인과 맞부닥뜨리는 게 아니다. 저 불확실하기만 한 타인은 언제 어디서나 찾아볼 수 있다. 잊을 만하면 두려움이 다시 고개를 드는 이유가 달리 있는 게 아니다. 주기적으로 계속 되풀이해서 나타나는 두려움 속에서 '세계 내 존재'를 바라보는 두려움은 커져만 간다. 심지어 실질적인 공포로 둔갑하기도 한다. 세상의 종말이 가까워졌다거나 컴퓨터 네트워크가 전 세계적으로 충돌을 일으키며 무너지고 말 것이라는 따위가 그 예다. 또 원자력의 군사적 혹은 민간의 이용은 '세계 내 존재'의 완전한 멸망을 몰고 올 것이라는 염려를 자아내며 막연한 두려움을 구체적인 것으로 바꿔놓기도 한다. 여기에는 물론 자신이 죽을 수도 있다는 무수한 두려움과 걱정이 맞물린다. 두려움과 공포가 손에 손을 잡고 한바탕 죽음의 춤을 추는 것이랄까. 죽음, 그러니까 사망에 대한 공포가 "개인의 축 처진 기분"으로 드러날 수 있다면, "지극히 내밀하면서 '세계 내 존재'를 두고 느끼는 두려움"은 사실 "죽음을 바라보는 두려움"(하이데거)이라 할 수 있다. 그러나 여전히 물음은 남는다. 개인은 숨을 거두는 마지막 순간, 자신의 두려움을 극복할 수 있을까? 또 이 세상을 떠야만 한다는 인간의 공포 역시 일종의 두려움은 아닐까? 돈독한 신앙심을 가진 사람에게 두려움이란 천국에 오르지 못하는 게 아닐까 하는 것이라면, 무신론자에게 두려움이란 더이상 이 세상 안에서 살아갈 수 없는 게 아닐까 하는 것이리라. 어느 쪽이든 두려움은 마땅히 해소되기 어려울 뿐이다. 그러다보니 사람들은 앞다투어 그럴싸한 핑계(키르케고르)를 들이대며 두려움을 감추기에 급급할 따름이다. 아니면 교묘한 꼼수로 막연하게 '사람'이라는 불특정 대명사 안에 두려움을 숨겨놓는다. "사람은 누구나 죽으니까." "이런 식으로 사람은 끊임없이 죽음을 둘러싼 두려움을 진정시키려 한다."(하이데거) 죽음을 바라보는 두려움을 신의 뜻을 따르겠다는 순종의 자세로 포장하기도 한다. 아니, 그런 두려움 같은 것은 없다고 손사래를 친다. 있다고 해도 별거 아니라며 한사코 축소하려고 든다.

이런 태도를 이용하는 정치도 있다. 세계의 존립을 위협하는 모험을 일자리 창출이라는 그럴싸한 구호로 포장하는 것이다. 생명이라는 값비싼 대가를 치르는 것에 대해서는 한사코 침묵하면서 경제적 이윤만을 소리 높여 외친다. 죽음에 대한 두려움을 애써 감추려는 사람들의 심리를 교묘하게 이용하는 셈이다. 이 같은 경솔함 앞에서 우리 "두려움의 문맹자"들은 "두려움을 솔직하게 인정하지 못하는 무능함의 시대"에서 살고 있다.(안더스) 이와 동시에 의료 기술 분야는 각종 질병의 위험을 지나치게 강조함으로써 죽음에 대한 두려움을 그 어느 때보다도 많이 부추기고 있다. 죽음을 이처럼 혐오하며 입 밖에 꺼내지도 말아야 할 부끄러운 일로 몰아세우는 것은 이전의 세계 역사에서 볼 수 없던 전혀 새로운 경향이다. 할 수 있는 한 시간을 질질 끌며 생명을 연장하기 위해 무슨 일이든 서슴지 말라는 유혹은, 사실 의료기술을 팔아먹으려는 시도에 지나지 않는다. 불사의 영생이 말이나 되는 수작인가. 이런 부추김에 질질 끌려가는 오랜 여행은 딱하고 한심할 따름이다. 죽음을 두려워하는 사람의 심리를 이용해 가능한 한 죽음을 유예하거나 아예 죽음이라는 것을 제거하려고 막대한 연구비를 쏟아붓는 행위는, 오히려 지금까지 살아온 인생을 욕보이는 짓에 지나지 않는다. 거꾸로 말해서, 불사의 영생에 매달리는 추태야말로 두려움 앞에 무릎을 꿇는 나약함일 뿐이다. 오히려 자신에게 중재의 손길을 내미는 게 더욱 중요하지 않을까? 말하자면 죽음을 평안하게 받아들일 마음의 자세를 다듬어가는 게 훨씬 더 희망적인 선택으로 보인다. 죽음이 두려운 나머지 생명을 무한히 연장하는 일에 모든 것을 걸기보다는 오늘 나에게 주어진 삶에 충실하도록 노력하는 게 최선이리라. 이런 태도를 갖출 수만 있다면, 보다 더 당당하게 두려움에 맞설 수 있으리라.

관련 항목

고독은 반사회적인가 | 믿음, 다채로운 세상을 만드는 힘 | 쇠약해짐과 죽음

마약, 현실 도피를 욕망할 때

술이 없는 인생을 존 발리콘은 상상조차 하기 어려웠다. 하긴 다섯 살이라는 어린 나이에 이미 만취해본 경험이 있는 존이니만큼, 상태가 짐작이 가고도 남으리라. 그렇지 않아도 떠올리기 힘든 유년 시절의 기억은 술기운으로 완전히 자취를 감춰버렸다. 알코올의 안개가 무지라는 뚫기 힘든 장막을 드리운 탓이다.(런던)* 어린 시절의 추억이야 꼭 떠올려야만 하는 것은 아니라고 애써 자위하면 그만이다. 그러나 그 원인이 술이라는 것을 알면 사람들의 눈길은 험악해진다. 왕을 섬기듯 술을 떠받드는 주정뱅이를 보며 사람들은 혀를 차다못해 고개를 돌려버린다. 아니, 현세의 왕을 섬긴다고 해서 신성모독은 아니지 않은가? 그렇다면 알코올이라는 이름의 왕에게는

* 잭 런던의 『존 발리콘 혹은 취한 기억들』은 작가가 평생 씨름해온 음주 문제를 다룬 자전적 소설이다. 여기서 '존 발리콘'은 보리로 만든 술의 별칭으로, 맥주와 위스키 등을 의인화한 이름이다.

왜 다른 법이 적용되는 것일까? 참을 수 없는 갈증에 한잔 들이켜는 게 뭐 그리 비난할 일인가? 갈증이야말로 우리 몸이 느끼는 꾸밈없는 진실이다. 삶의 고단함과 곤궁함, 하루하루 벌어먹는 고달픔을 잊는 데 술만큼 좋은 게 또 있던가? 그럼에도 몸의 갈망을 충실히 따르는 사람은 사회의 모멸과 함께 일자리를 잃고 심지어는 이른바 '교육시설'로 끌려가지 않을까 하는 두려움에 떨어야 한다. 도대체 술이 뭐가 그리 문제일까?

아마도 한 모금 들이켜는 맛난 술을 경멸하는 사람은 이렇게 반론하리라. 갈증 그 자체를 놓고 뭐라고 하는 것은 아니다. 다만, 갈증을 풀어주는 정도를 넘어 둑이라도 무너뜨리듯 갈증을 익사시키는 과도한 음주가 문제다. 술에 취하면 주변에는 아랑곳하지 않고 자기 멋대로 행동하는 것도 눈뜨고 볼 수 없는 추태다. 게다가 한번 취한 사람은 계속 취한다. 아예 술 마시는 일을 직업으로 삼아버린다. 오죽하면 주정뱅이라는 표현까지 등장하겠는가. 필요 이상으로 자주 마시는 사람은 주정뱅이라 불러 마땅하다. 해악이 음주 못지않게 심각한 흡연을 하는 사람을 두고 골초라 부를 뿐 '쟁이'라 하지는 않는 것을 보라. 그만큼 술의 중독과 의존 증세가 심하다는 방증이다. 더 지독한 마약 중독자를 스위스 독일어에서는 '약쟁이Drögeler'라 부를 따름이다. 아무튼 뭔가에 취하고 빠지면서 끌려다니는 사람들은 그 정도 가지고 뭘 그러느냐고 얼버무리며 말끝을 흐린다. 무얼 언제 얼마나 먹고 마시며 피웠는지 정확하게 이야기하는 일이 한 번도 없다. 이것만 봐도 마약성 물질을 소비하고 즐기는 일이 얼마나 자의적이고 제멋대로인지 잘 알 수 있다. 게다가 소비량은 늘어만

간다. 사회의 도덕적 비난도 이에 비례해 강도를 높일 수밖에 없다.

그러나 마약성 물질을 소비하는 쪽도, 이를 비난하는 쪽도, 어디까지 용인할 수 있고 어디서부터는 안 된다는 것인지 말꼬리를 흐릴 뿐이다. 또 비난의 칼날을 벼리는 도덕군자에게는, 무슨 근거로 그토록 준엄하게 구는지 묻지 않을 수 없다. 아마도 알코올이라는 왕을 섬기는 충신에게 고약한 냄새와 형편없는 행태, 잦은 화장실 출입, 심지어 주먹을 휘두르는 폭력성이 문제라는 지적을 하고 싶은 모양이다. 물론 눈뜨고 봐주기 힘든 꼴불견임에는 틀림없다. 그러나 이런 해악들 가운데 도덕적 추방 명령을 받아 마땅한 것은 폭력성뿐이지 않을까. 게다가 주먹이 오가는 난장판이 벌어지는 경우는 드물기 때문에, 어디서부터 어떻게 안 된다는 것인지에 대한 정확하고도 신중한 접근은 다시금 꼭 필요하다. 술 마시는 일을 직업으로 삼아버린 주정뱅이가 받아야 할 도덕적 비난의 근거는 다른 데서 찾아야 하는 게 아닐까? 이를테면 밥벌이를 팽개치고 술만 마셔대느라 국민의 혈세로 마련한 복지 예산을 축낸다는 식으로 말이다. 그동안 저축해둔 돈으로 마시는 사람이야 시쳇말로 자기 것 자기가 '퍼마시는 꼴'이니 뭐라 할 수 없는 노릇이다. 남에게 민폐를 끼친다는 비판도 경우도 술을 마시고 운전대를 잡는 미친 짓에나 들어맞는다. 그리고 음주운전은 지금 우리의 주제와는 전혀 다른 차원에서 다뤄야 할 문제다. 근무를 하며 책상머리에 앉아, 혹은 대패 작업대에서 또는 실험실에서, 한마디로 삶의 한복판에서조차 술꾼은 홀짝거린다. 얼마든지 자기통제를 하면서 성인이 술을 즐기는 것을 두고 뭐라 할 수는 없는 노릇이다. 오히려 이로써 사람은 몇 가지 일을 동시에 해낼 수 있다는 게 증명되는 것 아닐까. 누구에게도 부담을 주지 않으면서 말이다. 이렇게 볼 때, 술꾼을 겨눈 도덕적 비방은 그 근거가 무엇인지 아리송할 뿐이다.

중독으로 말미암아 상해(간경변증 혹은 뇌졸중 따위)를 입는 사람은 결국 중독자 본인인데, 어째서 그런 어리석은 짓을 하느냐고 목청을 높이며 참견하는 도덕군자를 쉽게 찾아볼 수 있다. 앞서의 반론이 못마땅한 나머지 거듭 볼멘소리로 따지고 드는 것이다. 도덕군자의 항변을 부정하려 드는 것은 별로 바람직하지 못하다. 실제로 일어나는 간경변증과 같은 부작용을 손바닥으로 가릴 수야 없지 않은가. 물론 그게 어디 꼭 술 때문이냐고 반문할 수는 있다. 조깅이나 냉수마찰 혹은 불결한 위생으로 사람들이 기피하는 직종의 일도 얼마든지 그 같은 상해를 불러일으킨다. 더구나 일 자체에 중독이 되는 경우도 흔히 벌어진다(워커홀릭). 심지어 약물에 의존해야만 일을 할 수 있는 사람까지 볼 수 있다. 부작용의 폐해가 곱절은 더 얼얼한 사례들이다. 워커홀릭 같은 심한 중독자에게 일할 분위기를 돋워주는 알코올이나 담배 혹은 헤로인 같은 물질은 무턱대고 일만 하려는 주된 증상의 보조 역할을 하는 것에 지나지 않는다. 이런 워커홀릭의 경우 얼핏 놀라운 성과를 이끌어내는 것처럼 보인다는 점에서 더욱 위험하다. 그 대표적인 예가 스타 연예인이나 운동선수이리라. 이리저리 불려다니며 막대한 돈을 벌어들이는 탓에 겉보기에는 화려할지 모르나 그 중독성 때문에 속은 망가질 대로 망가진다. 허망하기 짝이 없는 대중문화계에서만 그런 것도 아니다. 이른바 고급 예술에서도 약물 중독은 심심치 않게 볼 수 있는 현상이다. 20세기가 낳은 유명한 문학작품들을 보라. 약물의 위안이나 자극이 없이는 아예 쓰이지 못했을 작품의 예는 숱하게 찾아볼 수 있다. 집필에 집중하는 대신 약물로 불러낸 유령작가에게서 힘을 얻은 작가의 면면은 고트프리트 벤(암페타민), 한스 팔라다(알코올과 모르핀과 코카인), 에른스트 윙거(아편과 LSD), 클라우스 만(아편), 게오르크 트라클(코카인과 알코올) 등 화려하기만 하다. 이들이 약물의 힘을 빌려 글을 썼다고 해서 그 작품의 진정성까지 폄하할 수 있을까?

"창작열을 더욱 뜨겁게 달궈주는 것이야 논란의 여지가 없다."(륌코르프•) 이쯤 되면 이야기는 곤란해지지 않을 수 없다. 도대체 어떤 기준으로 자극제를 천재 작가의 특징으로 인정해줘야 하는 것일까? 실러의 책상 서랍에서 피어오르는 썩은 사과의 향기는 천재의 기벽인 반면, 딜런 토머스••의 주벽은 천재와 거리가 멀다는 말인가? 술을 마시고 쓴 거라 인정해줄 수 없다면, 자극제에도 같은 잣대를 들이대야 하지 않을까? 적어도 일관된 태도를 취하려 한다면 말이다. 그렇다면 웨일스 출신의 저 불쌍한 주정뱅이에게만 시비를 걸 게 아니라, 독일 계몽주의 작품의 대부분도 망각이라는 구렁텅이로 처넣어야 마땅하다. 환한 대낮에 보면 그 위대한 작품이라는 게 "보기만 해도 군침이 흐르는 포도밭이며, 그토록 자랑하는 고전주의라는 교양의 집 역시 프랑켄산 와인의 볼록한 병들로 떠받들어진 바쿠스의 신전"(륌코르프)에 지나지 않는다. 그렇다고 해서 괴테

• Peter Rühmkorf: 1929~2008. 독일의 유명한 시인이자 에세이스트.

•• Dylan Thomas: 1914~53. 영국 웨일스 태생의 작가이자 시인. 과도한 음주로 폐렴에 걸려 죽었다. 그가 남긴 마지막 말은 "위스키를 18병 비웠어. 그건 기록이야"였다고 한다.

나 클롭슈토크[•] 혹은 리히텐베르크[••] 등을 에둘러 피할 생각을 하는 사람은 거의 없지 않은가. 마찬가지로 그들의 작품에 진정성이 없다며 인상을 쓰는 이도 없으리라. 바쿠스의 도움을 받았다고 해도, 바쿠스가 아니라 저 위대한 작가들이 직접 쓴 것이기 때문이다. 만약 이들이 글을 쓰면서 술잔을 들여다보지 않았더라면 작품이 달라질 수도 있지 않았을까 하는 의문은 지나치게 졸렬한 것이다. 아니, 이미 작품이 버젓이 남아 있는 마당에 뭐하자고 그런 쓸데없는 망상을 품는다는 말인가. 실러든 괴테든 다만 그들이 쓰고자 하는 것을 썼을 따름이다. 작품의 진정성이라는 것은 대체 무슨 뜻으로 하는 말인가? 어떤 진정성에 맞춰야 한 인간이 '실제로' 그 자신이며, 그의 업적이 재론의 여지 없이 그의 것이 된다는 말인가? 마리화나나 술 혹은 명성에 취해 썼든, 맑은 정신으로 끼적였든, 우리가 세상을 주관적인 관점으로 바라본다는 사실에는 조금도 변함이 없다. 물론 어떤 건 더 많은 것을 설명하고 어떤 건 덜 말해주는 정도의 차이야 있겠으나, 이는 서로 대화와 소통을 나누어가는 과정에서 쉽게 해소할 수 있는 게 아닐까. 하지만, 이런 소통의 장에서 우리가 가지고 있는 진리의 기준이라는 것은 고작해야 타협이자 상투적인 관습일 뿐이다.(니체)

따라서 작품의 진본 여부를 따지는 것을 도덕적 요구로 내세

• Friedrich Gottlieb Klopstock: 1724~1803. 독일의 시인. 독일 서정시를 발전시키는 데 큰 공헌을 한, 근대시의 선구자다.

•• Georg Christoph Lichtenberg: 1742~99. 독일의 물리학자이자 작가. 잠언을 즐겨 썼다.

울 수는 없는 노릇이다. 더욱이 마약 사용을 근절하자는 논리로는 너무 허약하다. 그럼에도 치안을 맡은 당국이 한사코 진위라는 허약한 논리에 의존해 마약 소비의 사법적 통제라는 지난한 작업을 단순화하는 것은 문제의 소지가 많은 월권이자 자만이다. 마약에 손을 댔다고 해서 예술성에까지 시비를 걸고 나서는 것은 기술적으로 확인할 수 없는 어불성설일 뿐만 아니라, 법으로 보장된 기본권을 제한하는 불손이기 때문이다. 사정이 이렇다보니 불순한 의도까지도 얼마든지 끼어들 수 있다. 생각과 관점이 다르다고 해서 마약사범으로 모는 음모가 횡행할 수 있지 않은가. 더 나아가 당국 자체도 모순에 휘말리기 쉽다. 마약 중독자를 환자인 동시에 법적 책임을 져야 하는 범법자로 보고 법적 제재를 가하는 것은 형법상 보장된 것이라고 치자. 그러나 이게 과연 마약 중독이라는 사안의 본질에 맞는 접근 방식일까? 호미로 막을 것을 가래로 틀어막는 무식과 무지의 소치(홀칭거•)는 아닐까. 국가가 엄한 아버지 행세를 하며 온정적인 가부장 노릇을 자처하는 바람에 마약 정책은 오히려 설득력을 잃고, 마약의 금지를 반대하는 진영에 주도권을 내주고 마는 현실을 피할 수 없다. 여러 가지 색깔을 가진 사람들이 한목소리를 내는 통에 오히려 끌려다니는 형국이다. 사정이 이렇다보니 아예 더 나아가, 환각에 빠지는 것은 인간이 지닌 기본권이라는 주장까지 나오고 있다.(슐러••) 과연 이런 주장까지 해야만 하는 것일까? 적어도 한 가

• Michael Holzinger: 1920~96. 독일의 작가. 사투리를 살린 희곡을 써서 많은 인기를 얻었다.

•• Alexander Schuller: 1934~. 독일의 사회학자.

지 점에서만큼은 이런 요구로 인간의 현실에 한 걸음 가까이 다가갔다. 인간은 다양한 방식으로 무수한 것들에 기대어 환각에 빠지는 존재다. 삼키거나 흡입하거나 주사로 투약하는 방식의 마약은 환각제 중 극히 일부에 지나지 않는다. 겉보기에 요란한 무대와 같은 시각적 환각이야말로 우리가 가장 흔히 즐기는 환각제이다. 예쁜 여자도 마찬가지다. 대체 외모가 예쁘다는 게 그 사람됨에 관해 무얼 말해주는가? 앞서 언급한 일 중독도 환각제인 것은 마찬가지다. 텔레비전, 비디오, 인터넷 중독 등은 굳이 언급하지 않아도 익히 알고 있는 현상이다. 여기에 더해 종교적 광신이나 청소 중독, 그리고 뭐든 깔끔하게 각을 잡아놔야 직성이 풀리는 정리정돈 중독 등을 끌어다 붙여도 그 다양한 스펙트럼은 끝나지 않는다. 자, 이런 마약들도 금지해야 하는 게 아닐까? 그러나 그런다고 해서 우리네 인생이 근본적으로 품고 있는 '갈망'을 다스릴 수 있을까?

인간은 신과 같은 초월적인 존재를 갈망하는 것만큼이나 우리가 사는 이 세상, 이 지긋지긋한 현실을 잠시나마 벗어나보고자 열망하는 존재다. 이런 본능적 욕구마저 털어내는 것은 '인간의 조건'을 너무 잔인하게 몰아세우는 게 아닐까. 저마다 자기만의 방식으로 가까스로 열어놓은 문을 쾅 닫아버리는 것은 지나치게 잔혹한 처사다. 환각을 통해서나마 잠시 올라가보려던 천국의 입구를 굳게 닫아건 문은 절망의 벽인 동시에 지금껏 다른 사람들과 함께 나눠온 세상으로도 돌아가지 못하게 만드는 감옥의 벽이다. 어떤 종류의 마약에 자신을 맡기든 간에, 그런 것을 취한다거나 취하도록 내버려둔다는 데 문제가 있는 게 아니다. 오히려 실제 환각제든 정신적 기벽이라는 환상 자극제든 그것을 올바로 다루는 법을 다듬고 익혀나가는 게 진짜 어려운 문제다. 방목과 절제라는 균형의 기술은, 예술가가 예술가로서의 삶을 살도록 내버려두는 데 있다. 자신이 그린 그림으로 자기 머리를 내려친다든지, 자신이 찍은 영화 필름으로 목을 매단다든지, 자신이 작곡한 음악에 마취가 되는 일은 물론 막아야 한다. 내버려두되, 지켜야 할 선을 넘어가지 않게 만드는 것, 이게 바로 핵심이다. 분명 쉬운 일은 아니다. 실제 환각제든 정신의 도취든 마약의 위험은 당사자의 의지와는 상관없이 일단 접하게 되면 저절로 강도를 높여간다는 데 있다. 어떤 종류의 마약이든, 최대 위험은 이것이다. 한 잔이 두 잔 되며 어느덧 열 잔으로 늘어난 술은 내가 마시는 게 아니다. 술이 나를 마신다. 메스칼린•을 몸소 실험해보았던 헉슬리는, 일체의 환각제 없이 자신의 갈망대로 '감각의 문'을 활짝 열어젖히며 멀리 내다볼 수 있는 혜안을 키운 모범적 인물로 마이스터 에크하르트••를 꼽았다. 물론 메스칼린을 먹은 헉슬리의 체험에도 부작용이 없지는 않았으리라.

관련 항목

권리를 주장하는 일 | 축제, 인생이라는 시간의 이정표 | 쾌락을 안전하게 맛보는 방법

• 선인장 따위에 함유된 알칼로이드의 하나. 마취와 함께 향정신성 작용을 일으킨다. 중독되면 일시적으로 감각을 잃고 색채 환시를 일으킨다.

•• Meister Johannes Eckhart: 1260경~1327경. 중세 후기 독일의 신학자이자 철학자. 플라톤의 범신론에 입각해 만물에 하느님이 깃들었다고 설파했다. 명상과 직관의 방법으로 자연의 이치를 깨달을 것을 주장했다.

먹고 마심은 곧 우주다

먹고 마셔야 몸과 마음에 두루 탈이 없다는 진리는, 저잣거리 사람들도 생리 현상을 원인으로 들먹이며 얼마든지 입증할 수 있다고 자신 있는 표정을 짓곤 한다. 그런데 몸과 마음이 어떻게 하나의 통일체를 이루는지 아리송하기만 한 철학자들은 정말 그런지 난처한 표정만 지을 따름이다. 이 문제를 풀려는 시도는 초월적인 이데아를 주장한 이론에서부터 우주의 섭리를 위해 신이 악을 이용한다는 신정론, 혹은 인간의 영혼과 육체의 관계를 설명한 존재론에 이르기까지 다양하기만 하다. 심지어 위대한 이성은 몸까지 확실하게 관리한다며 모든 어려움을 일거에 날려버리려 한 우격다짐의 논리도 있었다. 그러나 이런 논리의 옹호자에게조차 풀리지 않는 인간의 문제는 많기만 하다. 형이상학의 거창한 문제를 풀어버렸음에도 여전히 인간의 먹고 마시는 일은 설명하지 못하는 셈이랄까. 아니, 먹고 마시는 일이 인간적인 게 아니라고 진지하게 주장하려는 사람도 있을까? 아마도 늘 정신 운운하는 철학자들 역시 먹고 마시는 게 형이하학의 문제라고만 생각하지는 않으리라. 몸만 감싸고돌며 철학을 비웃는 회의론자들이 생각하듯 형이상학이 먹고 마시는 일을 소홀히 여기지는 않는다는 말이다. 먹고 마시는 일에도 언제나 미학과 도덕 그리고 우주론의 문제가 끼어들기 때문이다. 아니, 먹고 마시는 일만큼 인간과 사회, 더 나아가 세계의 아름다움과 참됨 그리고 훌륭함을 잘 표현해주는 게 또 있을까? 요컨대, 누구나 알고 있는 이야기겠지만, 먹고 마시는 일 역시 철학이다.

철학은 먹고 마시는 일이 개인의 차원에서뿐만 아니라, 공동체의 결속과 유지에 커다란 도움이 되는 이유도 설명하려 든다. 적어도 철학자 노발리스는 공동 식사의 중요성을 확신한 모양이다. "함께 모여 식사를 하는 것은 통합을 그림처럼 보여주는 행동이다. (……) 함께하는 식사는 모든 것을 같이 즐기며 서로 베푸는 가운데 동화하는 일이다. 아니, 식사는 베푸는 일 그 자체다. 모든 정신적인 향유는 한자리에 모여 밥을 같이 먹는 것으로 표현될 수 있다." 하긴 사회적 결속과 단합을 과시하는 데 식사처럼 자주 이용되는 게 또 있을까. 종교적 제례를 치르고 식탁에 둘러앉는 일은 물론, 평화협상이나 계약 타결 이후에도 사람들은 음식을 함께 나누며 건배의 잔을 높이 든다. 개인들도 대소사를 치르고 나서 걸핏하면 먹고 마시지 않는가. 일상생활에서 가족이 함께 밥을 먹는 일이야 두말할 필요가 없다.

먹는 일을 공동체를 위한 행위로(도) 이해해야 하지만, 동시에 지극히 일상적이고 가장 개인적인 일이라는 사실도 잊어서는 안 된다. 그러니까 이 두 가지 측면을 하나로 아우르면 다음과 같다. 사람은 누구나 자기 자신을 위해 먹으면서, 기꺼이 다른 사람과 함께 먹는다. 함께, 그것도 자주 함께 먹는 것으로 미루어, "먹는 일이라는 독점적인 자기중독 현상"은 공동체의 결속을 다지는 좋은 형식이다. "보다 더 높은 정신적 가치를 들먹이는 것"으로는 이런 결속을 이끌어내기 어려우리라.(지멜) 함께 모여 머리를 쥐어뜯으며 철학을 하는 대신, 차라리 같이 밥을 먹는 게 낫다. 이는 소크라테스도 잘 알고 있었던 사실이다. 칸트 역시 단순한 대화를 넘어서서 아름다움과 건강함 그리고 '생기발랄함' 등으로 사람들을 묶어내는 데는 식사만큼 좋은 게 없다고 추천한다. 이런 뜻에서, 아무리 고독을 곱씹어야 하는 철학자일지라도 홀로 밥을 먹는 것은 '건강하지 못한 일'이다. 그래서 말이지만, 토론을 위한 모임도 우선 식사부터 함께하는 게 좋다. 하나의 중심을 향해 같은 간격을 유지할 수 있는 원탁이라면 더할 나위 없이 좋으리라. 모든 것을 중심으로 끌어당기려 드는 사회의 구심력에 면역을 키울 수 있기 때문이다. 플라톤의 『향연』과 칸트의 가르침이 강조하듯 함께 식사를 한다는 것은 그저 밥을 먹는 일을 넘어서서 정신을 함께 나눈다는 의미를 가져야만 한다. 먹는 데 급급한 게 아니라 진리를 즐길 줄 아는 취향으로 승화해야 한달까. 먹고 마시는 일의 즐거움은, 함께 담소를 나누며 사물의 이치를 따져보는 식사 공동체의 '에스프리'를 만끽하는 철학적 삶의 즐거움으로 승화한다. 정신은 지극히 예외적인 경우에만 다이어트를 필요로 할 따름이니, 이는 마음껏 누려도 좋은 즐거움이다. 달리 보면, 홀로 외롭게 식사를 하는 사람은 말 그대로 '얼간이'다. 그리스어 '이디오테스idiótes'에 뿌리를 두고 있는 얼간이라는 말은, 어원 그대로 전체 시민들에게 따돌림을 받은 '사인私人'을 뜻한다. 시쳇말로 '왕따를 당한 얼간이'인 셈이다. 사회에서 소외된 얼간이는 먹고 마시며 담소를 즐기는 공론의 원탁에서만 새로이 탄생하는 이성을 조금도 공유하고 향유할 수 없다.

그런데 (이성) 공동체의 결성은 먹는 일과 관련한 상반된 감정들을 식탁 위에 올려놓는다. 사회라는 측면에서 볼 때, 개인의 미각과 취향은 공동체를 위협하는 요소가 아닐까? 생래적으로 그리고 생리적으로 입맛이 다른 사람들이 한자리에 모여 과연 잘 어우러질 수 있을까? 어떤 사람은 좋다고 먹는 것을 다른 사람은 거들떠보지도 않는다면, 분위기는 썰렁해지기 마련이다. 바로 그래서 개인이 생리적인 의미에서 공동체를 필요로 하지 않는 경우에는, 모래알 같은 각 개인들을 하나의 공동체로 묶어내기 위해 문화가 필요한 법이다. 말하자면 공동체의 공동의식을 키워주는 기예가 요구되는 셈이랄까. 특수한 개인들을 하나의 공동체로 묶어준다는 의미에서 문화는 보편성을 지닌다. 루이스 부뉴엘•의 영화 〈자유의 환영〉은 이런 문제의식을 절묘하게 패러디하고 있다. 사람들이 무리 지어 식탁에 둘러앉아 담소를 나누는데 어째 자세가 좀 이상하다. 가만히 보니 그들은 변기 뚜껑 위에 걸터앉아 신문을 읽으며 음식을 나누고 대화를 즐기는 게 아닌가. 반면, 홀로 떨어진 한 남자는 방문을 걸어 잠근

• Luis Buñuel: 1900~83. 초현실주의를 대표하는 스페인의 영화감독. 그는 1974년작 〈자유의 환영〉에서, 사회의 통념을 통렬히 풍자하면서 진정한 자유란 실현될 수 없음을 강조한다.

채 어두컴컴한 방에서 쓸쓸하게 밥을 먹는다. 비록 변기 뚜껑(생리 현상)을 깔고 앉아 있기는 하지만, 그래도 사람들과 어울리는 자리가 한결 낫다는 것을 웅변하는 장면이다.

영양분의 섭취라는 지극히 생리적인 측면에서 보자면, 함께 모여 식사를 하는 것이 인간의 타고난 사회성을 표현하는 것이라고 하기는 어렵다. 오히려 공동체가 그 넘을 수 없는 경계를 분명히 하고 지켜내기 위해 마치 의식이라도 치르는 것처럼 한자리에 사람들을 불러모아 밥을 먹게 하는 것으로 보아야 하리라. 그러므로 함께 식사를 한다는 것은 아주 뛰어난 상징적 행위다. 남들이 웃고 떠들며 식사를 하는 것을 멀리 떨어져서 바라보는 개인은 '아, 저런 게 공동체구나' 하고 깨달을 터이니 말이다. 원탁이야말로 개인이 공동체에 수렴되는 것을 잘 배우고 익힐 수 있는 더할 나위 없이 좋은 자리다. 이로써 공동의 식사는 서로 맞물리기 어려운 것을 중개하고 중재한다는 역설을 이루어낸다. 더이상 묻고 따지기 어려운 개인의 취향이라는 문제를 사회적 공동체와 철학적 보편자로 끌어올리는 게 바로 함께 나누는 자리이기 때문이다. 식사야말로 사회에 이르는 첩경이라는 점은 예부터 당연한 진리로 여겨져왔다. "우리는 밥을 먹으며 아무 말도 하지 않았다. 처음 보는 사람과 함께 식사를 할 때(지금처럼) 혹은 배가 무척 고플 때(지금처럼) 나는 언제나 식사시간이 갖는 제례적인 의미를 떠올리곤 했다. 그럴 때마다 어린 시절이 생각난다. 사람들과 함께 어울려 맛있는 음식을 먹으며 느꼈던 그 황홀한 하나됨 말이다. 나와 네가 어우러져 우리로 녹아든다고 할까. 공동으로 쓰는 커다란 접시에 담겨 있던, 분홍빛을 내며 지글 지글 익던 베이컨은 얼마나 맛있었던가! 크게 볼 때 인생의 모든 것은 나누기 위해 있다는 따뜻한 느낌이 나를 사로잡았다."(회•)

먹고 마시는 일이 사회성에서 대단히 중요한 의미를 갖는다는 게 분명하다면, 도덕도 그리 멀리 있지 않다. 식사를 할 때 해도 좋은 것과 해서는 안 되는 것 등의 식사 예절을 떠올려보라. 어쨌거나 유럽인들은 한 그릇에 담겨 있는 것을 손으로 집어먹는다거나 옆 사람과 컵을 같이 쓰는 따위의 일은 상상조차 할 수 없으리라. 그랬다가는 이 무슨 버르장머리 없는 짓이냐며 격분할 게 틀림없다. 이처럼 식사 예절은 몸이 먼저 아는 구체적인 도덕이다. 감정적으로 쉬이 달아오르며, 폭발성이 강하다. 우리의 의식을 지배하는 식사 예절은 곧 우리가 속한 집단과 사회의 예절이다. "다른 사람의 접시에 담긴 걸 먹어서는 안 된다!" "나이프를 왼손에 쥐는 사람이 어디 있느냐!" "식탁 앞에서는 허리를 펴고 바르게 앉아라!" 식탁은 도덕을 배우는 데가 아니라고 누가 감히 말할 수 있으랴.

그리고 도덕은 무엇보다도 미각 판단과 밀접한 관련이 있다. 칸트는 감각에 따른 미각 판단만이 아니라, 여기에 이른바 '반성의 미각'이 더해질 때 도덕성을 키울 수 있다고 주장했다. 다시 말해서 나의 미각만이 아니라 다른 사람의 그것까지 배려할 때 진정한 의미에서의 예절('모레스mores')을 생각할 수 있다는 주장이다. 이렇게 볼 때 "맛이 어떠세요?" 하고 묻는 것이야말로 맛깔스런 도덕이 아닐

• Peter Høeg: 1957~. 덴마크의 작가. 무용수, 배우, 선원, 펜싱 선수, 등산가 등 다양한 직업을 전전한 끝에 작가가 되었다. 『스밀라의 눈에 대한 감각』으로 명성을 얻었다.

수 없다. 생마늘을 우적우적 씹어먹는 사람처럼 '추잡한' 사람이 또 있을까? 그렇게 먹어대고 서슴없이 웃어대는 인간 앞에서 우리는 코를 감싸쥘 따름이다. 결국 여기서도 우리는 역설과 맞닥뜨린다. 특히 감각 지각과 밀접한 관련이 있는 먹는 일이야말로 눈으로 보고 귀로 듣는 것(그리고 더듬어보는 것)과 달리 사회와는 무관한, 그야말로 개성적인 일이지 않을까? 음식과 결부된 감각과 감정은 먹는 사람 개인과 떼려야 뗄 수 없는 것이기 때문이다. 이렇게 볼 때 식사 공동체는 다음의 격언을 귀담아들어야 한다. "데 구스티부스 논 에스트 디스푸탄둠De gustibus non est disputandum."• 미각을 두고 말다툼을 벌여서는 안 된다는 뜻이다. 그렇다! 남의 입맛을 두고 이러쿵저러쿵하는 것은 가능한 한 피해야 한다. 남의 미각과 취향을 문제삼는 게 위험한 일이기는 하지만, 그렇다고 마냥 내버려두기도 곤란한 노릇이다. 저마다의 취향과 미각을 따라 이리저리 흩어진다면 공동체는 무너져버리지 않는가? 또 음식과 그 맛에 관한 주제만큼이나 식탁에 자주 오르는 것도 드물다. 다른 한편, 공동의 미각과 취향을 갖는 것만큼 공동체를 끈끈하게 형성하는 요소도 찾아보기 힘들다. 다시금 우리는 의식을 치르듯 묻지 않을 수 없다. "맛이 어떠세요?" 이야말로 몸과 몸이 다가가 공동의 결속을 이루는 것이 아닐까? 냄새를 맡고 맛을 보며 함께 느끼는 것만큼 사람을 가깝게 만들어주는 일도 없다! 그래서 말이지만, 공동체는 다음의 격언을 실천에 옮겨

• 이 라틴어 표현은 스콜라철학에 등장하는 "데 구스티부스 에트 콜로리부스 논 에스트 디스푸탄둠De gustibus et coloribus non est disputandum"(미각과 색깔을 두고 싸워서는 안 된다)이라는 문장을 바꾸어 쓴 것이다.

야 한다. "데 구스티부스 에스트 디스푸탄둠De gustibus est disputandum!" 미각을 두고 토론하라!

미각이 일치하는 데서 맛보는 결속의 감정은 칸트가 말하듯 훌륭한 도덕적 기능을 가지고 있다. "하나의 주관이 다른 주관들의 감정과 일치감을 맛보고 즐거워하는 것은, 어디서나 들어맞는 보편성을 지닌 법칙이다." 물론 이런 법칙은 이성에서 생겨난 것이다. 이성적으로 먹고 마시고자 하는 사람, 아니 칸트식으로 말해서, 이성적으로 먹고 마셔야만 하는 사람은, 이성의 기치 아래 모인 세계 공동체와 도덕적으로 하나가 되기 위하여 개인적인 미각을 보편타당한 미학적 판단으로 승화시켜야 한다. 간단하게 말하자. 내 입에 맞는 것은 곧 세계 공동체가 좋아하는 것이어야 한다. 칸트 말마따나 식도락의 이성과 합일을 이루는 것은 보편 법칙이 지키라고 요구하는 의무이기 때문이다. 먹는 것이 곧 그 사람이라는 말이 있다. 이는 적어도 식사를 할 때 보이는 반응과 행동에서 그 사람의 인격이 드러난다는 뜻이다. 식사는 개인을 부정하고 변형해서, 바로 그가 먹은 것으로 뒤바꿔놓는다. 미각과 취향이 합치점을 찾는다는 것은 곧 개인이 이성 공동체의 일원이 된다는 것이다. 적절한 예의를 갖춤으로써 내면의 도덕성은 이성의 그것으로 물들어간다. 곧 이성의 취향은 먹고 마시는 사람들이 모여 이룬 이성적 세계 공동체가 갖는 판단력이 어느 정도인지 가늠해볼 수 있는 잣대다. 이성이라는 개념은 맛보고 킁킁거리며 냄새를 맡고 살포시 더듬어보는 것에서 생겨난 게 아닌가. 한마디로 이성의 본질은 감각이다. 감각에서 출발한 이성이 도덕이라는 본성을 갖는다는 점은, 먹을 것만 보면 꾸역꾸역

쑤셔넣는 하층 천민을 비웃는 상위 1퍼센트가 '누벨 퀴진'•에 지나칠 정도로 매달리는 모습에서 잘 확인할 수 있다.

이런 난리법석의 한복판에는 대개 절제라는 덕성을 요구하는 주장이 목청을 높인다. 한쪽에서는 금욕과 조신한 몸가짐을, 다른 쪽에서는 폭식과 폭음 그리고 몸이 하자는 대로 따를 것을 외쳐대는데, 그 중간에 서서 조정과 중재를 강조하는 것이랄까. 절제라는 도덕적 규범은 매번 새롭게 토론할 필요가 없을 정도로 내면에 새겨두어야만 한다. 먹고 마시는 일은 살아가는 데 필요한 최소한의 열량을 확보하고 그 자양분을 최대한 활용하기 위한 게 아니던가? 그렇지 않을 수도 있다고? 도덕이 요구하는 다이어트 혹은 다이어트의 도덕은 음식과 식습관 그리고 식탁 예절, 이렇게 세 지점에서 분명하게 드러난다. 음식을 둘러싼 논란의 한가운데에는 언제나 고기가 있다. 사람들은 고기를 너무 많이 먹으면 중독까지는 아니라 할지라도 지나치게 정욕이 왕성해져 불상사를 낳고 만다고 나무라곤 한다. 식습관을 규제하려는 도덕의 수단은 짐승을 길들이는 장면을 보여주는 것이다. 말하자면 우리의 문명이 어떻게 뿌리를 내린 것인지, 예부터 지켜온 습관에 어떤 게 있는지 주입식으로 가르치려는 것이랄까. 이런 발상이 더 나아가 자리를 잡은 게 이른바 식탁 예절이다. 사람들은 상대방의 식탁 예절을 보며 얼마나 절제된 몸가짐을 가지고 있는지, 남을 얼마나 배려하는지 읽어내려고 든다. "어째

• 1960~70년대 프랑스에서 선보인 고급 요리법. 화려하고 열량이 높은 기존 요리에 반발해, 가능한 한 자연스러운 식단을 짜는 게 그 핵심이다.

오늘은 필리프가 조용하네? 식탁에 얌전하게 앉아 있는 게 보기 좋은걸!"

식탁에서 지켜야 하는 예절은 공격적인 충동을 걸러내려는 시도이기도 하다("나이프는 고기를 썰라고 있는 거야!"). 혹은 제멋대로 행동하려는 것을 제지하는 강압이기도 하다("똑바로 앉아!"). 짐짓 평화로운 분위기를 조성하려는 안간힘도 있다("자, 조용히 해야지. 우리는 서로 사랑하는 가족이니까 이제 조용히 하고 맛있게 먹자"). 성인의 경우에는 노동력을 회복해야 한다는 다짐을 놓기도 한다("먹어야 힘을 쓰지!"). 금욕, 다이어트, 청결, 경제 등은 자기절제, 질서, 부지런함, 근검절약과 같은 미덕과 손을 맞잡고 나아간다. 여기서 목적은 인생을 즐기려는 게 아니라, 조금이라도 더 인생을 연장하려는 것이다. "수스티네 에트 압스티네Sustine et abstine!"• 참고 포기하라는 뜻이다. 참고 줄이는 것이 수명을 늘리는 지혜라는 것을 스토아학파는 꿰뚫고 있었던 것이다. 이성의 힘이 몸의 힘을 누르고 승리하는 철학적 삶의 태도랄까. 오늘날 스스로 책임을 져야만 하는 '성인成人'은 그 어느 때보다도 미숙해 보인다. 무엇을 언제 어떻게 무슨 맛을 내서 정확히 얼마나 먹어야 하는지 의사와 다이어트 도사, 피트니스 전도사 등이 정해주는 그대로 따라야만 하는 게 현대의 성인이기 때문이다. 이를 거역했다가는 세상을 등지고 요양원으로 들어가거나 사회적인 멸시와 수모를 고스란히 감당해야 한다. 출렁이는 뱃살을 내려다보는 가슴은 양심의 가책으로 얼마나 쓰라리

• 스토아학파를 대표하는 철학자 에픽테토스가 한 말이다.

던가.

먹고 마시는 일. 이는 곧 몸과 정신이, 자연과 문화가, 개인과 사회가, 경제와 의학이, 허무주의와 도덕이, 몹쓸 어리석음과 이성이, 함께 만나 향연을 벌이는 현장이다. 먹고 마시는 일이 신과 우주 그리고 영혼과 어깨를 나란히 하며 철학의 경합을 벌일 만한 게 못 된다고 누가 감히 주장하랴?

관련 항목

감각은 악마의 간계일까 | 몸에 충실한 삶 | 욕지기는 불완전한 자신을 향한 혐오다

몸에 충실한 삶

농토를 쟁기로 갈거나 오로지 철학을 하거나, 어떤 경우든 순수하게 정신만으로 이뤄지는 일은 없다. 농사든 철학이든 몸이 하는 일이다. 공상에 빠지는 경우가 별로 없는 농부의 손에 박인 굳은살을 보라. 철학자의 경우, 구부정한 허리나 책만 뚫어져라 보느라 침침해진 눈은 철학함이 육체노동의 성격을 지녔음을 잘 보여준다. 사상가들은 대개 오늘날까지 너무나 생각에 골몰한 나머지, 어쩌다가 자신의 허리가 그렇게 굽었는지, 눈은 왜 그렇게 침침해졌는지 이해하지 못할 따름이다. 그래서 농부는 분명히 아는 사실을 두고 철학자는 그저 모르는 게 약이겠거니 하고 넘어가고 만다. 사실, 농부도 일을 하느라 손에 굳은살이 박였다는 이야기를 즐겨 하지는 않는다. 그저 일요일에 교회 갈 때 정장을 차려입으며 잠깐 손을 내려다보고 한숨을 쉴 뿐이다.

아무튼 우리 인간이 영혼과 정신과 육체를 가지고 있기는 하지만, 이 모든 게 몸을 통해 하나의 통일체를 이룬다는 간단한 이치를 깨닫는 것은 나름대로 새겨볼 만한 가치가 있는 일이다. 일상의 건전한 상식은 우리가 몸을 가지고 있다는 게 뭐 그리 새삼스러운 일이냐며 코웃음을 치고, 이런 자기확인을 하나 마나 한 소리라고 비웃을지 모른다. 그러나 고대문헌학은 호메로스의 시대에 그리스 사람들이 몸 같은 것을 갖지 않았다고 가르친다. 물론 여기서 말하는 몸은 육체와는 다른 뜻을 지닌다. 고대 그리스인들은 육신과 몸을 구별해서 말했다. 육신은 자기의식과 같은 혼이 깃들어 있는 몸, 곧 심신이었다. 그들은 몸이라는 단어를 쓰기보다는 손, 발 따위의 구체적인 부위를 지목했으며, 사람이 죽었을 때에만 몸이라는 표현을 썼다. 어쨌거나 그 어떤 것도 자명하다고 여기지 않고 자연조차 의심하는 철학자는 몸에도 철학의 도구를 들이대며 느껴보려 했다. 그러니까 몸을 개념으로 파악하려 든 것이다. 그래서일까? 몸에 고유한 것은 이제 많이 남아 있지 않다.

오늘날 심신을 다시 기억하고자 하는 사람은 몸을 거쳐 빙 돌아가야 한다. 인간의 몸body, corpse은 심신과 같은 게 아니다. 육체, 즉 라틴어 코르푸스corpus는 원래 죽은 남자의 몸을 가리키는 말이었다. 시체라는 말은 더 나중에 생겨났다. 죽은 사람의 몸을 살피던 초기 해부학 연구 이후, 19세기의 신체 관찰, 그리고 오늘날 우리가 보는 몸의 세계에 이르기까지, 우리는 인간의 몸을 살았든 죽었든, 내 것이든 남의 것이든, 우리의 자아와는 다른 것으로 보도록 배워왔다. 심신은 오늘날 일종의 객체적인 통일체로 받아들여지며, 각 장기는 그런 전체를 이루는 부분들이다. 이처럼 거리를 두고 내 몸을 하나의 대상으로 바라보는 것은, '나의 몸'이라는 표현이 있듯 마치 나와 몸이 따로 있으며, 내가 몸을 차지하는 것으로 여기게끔 만들었다. 그래서 심지어 사람들은 '나와 내 몸'이라는 표현을 서슴없이 쓰는 것이다. 이런 거리감은 내가 내 손으로 내 몸을 쓰다듬으면서도 사라지지 않는다. 그래서 누구도 자기 체중을 이야기할 때 "내 몸통은 몇 킬로그램 나간다" 하는 식으로 말하지 않는다. 마치 죽은 사람을 두고 하는 말처럼 들리는 탓이다. 또 "내 심신이 몇 킬로그램이다" 하는 표현도 쓰지 않는다. 나와 내 몸 사이의 거리감을 살리지 못한 표현으로 들리기 때문이다. "내 체중은 75킬로그램이다" 하는 표현이 이런 현실을 단적으로 보여준다. 그것참 썰렁한 표현이 아닐 수 없다. 사정이 이렇다보니 철학의 물이 들지 않은 일상의 건강한 상식은 철학이 벌이는 이원론 논쟁을 두고 어이없다는 표정을 짓는다. 몸과 정신, 육신과 영혼은 원래 다른 것인데 새삼스레 뭘 그런 걸 가지고 둘이니 하나니 다투느냐는 것이다.

그러나 거리를 두고 몸을 바라보는 시선은 그 몸이라는 게 우리 자신이라는 사실을 잊고 있다. 레이저를 쏘는 것만 같은 시선에 육신은 오래전에 사라져버리고 '테라 인코그니타terra incognita'(미지의 땅)가 되고 만다. 현대인은 이 땅을 두루 돌아보며 이국적인 신비에 심취하기보다는, 때로는 서글프고 때로는 음험하기 짝이 없는 간교한 꾸밈, 그저 혼란과 외로움과 죽음 따위가 잠복해 있는 풍경 앞에 놀라 떨 따름이다. 육신, 그것은 한편으로 병들고 썩어가며 죽음을 기다리는 것이자, 다른 한편으로는 암컷 혹은 수컷으로서 섹스를 갈망하는 것이다. '육신'이라는 게 있다면, 그것은 고통을 받고 아픔을 주며, 오롯한 감각의 향연이자 연기처럼 무상하며, 재생된 것인 동시에 생산하는 것이다. 이렇듯 육신은 이중의 모습을 갖는 기계다. 그리고 항상 이쪽에서 저쪽을, 다시 저쪽에서 이쪽을 훔쳐보며 아쉬워하고 혼란스러워한다. 바로 그래서 몇 안 되는, 몸의 요구에 충실하려는 대담한 전위적 행동가들은 교황, 정치가, 고위 관리 등 공권력의 못마땅한 감시와 감독의 눈초리에 시달려야만 한다. 이들 권력자들이 입만 열었다 하면 몸을 쓰는 일을 두고 금기 운운하는 이유가 달리 있는 게 아니다. 몸과 몸의 은밀하기만 한 만남이 권력자에게는 섬뜩하리만치 두려운 탓이다. 그러나 금기시하고 짓누르는 대책은 장기적인 관점에서 볼 때, 검열관이라면 누구나 알고 있듯, 금령을 해제하고 무력화하는 결과만 낳을 뿐이다. 예컨대 20세기 초반까지만 하더라도 공공장소에서 키스는 생각조차 할 수 없는 금기였다. 그러나 여기에는 미처 예상치 못한 부작용이 있었으니…… 키스는 사람들의 에로틱한 상상력에 기름을 쏟아부으며 대단히 신비롭고 자극적인 매력을 발산하는 마법을 부렸다. 오늘날에도 중화인민공화국의 문화 정책 입안자는 이 문제의 해결책을 놓고 골머리를 앓고 있다고 한다.

법이든 윤리든 결국 우리의 몸과 충돌한다. 우리 인간이 인간에 지나지 않는다는 절망적인 확인, 그러니까 적어도 에테르로 충만한 천구를 자유자재로 날아다니는 천사가 아니라는 가슴 아픈 깨우침은 오늘날까지도 사라지지 않고 있다. 몸의 문제를 특히 신중하게 다루었던 칸트조차도 사정은 다르지 않았다. 칸트가 자신의 몸을 다루는 데 쓴 방법은 추상화다. 본디 '이끌고 나아가다' '끌고 가다'를 뜻하는 라틴어 '아브스트라헤레abstrahere'를, 칸트는 간교하게도 '부정하는 예의주시함'이라고 둔갑시켰다. 다시 말해서 우리 몸과 이 몸이 벌이는 일을 예의주시하는 눈길 아래 두었다가 여차하면 끌어내버리겠다는 다짐이다. 인간이 천사가 아닌 인간인 한, 몸을 가지고 있는 한, 인간은 부정당해야 할 요소를 품고 있는 불륜의 현장이라는 지적이다. 칸트는 몸을 지켜보며 사지가 부들부들 떨릴 정도로 깜짝 놀랐던 게 틀림없다. 우리 몸은 '모든 법을 기꺼운 마음으로 지키는 쪽'으로 결코 이끌려가지 않을 것이기 때문이다. 그러니까 몸은, 몸의 생리는, 이성의 법칙을 따르는 기쁨을 한사코 무시하도록 유혹하는, 우리 안에 똬리를 튼 마왕이다.

이성을 앞세운 철학이 인간의 몸을 그토록 부정적으로 본다면, 철학은 몸의 욕구를 묶어낼 수단까지 제시해야만 한다. 실제 그런 수단을 고안해냈다면 우리는 안도의 한숨을 쉬며 가슴을 쓸어내릴 수 있으리라. 인간이 자신의 몸을 압박하는 강제는 아주 특별한 것이다. 쾨니히스베르크에서 선을 보인 이 강제의 끈은 그 어떤 코르셋이나 정조대보다도 질기고 튼튼했다. 스스로 자신의 욕구를 통제하는 '자기강제'보다 강한 게 또 있을까. 남의 간섭은 일절 끼어들지 않으며, 우리 자신을 강제하는 것은 오로지 우리 자신일 뿐이기 때문에, 여기서 도피란 생각할 수조차 없다. 그러나 혹시 그토록 강력하게 밀어붙이는 바람에 몸을 둘러싼 생각에서 빠져나올 수 없었던 것은 아닐까? 하지 말라고 억제하고 금지할 때 하고 싶은 생각은 더욱 간절해지지 않던가. 금지와 자기강제가 욕구에 굴레를 씌워 고삐를 당길 수는 있을지인정 침묵하게 만들 수는 없는 노릇이며, 칸트 본인의 표현대로 '정지'시킬 수도 없기 때문이다. 특별한 훈련과 절제의 생활 방식으로 몸을 통제할 수는 있을지 모르나, 심지어 칸트 자신마저 몸을 둘러싼 생각에서 헤어나오지 못하고 그 주변만 맴도는 철학을 만들어낸 것은 어찌 설명해야 좋을까? 사람들로 하여금 철학에서는 몸이라는 게 아예 차지할 자리가 없나 하고 믿게 만들 정도로 철학이 몸에 반감을 보인 이유는 뭘까. 물론 실상은 좀 다르다. 비록 부정적인 의미이기는 했지만, 만약 몸이 칸트의 주목을 끌지 못했더라면 그가 가장 위대한 윤리학자 가운데 한 사람이 될 수 있었을까? 그리고 칸트가 말하는 예의주시라는 게 부정적인 것만도 아니다. 이미 1946년에 보튈•은 '이마누엘 칸트의 성생활'이라는 제목으로 몸의 무더운 열기로 가득한 남아메리카에서 순회강연을 했으며, 뵈메 형제••는 약 40년 뒤 '이성의 다른 것'을 찾아 쾨니히스베르크로 취재 여행을 떠나 놀랍게도 이성의 다른 면모를 실제로 발견하는 성과를 올렸다. 그러니까 이성 철학과 윤리학의 간판스타는 그가 억제하고 있는 게 무엇인지 정확히 알고 있었던 것이다. 칸트가 추천하는 전략을 곰곰이 살펴보면, 그것은 결코 몸을 무시하는 게 아니며, 몸의 쾌락을 부정하지도 않는다. "정욕이 간절할 때면

• Jean-Baptiste Botul: 프레데리크 파즈(1950~)라는 프랑스 작가가 창조해낸 인물이자 그의 필명. 파즈는 역사상 위대한 인물들의 족적을 따라가며 그들의 사상을 알기 쉽게 풀어내는 데 일가견이 있는 작가로 꼽힌다. 『이마누엘 칸트의 성생활』에서 파즈는 보튈이라는 허구 캐릭터를 내세워 성 문제를 바라보는 칸트의 시각을 흥미롭게 다루었다.

•• Gernot Böhme, Hartmut Böhme: 게르노트 뵈메(1937~)는 독일의 철학자로, 기술과 철학, 특히 기술 문명에서 인본성과 자연 보존이라는 문제를 주로 다룬다. 동생 하르트무트 뵈메(1944~)는 독일의 문예비평가다.

일에 몰두함으로써 그런 생각을 몰아내야만 한다. 비록 상상 속에서 그려보는 대상이라 할지라도 정욕은 생명력을 갉아먹기 때문이다."
그랬구나! 단련된 자기강제가 요구하는 포기는 최고의 배상을 약속한다. 몸의 힘을 쓸데없이 낭비하지 않음으로써 우리는 생명력을 만끽하는 보상을 받는 것이다. 이렇게 본다면 칸트가 몸에 적대적이었다고 평가하는 것은 커다란 오해가 아닐 수 없다. 아마도 철학의 역사상 가장 큰 오해가 아닐까. 링 위의 복서와 마찬가지로 칸트는 몸을 적대하지 않았다. 일반적으로 복서는 상대를 적으로 보지 않는다. 그에게 상대는 어디까지나 선의의 경쟁자일 뿐이다. 적과 경쟁자를 구별함으로써 생기는 차이는 결정적이다. 적은 철저히 깨부수어야 마땅하지만, 경쟁자는 최선을 다해 기량을 겨룬 끝에 때려눕히면 그만이다. 실신했다가 멋쩍게 깨어 일어난 경쟁자는 축하의 미소와 함께 새 챔피언의 어깨를 두드리리라. 잠깐! 만약 니체가 예견했듯 몸이 이성에 비해 더 뛰어난 실력을 가지고 있다면 어떻게 될까? 니체는 몸이 '커다란 이성'을, 지성은 단지 '왜소한 이성'을 갖는 경우를 배제할 수 없다고 하지 않았던가?

몸과 이성이라는 대립관계를 극복해야 할 이유는 다른 측면에서도 얼마든지 있다. 다시 말해서 그런 대립관계가 살인적이기 때문에 고쳐야만 하는 것은 아니다. 거꾸로 그 대립관계를 서로 도움을 주고받는 섬세한 협력관계로 다져나갈 수도 있다. 아무튼 대립관계를 극복해야 할 결정적인 이유로는 시대의 흐름이 하 수상하다는 것, 그리고 칸트가 말하는 생명력이 위험에 처해 있다는 것 등을 꼽을 수 있다. 새 천 년의 시작과 더불어 과학기술의 발달은 거침없다.

심지어 몇몇 첨단 기술은 인문학이 지금껏 꿈에서라도 마주치지 않았으면 하고 간절히 바랐던 데까지 나아갔다. 이런 추세라면 지금껏 우리가 알고 조심스러워하던 인간의 면모는 거의 사라지지 않을까 걱정이다. 나노 칩을 장착한 두뇌나 인공 이식된 전자두뇌라는 말에 뱃속이 묵직할 정도의 불편함을 느낀다면, 이는 아직 그의 머리가 제자리에 붙어 있다는 뜻이다. 사정이 이렇다면, 전통적으로 몸과 정신을 따로 떼어놓고 생각하던 것도 깨끗이 잊어야 할 시점이 곧 오지 않을까. 프로그래밍 된 대로 생각하고 행동하는 나노 로봇이 출현하면 인간을 대신할 수도 있을 테니 말이다. 17세기에 설득력을 지녔던 몸과 마음은 다른 것이라는 이야기가 21세기에 접어들어 폐기될 지경에 이르렀다. 의학 분야에서는 그간 각종 연맹이나 단체 그리고 의학자들이 한사코 부정하던 일들이 이미 현실로 나타나고 있다. 심지어 죽음을 정의하는 방법도 실용적인 관점에 입각해 바뀔 정도이다. 이른바 '뇌사 상태'에 빠진 사람을 한사코 이미 죽었다고 규정하고, 심장이식과 같은 고부가가치 의료 기술을 개발하려는 목적으로 그의 몸속 장기들을 들어내는 것이다. 벌써 죽은 것으로 간주했던 데카르트의 기계 모델이 오늘날 화려하게 부활하고 있달까. 거의 손상되지 않은, 아직도 따뜻한 피가 도는 더운 몸을 시체로 낙인찍고 고통조차 느끼지 못하도록 마취제를 투여한 다음, 무자비하게 장기를 적출한다. 이런 일은 '죽은 몸'에서 이뤄져야 하건만, 의사는 양심의 가책을 느낄 필요도 없고 형법상 아무런 하자도 없는 일이라며, 장기가 성공적으로 이식이 되기 위한 최적의 조건은 '아직 살아 있는 몸'이라고 천연덕스럽게 주장한다. 이로써 모든 게 매끄럽게 진행되고 검사도 아무 말 없이 지나갈 수 있도록, 사람들은 심신이라는 말을 버리고 다시 '육체'라는 단어를 입에 올린다. 그러니까 구체적으로 상황을 정리하자면, 육체는 그 주인인 인간이 이미 사망선고를 받았다 할지라도 여전히 '기능하는 데 문제가 없는 것'이라야 한다.

작은 기구를 가지고 인체를 보완하고 수리해온 전통 역시 유장하기만 하다. 안경과 인공치아는 물론 의족, 심박조율기와 보청기에 이르기까지 종류도 다양하다. 이미 프로이트도 알고 있었듯, 인간은 일종의 '인공장기로 이뤄진 신'인 셈이다. 이런 인공장기가 인간을 결코 '연장실체Res extensa'로 만들지는 않는다. 이런 기계가 아무리 인간의 핵심 장기, 즉 서양 문화가 정신으로 떠받들어온 두뇌와 밀접하게 맞물린다 할지라도, 기계는 그저 기계이지 않을까? 심장과 맞붙어 있는 심박조율기를 두고 영혼의 안식처라고 부를 수는 없지 않은가 말이다. 그럼 나노 칩의 도움을 받아 작동하는 두뇌는 기계일까, 정신일까? 아리송해지는 지점이 아닐 수 없다. 물론 심박조율기를 가슴에 단 사람도 심신의 열정을 다해 아리따운 여인과 사랑에 빠질 수 있으리라. 몸의 전형적인 현상인 죽음도, 전과 다름없이 심장마비 같은 증상으로 찾아들 것이다. 그렇다면 결국 우리의 몸이라는 것은, 에드문트 후설이 말하듯, 특별한 종류의 물건이 되고 말리라.

인체를 첨단의 나노 기술로 범벅해놓는 효과는 너무나 엄청나서, 몸에 관해서라면 입을 열고 싶은 생각이 싹 사라질 정도다. 나노 칩이 두뇌 회전 속도를 지금의 몇 배로 끌어올린다고? 그렇다면 우리의 두뇌도 이제 '최적화'의 대상이며, 필요에 따라 임의로 교체될 수 있다는 말이 아닌가! 이쯤 되면 우리의 머리는, 적어도 이론적으로는 절대 '다운'되지 않고 영원히 작동하리라. 그렇다면 기술적 완제품인 우리는 결코 죽지 않게 되는 것일까? 그러나 죽음이라는 상실은 인간의 몸이 사라진다는 것을 알리는 분명한 신호일 따름이다. 인간은 모름지기 몸과 더불어서만 존재할 수 있다. 몸이 없는 인간? 그게 누구인가? 있기는 한가? 불현듯 몸이 가여워지며 몸에 충실해야겠다는 생각이 간절해진다.

관련 항목

여자 혹은 남자로 살아가기 | 유전자 세상이라는 묵시록 | 정체성이라는 모호함에 대하여

믿음, 다채로운 세상을 만드는 힘

귀를 막고 듣지 않으려거든, 느껴라. 알고 싶지 않거든, 믿어라. 이처럼 단순하게 말하는 교육과 인식 이론이 있다. 둘 다 시대의 눈높이를 따라잡지 못하는 것은 당연한 일이다. 교육에 있어 매를 드는 엄한 손이 한사코 귀를 막는 고집불통을 다스리는 좋은 방법이 아니라는 점은 그간 이미 충분히 이야기되었다. 그러나, 알 수 없다면 믿으라고? 믿음이 앎을 대신할 수 있다고 그처럼 거침없이 주장해도 좋을까? 앎이란 자고로 든든한 기반이어서, 끝 모를 심연의 구렁텅이로 빠지는 위험을 감수하고 싶지 않다면 할 수 있는 한 앎에서 벗어나지 말아야 한다. 그럼에도 믿음을 고집하고자 한다면, 무엇보다도 굴러떨어질 때를 단단히 대비해두어야 하리라. 그다음으로, 객관적 기준이라는 빨대가 하나도 없어 흔적도 남기지 못하고 익사할 실질적인 위협을 막아낼 수도 있어야 한다. 셋째, 자신이 대체 무얼 믿고 있는지 정확히 알아야만 한다. 믿는다고 하는데, 도대

체 뭘 믿는다는 말인가? 믿음이라는 것의 내용을 근본적으로 들여다보면 전부 아니면 전무全無라는 식이다. 모 아니면 도의 심리랄까. 이런 식으로 우리는 유로라는 화폐를 믿었고, 경제의 부흥을 기대했다. 혹은 태양 에너지의 미래를 믿으며, 온실가스를 줄이기 위해 자동차를 몰고 다니지 않을 이웃의 사랑을 믿었다. 그리고 결국 우리는 신을 믿을 수밖에 없는 처지가 되고 말았다. 사실 '믿음'이라는 단어가 등장할 때, 그 진짜 속내는 신을 향한 신앙이다.

신을 믿는 사람은 앞서 말한 다른 믿음의 형제들보다 각오를 한층 더 단단히 다져야 한다. 신은 죽었고, 그런 쪽으로 믿을 것은 전혀 없다는 말로 더욱 유명해진 어떤 철학자 때문에 하는 이야기가 아니다. 신을 믿는 사람은 무엇보다도 자기 자신과 한 점의 오해도 없이 순수한 합일을 이뤄야만 한다. 그래서 신을 믿는다고 할 때, 그 믿음의 대상이 누구인지 혹은 무엇인지 분명히 알아야만 한다. 이로써 믿음을 가진 사람은 지식을 가능하게 만들어주는 논의의 한복판으로 걸어들어온다. 물론 이는 내면에서 이뤄지는 자기 자신과의 대화다. 처음에는 철학의 반론에 조금도 흔들리지 않던 신앙인은 내면의 대화를 나누면서 자신의 실존이 담고 있는 핵심 물음과 부딪친다. 이 물음에는 다른 누구도 아닌 자신이 직접 답해야만 한다. 야훼든 삼위일체의 신이든, 혹은 더 나아가 알라나 부처 또는 그 밖의 다른 어떤 신이든 믿으려면, 그 신의 암호들을 풀어내 자신이 생각하는 세상을 남김없이 채울 수 있어야 한다. 물론 신앙 공동체에 있어서도 이런 사정은 마찬가지다. 이렇게 가지를 뻗어나가는 신앙은 이미 기독교 내부에서조차 무한할 정도로 뻗어나간다. 그래도 신앙인은 자신이 믿는 게 무엇인지 정확하게 알아야 한다는 짐을 벗어놓지 못한다.

자신이 믿는 신이 정의의 신인지, 아니면 은총의 신인지 하는 문제는 오로지 스스로 결정을 내려야 한다. 어느 쪽을 택하든 스스로 해결해야 하는 문제라는 말이다. 예를 들어 신에게 위로를 얻을 수도 있고, 신과 더불어 끝없이 고민에 관한 대화를 나눌 수도 있다. 신을 향해 거침없이 불만과 의심을 토로하는 경우에도 신은 어디까지나 '당사자의 신'이다. 종교는 신앙을 통해 끊임없이 다스리고 규제하려 하지만, 그래도 신과의 관계는 개인이 독대하는 일대일의 관계일 수밖에 없다. 신이 개인의 사적인 문제일 수밖에 없다는 점은 그동안 유럽에서 아주 고통스러운 논의를 낳았다. 정치적 갈등은 물론이고 학계의 지성인들도 이 문제를 둘러싸고 치열한 논쟁을 벌여왔다. 오늘날 세계 도처에서 여전히 종교의 이름을 빙자한 전쟁이 벌어지고 있는 것을 보라. 지성인들도 이 싸움에서 자유로울 수는 없다. 종교라는 분장 뒤에 숨어 있는 각종 이해관계의 진면목을 밝혀내기 위해 벌여야 하는 싸움은 그 당사자에게 모든 것을 내걸라고 요구하기도 한다. 오늘날까지도 두 싸움은 곳곳에서 포성을 터뜨리며 포연을 피워올리고 있다. 십자가와 이슬람 두건을 둘러싼 갈등에서부터, 과연 신앙의 문제를 어떻게 대하는 게 지적으로 성실한 태도인가 하는 문제에 이르기까지, 싸움은 여전히 진행형이다. 특히 지적 성실함이라는 문제는 신앙고백과 더불어 가장 큰 의문을 낳는다. 세간에 널리 퍼진 생각에 따르면, 믿는 사람은 이성을 가지고 간단하게 알 수 있는 것을 빙 돌아서 다가가며, 때로는 대단히 위험한 모험까지 감수하기 때문이다.(레싱•) 곧바로 가면 될 것을 이렇게 빙 돌아가는 에움길은 위험해 보일 뿐만 아니라, 계몽의 세례를 받은 사람이 가기에는 적당하지 않는 길이다. 레싱의 표현을 빌리자면, 홀로 암벽을 타고 올라야 하는 등반에서 남의 도움을 받는 격이랄까. 그래서 신앙인은 자신의 힘을 쓰기보다 남에게 기대면서도 인간을 믿지 못하는 나약함을 드러낸다. 남의 도움을 받아야만 정상에 오를 수 있다니 얼마나 파렴치한 일인가. 그러나 레싱이 비웃음을 흘리며 레드카드를 보여줘도 계몽의 세례를 거친 지식인은 꿈쩍도 하지 않는다. 학문의 논리로는 도저히 설명할 수 없는 힘의 존재를 체험했기 때문이다. 지식의 체계가 인정하기 어려운 이런 힘이 실재한다는 것을 어떻게 설명해야 좋을까?

학문의 한계를 절감한 계몽주의자는 불가사의한 힘의 존재를 인정하는 대신, 정치적으로나 철학적으로 관용의 정신을 요구한다. 지식을 쌓으려는 안간힘은 신앙 앞에서 하얗게 질려버렸기 때문이다. 넘어설 수 없는 벽 앞에서 좌절했으나,부디 내치지는 말아달라고 애원하는 셈이다. 칸트가 『순수이성비판』 서문에서 뭐라 했던가. "믿음에 자리를 내주기 위해 앎을 미룰 수밖에 없다."•• 칸트는 심지어 믿음을 윤리의 영역에서 절대 없어서는 안 될 것으로 보았다. "도덕이라는 세계의 창조자, 곧 신의 존재"를 받아들이지 않는다면 도덕이 말하는 의무라는 것을 생각하기가 무척 곤란하다는 것이다.(칸트, 『판단력비판』) 앎을 창조해주는 범주라는 표준에 따라 신

• Gotthold Ephraim Lessing: 1729~81. 독일의 사상가이자 극작가. 계몽주의의 입장에서서 종교의 자유와 관용을 주장했다.

의 존재를 증명하는 것은 불가능하다고 칸트는 보았다. 그래서 칸트는 신의 존재 증명과 믿음의 정당화를 마무리짓지 못할 수밖에 없었다.(『판단력비판』) 그러나 신의 존재 증명은 제아무리 경건한 힘으로 시도되는 것이라 할지라도 선함의 건너편, 즉 피안에서 저질러지는 모험이 아닐까? 다시 말해서 우리가 생각하는 '선한 것, 올바른 것'과는 거리가 먼 게 신의 존재 증명이지 않은가? 믿음이란 아무런 근거가 없이 제멋대로 이성의 척도에서 벗어나는 삶의 방식이라는 게 말이 되는 소리일까? 그럼 이성을 비웃는 것과 똑같은 논리로 포악함을 일삼는 불한당을 어찌 꾸짖을 수 있을까? 오히려 파스칼이 짐작한 대로 믿음은 우리의 심장과는 아무런 관계가 없는 것이어서, 1차 바티칸공의회에서 주장했듯, 어쨌거나 심장이라는 '자연이성의 빛'에 의존하지 않는 것일까?(『철학 개념어 사전*Wörterbuch der philosophischen Begriffe*』)••• 그럼 믿음을 있기 원하는 그대로 내버려두고 인정해주는 게 믿음의 올바른 이해일까? 어차피 이 세상 것이 아니니 그대로 인정해주는 것이다. 결국 믿음은 이성으로는 불완전하게 풀어낼 수 있을 뿐이다.

•• 원문은 다음과 같다. "Ich musste also das Wissen aufheben, um zum Glauben Platz zu bekommen." 여기서 '미루다'로 번역된 독일어 'aufheben'은 지양止揚이라고 옮긴다. '멈추어 끌어올린다'는 이중의 의미를 살리기 위한 고육책이었으나, 서양 철학이 일본을 거쳐 우리에게 수입된 가난함을 짙게 담고 있는 말이다. 독일어 원어는 '폐기하다' 혹은 '취소하다'라는 뜻이 강하며, 더 나아가 나중을 위해 '보관하다'라는 뜻을 담고 있다. 칸트는 세계를 인식하는 것의 한계를 인정하면서도 지식의 길을 열어두려는 양수겸장의 의미로 'aufheben'을 썼다. 이 개념은 나중에 헤겔에 이르러 변증법의 원동력이 된다.

••• 주지하듯 칸트는 이론이성과 실천이성, 곧 자연과 정신을 전혀 다른 것으로 간주했다. 본문에 등장하는 '자연이성', 즉 심장의 소리는 신과 무관하다는 파스칼의 비꼼이다.

그럼에도 작금 벌어지고 있는 정치적 갈등은 종종 믿음의 초월성을 의심하게 만든다. 종교적인 믿음을 누구에게도 막지 말아야 한다고 가르친 계몽주의의 관용이 무색할 정도다. 믿음이 이 세상의 것이 아니라면, 왜 믿음의 차이를 놓고 이 세상에서 싸움을 벌이는가? 하긴 계몽 이후로 믿음이란 아무리 합리적인 반박을 해도 인간이 굽히지 않고 믿는 미신이며, 신앙인은 시대의 눈높이를 온전히 따르지 못하고 뒤처진 사람이라는 추측이 팽배해 있기는 하다. 이로써 믿음과 관련해 신앙인에게 물어야 할 질문은 의미의 문제다. 믿는 사람은 도대체 왜 믿는 것일까?

믿는 사람은, 바위 같은 믿음이든 흔들리며 불안에 떠는 믿음이든 상관없이 이승을 뒤로 하고 이 세상과는 다른 율법이 적용되는 세계로 들어선다. 이 율법과 함께 믿음을 설명할 길도 열린다. 그러니까 종교적 신앙을 갖는 사람은, 지금 여기의 세상에서 애타도록 그리워하는 확실성을 자신의 믿음을 통해 확보하고자 하는 것이다. 속세의 불공평과 부당함에 속이 문드러질 대로 문드러진 나머지, 저 천국의 넘쳐나는 정의를 간구하는 것이랄까. 이로써 믿음은 간신히 그 의미를 지탱할 수 있는 실마리를 얻는다. 물론 현실이 환상과 맞물리는 이중 현실(이승과 저승, 현세와 피안)이라는, 더이상 그 배면을 캐물을 수 없는 주관적 확신에서 비롯되기는 하지만 말이다. 현실의 이런 이중 복제는 신앙인으로 하여금 유한한 것을 무한함의 입장에서, 내재적인 것을 초월성의 시각에서, 익히 알고 있는 것을 전혀 알지 못하는 신의 관점에서 반성하고 곱씹어보게 해준다. 따라서 믿음이 무의미하다는 말은 성립하지 않는다. 믿음을 가진 사람은 메

달의 양면을 동시에 보는 축복을 누리기 때문이다. 새롭게 답이 주어질 때마다 전체의 의미를 묻는 새로운 물음이 생겨나고, 반성의 수준이 높아질수록 어찌해야 좋을지 모르는 황망함과 무력감은 커져만 가지만, 그래도 신앙인은 여기서 저기로, 저기서 여기로 겅중겅중 뛰어 넘나들며, 혼란스러운 모든 경험을 우연이라 여기고 이겨낼 수 있다.(뤼베) 믿음이라는 게 이런 기능을 갖기는 하지만, 이것만으로 끝나서는 곤란하다. 뤼베의 지적에 따르면, 신앙인은 바로 앎을 추구하는 학문의 사회에서만 생존을 약속받을 수 있기 때문이다. 현세와 천국을 넘나들 수 있다는 이유만으로 신앙을 고집하는 사람이라면, 그 믿음을 방해하지는 않겠으나, 그런 태도가 신을 두려워할 줄 아는 사람이 취해야 할 것은 아니라는 점을 새겨두기를 간절히 바란다. 이른바 '플라세보 효과'에서 볼 수 있듯, 자신의 심리에 취해 빠져드는 순간의 착각에 매달리는 것은 신을 욕보이는 일일 뿐이다. 그래서 신앙인은 다른 것을 추구하고 달리 시간을 보낼 방도를 찾아야 한다. 그러나 그게 뭘까?

그 대안이 그저 신을 두려워하는 것일 수는 없다. 신을 두려워한다는 것은 이미 믿음을 가지고 있다는 말이다. 오히려 두려움은 인간의 현세와 초월적 존재 사이에 입을 벌리고 있는 저 깊은 심연에 대한 것이어야 한다. 이런 두려움을 극복하기 위해 믿음을 갖는 것은 충분히 이해가 가고도 남는다. 다만, 두 가지 측면에서 여전히 의문의 여지가 있다. 우선, 믿음의 동기는 이해득실을 계산하는 자세에서 완전히 자유롭지 못하다. 혹 자신이 지옥 불에 떨어질까 두려운 나머지 보험을 들어두는 것이랄까. 물론 이 정도야 선한 신께서 얼마든지 용서해주시리라. 두번째 의혹은 더욱 심각한 것이다. 혹시 이 심연을 도저히 뛰어넘을 수 없지 않을까? "신과 세상, 신과 인간은 서로 전혀 닮지 않았다"(야스퍼스)면? 그래서 소통의 통로를 찾아볼 수 없다면? 그렇다면 논리적으로나 존재론적으로 구원의 다리가 놓이는 일은 기대할 수 없다. 결국 신을 향해 머리를 조아린 것은 생각해서는 안 되는 것을 시도한 주제넘은 기대였다는 통한에 몸서리가 쳐질 뿐이다. 실체가 없는 것을 잡으려 했다는 헛헛함에 괴로운 나머지 눈물만 하염없이 흐른다. 이런 경험은 아우구스티누스도 했던 모양이다. 달리 어쩔 도리가 없어 걱정과 불안에 사로잡힌 그는 울부짖으며 신에게 직접 하소연을 하면서도, 지식의 범주로 파악할 수 없는 존재를 향해 손을 뻗었노라고 털어놓고 있다.(아우구스티누스)

그렇다면 신을 믿는 신앙은 어떻게 가능할까? 죽을 수밖에 없는 우리네 평범한 인간은, 즉 초감각적인 것을 볼 능력이 없는 인간은, 믿음 안에서 그리고 믿음과 더불어 "암호를 붙들고 씨름하는 것"(야스퍼스)에서 조금도 벗어날 수 없는 처지가 아닐까? 어쨌거나 사안의 본질을 이보다 더 간단하게 정리할 수는 없다. 평생 믿음의 비밀을 알아내고자 머리를 쥐어짜는 도리밖에…… 확실한 것은, 언젠가는 인생의 마지막 순간을 맞게 되리라는 사실이다. 물론 해답은 끝내 손에 쥐지 못한 채. 믿는 이들이 목적이 실현되기를 기대하는 것은 아무 의미가 없는 일이다. 그들이 목적에 부여하는 모든 의미는 이미 믿음이라는 상태에서 비롯된 것이기 때문이다. 이렇게 해서 결국 신앙인에게는 "왜?"라는 물음조차 생겨나지 않는다. 종교적 신앙의 의미를 묻는 물음에 신이 두려워서라고 답하는 것은, 근거를 묻는 접근 방식, 즉 앎의 태도에서 달아나는 현상에 지나지 않기 때문이다. 믿음을 마이스터 에크하르트가 말한 의미에서 신이 지핀 불이라고 이해한다면, 왜 이 불을 느끼느냐 하고 묻는 것처럼 어리석은 질문은 더 없다. 오히려 우리는 왜 이 불을 끄려고 하지 않는지 물어야만 한다. 이것만이 의미 있는 물음이다. 물론 "왜?"라는 물음은 믿음을 갖지 않은 사람에게 던져야 가장 적절하다.

믿는 이든 믿지 않는 이든, 분명한 점은 이들 모두 상당 부분 일치하는 정신적 삶을 함께 나눌 수 있다는 사실이다.(마르티니•) 물론 상당 부분 일치한다는 것이지, 전부 다 일치한다는 것은 아니다. 이를테면 절대자는 공동의 것에 속하지 않는다. 하나의 문화권에서 일상을 살아가는 데 이런 차이는 별 영향을 주지 않는다. 하지만 어떤 게 옳은 일이며 무엇을 해야 적절한지, 불안과 공포가 엄습하는 상황에서는 물론 극명한 차이로 갈등을 빚을 수 있다. 믿는 이는, 적어도 믿음을 가능한 것으로 여기는 사람은, 자기 행동의 궁극적인 근거를, 믿지 않는 사람이 중요하게 여기지 않는 것에서 찾을 수 있다. 신앙과 불신앙 사이에는 서로 다른 세계가 무수히 가로놓여 있음을 부정할 수 없다. 이런 차이가 단 하나뿐인 우리의 세상을 다채롭게 만드는 게 아닐까. 이 다채로움이 뜻하는 바의 핵심을 철학자 코와코프스키는 단 몇 줄로 간단하게 정리했다. "무엇이 우리에게 현실이며 무엇이 비현실인지 하는 물음은, 철학이 아닌 실천을 통해

• Carlo Maria Martini: 1927~2012. 이탈리아의 가톨릭 신부. 밀라노 대주교를 지냈다.

서만 답할 수 있다. 현실이라는 것은 인간이 실제로 이루기 갈망하는 바로 그것이다."

관련 항목

감사, 타자와 함께 살아가는 법 | 두려움과 더불어 살기 | 의심 vs. 어리석음

사랑은 영원에 대한 믿음이다

철학은 언제나 자기 이야기를 할 때 가장 터무니없는 소리를 한다. 철학의 고유한 방법론을 분석할 때나 혹은 심지어 철학을 함에서 지켜야 할 규율 따위를 이야기할 때면 밑도 끝도 없이 사랑 운운하며 자기도취에 빠지곤 하는 것이다. '필로소피아'•, 지혜를 향한 사랑? 대체 이 무슨 뜬금없는 말일까? 아니, 지혜를 사랑하지 않는 사람이 있기라도 하다는 말인가? 그러나 지혜를 사랑한다는 자기도취는 수면에 비친 자신의 얼굴을 보고 넋을 잃는 나르시스의 그것과는 다르다. 오히려 냉철한 자기반성으로서 원칙을 강조하는 게 지혜를 향한 사랑이다. 그러니까 내가 나를 보고 그 완전한 아름다움에 홀리는 게 아니라, 냉정하게 나의 부족한 점을 읽어내는 게 철학이다. 부족함을 채우려는 몸짓이기에 지혜를 향한 사랑이다. 이 같은

• '좋아한다'는 뜻의 '필리아philia'와 '지혜'라는 뜻의 '소피아sophia'가 결합된 말.

부단한 연습을 통해 철학의 가장 심오한 통찰들이 길러졌다. 『순수이성비판』(칸트)이나 『정신현상학』(헤겔) 또는 『윤리학 원리』(무어)• 등이 그 좋은 본보기라 하겠다. 스스로 지혜를 향한 사랑을 표방하는 철학의 사고는 윤리학, 미학, 인식론 등의 지혜 형식으로 자리를 잡아가면서 언제나 다시금 자신의 부족한 점을 간파하려 노력해왔다. 그러니까 막연한 사랑에서 출발해 자신을 끊임없이 다듬는 구체적인 사랑으로 힘든 에움길을 빙 돌아온 게 바로 철학이다.

그래서 말이지만, 철학에서 사랑 그 자체는 우리 인생에서 흔히 말하는 사랑이 차지하는 가치와 비중에 견주어볼 때 별 의미를 갖는 게 아니었다. 예를 들어 자유에 관한 철학 혹은 돈을 다룬 철학은 얼마든지 찾아볼 수 있는 반면, 사랑의 철학은 아무리 둘러보아도 쉽게 흔적을 드러내지 않는다. 추측건대 사랑은 언제나 무언가를 향하고 있는 만큼, 사랑 그 자체만 놓고 철학을 하는 것은 별 쓸모가 없다고 여긴 모양이다. 아니면 사랑이라는 문제가 철학에서 다루기에는 적절치 않은 주제라고 생각했거나. 혹 사랑은 그 어떤 철학의 지평도 넘어서는 것이라고 보았을 수도 있다. 그러나 아무래도 마지막 이유는 맞지 않는 것 같다. 지평을 초월한다고 생각했다면, 사랑을 다룬 철학은 차고 넘쳤을 것이다. 철학자들은 지평을 넘어서는 것이라면 무엇이든 앞다퉈 달려들어 눈을 부릅뜨고 손가락이 부러져나갈 정도로 열심히 글을 써대니 말이다. 사랑 또는 사랑함이라는

• George Edward Moore: 1873~1958. 영국의 철학자. 헤겔학파의 관념론을 비판한 영국 신실재론의 대표자다.

게 철학의 주제가 아니라고 주장할 수는 없지 않을까? 더욱이 경제 활동에 바쁜 기업들마저 저마다 고유한 경영철학이랍시고 뚝딱거리고 만들어내는 게 요즘 문화의 흐름인데, 사랑의 철학이 없어서야 말이 되겠는가.

철학에는 다행한 일이고, 사랑에도 해가 되지 않도록, 사랑이라는 주제를 둘러싸고 이론의 집을 지으려 노력한 철학자들은 언제나 있었다. 비록 사랑이라는 문제에 곧장 달려들지는 않았을지라도 말이다. 그리고 철학자들 가운데 으뜸이라 할 수 있는 플라톤은 사랑 문제에 있어서도 선구적인 혜안을 자랑한다. 대화편 『향연』에서 플라톤은 인간이 왜 그토록 사랑을 갈망하는지 아주 천재적인 발상을 담은 설명을 내놓았다. 완전해지려는 열망이 사랑을 갈망하는 원인이라는 것이다! 플라톤이 작가 아리스토파네스의 작품이라고 밝힌 신화에 따르면, 인간은 원래 반쯤 굽다가 만 반쪽짜리 얼치기가 아니었다. 날 때부터 완전한 형태를 갖춘 존재, 즉 둥근 공의 모양을 한 완전체였다. 하지만 올림포스의 제왕 제우스에게 버르장머리 없이 항거를 일삼은 죄로 인간은 더이상 완전한 모습을 유지하지 못하고 반으로 갈라지고 말았다. 그래서 오늘날 인간은 잃어버린 반쪽을 찾아 헤맨다는 것이다. 이상적인 모습을 되찾기 위해! 반으로 쪼개진 상처를 아프게 핥으며! 일단 한번 함께해본 경험을 가진 인간은 그 황홀함을 절대 잊지 못하고 예전의 상태를 회복하기 위해 다시 하나가 되기를 평생 간절히 추구한다. 이런 갈망과 추구를 우리는 에로스 혹은 사랑이라고 부른다. 분열의 형벌을 받기 전에 인간에게는 세 가지 유형이 있었다. 여자와 여자, 남자와 남자, 여자와 남자가 그것이다. 이로써 사랑의 다양한 형태, 즉 동성애와 이성애가 남김 없이 설명된다. 인간이 짝을 찾아 통일을 이루는 방식은 이성애 부부와 게이 혹은 레즈비언, 이렇게 세 가지가 아닌가. 이래저래 보편적인 의미의 사랑과 특수한 경우의 사랑함은 곧 통일을 이루려는 갈망이다. 둘이 모여 이룬 하나는 둘 그 이상이다. 그래서 모든 결합은 생산의 작업이기도 하다. 현대와 달리 플라톤은 생산의 행위를 성적인 교접에만 국한하지 않았다. 오히려 정신적인 의미에서 하나됨을 더욱 중시했다. '플라토닉 러브'라는 표현이 괜스레 생겨난 게 아니다. 그러나 흔히 알고 있는 절제와 금욕의 자세, 육체적 결합은 애써 무시하고 고상한 편지만 주고받는 식의 '플라토닉 러브'가 곧 플라톤이 말하는 사랑은 아니다. 그보다는, 함께 인생의 지혜를 깨우쳐가는 태도를 사랑의 기본으로 삼자는 권고일 따름이다. 그래서 플라톤의 사랑을 나누는 연인은 서로의 눈에만 매달릴 게 아니라 '아름다운 것' '좋은 것'을 향해 함께 손잡고 나아가는 태도를 가져야 한다.

그러나 철학이 정의하는 이런 아름다운 사랑은, 현세의 인간들이 하나가 되고자 벌이는 사랑의 소동과는 거리가 멀다. 사랑은 그 대상만큼이나 천차만별이기 때문이다. 신을 우러르는 사랑이 있는가 하면, 동물에게 쏟는 애틋한 관심도 있다. 인간들 사이의 사랑은 서로의 인격이 온전히 만나는 것을 가로막는 온갖 장애로 얼룩지기 마련이다. 또 베토벤의 교향곡 제9번이나 괴테의 '베르테르' 또는 1968년산 보르도 와인을 향한 사랑도 있다. 이런 경우에 사랑이라는 말은 그저 잠정적인 의미를 가질 뿐이다. 본질 사이의 참된 결합이라는 사랑의 진정한 의미에 빗대 표현할 만큼, 취미생활의 대상을 바라보는 관심이 지대함을 말하는 것이다. 그러나 이런 경우에도 사랑은 그 참모습을 드러낼 수 있다. 헤겔의 다음 말처럼 사랑의 본질을 정확히 간파한 게 또 있을까? "자기 자신의 의식을 버리고, 다른 자기 자신 안으로 들어가 스스로를 망각한다. 그러나 이처럼 타인의 자아에 빠져 자기 자신을 망각하는 가운데 비로소 자기 자신을 깨닫고 스스로를 온전히 회복한다."

자기망각과 자아상실은 사랑의 시작을 알리는 전형적인 징후다. 혼신의 힘을 다해 상대에게 빠져버리는 통에, 밖에서 지켜보는 제삼자는 어안이 벙벙할 따름이다. 그런 만큼 사랑에 빠진 사람의 상태를 관찰하기란 쉽지 않다. 신열에 들떠 아무 생각 없이 좌충우돌하는 행복한 혼돈과 혼란의 주인공은 자기 자신을 까맣게 잊어버린 탓에 누구인지 알아볼 수 없을 정도로 사뭇 다른 모습을 보이기 때문이다. 더욱이 이런 상태는 사랑의 경우에만 나타나는 게 아니다. 철저히 그 반대의 경우, 즉 증오에서도 우리는 그런 현상을 볼 수 있다. 자아를 망각하고 상실하는 현상은 바로 그래서 수많은 오해를 낳는다. 작가 도스토옙스키는, 손에 피를 묻히는 범죄를 저지른 대학생 라스콜니코프에게 자기망각이 가능한 모든 경우, 즉 증오에서 시작해 사랑에 이르기까지 그 스펙트럼 전체를 남김없이 섭렵하게 만든다. 결국 너무 늦기는 했지만 라스콜니코프는 사랑에 이르러 자기 자신을 되찾는다. 상실과 망각을 통해 자기 자신을 회복한다는 헤겔의 진단이 그대로 들어맞은 셈이다. 물론 도스토옙스키가 그리는 사랑이라는 사건은 헤겔의 진단에 비해 훨씬 입체적이고 더욱 정확하다. 헤겔은 그저 사랑의 힘에 관해 개괄적인 증언을 했을 따름이다. 힘, 사랑에 빠진 사람을 높이 들었다가 그 연인의 발 앞에 팽개쳐 무릎 꿇게 만드는 사랑의 위력을! 이 같은 상승과 곤두박질을 사랑이라 부른다면, 헤겔이든 도스토옙스키든, 사랑이란 무엇인가 신비한 힘에 끌려다니는 수동적인 사건이다.

그러나 동시에 사랑은 적극적인 추구다. 아우구스티누스가 이미 알고 있었듯, 사랑은 언제나 사랑의 목표를 갈구한다. 그저 멀찌감치 물러서서 홀로 애만 태우는 사랑은 덜떨어진 사랑, 곧 외사랑일 뿐이다. 그저 주기만 하고 받는 것은 한사코 사양하는 사랑이란 생각할 수 없지 않을까? 그런 짝사랑이라면 아플 이유가 없을 터. 그러나 채워지지 않는 사랑에 얼이 나간 저 아픔을 보라. 나 자신을 온전히 잊어버리는 것은, 상대도 부디 그 자신을 잊어달라는 간절한 부탁의 표현이다. 하지만 주고받는 사랑에는 함정이 곳곳에서 우리를 노리고 있다. 너무 조급하게 서둘다보면 사랑이 아닌 것을 사랑으로 혼동하는 착오가 쉽사리 벌어진다. 찬란하게 빛나는 황홀감, 불타오르듯 하나로 녹아드는 오롯한 아름다움, 오늘날에는 그저 섹스로만 치환되고 만 결합의 기쁨은 사랑이 표현되는 한 가지 방식에 지나지 않음에도, 그게 사랑의 전부인 듯 여기는 착각에 빠지고 만다. 오랜 세월 격정적으로 사랑을 구하고 난 뒤 아우구스티누스가 확인했듯, 사랑은 그게 황홀함이든 쓰라린 아픔이든 "서로 느낌을 주고받는 가운데 빚어지는 조화에서 그 온전한 힘을 펼쳐낸다". 여기서 아우구스티누스는 플라톤이 말한 조화를 상기하고 있는 게 틀림없다. 그런 조화를 추구한다는 사실 자체는 아무 문제가 되지 않는다. 다만 아직 무르익지 않은 상태에서 부적절한 수단을 택한다거나, 다른 음험한 목적을 품고 사랑을 이용하려 드는 것을 아우구스티누스는 죄악으로 간주한다. 그러나 오로지 목표만 바라보는 사람의 귀에 이런 이야기가 들어올까. 사랑이라는 목표를 이루려는 간절한 의지를 가졌음에도 그 방법을 알아보는 데 소홀한 사람은 꾸지람을 들어 마땅하다.

여기서 깨쳐야 할 교훈은, 사랑도 배워야만 한다는 것이다. 하지만 어디서 어떻게 사랑을 배울 수 있을까? 플라톤을 따르는 무리와 아우구스티누스를 섬기는 사람들에게 참된 사랑을 가르치는 사랑의 학교는 여느 학교와 마찬가지로 고된 배움의 과정을 요구하리라. 그러나 그 가르침만큼은 명확하다. 절대 시야에서 목표를 놓치지 말아야 하며 꾸준히 성실하게 다가갈 수 있도록 각고의 노력을 기울여야 한다. 신을 두려워하며 배우고 익히기를 게을리하지 않는 것이야말로 사랑에 이르는 길이다. 이 길을 간다는 것은 곧 '사랑함'을 뜻한다. 그러나 조화로운 아름다움(플라톤)도 하느님(아우구스티누스)도 믿지 않는 사람은 어떻게 해야 사랑을 할 수 있을까? 그래도 사랑이 행복한 삶을 사는 유일한 길이라고 굳게 믿는 사람이라면 서둘러 길을 가는 데 노력을 아끼지 않으리라. 잘 알려졌다시피 사랑을 이루는 왕도는 서로 몸과 마음을 섞는 섹스다. 쇼펜하우어에 따르면, 섹스는 "그 중요함을 깨닫는다면 철학의 윤리 분과 가운데 하나로 받아들여도 전혀 이상할 게 없는 주제"다.

쇼펜하우어는 동물 윤리를 위해 투지를 불사른 것과 더불어 사랑을 다루는 데서도 윤리학의 부족한 점을 채우는 명민한 슬기를 자랑한다. 관념론의 선배들과 달리 쇼펜하우어는 허공에 떠 있던 사랑을 지상으로 끌어내린다. 그에게 사랑은 곧 '육체적인 사랑'일 따름이다. 쇼펜하우어는 이 '육체적인 사랑'에 자신의 '형이상학'을 헌정한다. 이에 따르면 육체의 사랑은 개인에게 기쁨을 안겨줌은 물론 인류의 생존을 보장해주는 것이기도 하다. 여기서 인류의 생존이란 곧 '다음 세대의 양성'을 뜻한다. 그렇지만 외과의가 수술을 할 때처럼 사랑을 육체의 것으로만 바라보는 데에도 치명적인 실수는 있기 마련이다. 사랑을 성행위로만 이해한다면, 사랑함이라는 것은 이 행위가 멈추는 순간 정지해버리는 단순한 동작에 지나지 않는다. 그러나 이는 우리의 경험과 충돌한다. 우리는 육체적 사랑의 너머에도 사랑이 있음을 확인한 경험을 얼마든지 가지고 있지 않은가. 심지어 시간적으로나 공간적으로 멀리 떨어져 있는 것, 곧 죽음조차 품어안는 사랑까지 있다. 따라서 쇼펜하우어가 추구한, 현대 광고 문화에서 즐겨 써먹는 사랑과 섹스의 동격화는, 사랑의, 사랑함의 본질을 파악하고자 하는 우리의 노력에 전혀 들어맞지 않는다. '육체적 사랑의 형이상학'을 이야기하기 위해서는 먼저 '사랑의 형이상학'이 필요한 게 아닐까.

쇼펜하우어가 '사랑의 형이상학'을 거칠게 거부한 것은 아마도 사랑과 사랑함에 덧씌워진 지나친 관념적 분위기 때문이었으리라. 프랑스 모럴리스트들이 시도한 현상학적 접근 역시 초월적인 존재에 매달리는 경향을 보인다는 점은 부인하기 어렵다. 예를 들어 "사랑은 사랑하는 사람의 영혼에 날개를 달아주는 것이다. 영혼이 몸에 생기를 불어넣어주듯 사랑은 영혼에 생동감을 선물한다"는 라로슈푸코의 주장은 어딘지 모르게 하늘나라에서 들려오는 찬송가처럼 들리지 않는가? 결국 사랑이 무엇인지 밝혀내기 위해서는 달리 파고들어갈 필요가 있다. 분명 쉬운 일은 아니다. 사랑을 두고 "온 세상이 입을 모아 이야기하는데 정작 보았다는 사람은 아무도 없으니 무슨 유령을 대하는 것만 같다"(라로슈푸코)라는 실토가 괜스레 나온 게 아니다. 그렇다고 손놓고 있을 수는 없는 노릇. 사랑을 찾는 일의 고단함을 조금이라도 덜어내기 위해, 우선 관념적으로 발굴하려는 시도들은 일체 젖혀두고, 모럴리스트가 잡은 실마리를 따라가보는 게 좋겠다. 초월적인 성향만 솎아낸다면, 사랑 안에서 살아가는 사람이 어떻게 사랑을 하는지 살펴볼 수 있으리라.

독일의 모럴리스트이자 처세 철학자 크니게*는 경험이 많은 노련한 남자로, 모든 사랑이 이내 어떤 시련에 처하는지 잘 알고 있었다. 마치 종군기자와 같은 분위기를 자아내며 크니게는 이렇게 증언한다. "초반에 불길에라도 뛰어들 것처럼 맹목적인 열정(대개 이런 열정은 이내 식어버리지만)을 자랑하던 사랑이 식고 나면, 그뒤로도 서로에게 충실하기를 기대한다는 것은 무망한 노릇이다. 상대가 아무리 좋은 점을 가지고 있어도 생동감을 느끼기는커녕 그저 심드렁하게만 느낄 뿐이다." 이런 시련은 대개 새로운 사랑이 필요하다는 기만적인 감정을 불러일으키는 탓에 환각과 착각을 야기할 수 있다. "어쩌다가 한 번씩 보는 사람은 항상 좋은 면만 보이게 마련이

* Adolf Freiherr von Knigge: 1752~96. 독일의 계몽사상가. 『사람을 다루는 법』이라는 책으로 유명해졌다. 처세술의 대명사처럼 불리지만, 이는 사회의 규범이라는 의미에서 처세의 방법을 풀어보려 한 그의 의도를 감안하지 않은 평가다.

라는 점을 유념해야 한다." 하긴 스타란 멀리 떨어져서 보니까 빛나 보이는 것이다. 그렇다면 이제 자연스럽게 고개를 드는 의문은, 어떻게 해야 옛사랑(참된 사랑?)을 이런 부당함에서 보호해줄 수 있는가 하는 것이다. 물론 가장 좋은 방법은, 그런 지경에 이르기 전에 일찌감치 예방을 해두는 것이다. 말하자면 사랑의 심리를 꿰뚫고 능숙한 사랑의 솜씨를 익혀두는 것이랄까. "몇 가지 분명한 원칙을 정해놓고 냉정하게(!) 자신이 진정 원하는 게 무엇인지 시험해보는 게 좋다." 그럼 곧 우리는 연인에게서 찾고자 했던 게 바로 행복이라는 것을 알 수 있다. 갓 사랑에 빠졌던 시절, 이런 계산적인 접근이 나쁘지 않은 결과를 보여주었다면 '심장이 벌이는 작은 탈선'에 흔들리지 않고 실제로 가슴이 찢어지는 일만큼은 막는 게 현명하다. 그리고 다시 '옛길'로 돌아가 계속 '정중한 예의'를 갖추면서 지루하지 않고 재미난 대화를 나눌 수 있도록 신경을 쓰고, 그 옛길을 돌보고 가꾸는 일에 소홀함이 없어야 한다.(크니게)

이런 종류의 충고는 당대의 저명한 사람들이 관찰한 것과 비교할 때 비록 소시민적 분위기를 물씬 풍기기는 하지만, 현재 우리의 문제로 이어지는 다리를 놓은 것만큼은 분명하다. 사랑을 결혼이라는 감옥에 가두어놓기만 한 당대의 사상가 칸트와 달리, 하노버 출신의 귀인 크니게는 사랑이라는 끈을 족쇄로 보지 않았다. 사랑을 하고 서로 부부의 연을 맺었다고 해도 인간은 자신의 심장을 상대의 손에 넘겨주지는 않는다. 또 사랑이라는 미명 아래 상대에게 심장을 달라고 요구해서도 안 된다. 그것은 사랑이 아니라, 살인일 뿐이다. 그래서 크니게는 상대방이 제삼자에 대한 관심을 품는 것을 질투하며 한사코 막으려 드는 행태를, 멋대가리 없으며 심지어 불쾌한 짓으로 여긴다. 상대방의 자유를 존중하는 사랑은, 자기 외에 다른 사람을 바라봐서는 안 된다는 식의 금지를 금기시한다. 오히려 상대방의 의사를 존중함으로써 그가 슬퍼하고 괴로워하지 않도록 배려한다. 사랑한다는 것은 그래서 언제나 상대의 욕구를 인정해주는 일이다. 욕구를 품어주고 보살펴주는 것이다. 물론 이 모든 게 의무감에서 비롯된 행동이어서는 안 된다. 의무로 이뤄지는 사랑은 이미 죽은 사랑이다. 오로지 즐겁고 기쁜 마음으로 돌보는 게 사랑일 따름이다.

철학은 우리네 인생에 어떤 역설이 있는지 호기심을 가지고 두리번거리기는 하지만, 그렇다고 역설을 사랑하지는 않는다. 어찌 풀면 좋을지 곤란하기만 한 난제 앞에서 철학은 영리하게도 살짝 피할 뿐이다. 아마도 그래서 사랑을 정면으로 다룬 철학이 없는 게 아닐까. 사랑이야말로 역설적인 관계다. 전혀 예상하지 못하고 빠지는 사랑은 단지 그 안에 머물다가 사랑에서 빠져나와 사랑함이라는 현재형으로 계속 나아가기만 한다. 지속적인 사랑을 만드는 데 보탬이 되는 것, 이를테면 심리 분석이나 부부관계 상담 따위는, 사랑에 비견할 만한 아주 유사한 인간관계로 우정을 유일하게 꼽는다. 서로 친구가 되는 데에는 존중과 관심 그리고 경청하는 자세가 꼭 필요하다. 이를 위해 요구되는 호감은 사랑함의 경우 아주 독특한 태도로 탈바꿈한다. 사랑의 독특함은 우정과 비슷하면서도 확연히 다른 면모를 보여준다. 즉, 사랑에 빠진 눈이 보는 세상은 우정이 보는 그것과 차원이 다르다. 잠깐 확 불붙었다가 이내 사라지지만, 사랑은 영원의 숨결이 무엇인지 안다. 사랑을 하는 사람은 영원을 믿는다. 그리고 사랑함 안에서 무한함의 끈을 잡았다고 믿는다. 지혜를 향한 사랑을 꿈꾸는 철학자가 왜 사랑이라는 이 무한함의 끈을 자세히 살펴볼 가치가 없다고 여겼을까? 좀더 자세히 살펴보고 더욱 튼튼하게 만들어주었더라면 좋지 않았을까? 아마도 그 이유는 우리 인간이 갖는 근본적인 두려움에서 찾을 수 있으리라. 철학자들은 그저, 선불리 건드렸다가 이 끈이 끊어지지는 않을지 무서웠던 것이다.

관련 항목

고독은 반사회적인가 | 두려움과 더불어 살기 | 여자 혹은 남자로 살아가기

살인의 또다른 이름—뇌사와 장기이식

"살인하지 마라!" 모세가 시나이 산에서 받았다는 십계 가운데 다섯번째 계명이다.(『출애굽기』 20장 13절) 여기서 살인하지 말아야 한다는 당위는 우리를 곰곰이 생각에 빠지게 만든다. 조금 뒤에는 다음과 같은 말이 이어지기 때문이다. "남을 때려죽인 자는 반드시 사형에 처해야 한다." 곧이어 나오는 말은 더욱 의미심장하다. "목숨은 목숨으로, 눈은 눈으로, 이는 이로" 갚아야 한다.(『출애굽기』 21장 12절, 23~24절) 그래서 기독교는 근본적으로 죽음에 발을 딛고 '살아가는' 것일까? 예수그리스도를 십자가에 매단 저 죽음을 앞세워? 죽음을 죽음으로 갚으려고? 그러니까 십자가에 매단 죽음은 예외로 취급한 모양이다. 그런데 우리는 태연히 동물을 죽이고, 흉악범을 사형하며, 적군의 목숨을 빼앗고, 독재자를 암살하며, 극한 상황에서 정당방위로 가해자의 생명을 빼앗기도 한다. 또 이런 경우 양심의 가책을 느끼는 일도 별로 없다. 낙태나 자살을 절망에 빠진 마지막 선택으로 봐야 하는지, 아니면 인간 자유의 최고 선택으로 봐야 하는지 하는 문제는 여전히 논란의 중심에 있다. 그래서 말이지만, 살인을 한다는 게 언제나 잘못된 일만은 아닌 것처럼 보인다. 살인하지 말아야 한다는 말이 맞더라도, 틀림없이 이 계명은 상황에 따라 해석을 해야만 하는 모양이다.

살인이라는 현상을 도덕의 길에서 따라가본다면, 먼저 다음과 같은 의문이 생겨난다. 대체 사람을 죽이지 말아야 하는 근본적인 이유는 뭘까? 깔끔한 솜씨로 처리할 수만 있다면, 죽음을 맞는 당사자는 아무런 고통도 받지 않을 터. 더구나 가족도 '가까웠던 사람'이 운명한 것을 두고 깊은 슬픔에 빠지지 않게끔 감쪽같이 말이다. 누구에게도 해를 입히지 않으며, 심지어 유익함을 가져다주는 살인의 경우도 있지 않은가. 이를테면 독재자의 죽음은 쌍수를 들어 환영해야 할 일이다. 전체에 도움이 되는 쪽이라면, 의무까지는 아니라 할지라도 살인을 허가하고 심지어 요구하는 법을 만들어야 하는 것은 아닐까? 불행의 모든 요소(잠재적인 것까지)를 뿌리 뽑는 게 사회, 더 나아가 인류의 행복을 키울 수 있지 않겠는가 말이다. 이런 생각을 그대로 좇는다면, 즐거움이 아니라 조금이라도 짜증을 유발하는 모든 생명은 인류 공동체의 지도에서 삭제되어야만 하리라. 또 주가의 등락에 울고 웃는 투자자들은 단 한 번의 불황도 참아내려 하지 않을 테니, 나쁜 성적의 결산표를 손에 쥔 사장은 어디로 가야 할지 몰라 스스로 목숨을 끊으리라. 한 걸음 더 나아가본다면, 오로지 행복한 생각만 하는 사람들만이 인생을 살 권리를 가지는 게 아닐까? 물론 여기에는 어려운 시기가 지나가기만 하면 살아남을 수 있다고 긍정적으로 생각할 줄 아는 사람도 속한다. 그러나 이런 능력을 잃는다면? 도덕적으로나 법적으로나 아무 문제가 될 게 없는 행위를 한 사람인데, 우울하고 불행한 생각을 한다는 이유만으로 죽여야 할까? 세월이 가면 좋아지겠지 하는 생각을 전혀 못하므로 젖먹이나 아기도 죽어 마땅할까? "이런 문제를 가지고 법을 만든다면, 태어나서 살아갈 완전한 권리를 갖는 아기는, 이를테면 생후 한 달 이내로 제한해야 하리라."(싱어) 다수의 행복을 위해서라면 살인을 해도 좋다는 생각을 했던 공리주의자라면 이런 이야기를 듣고 가슴이 뜨끔할 것이다. 다시 한번 침착하게 다수의 행복이 과연 살인의 기준이 될 수 있을까 고민하며 공리주의적 살인 요구를 거부해야 하지 않을까? 살 가치가 없다고 해서, 살아 무엇하느냐고 해서, 살아 숨쉴 이유가 전혀 없다고 해서 죽인다면 남아날 사람이 없기 때문이다. 곁다리로 살고, 숨어서 살며, 나중을 기약하고, 환상과 기만에 빠져 착각 속에서 살아가는 모든 사람에게, 전체에 도움이 되지 못한다는 '명백한 이유'로 인생을 살 권리를 인정해주지 않을 수 없지 않은가.

이제 남는 물음은, 대체 무엇이 공리주의에 그렇게 거침없는 사형선고 권한을 부여했는가 하는 것이다. 결산해본 도덕적 유익(절대다수의 유익)이라는 것을 윤리의 원칙으로 삼아야 할 이유가 뭔지 도통 분명치 않으며, 인간의 특정한 성향(이를테면 계산을 앞세우는 합리적 이성)을 다른 가치(이를테면 존엄성)보다 선호하는 게 정말 바람직해 보이지도 않기 때문이다. 더 나아가 무엇이 인생을 가치 있게 하는지 판단할 능력을 이런 공리적인 입장에만 허락해주는 것도 도덕적으로 심히 의심스러운 일이다. 결국 공리적 이유로 살인을 해도 좋다는 선택에 동의해줄 수는 없는 노릇이다. 이런 공리적 태도라는 게 특수 사회의 특별한 이해관계만 주목하는 일이 심심찮게 벌어지기 때문이다.

한마디로 말하자. 공리주의를 조심하라! 차라리 불행의 총량 이론가, 즉 저 위대한 쇼펜하우어를 따르는 게 훨씬 나아 보인다. 쇼펜하우어는 확신에 찬 목소리로, 한 사람 혹은 그 이상이 죽는다고 해도 불행의 총량에는 아무런 변화도 없다는 명언을 남겼다. 비관적으로 볼 때 세계의 곤궁함의 크기는 언제나 똑같지 않은가. 대변과 차변을 맞추어가며 결산을 해도, 왜 살인을 해도 좋은가에 대한 답은 털끝만큼도 모습을 드러내지 않는다. 사회적인 결산과 도덕적 폄하에도 악당을 죽이는 게 찜찜하다면, 그 이유는 분명 다음과 같은 점에서 찾을 수 있으리라. 절대 살인을 해서는 안 된다는 계명은 생명에 내재해 있는 최고의 가치를 자각했기에 나온 것이다! 여기서 출발점은, 우리 인간은 누구나 죽고 싶어하지 않는다는 사실이다. 우리는 살고 싶기 때문에 죽기 싫어한다. 그리고 이런 의지는 우리를 움직이는 그 어떤 자극보다도 훨씬 더 강렬하다. 생명은 우리가 감히 헤아릴 수 없을 정도로 드높은 가치를 가지기 때문이다. 생명이 갖는, 안에서부터 우러나는 이런 가치는 그 이유가 어떤 것이든간에 자신의 생명을 스스로 끊으려는 사람 혹은 끝내게 만드는 사람에게는 없는 것처럼 보인다. 고통을 참을 수 없다거나, 삶에서 아무런 의미를 찾지 못하겠다거나, 또는 순전한 자유의지로 내린 결정이라는 등, 저마다 절박한 사정은 있을 터. 아무튼 이런 사람은 "생명을 북돋워주라"(칸트)는 자연의 법칙을 깨려고 든다. 칸트의 관점에서 볼 때 자살자는 논리의 함정에 빠진 사람이다. 스스로 목숨을 끊는 사람은 곧 자신의 생사 여부를 선택할 결정권을 갖는 주체인데, 그 결정권으로 그 주체를 말살하는 꼴이기 때문이다.

물론 어느 모로 보나 고통의 바다인 속세를 헤쳐나가는 데 생명이 과연 최고의 가치일까 하는 의혹은 종종 고개를 든다. 고통스럽기만 한 삶을 끝내버리고 싶은 마음이 생명을 향한 애착보다 강할 때도 많기만 하다. 더 나아가, 죽고 싶다는 마음을 존중해야 할 의무가 생명을 지켜주어야 할 의사의 의무만큼이나 신성한 상황도 없지 않다. 의사로서 취업을 하기에 앞서 해야 하는, 코스 섬 출신의 저 전설적인 히포크라테스의 것으로 알려진 의무 선언에는 다음과 같은 문장이 있다. "내가 들어서는 모든 집마다 환자의 유익을 위해 봉사한다는 마음가짐을 갖겠노라."• 여기서 우리는 다시금 유익이라는 말과 부딪친다. 아무튼 인간의 더불어 사는 삶을 혼란스럽게 만드는 이 경제 개념은 끈질기게 우리를 따라다닌다. 히포크라테스의 전통은 너무나도 고결해서, 기독교조차 그리스도 이전의 히포크라테스를 드높이 떠받들고 있다. 오늘날에도 히포크라테스 정신의 유익함은 결코 포기할 수 없는 귀중한 것이다. 그래서 '요구에 따른 생명의 중지와 자살에 대한 도움'을 규정한 네덜란드의 법은 장차 각국으로 퍼져나가며, 죽음의 문제를 유익함의 관점으로 바라보게 될 모양이

• '히포크라테스 선서'가 정말 그가 쓴 것인지는 아직도 논란이 되고 있다. 본문에 등장하는 문항은 선서의 일곱번째 항으로, 그리스어 원문을 그대로 옮긴 것이다. 우리나라에서는 "오직 환자에 대한 나의 의무를 지키겠노라"라는 의역으로 통용된다.

다. 네덜란드는 최소 열두 살 이상인 환자가 죽는 편을 선택하면 그 소망을 존중하도록 법으로 정해놓았다. 물론 환자의 유익을 위해서다. 그 유익이라는 게 뭔지 아리송하기 짝이 없지만 말이다. 환자의 마지막 소원을 존중해주는 것은, 그런 결심을 전해들은 가족에게도 유익이란다. 또 직업윤리상 생명을 지켜줘야 하는 의무를 갖는 의사에게는, 병을 낫게 해주지는 못했지만 마지막 의지만큼은 충족해줬다는 데서 보상을 얻는 게 유익이란다.

죽음이 유익하다? 그럼 인생이란 모든 병 가운데에서도 최후, 최악의 것인가? 현대의 인생관은 국가가 살인을 합법화하는 데에서도 분명하게 방향이 달라지고 있다. 오늘날까지 모든 의학의 고전이 히포크라테스의 정신을 전해주고 있는 것이라면, 의사들이 해야만 하고, 또 하기 원하지만 그러지 못하는 게 무엇인지 분명해진다. 비록 명시적으로 선언한 것은 아니지만. 의사들은 병을 극복하게 해주지 못하는 것이다. 특히 인생이라는 병을! 그래서 환자의 선택과 결단만 기다리다가, 보란듯이 인생이라는 최악의 병에서 해방시켜주려는 것일까? 문제의 심각성은, 이런 태도를 너무나 당연한 것으로 여긴다는 데 있다. 심지어 세계의학협회는 1948년 '제네바 선언'에 다음과 같이 적어놓았다. "내 환자의 건강이 내가 최우선으로 삼아야 할 걱정거리이다."(알빈 에세르 엮음, 『의학, 윤리학, 법학 사전』) 걱정거리? 물론 돌보겠다는 좋은 뜻으로 한 말이리라. 하지만 은연중에 속내가 드러나, 어디서부터 어디까지 돌봐야 하며, 정확히 무엇이 걱정거리인지 일언반구도 설명해놓지 않았다. 의사가 걱정하는 바에도 한계라는 게 있지 않을까? 결국 이후 유럽 대륙에서 금기의 댐은 무너져버렸다. 의지와 실천의 간격은 갈수록 좁아지고 있으며, 치료를 업으로 해야 하는 의사의 행동반경은 살인의 가능성까지 포괄하게 되었다. 의사의 행동반경만 넓어진 것도 아니다. 이제 법적인 처벌이나 양심의 가책을 두려워하지 않고 누구든 인간에게 살인을 부탁할 수 있는 시대가 열린 것이다.

생명에 무조건적인 가치를 인정할 수 없다면, 아마도 '엑스 네가티보ex negativo', 즉 부정을 통해 죽음은 절대적인 무가치함이 되리라. 그나마 조건적으로 생명에 붙어 있던 가치마저 죽음은 완전히 부정하니까 말이다. 그러나 여기서 정작 뭐가 문제인지 우리는 짐작하고도 남는다. 인간은 자신의 생명을 두고 불안에 떨고 있는 것이다. 우리는 아직까지도 합의를 이끌어내지 못했다. 인생의 완전한 끝맺음인 죽음이 최악의 재앙인지, 아니면 고통뿐인 인생에 마침표를 찍어주는 구원인지, 우리는 아직도 아리송한 얼굴로 불안에 떨고 있을 뿐이다. 아마 죽음은 재앙이 아니라 구원일 수 있으리라. 끝이 아니라, 영원한 삶의 시작일 수 있지 않은가. 아니, 잠깐만. 최신 장비로 무장한 현대 의학이 기술적으로 식물인간의 수명을 연장해줄 수 있기에 죽음은 최악의 재앙일 수도 있다. 죽은 사람의 생명이 연장된다? 이 얼마나 끔찍한 일인가? 기술로 부정된 죽음은 최악의 인생일 따름이다. 죽음 뒤에도 인생이 있다는 종교식의 죽음 부정이 이미 현실로 나타나 고액의 헌금을 요구하고 있으니 말이다. 최신 장비로 죽음의 수명을 연장시켜주는 데에는 엄청난 비용이 들어간다. 아니, 치료를 약속한 의학은 이 문제도 이미 해결했다. 아예 죽음을 극복하게 만들어준 것이다. 고비용을 자랑하는 신기술과 복잡한

하이테크 장비는 망가진 신장이나 허약한 심장을 가지고도, 제때에 대용품만 찾아낸다면 얼마든지 죽음의 코앞에서 살아 숨쉴 수 있게 해준다.

초가을이라는 아름다운 계절, 이른 낙엽이 거리를 미끄럽게 만들 때면 아무리 많은 시련을 겪은 사람이라 할지라도 다시금 '신선한 희망'을 품게 마련이다. 가슴에 안기는 시원한 바람을 맛보려고 오토바이를 끌고 나오는 사람이 꽤 있다. 그러나 아뿔싸! 잠깐 방심한 탓에 많은 사고가 일어난다. 특히 젊고 건강한 친구들이 불행을 당한다. 사고 당사자가 아무 희망이 없어 보이는 상황이라 할지라도 아직 포기하기에는 이르다. 유럽 전역을 포괄하는 거대한 네트워크가 진동하기 시작한 이래, 네덜란드의 레이던에 자리잡은 유럽 장기이식센터는 누가 언제 어디서 어떤 장기를 무슨 조건으로 필요로 하는지 총괄 지휘한다. 레이던 관리본부의 유럽 지도에는 동시에 여러 곳의 등이 점멸하며 장기가 필요하다는 신호를 내보낸다. 그럼 사고 현장에서 가장 가까운 곳의 장기이식 클리닉은 그야말로 번개 같은 속도로 현장에 출동해 사고를 당한 사람의 몸을 수습한다. 여러 곳에서 출발한 수송차량이 속속 도착한다. 심지어 헬기를 띄우는 곳도 있다. 완전 소독한 운반함에 장기를 수령하기 위해서다. 이런 난리법석이 빚어지는 동안, 사고를 당한, 아마도 젊은 사람일 오토바이광은 중환자실로 옮겨져 고른 숨을 쉬며 난도의 순간을 기다린다. 아직 피부에는 온기가 남아 있지만, 사망진단서는 그가 이미 이 시점에 뇌사했다는 사실을 훗날 증명하리라.

1968년부터 통용되고 있는 죽음의 정의, 즉 뇌사를 죽음으로 간주하는 법규는 사고 이후 수술실에서 벌어지는 일을 가능하게 만들어줬다. 그것은 살인도, 그렇다고 잔혹하기 짝이 없는 생체 실험도 아니다. 의사들은 그저 의학적 일상이라고 부를 따름이다. 장기이식 의학은 '플라워 파워'• 시대에 탄생한 죽음의 정의를, 인간이 호흡을 위해 공기를 필요로 하는 것만큼이나 당연하게 여긴다. 그래서 의학은 뇌가 더이상 기능하지 않는 사람을 두고 죽었다고 고집하는 것이다. 이미 숱한 전문용어가 새로 창안되면서 미심쩍은 부분을 지워버리려 안간힘을 쓰고 있다. 사고 피해자의 두뇌가 뇌전도 검사에 아무런 반응을 보이지 않으며 파장이 없는 직선만을 그리는 경우, 이전에 통용되던 용어대로라면 장기들이 전혀 죽은 것으로 볼 수 없음에도, 그 주인은 사망한 게 된다. 유럽 장기이식센터는 물론 이런 정의를 적극 환영한다. 그래야 뇌가 이런 방식, 즉 뇌전도 검사에 전혀 반응을 보이지 않으면 그 사람은 죽었다는 결론을 마음 편하게 내릴 수 있기 때문이다. 뇌가 치유할 수 없을 정도로 손상을 입었다는 것, 그래서 이미 죽음의 과정으로 들어섰다는 것, 이로써 아주 간단한 결론에 이른다. 뇌가 죽었다, 고로 주인도 죽었다. 굳이 이렇게 몰아붙이는 이유는 간단하다. 그래야 이후 일이 일사천리로 진행되기 때문이다. '죽은' 사람에게서 장기를 들어내 다른 사람의 몸에 심어주고, 결국 죽은 사람의 몸은 계속 살아간다.

뭔가 이상하다고, 아직 살아 있는 것처럼 보이며 감정의 반응

• 1960~70년대에 일어난 반전평화운동의 구호. 미국의 시인 앨런 긴즈버그가 만든 표현으로, 곧 히피운동을 상징한다.

까지도 생생하기만 한 사람을 두고 죽었다는 건 말이 안 된다고 용기 있게 말하는 사람은, 레이던의 네트워크에 적극적으로 참여하고 있는 종사자들 가운데 거의 없다. 하기야 자신이 직접 연관되어 있기에 용기보다는 자의적인 정의를 따르는 것을 이해 못할 바는 아니다. 용기 있게 나선다는 것은, 곧 여기서 살인이 벌어지고 있다고 고발하는 셈이니 말이다. 관련 종사자들이 얼마큼 깊이 혼란스러워하는지는 그들이 쓰는 말에서 잘 드러난다. 종사자는 '환자의 생명 기능'을 유지해줘야 한다는 표현을 곧잘 쓴다. 이 말은 곧, 장기가 성공적으로 적출될 때까지 환자가 버텨줬으면 좋겠다는 뜻이다. '생명 기능'의 연장이라? 이는 결국 살아 있는 사람의 몸을 헤집는다는 말을 에둘러 표현한 것 아닌가?(울리케 바우라이텔·안나 베르크만, 『심장 없는 죽음. 장기기증의 딜레마』)

이제 얼마 가지 않아 아무런 꾸밈이 없이 솔직하게 인정할 날이 올 것이다. 다른 사람의 생명을 구한다는 구실로 많은 경우 살인하지 않을 수 없었다는 사실을! 그래야 생명 기운 운운하는 말장난도 끝장을 보리라. 인간은 그 어떤 것으로도 대가를 치를 수 없는 존엄한 존재라는 칸트의 저 고결한 계몽의 이상은 장기이식으로 말미암아 결정타를 맞고 말았다. 이보다 더 참혹한 충격이 또 있을까? 진짜 살인 못지않은 일이, 그것도 조직적으로 자행되어온 게 아닌가. 자유를 최고의 가치로 표방한 사회에서 악성종양으로 여기는 인종차별주의조차 장기이식 의학에서는 별것 아닌 모양이다. 기증받은 장기들을 분류해 'white only', 즉 '백인 것만'이라는 딱지를 붙이는 짓은 'politically incorrect'*, 즉 정치적으로 올바르지 못한 것에 틀림없지만, 여러 종류의 장기들을 동시에 취급해야 하는 장기 운송업체 사람들에게는 이마저도 의무다. 백인들의 장기기증이 턱없이 부족하자 이를 유도하기 위해 법 조항으로 강제했기 때문이다.(브레너)

어쨌거나 현대의 요구에 맞춰 약간 변형되기는 했지만, 살인을 해서는 안 된다는 금령은 오늘날까지도 유효하다. 말하자면 생명을 증진하는 일에 보탬이 되는 게 아니라면, 사람을 죽이지 말아야 한다는 식이다. 신이 내린 계명을 이처럼 약간 변주하는 것은 신(예수)의 죽음까지 이겨내고 살아남은 인간에게는 얼마든지 허락되는 모양이다.

관련 항목

권리를 주장하는 일 | 잔혹함, 관심의 가뭄 | 치유, 타인의 축복에 대한 응답

• 사회적 약자나 소수파를 차별하고 불이익을 안기는 것을 뜻하는 표현이다. 원래 이 말은 빌 마허라는 진행자가 담당한 미국의 토크쇼 제목이다. 9·11테러에 대해 조지 부시가 '테러리스트는 졸장부'라고 하자, 한 게스트가 '테러리스트야말로 진정한 전사'라고 맞받아쳤다. 사회자 빌 마허는 이때 아무런 제지를 하지 않았다는 이유로 언론에서 집중포화를 맞았으며 이후 방송은 시청률 저조를 이유로 폐지되었다.

성매매라는 참혹한 교환관계

사도바울은 고린도에 사는 남자 기독교도들에게 편지를 보내 '포르네이아porneia', 즉 매음하지 말라고 강력히 경고한다. 당시 고린도 남자들은 '포르나이pórnai', 즉 돈을 받고 몸을 파는 여인들에게 푹 빠져 있었다. '포르네이아'와 '포르나이'를 모두 '간음'이라고 번역하는 것만 봐도 성매매는 죄악이라는 부정적인 분위기를 물씬 풍긴다. 이런 사정은 오늘날에도 별반 다르지 않다. 그러나 성매매가 뭐 그리 비난받을 일일까? 왜 우리는 성매매를 막아야만 하는가? 이미 고린도 남자들은 볼멘소리로 입을 모아 이렇게 물었다.

이 물음을 특히 우아하게 풀어주는 것은 인간의 주체성을 강조하는 계몽철학이다. 이에 따르면 성매매는 인간이 인간에게 절대 하지 말아야 할 일 가운데서도 대표적인 사례다. 바꾸어 말해, 인간은 돈을 주고 다른 인간을 사서는 안 된다. 당연하게 들리는가? 그러나 이 지당한 말은, 계몽철학이 주장하던 당시만 하더라도 정치적으로나 사회적으로 결코 당연한 게 아니었다. 그때가 어떤 때인가? 노예시장이 번성하던 시절이 아닌가! 천연덕스럽게 인간이 인간을 사고팔던 시절이니 오죽했겠는가. 아무튼 인간이 인간을 돈으로 거래해서는 안 된다는 계몽철학의 주장은 당대로서는 놀랍기 짝이 없는 소리였다. 오늘날에도 인신매매의 부당함을 끊임없이 상기시켜줘야만 하지 않는가? 의자나 탁자는 사도 되지만, 왜 인간이 인간을 돈으로 사서는 안 되는지, 또 어째서 그럴 수 없는지, 한 점 오해의 여지 없이 명확하게 정리해준 철학자는 칸트다. 인간의 존엄은 "이 세상의 그 무엇과도 견줄 수 없는 숭고한 것이다".(칸트) 하물며 돈 따위가 어찌 인간에 값하랴! 돈이나 다른 무슨 대가로 가질 수 없는 것은, 거래가 아니라 동등한 자격으로만 얻을 수 있을 뿐이다. 그럼에도 이를 무시하고, 이를테면 인간의 애정과 같은 영역에서 사랑이 없이 돈을 치르고 상대를 가지려 하는 것은 상대방의 인격을 짓밟는 행위일 뿐만 아니라, 바로 자기 자신을 욕보이는 일이기도 하다. 스스로 자신을 거래 대상으로 낮추었기 때문이다. 성매매의 경우 상황은 열악하기만 하며, 존엄성은 더욱 처절하게 짓밟힌다. 자신의 몸을 파는 사람은, 18세기의 철학 용어를 빌리자면, 목적이 아니라 수단에 지나지 않는다. 수단이자 도구를 존귀한 것으로 떠받드는 경우를 보았는가? 상대를 온전한 인격체로 원하는 게 아니라, 욕구 충족을 위한 수단으로 찾을 때, 인간은 결국 물건으로 전락하고 만다.(칸트) 인간을 사물화하는 괘씸함은 윤리적으로 도저히 용납할 수 없는 것이기에 더이상 이 문제로 왈가왈부할 필요는 없어 보인다. 아니, 그럼에도 혹시 무슨 반론의 여지가 남는가?

인간을 순수한 의도에서 물건이나 수단으로 바라보는 경우도 있을까? 너무나 분명한 이야기이기에 사실 여기서 철학적 논의는 더 필요하지 않다. 그저 검사에게 맡겨두는 게 상책인 문제에 지나지 않는다. 대개 인간은 자신과 같은 인간을 그저 물건으로만 바라보지 않는다. 칸트가 말한 저 드높은 기준을 밑도는 일도 거의 없다. 문제는, 인간이 인간을 '그저 수단으로만' 바라보지는 않지만, 그래도 '수단 취급'을 하는 경우를 일상생활에서 왕왕 찾아볼 수 있다는 점이다. 예를 들어 친구에게 같이 자전거를 타자고 한다거나, 여자 친구를 불러내 차를 마시며 날씨에 관해 수다를 떤다고 하자. 이는 심심한 나머지 시간을 즐기기 위해 다른 사람을 필요로 하는 경우다. 바꿔 말해서, 심심파적이든 취미생활이든 즐기려는 목적에서 우리는 다른 사람을 수단으로 삼는다. 앞서의 수단과 지금의 수단은 어떤 차이가 있을까? 지금의 경우가 정당성을 갖는 이유는 단 한 가지다. 놀기 위해 친구를 불렀을 때 우리는 친구가 나름대로 가진 목적을 무시하거나 훼손하지 않는다. 자전거를 타기 싫다는 친구를 억지로 끌어내지 않으며, 여자친구에게 알량한 기상학 지식을 자랑해가면서 미칠 지경으로 몰아넣는 일도 없다. 그저 공통의 관심사를 모색하며 우정을 키우고, 단순한 잡담을 넘어서서 사랑으로 발전하기를 은근히 바랄 뿐이다. 그러니까 상대방의 의사를 무시하고 내 멋대로 친구와 여자친구를 써먹을 수는 없다. 이제 자전거 타기나 날씨 이야기는 돈을 주고 사는 사랑 서비스와는 전혀 다른 성질의 것처럼 보인다. 별 의심의 여지가 없어 보이는 사실이다. 그런데 잠깐! 사랑? 사랑이라는 단어가 눈에 띄는 순간, 그래도 손쉽게 사랑을 살 수 있는데 뭐 어때, 하는 생각이 고개를 들지도 모른다. 차를 마시며 감정의 줄다리기를 하고 상처를 주고받고 어쩌고 하는 번거로움 없이 얼마나 간편하고 좋아, 하고 생각한다면 오산이다. 사랑은 단지 섹스로 축소될 수 있는 게 아니기 때문이다. 사랑은 돈을 주고 살 수 있는 게 아니며, 번거롭다고 반환할 수 있는 것도 아니다. 사랑은 특별한 것이다. 그래서 사랑 서비스라는 말보다는 돈 주고 사는 섹스 서비스라는 표현이 성매매에는 더 정확하다. 그럼 돈 주고 사는 섹스가 위에서 든 예들, 즉 자전거 타기나 날씨 이야기와 비교될 수 있는 것일까? 친구나 여자친구 대신 직업적 여행 가이드나 요금을 내야 하는 날씨 안내 전화 서비스를 이용한다면 비교 가능성이 더욱 높아지지 않을까? 이처럼 돈이면 뭐든 해결할 수 있지 않은가? 아무래도 이 물음에 답하기 전에, 먼저 차이를 정확히 드러내려는 노력이 꼭 필요하겠다.

섹스를 돈 주고 사는 사람은 무슨 짓을 하는 것일까? 이 물음에 답하기 위해서는 성매수자가 성매매 여성에게 어떤 폐해를 안기는지, 그리고 섹스가 가져야 할 본래 역할을 어찌 더럽히는지, 그 차이를 갈라보아야 한다. 섹스가 가져야 할 본래 역할? 그런 게 과연 있는지, 또 그에 관해 무슨 말을 할 수 있는지조차 전혀 분명하지 않다. 섹스라는 것에도 무슨 이상이라는 게 있어서, 특정 행태로 말미암아 그 이상이 깨지기라도 하는가? 이상을 거스르고 더럽히는 것, 그 가치를 끌어내리고 '무시'하는 것은 의문의 여지 없이 그때그때 구체적 행동에 따른 결과일 뿐이다. 그러니까 섹스라는 것의 본질 자체만 놓고 성매매가 좋으니 나쁘니 따질 수는 없는 노릇이다. 그래서 말이지만 성매매를 두고 법적으로든 도덕적으로든 처벌하고 비난할 수 없다는 것은 충분히 그럴 만한 이유를 갖는다. 사회의 변화를 가장 분명하게 드러내는 섹스라는 예에서 대체 어떤 이상을 척도로 삼아야 하느냐는 물음은 대답할 수 없는 것으로 남을 뿐이다. 이와 관련해 우리는 현대사회에서 그 어떤 합의도 도출할 수가 없기 때문이다. 바로 그래서 우리의 논의는 첫번째 부분, 즉 성매수자는 성매매 여성에게 어떤 폐해를 안기는가 하는 문제만 다룰 수 있다. 앞서 이야기했던 바에 따르면, 결론은 쉽게 내릴 수 있다. 성매매 여성은 수단으로 전락하고 말았다. 아니, 좀더 심하게 표현하자면, 성매매 여성은 물건이 되고 말았다. 돈이 오가는 거래라는 점에서 이는 부정할 수 없는 사실이다. 돈을 주고 살 수 있는 것은 '이 세상의 그 어떤 것과도 견줄 수 없는 숭고한' 게 아니며, 따라서 곧 물건이다. 물건이라는 게 정확히 어떤 특징을 갖느냐는 이야기는 제쳐두고, 돈으로 섹스를 사는 교환행위만 놓고 본다면, 돈거래가 흔히 그러하듯 싸늘한 냉기만 감돈다. 그래서 지멜은, 매춘이 "인간관계의 완전한 소멸"이므로 "보다 더 철저한 자세로 매춘을 다룰 필요가 있다"고 주장한다. 지멜은 돈이 오가는 거래를 매춘에 걸맞은 유일하고도 솔직한 소통 방식으로 간주한다. "순간적으로 발기한 욕정을 순간적인 대용품으로 풀어주는 성매매는 그 균형을 돈으로 맞추는 것만이 적당하다. 물론 여기에 결속과 구속이라는 것은 일체 없다. (……) 돈을 지불함과 동시에 관계는 깔끔하게 끝난다. 사정을 한 뒤 성매매 여성에게 무얼 더 바랄 것인가." 지멜은 성매매 여성이 받는 화대야말로 인간이 받는 것 중 더할 수 없는 최악의 굴욕이라고 본다. 돈거래라는 틀을 조금도 벗어나지 못하기 때문만은 아니다. "순간적으로나마 욕정을 풀고 꺼내드는 돈에는 정욕의 퀴퀴한 냄새가 그대로 배어 있다. 이로써 돈의 본질과 성매매의 본질은 하나가 된다." 역사적으로 볼 때 도시가 커져가면서 이런 상황은 보다 더 철저해지고 과격해졌다. 대도시의 성매매 여성들은 대중이 소비하는 상품으로 전락했다. 이제 성매매 여성들은 대중과 더불어 '성찬식'을 올린다. 천연덕스럽게 예배에 슬그머니 끼어들어 고객을 유혹한다. "상품이 인간의 얼굴을 하려 한다. 상품의 인간화는 성매매 여성을 얼싸안고 흐드러진 춤판을 벌인다."(베냐민) 문화를 바라보는 이러한 비관적 관점에 따르면, 철학자 마사 누스바움이 논의로 끌어들인 생각은 우리와 멀리 떨어져 있지 않다. 인간을 물건 취급하기 때문에 매춘을 용서할 수 없다는 기존의 비판은, 이제 물건이 인간의 얼굴을 하는 반전으로 말미암아 산산이 깨질 위험에 처한다.

누스바움은 단호한 어조로, 돈을 받는 섹스 봉사와, 역시 돈을 받는 다른 직업활동 사이에 도덕적으로 무슨 중요한 차이가 있는지 설명해줄 것을 요구한다. 차이가 있다면 그 근거도 제시하라고 다그친다. 누스바움은 성매매 여성이 하는 일과 자신이 하는 여자 철학 교수라는 직업활동 사이에 무슨 결정적인 차이가 있다는 것인지 아무리 생각해도 아리송하기만 하다고 힘주어 말한다. 차이가 있기는커녕, 그 반대가 진실이 아닐까. 누스바움의 육성을 들어보자. "성매매 여성과 여성 철학 교수는 각자의 영역에서 몸을 쓰는 일을 한다. 저마다 내밀한 속내를 가지고, 특히 스스로 살아가기 위해 최선을 다한다. 성매매 여성은 섹스를 제공하고 그 대가로 돈을 받는다. 이 육체노동은 그녀만이 갖는 내밀한 속내의 한 가지 표현 방식이다. 무슨 이유인지는 알 수 없으되, 생계의 수단으로 성매매를 택했다는 점에서 말이다. 여교수는 머리로 생각을 하고, 그 결과물을 손으로 쓰는 대가로 돈을 받는다." 말인즉, 양쪽 모두 보수를 받는 육체노동이라는 점에서 다를 바가 없다는 것이다. 누스바움의 논리는 역사를 돌이켜 비교해보면 더욱 힘을 얻는다. 이를테면 돈을 받고 철학하는 일은 오랫동안 추악하기 짝이 없는 일로 여겨져왔다. 다른 직업군에서도 사정은 마찬가지였다. 예를 들어 배우와 오페라 가수가 공식적인 무대가 아닌 곳, 말하자면 부자에게 불려가 돈을 받고 그 솜씨를 보여주는 일을 두고 사회는 예술가의 명예와 양식을 더럽히는 자해행위라고 오랫동안 비난해왔다. 아마도 이런 비난과 비판은 몸을 쓰는 일은 보수를 받아서는 안 된다는 선입견에서 비롯된 게 아닐까. 이런 편견은 신분의 고하에 따라 몸을 쓰는 일에도 등급을 매긴 모양이다. 물론 어느 쪽이 더 몸을 많이 쓰는 일을 하는지 딱 부러지게 가늠하기는 어렵지만 말이다. 누스바움이 철학을 두고 머리 쓰는 노동이라고 표현하는 것은 이런 선입견을 에둘러 꼬집는 지적이다. 이렇게 볼 때 성매매 여성의 직업 활동에서 염려가 되는 유일한 것은 그 열악한 사회적 지위이며, 이로 말미암아 폭력에 쉽게 노출될 수 있다는 점이리라. 따라서 범죄행위에서 완전히 자유로울 수 있도록 직업보호법을 제정하는 대책을 통해 성매매 여성이 처한 열악한 상황을 개선해주는 게 보다 더 시급한 일이다.(슈워젠바흐•)

성매매라는 행위는 최소한 두 사람 사이에 벌어지는 대칭적인 관계인 탓에 돈을 주고 섹스라는 서비스를 사는 고객에게도 같은 이야기를 할 수 있지 않을까? 사회적 체면이 깎일까 두려워 어두운 밤거리, 그것도 지저분하기 짝이 없는 도시의 골목길에서 은밀히 흥정을 해야만 하는 사정도 범죄에 노출되기 쉽기는 마찬가지라는 말이다. 물론 돈을 주고 섹스를 사는 짓이 사회적으로 높은 평가를 받는 오페라 관람이나 전시회 구경과 같을 수는 없지만, 그렇다고 범법자 쳐다보듯 대하는 것도 부당하지 않을까? 심지어 사도바울을 흉내내어 호통치며 성매매를 나무라는 경우는 황당하기만 하다. 그렇다면 우리는 당시 고린도 남자들보다 더 당당하게 따져 물을 수 있다. 오늘날과 같은 세속적인 사회에서 그런 비판과 비난이 가당하기나 한 소리인가? 사도바울은 그 경고의 편지에서 분명 성매매 여성들을 겨냥하지 않았다. 그는 돈을 주고 여자를 사는 고객을 꾸짖으며, 그 행태를 '제 몸에다 죄를 짓는 것'이라고 비난했을 따름이다. 사도바울이 말하고 있는 '몸'은 성매수자 개인의 것인 동시에 그리스도의 몸을 뜻하기도 한다. 따라서 고린도 남자들의 행동이 죄가 되는 이유는 간단하다. 이들은 세례를 통해 결합된 그리스도의 몸을 더럽히는 것이다. 사도바울이 우리의 몸을 두고 '성전'이라는 표현을 쓰는 까닭은 성령이 깃든 몸을 각별히 돌보라는 다짐이다.(키르히호프••) 방탕한 고린도 남자들이 저지르는 폐단은 자기 몸에서 그

• Sibyl Schwarzenbach: 1952~. 미국의 여성 철학자. 하버드 대학교에서 철학을 가르치고 있다.

•• Renate Kirchhoff: 1960~. 독일의 여성 신학자. 아우크스부르크 대학교와 프라이부르크 대학교 등에서 신학을 가르쳐왔다.

치는 게 아니다. 오히려 이들의 몸은 전혀 해를 입지 않을 수도 있다. 가장 심각한 상처를 받는 것은 성령이 깃들어 있는 몸이다.

이런 생각을 세속의 틀 안으로 옮겨다놓기란 보기보다 어렵지 않다. 우리가 생각하는 몸이라는 것도 단순한 살덩이에 그치지 않으며, 죽은 몸을 이야기할 때처럼 낯설기만 한 것도 아니다. 장기이식이나 장기매매 따위를 위해 해부된 몸을 보면서 흠칫 떨지 않을 사람은 거의 없다. 그러니까 우리는 대개 피부와 혈관 뒤에 더 많은 게 감추어져 있으리라고 믿는 경향이 있다. 그러나 이 많은 게 사도 바울이 말하는 신성한 것일까? 그래서 몸을 함부로 굴리는 일 따위를 피해야만 하는 것일까? 아무튼 성매매를 적어도 형법으로 다스릴 수는 없는 노릇이다. 형법을 이 미묘한 문제에서 빼놓고 생각해야 할 이유는 충분하다. 그렇지만 도덕의 차원에서 개인의 선택에만 맡겨놓을 수 없는 것도 분명 사실이다. '그리스도의 정령精靈'이라는 생각은 이미 오래전에 세속화하고 말았다. 인간의 존엄성은 이제 그리스도에 기대는 게 아니라, 각자 인간으로 존재함으로써 얻을 뿐이다. 말하자면 인간으로서 지켜야 하는 이상을 저마다 자기 것으로 삼으려 노력할 때 인간은 존엄해진다. 이런 존엄성은 결코 상실할 수 있는 게 아니다. 다만, 우리 자신이 스스로 갉아먹을 수는 있다. 몸과 영혼이 함께 어우러져 나누는 소통이어야 할 섹스가 '돈을 주고받는 거래'의 행위로 전락하고 만다면, 이야말로 존엄성의 심각한 훼손이 아닐까! "우리는 여기서 가장 부적절하고 참혹한 교환관계를 볼 따름이다." 지멜의 판단이다. 그러니까 모두가 창피하기 짝이 없는 돈 몇 푼에 목을 매지 않고, 돈을 주고받으며 몸으로 소통하지 않는 사회관계야말로 '부적절함'의 반대이며, 인간에게 적절한 관계이리라. 물론 적절함이라는 문제는 공적인 재판정에서 심판을 받아야 하는 것은 아니다. 이는 어디까지나 개인의 도덕적 판단에 맡겨야 할 물음이다.

관련 항목

몸에 충실한 삶 | 적절한 행동의 척도는 무엇인가 | 쾌락을 안전하게 맛보는 방법

쇠약해짐과 죽음

인생은 짧고 예술은 길다는 해묵은 진리가 그 의미를 잃어가는 시대에 우리는 살고 있다. 예술운동의 파벌들이 서로 물고 뜯는 치열한 싸움을 벌이는 동안, 차세대 최신 기술의 발달은 지금까지의 '예술 수준'을 능가했고, 이른바 새로운 '생명과학'은 놀랄 만한 약속을 거침없이 내놓고 있다. 다름이 아니라 '영원한 생명'에 버금가는 것을 가능하게 해주겠노라는 것이다. 영생이라고? 화들짝 놀란 우리는 귀를 의심하면서도 감격에 몸을 바르르 떤다. 그것도 지금까지와 같이 현세에서 신에게 순종하는 삶을 살면 그 보상으로 주어지는, 그러나 정말 그런 게 있는지 알쏭달쏭하기만 한 천국에서의 영생이 아니다. 영생의 보장은 과학의 발달로 맛볼 수 있는 지극히 민주적인 선물이다. 여기서 최첨단 의학은 인체의 모든 잔재를 재활용할 수 있다는 자신감으로 충만하다. 시체를 땅에 묻거나 불에 태우는 야만적인 풍습은 마침내 과거의 희미한 기억으로 사라지게 되었다. 이제는 죽음이라는 게 '인 비보in vivo'•라는 상태로 진행하기 때문이다. 이로써 세간에 떠도는 또다른 명언이 드디어 보편성을 얻는다. "우리는 아이를 낳고, 그 아이 안에서 계속 살아간다." 아니, 오히려 그 이상이다. 우리는 살아 있는 모든 사람 안에서 계속 생명을 유지한다. 장기이식 의술이 발전을 거듭하면서 모든 인간은 생명이라는 영원한 연결고리로 이어지게 된 것이다. '존재라는 위대한 사슬'은 지구상의 여러 민족이 몸으로 소통하는 데에도 기여한다. 죽어서 인간은 더이상 홀로 있지 않으며, 온전히 자기 자신으로 되돌려지는 것도 아니다. 인간은 이제 더는 개인이 아니다. 죽음도 옛 라틴어 표현이 말했던 것과 다르다. "데시네레 인터 호미네스 에세desinere inter homines esse", 즉 인간 가운데 있기를 멈추는 것. 아니다, 멈추지 않는다. 이제 시신은 장기이식을 통해 인류라는 보편성 안으로 들어간다. A는 B에게 장기를 주고, B는 C에게, C는 D에게 하는 식으로 말이다. 이렇게 볼 때 죽음은 "인 호미네스 에세in homines esse", 즉 인간 가운데 있는 것을 의미한다.

하지만 묻지 않을 수 없다. 대체 정확히 무슨 일이 일어나는 것일까? 오늘날 죽음이 삶의 기회로 여겨지는 이유는 무엇일까? 또 이 기회는 어떤 경우에 우리를 겨누는 위협이 될까? 죽음을 도대체 어떻게 정의해야 할까? 이런 문제를 둘러싼 최근 변화는 1967년 12월로 거슬러올라간다. 남아프리카공화국의 케이프타운에서 외과의사 크리스티안 바너드가 이끄는 연구팀이 세계 최초로 심장이식 수

• '생명체 안에서'라는 뜻의 라틴어. 생화학에서 생체 실험을 가리키는 표현이기도 하다.

술에 성공한 것이다. 이로써 장기이식이라는 의학의 분과는 승승장구하기 시작했다. 바너드가 새로운 경지에 들어선지 불과 1년 만에 심장이식 수술은 전문교육을 받은 의료인의 책임 아래 수행될 수 있다는 법적 효력을 인정받았다. 1968년 신학자와 법률가로 구성된 '뇌사의 정의를 심의하기 위한 하버드 의과대학 특별위원회'는 죽음을 새롭게 정의했다. 그때까지는 순환계통과 호흡이 완전히 멈춰야 비로소 생명 기능이 정지한 것으로 보고 사망진단을 했다. 그러나 이제 하버드 위원회의 소견서는 돌이키기 힘든 혼수상태도 사망으로 인정할 수 있다는 의견을 내놓았다. 죽음의 정의를 새롭게 내리는 데에는 세 가지 논리가 결정적으로 작용했다. 깨어날 가능성이 제로에 가까운 경우 기술적으로 생명을 유지시키는 것은, 가) 가족에게 과중한 부담을 주고, 나) 막대한 비용으로 말미암아 가계가 파탄에 이름은 물론, 의료보험 체계를 무너뜨릴 위험도 크며, 다) 장기이식 의술이 발달하는 데 지장을 초래한다는 이야기다. 이런 논리의 그 어디에도 죽어가는 사람 본인은 등장하지 않는다. 설혹 다루어진다 하더라도 죽어가는(즉, 아직 살아 있는) 사람은 가족이나 경제 혹은 장기이식 의학에 책임을 져야만 하는 몸뚱이일 따름이다. 의학의 입장에서 보면 이런 죽음의 정의로, 고비용을 잡아먹는 중환자 연명대책을 언제든 중지해버릴 수 있는 법적 기반이 마련된 셈이다. 어디 그뿐인가? 날로 높아만 가는 이식 가능한 장기의 수요를 효과적으로 충당할 방법까지 얻었다.

한 가지만큼은 확실하다. 이제 죽음은 시간을 얻었다. 아니, 계속 시간을 뒤로 미루며 유예하게 되었다고나 할까. 그리고 인간은 장기를 적출하려는 의학에 무방비로 내맡겨지고 말았다. 물론 생명도 시간을 얻었다. 최신 의료 기술 덕택으로 일정 정도 수명을 연장받기에 이른 것이다(어디까지나 그 끝이 불분명한 잠재적인 시간 연장이기는 하지만 말이다). 뇌사의 기준은 죽음이 인생의 끝이 아니라는 것, 오히려 개인적으로는 돌이킬 수 없는 죽음 진행 과정의 시작일 뿐이라는 점을 극명하게 보여준다. 이제 장기까지 빼앗긴 목숨은 부활을 약속받지 못하고 확실하게 죽을 따름이다. 이처럼 장기이식 의학은 삶과 죽음의 경계를 무너뜨리고 양쪽을 거칠 것 없이 오가게 만든다. 이는 아직도 따뜻한 피가 도는 장기를 가진 인간을 죽었다고 선포하는 역설적인 사망선언이다. '생명의 온기'를 담고 있으며, 심지어 새 생명을 수태하고 임신 과정을 완전히 감당할 수 있는 몸을 보고 죽었다고? 뇌가 충격을 받아 의식은 돌아오지 않는다 하더라도, 여전히 생명의 불씨를 지피고 있는 몸을 두고 죽었다고 선언하는 게 과연 온당한 일일까?

우선 다음과 같은 점을 생각해보자. 죽음은 기술을 중시하는 이성의 시대에 이르러 더욱 복잡해졌다. 뇌사를 사망으로 인정하는 입장과 더불어 죽음은 얼마든지 임의로 연장할 수 있는 순간과 같아졌다. 이는 곧 이승과 저승 사이의 경계를 확실한 것으로 여겨온 사람들의 믿음이 무너짐을 의미한다. 삶은 탄생과 함께 시작해 죽음으로 끝난다는 통념이 산산이 깨진 것이다. 이제 의학에 밝지 않은 보통 사람은 인간이 죽었는지, 언제 죽는지, 도무지 판단할 수 없는 지경으로 내몰리고 말았다. 대체 어찌 죽음을 다뤄야 할지 몰라 사람들은 난감해할 따름이다. 첫 심장이식 수술이 성공하고 적지 않은 세월이 흐른 지금, 시신은 잠재적인 장기기증자가 되어버린 탓이다. 둘째, 모든 게 뭐가 뭔지 알 수 없을 정도로 복잡해지고 말았다. 한눈에 알아볼 수 있는 것은 아무것도 없다. 지금까지 우리가 바라본 죽음은 영생을 담보해줄 미래의 매개체였으며, 살아서 죽어감이라는 영원한 현재였고, 끝나기를 원치 않는 과거였다. 그러나 이제 임상실험실에서 맞는 죽음은 시점을 결정지을 수 없는 순간일 따름이다. 죽었지만 살아 있으며, 살아 있지만 죽은 애매함이 우리가 감당해야 하는 죽음이 되고 말았다. 그래서 모든 게 갈수록 빨라지기만 한다는 세번째 확인이 가능하다. 20세기 들어 출산의 고통스러운 과정은 몇 시간이나 단축되었을 뿐만 아니라, 죽음 역시 새로운 장례 문화의 등장으로 갈수록 역동성을 더해간다. 시체를 처리하는 과정이 신속하고 깔끔해졌을 뿐만 아니라, 필요한 장기를 적출해 보관하는 기술도 눈부시게 발전하고 있다. 넷째, 현대인은 그 어느 때보다도 죽음의 위협을 심각하고 예민하게 받아들이는 탓에, 살아 있는 인간을 생명을 보전해줄 장기의 공급처로 취급하는 경향이 노골화하고 있다. 사정이 이렇다보니 생명은 정치와 의학이 통제하고 감시하는 대상으로 전락하고 말았다. 마지막이자 다섯번째로 확인할 수 있는 것은 다음과 같다. 장기이식으로 이뤄지는 의학의 발달로 인해 인생이 개인의 차원을 넘어선다. 장기이식이라는 임상병리학의 형이상학은 죽음을 삶으로 바라보며, 삶을 죽음으로 간주한다. 이로써 죽음을 상대로 한 싸움은 승리한 것처럼 보인다. 마침내 인간은 갈수록 기력을 잃어가며 쇠약해지는 인생만 누리게 되었다. 죽지 못하고 늙어만 가는 인생이라……

뇌사를 죽음으로 인정하게 되면서 죽어가는 과정에서도 사망과 투쟁하는 과정에서도 이전에 볼 수 없던 전혀 새로운 국면이 등장했다. 이제 사람들은 더이상 개인의 죽음에 주목하지 않는다. 병상에 누워 죽음을 기다리는 것을 삶의 한 부분으로 바라보지도 않는다. 개인의 죽음을 공동체가 아쉬워하는 일도 갈수록 줄어들고 있다. 20세기 말에 이르러 사람들의 관심은 오로지 어떻게 살아남을 수 있을까에만 쏠려 있을 뿐이다. 물론 이는 개인으로서의 생존이 아니다. 인류라는 종이 어찌 생존할까 하는 문제다. 더 정확하게 말하자면, 어떻게 해야 생명을 더욱 연장할 수 있을까 하는 데만 관심이 쏠려 있는 것이다. 이제 초미의 관심사는 살아남음으로써 인생을, 어떤 대가를 치르고서라도 생명을 최대한 연장시키는 것이다. 그러나 이는 곧 의학 기술이 삶의 피안을 생각할 능력이 없다는 것을 뜻한다. 의학이 인생을 계산하고 통제하며 최적화하는 일은 죽음을 올바로 파악하고 이해하지 못하는 무능함으로 좌초되고 만다. 의학은 근본적으로 죽음을 이해할 수 있는 정확한 개념을 가지고 있지 않기 때문이다. 의학이 자랑하는 실험이라는 것도 죽음 앞에서는 무력할 뿐이다. 의학이 바라보는 의미 있는 죽음은 오로지 생명을 연장해줄 도구로서의 죽음일 뿐이다. 장기기증을 거부하는 사람은 의학과 사회 앞에서, 왜 사회적으로 아무 쓸모가 없는 시체가 되려 하는지 설명하고 정당성을 인정받아야 한다. 이와 결부된 죄책감은 오로지 자신의 사체를 장기이식 대기자들을 위해 쓰도록 하는 것으로만 씻어낼 수 있다. 또는 장기기증자 클럽에 가입하거나. 물론 그런 클럽의 회원은 장기기증 인증서로 자신이 장기를 필요로 할 때 공급받을 수 있다. 그러니까 의료 기술의 시대가 요구하는 장기 이용 논리는 안 되는 게 어디 있느냐는, 무조건 하면 된다는 식의 윤리를 당연시한다. 네가 할 수 있는 걸 해봐! 그럼 네가 할 수 있는지 없는지 알 수 있을 거야!

이런 논리는 다시금 강제력을 갖는다. 장기의 만성적인 부족은 의학이 죽음의 시점을 앞당기도록 '강요'한다. 죽음이라는 생명현상에서 자연적으로 달라진 것은 아무것도 없음에도, 장기를 확보하고자 하는 계산은 죽음을 앞당기도록 강제하는 것이다. '뇌사'를 죽음으로 인정하는 이유가 달리 있는 게 아니다. 그러지 않고서야 장기의 폭발적인 수요를 어찌 감당하겠는가? 작금의 시장은 장기 조달에 무척 어려움을 겪고 있다. 독일의 경우, 이식된 장기의 7퍼센트 정도만 장기기증 인증서를 가진 사람에게서 확보했을 뿐이다. 시장의 형편이 이렇다보니 로비가 판을 치는 것은 불 보듯 환한 일이다. 의학계는 물론이고 정치가들까지 나서서 '장기이식에 관한 법률'이라는 에두른 표현으로 '장기 확보 대책'을 부추기고 관철시킨다. 심지어 1990년대 초에는 안전벨트를 매고 헬멧을 쓰도록 규정한 법률안이 통과된 것을 두고 의사들이 학술잡지에서 공공연히 불만을 터뜨리곤 했다. 거의 죽은 게 틀림없는 심각한 뇌 손상이 일어날 가능성을 사전 차단하는 데 대한 노골적인 불평이다.

사정이 이 지경에 이르다보니 심지어 죽음의 로비 앞에서 자신의 정체를 까발려야만 하는 사람들까지 생겨났다. 그렇지 않아도 간단치 않은 신산한 인생을 사는 이들에게 너무 가혹한 게 아닐까. 바로 장애인 이야기다. 이른바 '불구'의 장기를 원하는 경우는 별로 없기 때문에 벌어지는 잔혹한 비극이다. 인간을 일종의 자본처럼 취급하는 이런 작태를 그냥 팔짱 끼고 지켜보아야 할까? 현대의 시장 논리는 한편으로 인간을 '시체기증자'로 물건 취급을 하며, 다른 한편으로 인간에게 있어 중요한 부분을 뇌로 한정해버린다. 뇌가 기능 이상을 일으키면 곧 죽은 것이니만큼, 나머지 다른 것은 살아 펄펄 뛰어도 죽음에서 구제받을 수가 없다. 결국 인간은 장기 은행이자 부품 창고로 전락하고 마는 것일까? 아무리 다른 사람을 치료하고 그 생명을 구한다는 드높은 윤리적 목적을 가졌다고 할지라도, 죽은 인간을 그처럼 '도살'해도 되는 것일까? 시체는 인권법의 보호를 받는 것일까, 아니면 물권법 아래 두어야 하는 것일까? 어느 쪽이 시체에게 가장 의미 있는 대접인지 묻지 않을 수 없다.(『독일민법전』 제90조 참조)•

여기서 인간학은 살아남는 것을 부정하도록 사고의 전환을 요구한다. 인간을 의료 기술 범벅으로 만들어 생명을 연장해주는 것은 전통적으로 인간을 신과 같은 모습으로 보던 관점과 결별하는 것이나 다름없다. 인간에게 최첨단 의료 기술을 적용해 생명의 시간을 연장해준다는 것은 저 피안에서 맛보아야 할 진정한 휴식을 앗아가는 게 아닐까? 죽음도 생명의 일부분으로 받아들이는 게 훨씬 자연스러운 일임을 인간학은 일깨운다. 그러나 장기이식 의학은 그동안 뇌를 이식하는 기술까지 개발해내기에 이르렀다. 말 그대로 점입가

• 『독일민법전』 제90조의 내용은 다음과 같다. "법에서 말하는 물권은 물체를 갖는 대상에 국한한다." 법조문에 등장하는 '물체'는 사람의 몸을 뜻하기도 한다. 그러니까 저자는 이에 빗대어 시체가 인격체인가 물체인가 하며 비꼬고 있는 것이다.

경이랄까. 이제는 인간의 '본질'까지도 나누는 세상이 오는 게 아닐까 심히 걱정스럽다. 나만의 개성을 남과 함께 나눈다? 아니, 대체 잘게 나누어진 개성이라는 것은 무엇일까? 개인을 나누면 나눌수록 각 부분이 갖는 가치는 더욱 높아지지 않을까? 유일한 개성을 이루기 위해서는 서로 꼭 맞는 부분들을 되찾아야만 할 테니 말이다. 결국 병과 노쇠함을 이겨내고 얼마나 더 오래 살아남느냐 하는 물음은 인간을 어느 수준까지 부분으로 나눌 수 있는가 하는 문제를 낳고 말 뿐이다. 개인은 다시금 '디비두움dividuum'•, 즉 나눌 수 있는 것이 되었다. 부분으로 나누는 게 아니라 공유함으로써 나누는 것이라면 얼마나 좋을까. 그럼 드디어 나눔으로써 더욱 풍성해지는 정신이 그 모습을 드러낼 터.

지금까지의 이야기를 정리해보자. 뇌사를 죽음으로 인정하고 장기를 들어내 다른 사람의 생명을 연장해주는 것은, 얼핏 보기에는 뇌사로 죽은 사람의 몸이 계속 살아남는 것처럼 보인다. 그러나 다시 한번 정확히 보면, 여기서 살아남음이란 어디까지나 장기를 기증받은 사람의 생존이다. 다시 한번 더, 그러니까 세번째 눈길을 던지면, 아마도 이게 결정적일 터인데, 여기서 살아남는 것은 고밀도로 응축된 생명이라는 연속적인 코드이리라. 죽은 사람의 장기가 산 사람에게 이식되어 생명을 이어나가면서 유전자 안에 집적된 코드가 계속 이어질 게 아닌가! 그럼 코드를 만드는 주체인 정신은 영원히

• 독일어에서 '개인'을 나타내는 단어는 '인디비두움Individuum', 즉 '더이상 나눌 수 없는 것'이다. 니체는 반대로 개인을 '나눌 수 있는 것'이라고 봄으로써, 끊임없이 변화하는 자아의식의 역동성이 인간의 정신능력이라고 생각했다.

사는 게 아닐까? 그러니까 문제는 이런 코드를 따르다보면 불멸의 영생이라는 역설이 동시에 가능해지지 않을까 하는 것이다. 인생을 넘어서서 계속 살아가는 인생? 이제는 죽음을 이겨내고 살아남는다는 것은 더 문제가 되지 않는다. 그저 부품으로써 죽음에서 도망쳐 나와 생명 안으로 피신하는 그런 생존은 아무 의미가 없다. 부품은 부분일 뿐, 무한 윤회를 거듭하는 영혼은 아니지 않은가. 그런 식으로 영혼의 영원함을 이야기하는 것은 말이 되지 않는 소리다. 생명을 넘어 생명으로 살아남는다는 것은 오히려 정신의 힘으로만 가능할 뿐이다. 육신의 고통을 이겨내며 이룩한 정신의 힘은 죽음과 불행히 잡았던 손을 놓는다. 정신은 (무의식적인) 확신, 즉 생명은 죽지 않는 영원함이라는 굳은 믿음을 실현해준다. 삶의 실마리를 죽음을 넘어서까지 끌어당기는 것은 정신뿐이다. 이때 들려올 복된 메시지는 다음과 같은 것이리라. 우리는 살아서 죽음에 둘러싸여 있지만, 죽어서는 영생으로 들어간다!

결국 생존하는 것은 몸이 아니다. 생존의 기쁨을 구가해야 하는 것은 정신이자, 정신이 추구해온 진리다. 하지만 이런 이야기는 고대 그리스 이후 이미 널리 알려진 바 아닌가? 언제나 죽음으로 끝날 유한한 인생 안에서 철학은 어떻게 죽음을 넘어서는 진리를 찾아낼 수 있을까, 그 전략을 고민해오지 않았던가? 문화라는 모든 현상은 아리스토텔레스가 생각했던 것처럼, '아타나티제인athanatizein'*, 즉 불멸의 것을 만들어내려는 노력이 아닐까? 인간이 유한한 인생을 통해 불멸의 것을 이뤄내려는 문화적 노력은 죽음 뒤에도, 그리고 죽음 안에서도 삶이 있다는 보장이 있어야 보상을 받는 게 아닐는지?• 흔히 그러하듯 이 문제에 있어서도 철저하게 바닥까지 파고 들어가 사유한 철학자는 헤겔이다. 그는 죽음의 문제를 '무無개념의 개념'이라는 지극히 현대적인 차원의 논의로 끌어올렸다. "철학이 말하는 진리란 개념이 현실과 맞아떨어지는 것이다. 예를 들어 몸은 현실이고, 영혼은 개념이다. 영혼과 몸은 서로 적절한 조화를 이루는 것이어야 한다. 이렇게 볼 때 죽어서 시체를 남긴 사람은 현실이기는 하지만, 참된 현실은 아니다. 그는 개념이 없는 현실, 즉 무개념의 현실일 뿐이다. 죽은 몸이 썩을 수밖에 없는 이유다." 참되지 않은 것은 썩어 문드러진다! 헤겔의 이 말 안에 우리가 지금껏 고민해온 모든 문제와 그 해결책이 숨어 있는 게 아닐까? 최첨단 의료 기술을 동원해 장기를 심어달라고 악다구니를 쓰지 말자. 우리 인간의 몸은 어차피 썩어 문드러질 게 아닌가! 불멸의 것을 원한다면, 정신을 갈고닦을 노릇이다.

관련 항목

나이를 먹는다는 것 | 몸에 충실한 삶 | 탄생은 과연 죽음의 시작인가

• 아리스토텔레스가 『니코마코스 윤리학』에서 쓴 말이다. 영원히 죽지 않는 불사의 것이라는 의미다. 하이데거는 이 말을 원어 그대로 현상학에 차용했으며, 해나 아렌트는 영어 'immortality'로 옮겼다.

쓰레기는 과연 인류의 운명인가

의사당의 로비에 세 무리의 기자들이 저마다 먹잇감을 향해 달려든다. 세 명의 의원 뒤를 각기 쫓으며 앞으로 협상이 어떻게 진행될 것으로 예상하느냐며 질문 공세를 펼친다. 한쪽은 승리를 자신하는 미소를 흘리며 이미 모든 것을 "보자기로 말끔하게 싸두었기" 때문에 다음번 협상에는 구체적인 성과를 내놓을 수 있으리라고 자신한다. "거의 100퍼센트 합의를 이루었거든요." 옆 무리의 주인공은 이마를 살짝 찡그리며, "정치라는 게 차분하게 한 발짝씩 나아가는 거라서……" 하며 말꼬리를 삼킨다. 세번째 인물은 휘휘 손사래부터 치면서, "어찌나 뜨겁게 격론을 벌였던지 입천장이 홀랑 벗겨졌다" 하며 씩씩거린다. 기자들은 서로 밀치고 당기며 한 마디라도 놓칠세라 짐짓 심각한 표정으로 발언을 받아적는다. 벌써 각 가정의 텔레비전으로 중계해주는 기자도 있다. 첨단 기기가 발전한 요즘에는 달리는 자동차로 직접 소식을 전달하기도 한다. 워낙 낯이 익어

보기만 해도 푸근한 마음부터 드는 자동차로, 최신 광고 문구를 오렌지색 차벽에 써붙인 시청 소속 쓰레기차가 있다. "베를린에서 가장 큰 산은 쓰레기 산입니다!"

뭐가 그리 높은 산을 이룬 것인지 분명치 않다. 손만 대도 터질 것처럼 두둑한 비닐봉지 안에는 텅 빈 생선 통조림 캔, 먼지가 빼곡히 들어찬 진공청소기 필터, 먹다 남은 스테이크 조각, 낡은 양말, 건전지 등이 서로 등을 맞대고 신세한탄을 한다. 결국 이렇게 끝나고 말 것을! 건전지는 따로 취급해주어야 한다고 귀에 못이 박이도록 일렀건만, 에너지만 쏙 빼먹은 사람들은 그저 아무렇게나 던져버릴 뿐이다. 중금속 오염 어쩌고 하는 것은 어디까지나 남의 이야기라고 믿는 것일까? 일상의 고고학이라는 관점에서 보자면, 쓰레기라고 모두 소각장으로 직행해야 하는 것은 아니다. 시대의 증언이라는 소임을 맡은 역사가의 실험실로 배달되어 흘러간 과거를 진술해야 할 것도 많기만 하다. 이렇게 보자면 쓰레기 종류도 다양하기만 하다. 역사학자 혹은 역사를 써나가는 정치가는 역사라는 이름의 거대한 쓰레기 산을 잘 알고 있다. 무릇 모든 시대를 끌어안았기에 그 규모는 엄청나기만 하다. 역사에는 소수파를 그야말로 '쓰레기'로 규정하고 짓밟은 사례도 눈에 밟힐 정도로 많다.(톰프슨•) 어문학자는 일상에서 끊임없는 소통의 욕구로 빚어지는 언어의 쓰레기를 보고 들을 때마다 진저리를 친다. 심지어 유럽연합 상임위원회에서는 말을 함부로 하지 못하도록 벌금이라도 물려야 하는 게 아닐까 고민

• Michael Thompson: 1937~. 영국의 철학자이자 인류학자.

할 정도다. 반면 쓰레기 처리를 전문으로 하는 기업의 경영자는 세상에 쓰레기처럼 소중한 게 어디 있느냐며 흥분한다. 깔끔하게 정리해서 분해하면, 그야말로 순전한 자원이라는 것이다. 이처럼 쓰레기는 정리되어 부활함으로써 다시금 커다란 전체의 부품으로 쓰이기를 소망한다. 볼펜의 볼로 재생될 수도 있겠지만, 기왕이면 자동차의 심장부로 환생하기를 꿈꾼다.

아무튼 쓰레기는 처치 곤란한 것이다. 그 안에 뭐가 들었는지 세세히 말하는 것은 꿈도 못 꿀 일이다. 뭐는 쓰레기이고 뭐는 쓰레기가 아닌지 가려보기도 여간 까다로운 게 아니다. 쓰레기인 줄로만 알았던 게 값나가는 보물이라니, 얼마나 환장할 노릇인가. 이렇게 쓰레기를 주제로 이야기를 해도 좋은지조차 아리송하다. 아깝기 그지없는 시간에 한가로이 쓰레기 얘기가 다 뭐란 말인가? 물론 앞서도 언급했듯, 역사의 쓰레기 산이나 언어의 쓰레기 혹은 심지어 그런 게 있어서 고맙기만 한 낡고 케케묵은 짐도 있다. 이런 것 덕분에 모든 게 조상 탓이라거나 선배 잘못이라며 자신이 져야 할 책임을 슬쩍 묻어버릴 수 있으니 말이다. 그런데 잠깐! 역사의 쓰레기나 언어의 쓰레기 혹은 남에게 떠넘기는 책임감 따위는 모두 물질과는 거리가 먼 현상이 아닐까? 그러니까 자신의 정치적 입장이나 가치관과 무관하게 악취를 풍기는 쓰레기란 없다. 사실 우리가 더럽게 보니까 쓰레기로 보일 뿐, 그 자체로 쓰레기인 것은 없다. 한때 쓰레기를 부르는 다른 이름이었던 넝마도, 그것으로 먹고사는 직종의 사람에게는 어디까지나 재활용 자재였을 따름이다. 법정에서 산더미처럼 쏟아져나온 폐지 역시 좋지 않은 어감을 풍기지만, 조금 전만 하더라도 한 사람의 운명을 결정하는 판결문이었지 않은가. 결국 쓰레기라는 것은 물질이 어떤 사람에게 더이상 쓸모가 없게 되었다는 것을 뜻할 뿐, 그 자체로 못 쓸 것 내지 몹쓸 것은 아닌 셈이다. 그런 점에서 오늘날 이른바 선진국이라는 나라의 소비 행태는 가히 '쓰레기스럽다'. 멀쩡하니 아직 새것이나 다름없는 것조차 싫증난다며 휙휙 던져버리는 작태는 그야말로 '문명의 쓰레기' 혹은 '마구 내다버리는 과소비 내지 허虛소비'라 불러 마땅하다. 그것도 모자라 음식물쓰레기나 산업폐기물과 같은 독성이 강한 쓰레기는 파렴치하게도 가난한 나라에 몇 푼 쥐여주고 떠넘긴다. 조금 먹고살 만하다고, 자기네 땅에 더러운 것은 둘 수 없다며 그 '더러운 것'을 남에게 가져다 안기는 심보는 대체 얼마나 고약한가?

세상사 어디나 그렇지만 쓰레기도 특급 대우를 받는 게 있다. 심지어 경찰의 호위까지 거느리고 방송국 카메라가 일거수일투족을 생중계하는 호사를 누리며 이른바 '우방국'을 넘나든다. 몸값을 주고받는 거래가 이루어진다는 점에서는 앞서의 폐기물과 다를 바가 없지만, 후끈한 정치적 논란을 불러일으킨다는 점에서 쓰레기가 가진 권력이 놀랍기만 하다. 이 권력은 몇 세대에 걸쳐 씨를 말려버릴 정도로 무서운 거세능력을 가지고 있다.(콜본•) 그만큼 독성이 강하며, 이를 돌보고 다스리는 데 갈수록 더 많은 수고와 자원이 들어가는 건, 바로 핵폐기물이다. 그렇다. 특급 쓰레기를 돌보는 일이야말

• Theo Colborn: 1927~2014. 미국의 동물학자. 환경호르몬이 건강에 미치는 영향에 관한 연구로 유명하다.

로 그 어떤 정치 개혁보다 중요하다. 미래에도 가장 힘든 정치적 과제는 특급 쓰레기를 처리하는 일이리라. 물론 우리에게 미래라는 게 남아 있다면 말이다. 이런 추세라면 인류의 미래는 얼마 남지 않았다. 특히 쓰레기로 여겨지는 분야(군수산업, 유흥, 성매매, 예능 등)만 눈부신 성장세를 자랑하는 현실을 볼 때, 암담함은 더욱 짙어진다. 그래도 아직까지 생명을 사랑하고, 내일 아침에는 더욱 건강하고 올바르게 살려는 소수가 있기에, 인류는 미래를 가꿔가려는 의지를 불태워야 한다. 쓰레기는 더이상 처리 전문가의 손에만 맡겨둘 문제가 아니다. 우리는 지혜와 힘을 모아 사회 곳곳에서 넘쳐나는 쓰레기에 공동 대처해야 한다. 말하자면 정치의 최우선 과제랄까. 우리가 진정 정의로운 세상을 이루고자 한다면, 이제 쓰레기 문제는 제1의 공적公敵이다. 그런데 정의라는 게 뭘까? 너희가 쓰레기를 만들었으니 우리도 쓰레기를 쏟아놓겠다는 게 정의일까? 네가 때렸으니 나도 갚겠다는 식이 정의라면 곤란하지 않은가! 그래서 말이지만, 쓰레기를 아무렇지도 않게 만들어내는 것을 막을 국제 협약을 이끌어내기 위해 우리는 머리를 맞대야 한다.(공동미래센터•)

한스 요나스••는 이미 1970년대 말에, 인류에게 자정능력이 있을까 자문하니 눈앞이 캄캄해지더라는 고백을 한 적이 있다. 지구를 아우게이아스의 외양간•••못지않게 더럽혀놓은 인류가 입으로는 청소 운운하면서도, 헤라클레스처럼 팔을 걷어붙이고 나설 생각도

• Centre for Our Common Future: 스위스 제네바에 본부를 두고 있는 비정부 환경단체.

•• Hans Jonas: 1903~93. 독일에서 태어난 유대인 철학자. 자연에 책임을 지려는 자세로 나아가야 공존의 미래가 있음을 강조해 생태주의 철학자로 불린다.

하지 않고 그럴 자세도 되어 있지 않은 것을 보니 절망적이더라는 것이다. 요나스는 목청을 돋워가며 지구촌 전체가 금욕주의에 힘쓸 것을 당부하지만, 역사의 지평에서 눈을 씻고 찾아봐도 언급할 가치가 있는 '성숙한 금욕'은 찾기 힘들기만 하다. 요나스의 비관론이 맞는다면, 지금까지와는 전혀 다른 새로운 인간의 출현을 기다려야 하는 모양이다. 욕심에만 눈이 벌게 낡은 구태에서 벗어나지 못하는 인간은 "자연을 강간하고 자기 자신을 꾸미는 일에만 몰두해왔다." (요나스) 심지어 "쓰레기야말로 현대사회가 끌어안고 갈 수밖에 없는 운명"이라는 산업 현장의 진단도 있다.(호제만****) 사정이 이런데도 청소를 하려고 팔을 걷어붙이며 나서지 않는다면, 남는 것은 '절망'뿐이다. 요란뻑적지근한 화려함에만 목매며 쓰레기만 양산하는 이 어처구니없는 작태 앞에서 더 무슨 말을 하랴.(풀러*****) 아마도 우리는 빙하기나 운석의 충돌로 종말을 맞지는 않으리라. 오히려 지금껏 구경조차 할 수 없었던 부지런함과 열성으로 만들어내고 있는 쓰레기 더미에 묻혀 질식하는 게 아닐까. 쓰레기는 우리의 운명이라는 현장 사람들의 말이 맞는다면, 그래서 이론에 종사하는 우리 같은 사람들이 희망을 말할 아무런 근거를 보지 못한다면, 그저 되는 대로 버려두고 쓰레기 더미 안에 몸을 녹일 따뜻한 구덩이나 파고

*** 아우게이아스의 외양간 청소는 헤라클레스가 치른 시험들 가운데 하나다. 30년 동안 한 번도 청소하지 않았던 3000마리나 되는 소를 키우는 외양간을, 헤라클레스는 단 하루 만에 깨끗이 치운다.

**** Gerhard Hosemann: 1922~. 독일의 산업공학 교수.

***** Gregory Fuller: 1948~. 미국에서 태어나 독일에서 주로 활동중인 작가이자 출판인.

웅크려 종말의 그날이 오기를 기다리는 게 차라리 낫지 않을까?

그러나 물리를 잘 아는 전문가는 그 같은 태도로는 안 된다고 절박한 목소리로 경고한다. 최근 우리의 집인 지구가 어느 정도까지 부담과 하중을 버틸 수 있는지 계산해본 결과, 12시에서 5분 전을 가리키던 분침이 6분 전으로 물러났기 때문이다. 그러니까 스스로 파놓은 구덩이 안에서 악취를 참아가며 견뎌야 할 시간은 예상보다 길 수 있다.

그러나 계산만 하며 음울한 표정을 짓는 것만이 능사는 아니다. 우리집을 우리 손으로 청소하고 가꾸는 것은 그 누구도 아닌 우리 자신의 의무이기 때문이다. 또한 집에는 나 혼자만 사는 것도 아니다. 집을 더럽히는 잘못을 하지 않은 순결한 영혼의 소유자는 너무 억울하지 않은가? 새롭게 태어나 눈망울이 맑게 빛나는 아기에게는 깨끗한 환경을 마련해줘야만 한다. 우리는 미래의 주인인 후손을 위해 책임을 져야 마땅하다. 이들에 깨끗한 환경을 물려주는 것은 우리의 의무다.(비른바허•) 지금까지 우리가 그러지 못한 것은 물론 성찰보다는 소비하는 데에만 열중했기 때문이다. 바로 그래서, 그저 팔짱이나 끼고 확실한 종말을 바라보며 오지도 않을 '새로운 인간'(구세주)의 출현을 기다릴 게 아니라, 우리 안에 있는 다른 인간을 알아보고 보살피는 게 급선무다. 스토아학파가 말하는 아타락시아는 듣기는 그럴싸하나 너무 멀리 있으며, '호모 외콜로기쿠스 Homo Oecologicus'(마인베르크••), 즉 '환경을 생각하는 인간'은 이미 오

• Dieter Birnbacher: 1946~. 독일의 철학자. 이른바 '자연윤리'를 대표하는 인물이다.

래전에 경제에만 눈이 먼 정치라는 수레바퀴에 깔려버린 듯한 까닭에, 좀더 강력한 인상을 심어줄 수 있는 새로운 인간형을 찾는 일이 시급하다. 쓰레기로 넘쳐나기는 하지만, 그래도 희망이 살아 있는 곳이라면, 머리를 맞대고 새 출발을 다짐해보는 것도 그리 나쁘지만은 않으리라.

그 희망의 시작은 바로 내 주변부터 청소를 해나가는 것이다. 대대적인 규모의 대청소를 어찌할 것인지 입씨름만 벌일 게 아니라, 작은 것부터 꾸준히 실천하자는 이야기다. 그리고 쓰레기라는 게 마음만 먹는다고 당장 처치할 수 있는 것은 아니기 때문에 서두르지 말고 확실한 처리 방안을 신중하게 찾아나가야 한다. 아무쪼록 현장에서 좋은 방법을 찾기를 간절히 기대한다. 아무튼 인간은 묘한 존재다. 어째서 가는 데마다 흔적을 남겨야 직성이 풀리는 것일까? 낙서나 쓰레기를 남겨 추억의 기념비라도 세우겠다는 것일까? 에베레스트 산 정상은 물론이고 달 표면에까지 깃발을 꽂아야 직성이 풀리는 인간의 심리를 이해 못하는 바는 아니나, 그런 것도 쓰레기일 수 있다는 점을 유념해야 하지 않을까? 인간의 위대함을 기억하라고 남기는 기념비가 쓰레기여서야 되겠는가! 처리 방안은 둘째 치고, 쓰레기를 대하는 가장 좋은 태도는 선불리 만들지 않고 남기지 않는 것이다.

관련 항목

권리를 주장하는 일 | 기억과 망각 | 인생이라는 실타래

•• Eckhard Meinberg: 독일의 작가.

아름다움의 독재

세상에는 "예쁜 것만 보았다 하면 넋을 잃고 달려드는 요사스러운 괴물"이 어디나 있게 마련이다. "아름다움은 언제나 있었고, 지금도 있으며, 앞으로도 있을 것이기에" 간단하게 이른바 '요괴'로 불리는 건달들의 걸신들린 탐미 행각은 그치지 않으리라.(카네티) 그런데 묘한 것은, 이런 작자일수록 추악하기 짝이 없는 몰골을 하고 있다는 점이다. 외모를 두고 하는 말이 아니다. 그 천박하고 얍삽한 정신은 악취를 풀풀 풍긴다. 이런 날건달은 언제든 어디든 반드시 한 명쯤 있다. 그리고 이들은 아름다운 것을 마주할 때마다 이미 다른 아름다운 것을 찾아 떠날 생각부터 한다는 문제를 안고 있다. 아름다움의 심각한 인플레이션을 일으키는 장본인이 바로 이 요괴다. 아름다움을 좇는 채울 길 없는 갈망 탓에, 세상의 무수히 많은 아름다움 앞에서 심드렁해하고, 따분하다며 새것에만 한눈을 팔면서 도덕적 공허함을 거침없이 드러낸다. 일상의 다양한 아름다움 앞에서 각각의 독특함을 살려주며 오랜 시간에 걸쳐 푹 곰삭은 미적 감각을 가꾸어가기보다 새것의 꽁무니만을 좇는 태도야말로 자신의 미감이 곤궁하다는 사실을 자진해서 드러내는 게 아닐까. 요괴처럼 늘 새로운 아름다움 앞에 서는 사람은 결코 스스로 아름다워질 수 없다. 다시 말해서, 아름다움은 사람의 있는 그대로의 모습을 비춰주는 거울이 아니다. 오히려 절대 채워질 수 없는 공허한 약속만 보여주는 게 아름다움이라는 이름의 거울이다.(아도르노)

특정 문화나 역사에서 본보기로 치켜세우는 아름다움이 멋진 인생을 보증해주기도 한다는 것은 면접을 보며 경험적으로 확인하는 진실이다. 실력과 합리성을 중시하는 사회에서조차 외모부터 따지는 일은 흔하다. 항상 그런 것은 아니지만, 잘생겼다는 것은 분명 인생에 적지 않은 도움을 준다. 특히 내면이라는 가상보다는 외모라는 진상에 더 많은 것을 거는 사회일수록 타고난 행운을 누릴 확률은 더욱 커진다. 못생긴 철학자가 있었으며 또 있기 때문에만 우리가 아름다움을 두 가지 종류로 갈라보는 것은 아닐 터. 그러나 외적인 아름다움은 유감스럽게도 내면과 별 관계가 없으며, 내면의 아름다움은 역시 유감스럽게도 항상 밖으로 드러나는 게 아니다. 이런 사실로 미루어 인간이 지녀야 할 도덕의 몇 가지 근본 원칙을 정할 수 있을 뿐만 아니라, 이른바 관상학이라는 것도 평가할 수 있게 된다. 주지하듯 관상학이나 골상학은, 안과 밖이 따로 떨어진 별개가 아니라 일종의 통일체여서 외모를 통해 내면을 알 수 있다고 주장하는 학문이다. 그렇다면 아름다움이란 우리가 감각을 통해서 지각하는 것만이 아니라, 반성을 통해서도 알 수 있다는 말이 아닌가!

하긴 아름다운 영혼은 감각으로 잘 포착되지 않는 것이니, 제법 그럴싸한 말이기는 하다. 감각과 지성을 가장 밀접하게 맞물리도록 이끈 사람은 플라톤이다. 그는 에로스의 승화 과정을 다음과 같이 설명한다. 개인의 아름다운 몸을 보는 순간 고개를 들기 시작하는 에로스는, 행동의 아름다움과 교양의 농익은 성숙미를 거쳐 마침내 아름다움 그 자체를 보고 어질어질한 황홀경을 느낌으로 완성된다. 한마디로 아름다움은 첫눈에 열리는 게 아니다. 그래서 인생의 기술을 안내하는 지침서들은 두 가지 전략을 동시에 구사하라고 조언하는 경향을 보인다. 우선 외모에 중점을 두고 자신을 꾸미는 미적 기술을 연마해갈 것을 추천하며, 이에 못지않게 내면의 도덕성을 갈고닦아 그 수련의 결과가 바깥으로 자연스럽게 배어나오게 만들라고 권면한다.

먼저 밖에서 안으로 이르는 길을 가고자 한다면, 제2차 세계대전이 끝나고 얼마 되지 않은 시기의 시민사회의 미학적 취향을 반영한 『아름답다는 것은 당신의 기회다*Schön sein—Deine Chance*』라는 책을 일독해볼 것을 권한다. 특히 '직장 여성'을 염두에 두고 '아름다움과 이를 가꾸기 위한 모든 것'이라는 부제를 붙인 이 고전은 그라시엘라Graciella라는 여성 필자가 쓴 것이다. 낡았지만 오늘날에도 전통을 자랑하는 고서점에 가면 쉽게 구할 수 있는 책이다. 아름다움에 관한 요구를 전반적으로 다루지는 않으며, 화려하고 세련된 화장술을 선보이는 것도 아니지만, 이 책에서 저자는 여성의 자아가 갖는 내면과 외모를 우아하게 가꾸어줄 몇 가지 비법을 맛깔스레 버무려 소개한다. 더이상 유행과 맞지 않는, 모양이 제대로 나온 파마머리라거나, 부자의 저택에서 열리는 차 모임에 어떤 모자를 쓰고 가야 하는지 따위의 문제를 건너뛴다면, 그라시엘라는 의학과 교육학, 체육, 위생 등의 분야에 걸쳐 오늘날에도 아주 쓸모가 있는 여러 지식들을 다채롭게 선보인다. 이를테면 일정한 간격을 두고 신선한 공기를 마시라든가, 어떤 체조가 몸의 근육을 틈틈이 풀어주는 데 좋은지, 몸 관리의 최신 기술(자외선 차단 따위) 및 위생 규칙, 화장 요령, 적절한 에티켓의 소개(누드비치에서 손등에 입을 맞추는 것은 "얼굴이 화끈거리는 창피함 그 이상의 것"이라는 식), 혹은 교육적 잔소리("허리를 똑바로 펴라!")와 보석 치장법과 올바른 다이어트 방법("먹는 것도 똑소리나게! 지나친 칼로리 섭취는 당신의 뒤태를 망친다!") 등을 망라하고 있다. 여기서 주목할 만한 것은 두 가지다. 우선 여성의 치장과 몸가짐, 어투 등이 조화를 이루도록 안내하면서 무엇보다도 내면의 우아함과 품위를 강조하고 있다는 점이 눈에 띈다. 말 그대로 몸은 영혼의 표현이라는 식이다("당신의 외모는 곧 당신의 인격적 매력을 내뿜는 발신기입니다"). 그래서 저자는 덕목뿐만 아니라 악덕까지 일일이 열거하며 항상 자신을 거울로 확인하고 통제하라고 당부한다. 두번째 조언은 더욱 차분하다. 아름다움이란 "이목구비의 반듯함만으로 설명할 수 있는 게 아니며, 내면에 품고 있는 가치가 뿜어내는 빛에 좌우된다".(그라시엘라) 여기서 후덕한 영혼의 후광이 실제로 외모의 불균형을 바로잡아주고 비대칭을 몰아낼 수 있을까 하는 질문은 얼마든지 허용된다.

어쨌거나 우리는 이제 내면에서 바깥으로 아름다움이 뻗어나가는 길목에 이르렀다. 이 길에서 우리가 만날 수 있는 대표적인 인물은 실레노스•라고 놀림을 받았던 소크라테스다. 익히 알다시피 소크라테스는 실레노스라는 놀림과 축복을 받아 마땅했다. 추한 외모와 고결한 내면을 이처럼 극명하게 대비시킨 인물이 또 있으랴. 소크라테스는 말 그대로 미와 선의 불일치를 보란듯 형상화한 인간이다(그리스어의 '칼로카가티아kalokagathia'는 미와 선의 통일을 의미한다. 그러니까 여기서 불일치란 '칼로카가티아'의 부정이다). 이로써 소크라테스는 참된 내면이라는 게 무엇인지 웅변한다. 또 자신의 외모를 통해, 관상학의 아는 척과 터무니없는 헛소리를 있는 그대로 까발린다. 관상학이란 무엇보다도 남을 두고 제멋대로 이야기하면서 자기기만하는 행위이기 때문이다. 당신은 조만간 귀인을 만날 거니 어쩌니 하면서 관상쟁이는 괜스레 뿌듯해한다. 이로써 겉으로 드러나는 외모는 함정이 되며, 엉뚱한 오해와 갈등을 낳는다. 번듯한 외모가 상대방을 말해주는 모든 것으로 둔갑하기 때문이다. 추한 몰골을 가진 사람이 고결한 품성을 가지고 있다면, 사람들은 턱이 빠질 정도로 놀란다. 반대로, 잘생긴 사람이 저지르는 도덕적 실수를 두고 사람들은 뭐 그럴 수도 있지 하고 눙친다. 사실 이는 그리 비극적인 일이 아니다. "현상이 항상 '무엇의 나타남'이라고 해서 그 본래의 모습이 나타난다는 것을 뜻하지는 않기 때문이다. 오히려 현상은

• Silēnos: 그리스신화에 등장하는 수염이 더부룩한 노인으로, 술에 취해서 빨개진 주먹코에 말의 다리와 꼬리를 가진 형상을 하고 있다. 무척 지혜로워서, 그 지혜를 탐낸 미다스 왕이 사로잡자 "인간의 가장 큰 행복은 애당초 태어나지 않는 것이며, 일단 태어났으면 되도록 빨리 죽는 게 상책이다" 하고 가르쳤다 한다. 못생긴 용모로 소크라테스와 자주 비교된다. 플라톤은 『향연』에서, 소크라테스의 외모는 실레노스처럼 추하지만 그의 내면에서는 황금빛 찬란한 신이 살고 있다고 표현했다.

겉으로 드러나는 것을 통해, 눈에 보이는 것뿐만 아니라 눈으로 볼 수 없는 것도 있음을 속삭이는 것과 같다. 현상은 결코 본래의 모습을 보여주는 게 아니다."(하이데거) 그러니까 내면의 진정한 아름다움이라는 것은, 눈에 보이지 않지만, 나 여기 있다고 속삭여댄다. 그러나 철학에서조차 흔히 미와 선의 통일을 얼굴의 아름다움에서만 찾으려 드는 탓에, 얼굴 아래의 영역은 푸대접을 받기 일쑤다. 형이상학에 비해 형이하학이 곤궁한 이유랄까. 내면의 도덕은 될 수 있는 한 치장을 하지 않는 외모의 초라한 행색을 강조한다. 말하자면 자족과 자기절제 및 금욕을 최상의 내적 가치로 삼는 '최대 도덕의 최소 치장'이 곧 도덕적 미학인 셈이다. 꾸미지 마라, 그래야 너의 정신이 빛날 것이다. 검소하게 살고 절제하라, 그래야 네 내면이 아름다우리라. 종종 이런 도덕이 무미건조한 중도를 선호하며 '아우레아 메디오크리타스aurea mediocritas', 즉 황금의 중용을 끌어대면서 무자비한, 그러나 그만큼 '자연적'인 평균에 열중하는 이유가 달리 있는 게 아니다. 여기서 우리의 내면을 다스리는 윤리는 감추고 가리는 미학과 의기투합한다.

아름다움이 칭송을 받아 마땅한 자랑스러운 공훈인 것만은 아니다. 이제는 아름다움을 우연의 산물 혹은 신이 실수한 솜씨로도 바라볼 때가 왔다. 아름다움은 한 인간을 이루는 부분이면서, 그 인간의 전체를 싸잡는 것이기도 하다. 그럴 때 인간은 아름답게 나타나며, 그 아름다움은 자신을 뽐낸다. 그러나 동시에 아름다움의 찬란함은 그 뒤에 있는 것을 숨긴다. 그래서 아름다움만으로는 부족하며, 아름다워지려는 의지를 갖고 노력해야만 한다.(뵈메) 여기서 아름다움은 다이어트, 스포츠, 깔끔함, 화장, 옷치장, 보석 따위와 형제자매의 연을 맺는다. 물론 아름다움이란 어느 한 가지 형용사로 다 채워지는 게 아니다. 특성이나 비율, 대칭이 잘 잡힌 균형 따위가 아름다움을 거들어주는 것은 사실이지만, 그것만으로는 부족하다. 아름다움이란 일종의 황홀경이다. 진정 아름다운 사람은 휘황한 광채를 뿜어내며, 멋진 분위기로 사람들을 취하게 만든다.(뵈메) 그런 점에서 아름답고자 하는 의지를 갖고 아름다운 삶을 사는 것은, 달랠 길 없고 채울 길 없는 완벽함과 전체를 갈망하는 것이다. 무한히 상승하고자 하는 욕구이며, 자신의 특성을 다른 사람과 자기 자신에게 관철하려는 의지다. 아름다움을 현상으로 드러낸다 함은 곧 그렇게 살아가고자 함이다. 아름다움이 발하는 광채가 인공적으로 꾸며낸 화려함이어서는 안 된다. 인공의 꾸밈은 도덕적으로 보자면 어디까지나 간교한 술책이며 사기이고 기만이자 위선이다. 진정한 아름다움은 흔들림이 없는 굳건함으로 현실을 딛고 일어서야 한다. 이것이 진정한 미녀와 미남의 탁월함이다. 농밀한 아름다움을 자랑하는 몸은 몸을 갖지 않는 것, 즉 아름다움의 이상 그 자체와 결합한다. 이는 곧 현실을 넘어 최고의 아름다움을 이루는 초월이다. 아름다움에서 유리되고 격리되며 고립된 인간은 일체의 맥락을 바수고 오로지 자신을 드러내는 일에만 집중함으로써, 이 개인의 아름다움은 절대적인 아름다움으로 승화한다. 아름다움은 특별한 형태의 실존이며, 더욱더 완벽해지려는 존재의 몸부림이다. 이는 끊임없이 자신을 넘어서려는 역동성이다. 목표는, 오로지 자신이 다른 누구보다도 아름답다는 것을 증명하는 일이다. "거울아, 거울아, 이 세상에서 누가 가장 예쁘니?" 이처럼 아름다움을 남과 견주며 자신이 최고라고 주장하고픈 열망은 개인으로 하여금 끊임없이 자신의 중심을 흩뜨리게 한다. 남의 주목을 받으려 언제라도 달려갈 자세로 사방을 돌아보며 눈알을 굴려대기 때문이다.

바로 그래서, 이런 심리를 가장 잘 아는 광고 산업은 이상적인 아름다움을 찾아내려 혈안이다. 온갖 첨단 기술을 동원해 꾸민 모델의 사진은 아름다움을 향한 채울 길 없는 굶주림이 어떤 것인지 잘 암시한다. 채울 길이 없기에 이 굶주림은 지속적이다. 끊임없이 새로운 아름다움이 나타나기 때문만은 아니다. 일단 우상의 자리에 오른 아름다움이 그것을 유지하려는 강렬한 열망에 불타기 때문이기도 하다. 아니, 더 나아가 무엇이 진정한 아름다움인지 보여주기 위해서라도 우상은 이상이 되어야 한다. 부단한 관리와 노력은 필수적일 수밖에 없다. 여기에서는 남성과 여성이라는 성별도 중요한 역할을 한다. 최소한 서반구의 여성은 세상에서 그리고 자신의 거울 앞에서 은혜와 자비를 구하기 위해 아름다워지려 안간힘을 쓴다. 여성은 화장을 통해서 비로소 여인이 된다. 남자들은 여자를 훔쳐보고, 여자는 다른 여자를 흘겨보며 자기 자신을 훑어본다. 눈부시게 예쁜 여인은 남자와 여자가 동시에 우러른다. 미의 우상은 이로써 사회적 통제의 매개체로 기능한다. 무대 위에 올라 시대가 선호하는 아름다움의 이상을 선전하는 것이다. 모델은 무대에만 올랐다 하면 일상과는 완전히 딴판을 보여준다. 아름다움이란 곧 남과의 차이이기 때문에, 수백만의 평범한 남자와 여자는 몇 안 되는 직업 모델이 보여주는 차이에 넋이 나가 그를 따라잡으려 안달을 한다. 혹은 그라시엘라와 같은 작가의 가르침을 곧이곧대로 따른다. 이 세상의 그 어떤 독재자도 이처럼 순종적인 백성을 거느려보지는 못했으리라. 오늘날 미인을 차지하려는 전투가 더이상 벌어지지 않지만, 결국 아름다움이란 일종의 경쟁이자 다툼이다(추한 것에도 히트 퍼레이드가 있다는 말을 들어보았는가?).

그래서 유행 업계는 끝없이 새로운 것을 들이댄다. 마치 미적 욕구를 만들어내는 기계랄까. 업계가 이상으로 여기는 우상은 날씬하고도 카리스마에 빛나는 나르시시스트의 몸이다. 자기도취에 빠져 세상을 굽어보는 거만을 떨어야지, 조금이라도 빈틈을 보이며 겸손하게 처신했다가는 이내 대중이 등을 돌려버린다. 나르시시스트의 몸은 날씬함과 운동으로 다져진 근육질 몸매 그리고 '셀프 패셔닝Self-fashioning'•이라는 미적 감각의 삼각편대를 자신 안에서 통일한 것이다. 이렇게 연출된 아름다움을 현대사회는 '룩Look'이라 부른다. '룩'은 말 그대로 남의 눈에 어떻게 보일까 하는 것에 집착할 뿐, 내면의 도덕적 가치 따위는 깨끗이 포기한다. 모든 게 윗옷이나 바지와 다를 바가 없다며 도덕적 품성과 사회적 유대의식을 비웃을 뿐만 아니라, 윗옷 속이든 바지 안이든 중요한 것은 전혀 감추어져 있지 않다는 확고부동한 믿음이 '룩'에 깔려 있다. 오로지 중요한 것은 가상으로서 보여주는 인생이다. 보여주는 게 전부인 인생에 도덕이란

• 미국의 문학비평가 스티븐 그린블래트가 만들어낸 용어로, 사회가 인정하는 표준에 맞추어 자신을 연출하는 것을 말한다. 그린블래트는 특히 르네상스 시대에 남자들이 앞다투어 좋은 옷으로 치장하고 교양을 닦는 일에 열성을 보인 것을 가리켜 이런 표현을 썼다. 개성에 맞는 연출이 아닌 남을 의식하는 태도를 에둘러 꼬집은 것이다.

필요 없다. 감춘 것이 없기에 드러낼 것도 없다. 여기서 배경이란 존재하지 않는다. 모든 게 무대의 전면에만 나가 있기 때문이다. 연출의 시대를 살아가는 마당에 자신을 가리고 무대 뒤에서 춤을 출 사람이 누가 있을까? 어쨌거나 '룩'은 표현 없는 표현이기에 반성을 필요로 하지 않는다. 인간은 눈에 보이는 그 이상도 이하도 아니며, 눈으로 보는 게 곧 인간이다. 뭐가 문제인가? 문제될 것은 아무것도 없다! 적어도 공장에서 벽돌 찍듯 쏟아낸 미적 표준에 자신을 맞추며 '바비'와 그 남자친구 '켄'과 똑같은 외모를 가짐으로써 사람들의 부러움을 한몸에 사는 사람들에게, '룩'으로 살아가는 인생은 아무런 문제가 되지 않는다. 이를 문제삼는 사람은 어딘가 불편한 환자나 장애인이거나 뚱보일 뿐이다. 전신 성형이 가능한 21세기를 살고 있음에도 아름답지 못한 사람은 저 '멋진 신세계'(올더스 헉슬리)에서도 결코 한자리 차지하지 못하리라.

다만, 이처럼 표준화한 아름다움이 마음껏 독재를 부려도 좋은가 하는 물음만큼은 던져봐야 하지 않을까? 오히려 아름다움이라는 공통의 참된 면모를 찾아나서는 게 바람직한 태도가 아닐까? 아름다움의 꽁무니만 쫓아다니기 이전에 개인의 도덕적 자질을 함양함으로써 그저 미학이 아니라 '존재의 미학'(푸코)을 다듬어내는 게 훨씬 더 절박한 문제다. 자신의 내면을 정갈하게 가꿈으로써 도덕이라는 진정한 아름다움에 중점을 두는 인생 말이다. 철학사에서 언제나 보편타당한 도덕, 그러니까 제복을 입히는 것만 같은 독재적 아름다움이 아닌, 누구나 지켜야 할 보편 윤리를 강하게 강조하는 이유가 달리 있을까? 일반적으로 우리는 아무런 강제 없이 행동을 통해 자연스럽게 배어나오는 태도가 아름답다고 이야기한다. 그러니까 도덕 질서를 따르는 행동은 좋고도 아름답다. 진정한 아름다움을 알아볼 수 있는 특징은 자족할 줄 아는 마음가짐이다. 그런데 왜 한사코 특정 기준에 맞추고 어떤 영역에만 국한해 아름다움을 이야기하는가? 어째서 남에게 보여주는 아름다움이 아니라, 자기 자신을 아름답게 가꾸어가는 도덕에는 소홀한 것인가? 남을 의식하기보다 자기 자신에게 충실할 때 더욱 풍부하고 다양한 아름다운 인생을 살아갈 여지가 허락되는 게 아닐까? 미학이 아름다움을 추구함으로써 가능성과 자유의 세상을 열어가며, 자신을 가꿈으로써 더욱 낫고 보다 더 훌륭한 인생을 개척하는 데 중점을 둬야 하지 않을까? 아름다움이란 곧 속박이 아닌 자유를 뜻하기도 하지 않는가? 그렇다면 우리는 앤디 워홀까지 넘어서서 "왜 저마다 자신의 인생을 가지고 예술작품을 만들지 못하는 거야?"(푸코)라는 물음을 더욱 뼈아프게 곱씹어야 하리라. 어째서 우리는 저마다 자신의 몸과 인생 편력을 가지고 걸작을 만들지 못하는 것일까?

관련 항목

감각은 악마의 간계일까 | 위선과 아첨 | 표정, 공동체를 위한 얼굴의 대화

아픔과 동정

외계인이 온갖 결함으로 얼룩진 인간에 대해 보다 더 정확히 알아보고자 한다면, 진료실 혹은 미용실을 찾아 사람들이 뭘로 그리 투덜대는지 엿듣는 것만으로 충분하리라. 아마도 외계인은 깜짝 놀라 입을 다물지 못할 것이다. 혹 이 외계인이 동정의 능력을 가졌다면, 온갖 아픔에 시달리는 인간에 대한 연민에서 헤어나오지 못하리라. 이처럼 인간은 몸과 마음의 상태와 관련한 모든 것에 아픔을 느낀다. 그러나 뭐가 그리도 아픔을 주는지 알아보고자 의학까지 공부할 필요는 없다. 지극히 까다로운 양쪽 콩팥이 무슨 일을 어떻게 하느라 그리도 섬세한 것인지 반드시 알 필요는 없다는 말이다. 조금만 차가워도 찌르는 것처럼 아프며, 곱게 걸러낸 돌가루에도 찢어질 것처럼 까탈을 부리는 콩팥이지만, 왜 그런지 일일이 알려고 들었다가는 머리가 깨질 듯한 아픔을 맛볼 것이기 때문이다. 또 별것도 아닌 고뿔이 어떤 조건 아래서 심각한 폐렴으로 발전하는지도 알려고 들지 말자. 이를 두고 고민하다가 불행하게도 상황이 계속 나빠지면 심지어 죽음에 이르는 막다른 길목으로 들어설 수도 있다. 이런 모든 것을 일일이 알아두어도, 매일 어딘가 찌르고 쑤시는 것은 막을 수 없다. 조금 연습을 해두면 여러 곳의 동시다발적인 아픔을 감지하는 것도 얼마든지 가능하다. 예를 들어 머리(두통) 또는 등과 허리(요통)에서 엄습하는 아픔은 우리가 가장 흔히 입에 올리는 것이다. 아픔을 느끼는 데 있어 사람들은 대개 그다지 창의적이지는 않다. 그 대신 오래가는 데에서만큼은 둘째가라면 서러워할 사람이 적지 않다. 한번 아팠다 하면 좀체 그 일그러진 얼굴을 펼 줄 모른다. 무슨 동호회를 결성해도 좋을 정도로 아픔에 시달리는 사람이 차고 넘쳐나지만, 묘하게도 아파하는 것을 두고 엄살이라고 깎아내리는 험담도 횡행한다. 어째서 그런지 그 이유를 알아내기란 쉽지 않은 일이다. 원인을 알고 싶어 아파하는 사람에게 조금이라도 관심을 가질라치면 사람들은 무시하고 깔보는 경향을 서슴없이 드러내기 때문이다. 오늘날 다른 사람의 아픔에 동정을 보이는 것은 사회적으로 채신머리없는 짓으로 취급받는다. 어쩌다 동정이 이리도 몹쓸 짓이 되었을까? 심지어 동정을 보이는 것은 아파서 얼굴을 찡그리는 것보다 못난 짓으로 눈총을 받는 지경이다. 아파하는 사람에게 친절을 베풀어 약을 사다주면 그는 금세 털고 일어나 배시시 미소를 지을 수도 있지만, 철학적으로 따지고 타이르면 아무리 훌륭한 논리에도 꿈쩍도 않고 더욱더 죽는 시늉을 한다. 머리를 긁적이던 철학자는, 대뜸 망치부터 들 게 아니라 부드러운 말로 달래는 게 훨씬 낫겠다는 데 생각이 미친다. 니체는 여기서도 다시금 나무랄 데 없는 생활의 지혜를 선보인다. 니체는 아파하는 사람에게 동정을 베푸는 대신, 당신의 경우는 아무런 희망이 보이지 않을 정도로 절망적이라고 말해주라고 권한다. "이런 말의 강점은, 듣는 즉시 환자가 머리를 번쩍 든다는 데 있다."(니체 『서광』)

고대 철학자들의 반론은 니체와는 전혀 성질이 다르다. 플라톤은 동정이 청소년을 유약하게 만들며, 일반적으로 이성적 사고를 흐리는 위험이라고 본다. 스토아학파는 동정이 유행의 물살을 타게 되면 그들이 이상으로 여기는 감정의 평온함, 곧 '아타락시아'가 무너지리라 걱정했다.(디오게네스) 이런 견해와 달리 아리스토텔레스는 동정을 다음과 같이 간단명료하게 정의한다. 동정이란, 비교적 가까운 곳에서 일어나는 불행을 보고, 저게 나의 아픔일 수도 있겠구나 하고 느끼는 감정이다. 간명하면서도 포괄적인 이 정의는 오늘날에도 잘 들어맞는다. 동정을 말하는 세 가지 기준, 곧 아픔은 그럴 만한 짓을 하지 않았음에도 부당하게 급습하는 것이며, 나도 비슷한 처지에 놓일 수 있다는 것, 그리고 이 모든 게 나와 아주 가까운 곳에서 벌어질 수 있다는 것 등이 오늘날 동정의 시나리오와 맞아떨어지기 때문이다. 세 가지 기준을 만족시키면서, 자원봉사 단체가 고향의 물난리에만 예산을 지원받지 않고 지구촌의 어려움을 두루 살피게 하기 위해서는, 각 가정의 거실에 놓인 텔레비전에서 기근과 전쟁에 시달리는 저 오지 사람들의 참상을 낱낱이 중계해주는 일이 꼭 필요하다.

기독교 사상가들은 아리스토텔레스의 정의를 모범으로 삼았다. 토마스 아퀴나스는 '미제리코르디아Misericordia', 즉 자비야말로 곤경에 처한 모든 사람에게 기독교인이 베풀어야 할 덕목이라고 보았다. 근대에 들어서는, 믿음을 가질 수 없어 동정을 어찌하면 좋을지 몰라 어리둥절하기만 했던 많은 철학자들 때문에 이 덕목은 별로 거론되는 일이 없었다. 물론 그렇다고 완전히 잊힌 것은 아니지만 말이다. 동정이 본격적인 부활을 경험한 것은, 동정에 기초해 윤리학 전체를 세우려 노력한 쇼펜하우어에 의해서다. 쇼펜하우어에 따르면, 인간이 행동을 하는 데에는 세 가지 근본 동기가 있다. 그 가운데 두 가지는 의심의 여지가 없이 악한 것으로, 첫째가 이기주의이며 둘째가 음흉함이다. 쇼펜하우어가 설명하듯 이기주의는 '경계를 무시하고' 아무데나 가서 뻰대며, 음흉함은 '최악의 잔혹함'으로 서슴없이 나아간다. 그 반대편에 서는 게 동정이다. 동정은 "다른 사람의 안녕을 바라며 (아량과 도량으로 나아간다)".(쇼펜하우어) 또 "그 어떤 다른 의도도 가지지 않고 남의 아픔을 나누며, 이로써 아픔을 느끼지 않도록 하거나 혹은 이미 겪고 있는 아픔을 이겨내게 하는" 동정이 모든 행위의 근본이어야 한다. 이럴 때 비로소 동정은 도덕적 가치를 갖는다.(쇼펜하우어) 비록 동정이 끓어넘치는 바람에, 쇼펜하우어가 설명하듯 일상에서 많은 문제가 일어나기도 하지만, 동정이야말로 "윤리가 품고 있는 가장 위대한 신비이며, 그 근본이자 경계석이다".

이로써 프랑크푸르트의 사색가께서는 저 쾨니히스베르크의 위대한 사상 건축가와는 달리 윤리학의 기초를 손수 드러내 보이지 못했을지라도 별로 배가 아프지 않았다고 고백한다. 그저 동정으로 있는 기초를, 뭐하려 그런 야단법석을 떨며 파헤치느냐고 외려 정색

한다. 그래서 쇼펜하우어는 칸트가 말하는 의무, 즉 부정을 저지르지 않아야 할 의무를 무시하면서, 윤리의 원칙을 다음과 같이 단순히 정리한다. "그 무엇에게도 해를 끼치지 마라."(쇼펜하우어) 부정한 일이 일어나서 어떤 사람이 이미 해를 입은 경우, 도움이 되는 것은 인간 사랑의 진정한 원천인 동정일 뿐이라는 것이다. 동시에 이런 식의 논리로 마침내 동물이 윤리의 영역으로 들어온다. 그때까지 철학이 별로 관심도 동정도 보이지 않았던 동물을 끌어안을 수 있었다는 점에서 쇼펜하우어는 자신의 윤리학이 기존의 통념을 넘어섰다고 벅찬 감정을 토로한다. 이런 동정 윤리가 얼핏 보기에는 상당한 공감과 호감을 불러일으키기는 하지만, 그만큼 논리가 허술했던 탓에 단적으로 비과학적이며 기초가 부실하다고 집중 공격을 받았다. 동정이 아무리 가치 있다 할지라도 모든 것을 동정에만 고착시키는 것은 도덕의 입지를 좁게 만들기 때문이다. 도덕적 행동에 있어 다른 사람에게 해를 끼치지 말라고만 하는 것은 지나치게 소극적인 접근이다. 이로써 소중한 가치를 갖는 많은 행동들이 무시될 위험이 크기 때문이다. 동정에만 초점을 맞추면 윤리의 폭넓은 스펙트럼이 무너지고 만다.(투겐타트*) 그럼 동정의 때늦은 르네상스는 거품에 불과한 것이었을까?

전혀 그렇지 않다. 동정을 도덕의 유일한 기초로 삼으려던 쇼펜하우어의 시도는 비록 수포로 돌아갔지만, 그렇다고 동정의 파편

• Ernst Tugendhat: 1930~. 독일의 철학자. 초기에는 후설과 하이데거의 영향을 많이 받았으나, 나중에는 분석철학으로 방향을 바꿨다. 독일 분석철학의 대표자다.

들을 책상 위에서 쓸어버리라고 결론지어서는 안 된다. 다른 사람의 아픔을 함께 나눌 수 있다는 것은 예나 지금이나 우리의 윤리세계를 풍요롭게 만드는 축복이니 말이다. 자기 자신에게만 집중하는 일원론의 냉혹함에 맞서 다른 관점도 가질 수 있을 뿐만 아니라, 다른 체온을 띤 시선을 경험할 수도 있다는 게 얼마나 고마운 일인가. 따뜻한 가슴에는 그만큼 따뜻한 가슴이 화답하는 게 아닐까. 다른 사람의 아픔을 함께 느끼는 것은 타인의 고통과 그 고통을 내가 도울 가능성뿐 아니라, 나 자신에 관해서도 아주 중요한 것을 깨우쳐준다. 즉, 아파하는 다른 사람이 곧 나일 수도 있다는 것, 타인의 궁핍이 바로 나의 곤궁일 수도 있음을 알게 되는 것이다. 요컨대 세상과 우리 몸과 마음의 상태에 완전히 눈을 감지 않으려면, 우리는 남이 베푸는 도움의 손길에 의존하고 있다는 것을 인정해야만 한다.(매킨타이어)• 해야만 한다는 의무를, 하고 싶다는 의지로 바꾸어내는 데 성공하려면, 우리는 다른 사람에게 의존하고 있다는 사실을 인정해야 할 뿐만 아니라, 더 나아가 우리는 공동체임을, 바로 우리 모두가 그 성원인 공동체임을 깨달아야 한다.

이 공동체는 물론 아파하는 사람들의 공동체이기도 하다. 바로 그래서 아파한다는 것은 나쁘기만 한 게 아니며, 고통의 바다인 이승을 살아가는 우리가 피할 수 없이 맞닥뜨려야 하는 삶의 일부임을 알 수 있다. 아파할 줄 알며, 다른 존재의 아픔을 있는 그대로 인

• Alasdair MacIntyre: 1929~. 스코틀랜드에서 태어나 미국에서 주로 활동중인 철학자. 이른바 '공동체주의'를 대표하는 인물이다.

정해주는 것은, 아픔을 줄여나가는 데 결정적인 도움을 준다. 그래야 한탄의 한숨을 줄일 수 있을 게 아닌가. 한탄에 엄살이 섞여 있을지라도 그냥 그대로 받아주는 거다. 다만, 니체가 동정을 두고 뿌리 뽑아야 하는 '고약한 전염병'(니체, 『도덕의 계보학』) 가운데 하나라고 일갈한 것을 고스란히 받아들일 수는 없지만, 동정을 베푸는 사회에서 병자가 건강한 사람까지 병들게 만드는 일은 없도록 신경쓸 필요는 있으리라.

관련 항목

감정 표현을 허하라 | 고통은 공감을 이끄는 끈 | 치유, 타인의 축복에 대한 응답

양심이라는 주관적 도덕

양심은 우리의 사회적이고 도덕적인 행동이 올바른 것인지 판가름해주는 기준이다. 신학에 충실하려는 윤리학의 대변자들에게만 양심이 중요한 것은 아니다. 양심이라는 말은 영어와 프랑스어의 단어 'conscience'에서 분명하게 드러나듯 '나와 함께, 나를 통해 안다'라는 의미를 갖는다. 이렇게 볼 때 양심은 외부의 영향에 너그러우면서도 한사코 외부의 영향을 거부하려는 내밀한 앎이자 생각이다. 오늘날 양심이라는 말은 아주 다양한 뜻으로 쓰인다. 종교는 양심을 '복스 데이vox Dei', 즉 신의 음성이라고 해석한다. 자신의 형상대로 지은 인간을 어찌하면 구원할 수 있을까 노심초사하는 신의 목소리가 양심이라는 것이다. 양심의 보다 더 현대적인 형태는 이성의 양심이다. 이 양심은 인간을 책임감과 의무를 아는 존재로 파악한다. 개인과 사회, 본능과 규범 사이의 대립에서 빚어지는 죄책감을 양심이라고 보는 것이다. 적응을 최우선의 과제로 보는 도덕에 사로

잡힌 인간은 법과 규칙을 거스르지 않으려고 노력한다. 바로 이 노력이 양심인 셈이다. 쇼펜하우어는 양심이 어떤 요소들로 구성되어 있는지 아주 정확히 알았다. 내면 깊숙이 자리잡은 두려움, 신이 가진 초자연적인 힘을 바라보는 경외심, 선입견, 허영심 그리고 습관, 이렇게 다섯 가지가 오분의 일씩 골고루 들어 있는 게 양심이라나.

양심은 근대를 거치면서 심지어 발전하기까지 했다. 관심 있는 독자라면 키트슈타이너의 『현대 양심의 성립』이라는 책을 읽어보기 바란다. 16세기와 17세기 종교전쟁과 관련해 철저함을 강조하는 종교적 근본주의의 양심에서부터, 행위를 저지르고 난 다음 참회와 은총을 목표로 하는 양심 문화로서 '콘스시엔티아 콘세퀜스 conscientia consequens', 즉 결과 양심인 18세기 계몽주의 도덕철학의 양심을 거쳐, '콘스시엔티아 안테세덴스 conscientia antecedens', 즉 조건의 양심에 이르기까지 양심이 걸어온 변화의 길을 일목요연하게 정리해 보여준다. 18세기 이후 모든 행동의 자기통제를 요구하는 양심은 '내면의 법정'(칸트)이라는 형식으로 사회적인 인정을 받아 자리를 잡았다. 이때 양심을 종교에서 도덕의 차원으로 돌려놓은 사람은 루소이다. 루소에게 양심은 인간의 도덕능력이다. 즉, 양심은 선천적으로 타고난 자연의 원칙인 동시에 신과 같은 절대적인 도덕의 원리이다. 완전함과 도덕성이라는 인간의 본성이 양심이다. 반면 완전해지는 것, 즉 이성의 인식을 통해 비로소 양심은 사회성과 습관 그리고 상대적 도덕관이 된다. 그러니까 발달하고 성장하면서 양심은 완성되는 셈이다. 이는 물론 자연적으로 타고난 완벽함이 나를 벗어나 내가 아닌 것, 내가 취득해야 하는 대상처럼 된다는 것을 의미한다.

여기서 양심은 선과 악을 구별하는 내면의 법정과 같은 게 아니라, 직접적으로 실천하는 행동의 이성이다. 그러니까 인간은 반성하기에 앞서 이미 실천적 행동 양심이라는 태도를 이성에 부여받은 것이다.

어떤 양심을 택하든 한 가지만큼은 분명해 보인다. 양심의 만족은 양심의 가책을 느끼지 않는 상태다. 니체는 양심의 가책이 어디에서 비롯되는지 알고 있었다. 이를 알아내기 위해 니체는 인류 역사 전체를 훑는 노력을 아끼지 않았다. 모든 것은 강자는 강하며 약자는 약하다는 데서 시작되었다. 그런 다음 약자, 복수심에 불타는 인간들이 강자를 비난하는 시기가 찾아왔다. 이 세상의 모든 악이 생겨난 책임이 강자에게 있다는 거였다. 그러자 돌연 양심의 가책이 나타났다. 양심의 가책은 자신에게 이렇게 뇌까렸다. "모든 게 내 탓이다!" 니체에 따르면, 양심의 가책은 공격성과 잔혹함이라는 인간의 본능이 밖으로 향해 학살이나 처형을 일삼는 게 아니라, 자기 자신을 겨눔으로 말미암아 생겨난다고 한다. 이같이 내면을 노린 공격은 인간들이 모두 힘을 모아 저지른 친부 살인, 즉 신을 죽인 사건과 결부되어 있다. 말하자면 그리스도를 죽였다는 자책으로 괴로워하는 게 양심의 가책이다. 니체에 따르면, 양심의 가책을 느끼는 인간은 자신의 잔혹함에 희생당한 사람이다. 양심의 가책은 그의 인생을 공격해 파멸로 몰아넣는다. 인간이 부르는 마지막 이별 노래가 양심의 가책인 셈이다.

조금 더 시간이 흘러, 프로이트는 인간이 양심의 가책을 느끼는 이유를 알아냈다고 주장했다. 인간은 자신의 내밀한 희망을 금지하는 부모 때문에 양심의 가책으로 괴로워한다는 것이다. 아이들은 벌을 받을까 두려워 양심을 갖도록 강제당한다. 상상 속에서 그려본 것이 실제 행위로 벌어지는 최악의 경우를 막으려고 강요된 게 양심이라는 점에서, 이는 양심의 강제된 가책이다. 어린 소년은 엄마와 자고 싶어 아빠를 죽이려는 꿈을 언제나 마음속에 감춰두기에 양심의 가책으로 괴로워한다. 상상으로 그치든, 실천으로 옮겨지든, 오이디푸스는 비극이다. 어느 쪽이든 죄의식이 남기 때문이다. 고행을 하며 죄의식을 씻으려 노력하면 할수록, 죄의식은 더욱 커진다. 내면의 도덕 법정으로서 양심은 사회적으로나 도덕적으로 '콤 일 포 comme il faut', 즉 적절하지 않은 비밀스러운 충동까지 두루 아우르고 관찰하며 감시하고 있다. 양심과 더불어 행복해지기란 정녕 힘들다. 양심의 가책이 근본적으로 누구나 가지고 있는 보편적인 것이라고 니체와 프로이트가 가정했다면, 이들은 다른 사람에게 뭔가 감추려 하기 때문에 특수한 양심의 가책이 생겨날 수도 있다는 점은 깔아뭉갠 것이나 다름없다. 이 경우 양심의 가책이 주는 쓰라린 아픔에서 양보와 배려, 사랑과 친절 및 사심 없이 돕는 자세 등과 같은 도덕적 태도가 생겨난다. 이런 것들은 양심이 충만한 경우에서는 절대 나타날 수 없다.

그러나 아돌프 아이히만은 왜 양심의 가책을 느끼지 않았던 것일까? 양심이라는 것이 개인적인 당혹감과 윤리적 요구와 관계된다면, 아이히만도 양심이 쓰라렸어야 하지 않을까? 그는 오로지 지시에만 반응하는 권위적 양심, 그러니까 권위에만 복종하는 양심만을 가졌던 것일까? 이로써 자신의 독자적인 판단이나 개인적 자제심 혹은 저항하려는 의지를 모두 유보한 것일까? 그를 책상머리에 앉아 잘못된 의무감이나 절대 복종심에 이끌린 확신범이라고 보는 게 의미 있는 접근일까? 그의 양심은 천박하기 짝이 없는 사악함을 다스리기는 한 것일까? 혹시 그는 심지어 민족의 양심을 대변한 것은 아닐까? 그의 양심이 지극히 '정상적'이었다는 것은, 그가 독일 민족을 상대로, 배려심이라고는 일절 없는 단호함과 강력함으로 당면한 온갖 문제를 해결하자고 외친 데서 극명히 드러난다. 그의 이런 발언을 두고 독일 민족 쪽에서는 아무런 항의를 하지 않았기 때문이다. 이런 점에서 아이히만을 '가정에서는 정언명법•에 충실한 평범한 소시민이었다'고 표현하는 것은, 글자 그대로 죄악을 저지르는 것을 아무렇지도 않게 눈감아줄 수 있다는 말에 지나지 않는다. 그는 유대인을 죽여도 좋다는 확신에 찬 나머지, 더욱더 힘을 기울여 완벽하게 의무를 다하는 것만이 독일 민족에게 요구할 수 있는 최소한이라고 서슴없이 내뱉는 파렴치한이었다.

오늘날 양심을 공개적으로 까발리는 일은 경쟁적으로 이루어지고 있다. 사람들이 토크쇼를 그토록 즐기는 이유가 달리 있는 게 아니다. 말하자면 양심의 가책을 조금이라도 덜어보기 위해 대중이 지켜보는 앞에서 자신의 속내를 아무렇지도 않게 털어놓는 것이 아닐까? 고해성사를 공개적으로 즐기는 이런 기괴한 심리는 어디서

• Kategorischer Imperativ: '정언적 명령'이라고도 한다. 칸트 윤리학의 주요 개념으로, 자신의 행동이 곧 우주의 보편 법칙이 되어야 한다는 게 그 핵심이다. 즉, 스스로 원치 않는 것은 남에게도 해서는 안 되며, 행위의 결과에 구애되지 않고 행위 그 자체가 선한 것이 되어야만 한다는 주장이다. 물질적 보상에 좌우되지 않는, 실천적 이성에 대한 자발적 요구라는 점에서 이성을 세계의 중심에 놓는 혁명적 발상이다.

온 것일까? 굴욕을 자청하고도 만족을 느끼는 심사의 진원지는 어디일까? 프로이트가 자신의 책 『히스테리 연구』에서 환자의 고백을 '토킹 큐어Talking cure', 즉 이야기 치료라고 말한 대목이 자연스럽게 떠오른다. 그러니까 상담을 하면서 '속에 담아두었던 내밀한 소망'을 털어놓으면 히스테리 증상의 '카타르시스'가 일어난다는 것이다. 양심의 부담을 털어주는 수단은 예나 지금이나 속내를 털어놓는 고백이다. 기독교의 고해성사와 종교재판이라는 형태는 고백의 이런 효능을 처음으로 실험한 시도가 아니었을까. 이는 의사의 진찰실과 정신분석가의 소파에서 병력을 털어놓는 일로 이어졌다. 고문으로 강제되던 자백이 자발적인 고백으로 변모한 셈이다. 털어놓지 않으면 무슨 큰일이라도 나는 것처럼 조바심을 내면서 말이다. 아마도 그동안 우리는 끊임없이 자신의 진실을 누구에게든 털어놔야만 직성이 풀리는 '고백의 동물'(푸코)이 되어버린 모양이다. 솔직히 양심이란 까발리고 털어놓는 것을 즐기는 심보다. 그리고 양심은 앎과 깨달음이 그곳에 자리잡기를 선호하는 특별한 곳간이기에 모든 게 남김없이 폭로될 수 있다. 19세기까지 인간이 어떻게 해야 진리를 알 수 있을지 고민해왔다면, 오늘날 진리는 인간 자신이다. 속에 감춰두었던 것을 털어놓는다는 행위만으로 진리가 꾸며진다. 〈이오 콘페시오Io confessio〉라는 이탈리아 토크쇼 방송이 있다. 말 그대로 '내가 고백한다'는 뜻이다. 물론 토크쇼 사회자는 고해성사를 받는 사제처럼 고백자를 면죄해줄 수는 없다.

양심이라는 개념은 궁극적으로, 선한 것과 악한 것이 무엇인가 끊임없이 묻는 자세로 도덕의 가치를 평가하고 비판하며 경우에 따라서는 폐기까지 서슴지 않으면서 깨달아나가는 능력으로 이해해야 한다. 이런 앎은 교회의 영향에서 벗어나 세속화한 근대, 즉 신보다는 주관의 주체성에 눈뜨기 시작한 근대에는 어디까지나 주관적인 것이었다. 물론 주관은 선하게 행동해야 한다는 객관적 요구에 부합하는 일이 지극히 당연한 것이라고 여겼다. 사정이 이렇다보니 늘 같은 물음이 되풀이될 수밖에 없다. 즉, 개인의 양심이 그 내용에 있어 과연 도덕적인 것이냐 하는 물음이다. 칸트가 말하는 선험적 주관이라는 게 그 형식에서는 보편적일지 모르나, 개인이 갖는 도덕의식의 내용도 조금의 어긋남 없이 보편적 도덕 가치와 맞아떨어진다고 할 수 있을까? 물론 칸트 사상의 전통을 이어받은 후계자라면, 개인의 양심은 정언명법이라는 이념을 따를 수밖에 없다고 주장하리라. 세계를 포괄하는 공통의 윤리를 의식하는 개인이라면 정언명법이라는 보편적 명령을 따르는 게 당연하다? 개인의 선택과 결단이라는 존엄한 권리를 처음부터 제한하지 말아야 한다는 갈등을 극복할 수만 있다면 문제될 게 없겠으나, 그게 어디 그렇게 쉬운 일인가? 그래서 말이지만, 여기에는 해결되어야만 하는 여러 선결 조건들이 숨어 있다. 첫째, 인간이라면 누구든 하나의 (도덕적) 현실과 마주해야 한다. 둘째, 이 현실은 누구나 잘 조망할 수 있는 것이어야 한다. 셋째, 동시에 현실은 이성적인 현실이어야 한다. 넷째, 완전함을 향해 끊임없이 다듬어질 수 있는 현실이어야 한다. 이를 종합해보면, 인간은 언제나 무엇이 정언명법이라는 양심의 기준에 부합하는 도덕적 가치인지 알아야만 한다는 결론이 나온다. 개인의 개별적인 사례에서 선택과 결단이라는 인간의 존엄성이 구체적으로 무엇을 뜻하는가 하는 문제는 정언명법이 갖는 보편성과 필연성으로만 답할 수 없기 때문이다. 양심이라는 주관적인 도덕의 한계는, 더이상 그 배경을 따져 물을 수 없다는 점이다. 내가 결정을 내린 이상, 어디까지나 그것은 나의 선택일 따름이다. 나한테 좋은 게 남에게도 좋은 것이라고 어떻게 말할 수 있는가? 그러나 전망은 그리 비관적이지 않다. 나라는 주관의 더이상 캐물을 수 없는 선택은 어디까지나 남과의 관계 속에서만 생각할 수 있는 것이기 때문이다. 남이 꼭 신이어야 할 필요는 없다. 다른 개인이나 어떤 특수 사회의 도덕도 내가 의지해 살아가는 관계의 한 축이니 말이다.

어떤 인생을 살 것인가 하는 물음은 양심의 문제다. 물론 도덕적으로 성공한 인생이라고 해서 반드시 양심에 따른 것은 아니다. 영리한 영국인은 이런 말을 즐겨 한다지 않는가. "양심을 지킬 형편이 안 되는 걸 어쩌겠어."

관련 항목

예의란 인간다운 나에 대한 열망 | 잔혹함, 관심의 가뭄 | 행복은 시간으로부터의 해방이다

여자 혹은 남자로 살아가기

여자 혹은 남자. 소녀 아니면 소년. 우리는 이렇듯 신이 두 가지 다른 형태로 인간을 창조했다고 알고 있다. 그런데 정말 어떻게 창조했을까? 성경 말씀대로라면 당신의 모습대로 지으셨다고 한다. "하느님의 모습대로 사람을 지어내시되 남자와 여자로 지어내시고……"(『창세기』 1장 27절) 그렇다면 신의 모습을 그려보는 게 금지된 우리로서는, 신이 여성과 남성, 이렇게 양성을 두루 갖춘 존재라고 떠올릴 수밖에 없다. 적어도 이게 첫번째 가능한 독법이다. 플라톤은 기독교에 비해 조금 더 복잡하기는 하지만 아주 영리한 해법을 제시한다. 곰곰이 생각해본 끝에 제3의 성을 제안한 것이다. 말하자면, 신은 여성과 남성을 한몸에 지닌 암수한몸인 셈이다. 암꽃과 수꽃이 한 그루에서 피는 암수한그루가 그 좋은 증거가 아닐까? 짐작해봄직한 일이기는 하지만, 암수한몸 그대로 지었다면 그 복사물인 우리도 암수한몸이어야 하지 않을까? 결국 암수한몸에서, 되

어야만 할 게 되고 말았다면, 다시 말해서 여자와 남자가 떨어져나왔다면, 신과 동등한 것 같아 호감이 가는 '모습대로'라는 말을 버리고, 분리 내지는 분열이라는 말과 친숙해지는 게 필요하다.

여성과 남성이라는 인간의 두 가지 성별과 관련해 분리 또는 분열을 이야기한다는 것은 무척이나 쓰라린 일이다. 그러나 여기서도 플라톤의 시각은 추천할 만하다. 태양에서 생겨난 남자와 지구에서 비롯된 여자 외에도, 달에서 온 제3의 인간형이 있다고 플라톤은 힘주어 말한다. 그러니까 이 인간형은 태양과 지구에 똑같이 관계한다. "아주 강인하고 대단한 힘을 자랑하며 대담무쌍한 생각을 가진" 특별한 인간이다.(플라톤) 이 인간형이 남성과 여성을 합친 존재라는 것은 그리 놀라운 이야기가 아니다. 그러니까 팔과 다리가 네 개이며 손과 발도 마찬가지다. 두 개의 얼굴을 가졌고, 양쪽 성기를 두루 가지고 있는 것은 두말할 필요가 없다. 서로 맞붙어 둥그런 구형을 하고 있는 이 존재는 어떤 관계든 너그럽고 유연하게 대처하며, 헬라•의 땅 위를 번개 같은 속도로 굴러다닌다. 신들이 이 강력한 존재를 보고 못마땅하게 여긴 것도 그리 놀라운 이야기가 아니다. 이들을 어찌해야 좋을지 몰라 골머리를 앓던 제우스는 아예 깔끔하게 두 쪽으로 갈라놓기로 결심했다. 모든 구형 인간을 둘로 갈라라! 인간은 두 쪽으로 갈라지고 머리까지 뒤로 비틀려, 잘려나간 등짝을 보며 신을 두려워하는 마음을 항상 새기게 되었다. 오늘날 우리가

• 헬레네의 다른 이름. 그리스신화에 나오는 제우스와 레다의 딸로, 스파르타에서는 농경의 여신으로 섬겼다.

가지고 있는 배꼽은 몸이 갈라지던 당시에 생긴 흔적이다. 몸이 갈라져 늘어난 피부를 정리하느라 팽팽하게 잡아당긴 다음 비틀어 매놓은 게 배꼽이라는 것이다. 그러나 아뿔싸! 이게 엄청난 파국을 불러올 줄은 제우스도 미처 예상하지 못했다. 잘려나간 반쪽(예전에 온전했을 때에 비하면 반쪽이며, 오늘날 우리와 비교해서는 온전한 쪽이다)은 자신의 나머지 반쪽을 잊지 못하고 찾아 헤매며 만나는 즉시 철썩 붙어버렸다. 다시 놓칠세라 꼭 부둥켜안고 지내는 바람에 아무 일도 하지 못해 굶어죽는 일이 속출했다. 참상을 보다못한 제우스는 인간의 얼굴과 성기를 제자리로 돌려놓았다. 같이 있어도 서로 다른 쪽을 보며 일하고 살라는 배려였다. 한결 편안해진 인간들은 서로 짝을 찾은 뒤에도 항상 붙어 있지 않고 각자 할 일을 하고 살았다. 물론 여자와 남자가 짝을 이루는 경우가 흔했지만, 여자와 여자가, 남자와 남자가 붙는 일도 심심치 않게 벌어졌다. 동성애를 선호하는 이들은 구형 인간일 때부터 동성끼리 한몸이었다는 것이다. 이렇듯 나머지 반쪽을 찾아 헤매게 만드는 힘인 에로스는, 우리가 원래 한몸이었던 탓에 다시 하나가 되려고 갈망하는 데서 비롯되었다고 한다.(플라톤)

짝 찾기, 특히 이성 짝을 찾는 일은 문제없이 이뤄지지 않는다. 성공적으로 짝을 찾아 온전한 인생을 완성하는 일은 그에 걸맞은 무장과 준비를 필요로 하기 때문이다.(오비디우스) 당사자에게는 일생일대의 중대사인 까닭에 종종 여성과 남성이 서로 이해한다는 게 얼마나 어려운지, 쌍방의 오해가 어느 정도 깊은지, 서로 상대의 인생을 얼마나 어렵게 만드는지에 대해 까맣게 잊어버린다. 특히 인생을 어렵게 만든다는 문제에는 근대 철학이 한몫 단단히 거들었다. 이렇게 볼 때 근대 철학은 기독교의 색채를 짙게 풍기기도 한다. 종횡무진 거칠 것 없이 사고하며 성큼 앞서가기를 좋아한 쇼펜하우어는 무슨 일에서인지 신이 여성에게 내린 저주(『창세기』 3장 16절•)를 떨쳐버릴 수 없었던 모양이다. 그래서 여성이 출산의 고통을 겪는 것이야말로 죗값을 치르는 것이며, 남자의 우위를 증명하는 것이라고 주장했다.(쇼펜하우어) 이런 불쏘시개를 던지는 바람에 "여자도 인간이냐?" 하는 물음을 둘러싼 논쟁이 활활 불타올랐다.(랑에) 그렇지만 이미 인권이라는 것을 소중히 여길 줄 알았던 18세기에, 이 권리가 여자와 남자에게 두루 적용되는 게 아니라고 할 수는 없는 노릇이 아닌가? 그래도 남자의 우위를 포기할 수 없어 찾아낸 간단한 방법이 'man'을 남자와 여자를 총칭하는 대명사로 쓰는 것이었다. 이런 꼼수는 가히 치명적인 결과를 불러오고 말았다. 특히 철학과 정치에서 막강한 영향력을 행사하는 자리를 차지했던 남자들은 언어의 유리함을 이용해 다음과 같이 선포했다. "All men are equal", 즉 모든 사람—남자—은 평등하다는 것이었다. 눈이 동그래진 여자가 진의를 캐물을라치면, 'men'은 남자와 여자를 두루 지칭하는 것이라 둘러대면 그만이었다. 그러나 호락호락 물러설 여인들이 아니다. 예를 들어 올랭프 드 구즈••는 「여성과 여자 시민의 권리 선포」로 평등이 적용되는 범위를 분명히 했다. 구즈는 헌법에

• 이 구절은 다음과 같다. "너는 아기를 낳을 때 몹시 고생하리라. 고생하지 않고는 아기를 낳지 못하리라. 남편을 마음대로 주무르고 싶겠지만, 도리어 남편의 손아귀에 들리라."

'여성과 남성'이, '남자 시민과 여자 시민'이 동등하게 다뤄져야 함이 당연하다고 주창하고 나선 것이다. 물론 이 당연함은 오늘날까지도 지당한 것으로 여겨지지 않고 있지만 말이다. 괜히 옹졸해서 그런 요구를 하고 나선 게 아니다. 권리의 당당한 주체로 인정받기 위한 몸부림이다. 오늘날까지도 재판의 판결이나 임금 지급 같은 문제에서 남자의 뒤를 절룩거리며 간신히 좇아오는 여성의 처지를 생각해보라. 어쩌다가 한 번씩 생각의 잘못을 저지르는 철학은 그 같은 열악한 상황에 대한 책임을 인정하지 않고 그저 나 몰라라 하는 식으로 계속 앞만 보고 나아가는 어리석음을 범하고 말았다. 아예 남녀 차별 문제를 생각의 대상에서 빼버린 것이다. 그 같은 엉성한 태도로 지은 생각의 집이 아름다울 리 없다. 집의 전면을 투명한 유리로 장식한다고 해서 추한 모습이 나아지는 것도 아니다. 미관도 건물의 구조 안전에서 빼놓고 생각할 수 없는 요소이기 때문이다. 나중에 철골을 댄다고 하더라도 구조의 결함이 사라지지는 않는다. "무엇보다도 여자를 잊지 않고 계속 이런 결함을 수정해나가려는 자세가 꼭 필요하다. 모든 규정에 여자라는 단어를 '삽입'하는 것이다."(벤하비브•••) 남자와 여자, 여자와 남자, 소년과 소녀, 노인과 청소년 등은 저마다 두루뭉술한 'man' 아래 포섭되기를 철저히 거부해야만 한다. "다른 사람이 처한 처지를 똑똑히 보고, 그 다른 사람

•• Olympe de Gouges: 1748~93. 프랑스의 여성 혁명가. 여권신장운동으로 명성을 떨쳤다. 본문에서 언급한 연설문은 1789년 8월 26일, 프랑스혁명의 와중에서 발표된 「인간과 시민의 권리 선포」에 대한 반응으로 쓴 것이다.

••• Seyla Benhabib: 1950~. 터키 태생의 여성 정치학자.

을 그저 추상적인 일반인으로 받아들이지 않고" 구체적인 사람으로 파악하기 위해서는 모퉁이를 돌아보는 것만으로도 충분하다.(벤하비브)

결연한 의지를 담은 이런 요구는 실현 가능성을 두고 아직도 험난한 도전에 직면하고 있다. 무엇보다도 "인간에 대한 전통적인 정의"를 새롭게 정의하는 게 시급하다.(길리건•) 새로운 정의가 꼭 필요하다는 데에는 철학적인 이유만 있는 게 아니다. 구체적인 삶의 현실도 하루빨리 정의가 내려지기를 고대하고 있다. 민주주의 사회의 발달뿐만 아니라 전통에서 해방된 생활 방식 역시 그동안 남녀 사이에 전통적으로 굳어진 역할 분담을 더 유동적으로 만들고 있기 때문이다. 가족관계의 급속한 변화, 이를테면 수평적으로는 갈수록 줄어들기만 하는 자녀의 수, 수직적으로는 부모와 자식 사이의 관계 약화, 그리고 대각선을 이루며 얽히는 각종 부수적인 관계들의 변화 등은 남녀의 역할 분담을 전면적으로 뒤바꿔놓고 있다. 자기 자신의 기대도 충족하기 어려운 마당에 남이 품은 기대는 돌볼 겨를조차 없다. 어찌해야 남자로 올바로 사는 것인지, 어떤 게 여자로서 바른 삶인지 고민하는 데에서 빚어지는 의견 차이는 살얼음판을 걷는 것처럼 우리를 불안하게 만들 뿐이다. 여기에 생리적인 성차마저 흔들린다. 갈수록 욕구가 줄어들고, 발기부전으로 인해 채워지지 않는 욕구는 여자와 남자 모두를 불만과 불안에 떨게 만들고 있다.

타고난 성을 버리고 다른 성을 갖는 게 짜증과 권태에서 벗어

• Carol Gilligan: 1936~. 미국의 여성 심리학자이자 페미니즘 윤리학자.

나게 해줄 달콤한 유혹처럼 보이는 이유가 달리 있는 게 아니다. 그런 변신을 선호하는 태도는 생래적인 성보다 문화에 의해 주도된 성이 상대적으로 더 우위에 선다는 방증이기도 하다. 각자 해당 문화가 요구하고 연출하는 여성과 남성의 이미지가 지금의 내가 아닌 다른 내가 되고픈 마음을 불러일으키는 것이다. 유전자를 XX 혹은 XY로 타고났기에 어쩔 도리가 없었던 생리적인 운명은, 몸의 특정 부위를 부풀리거나 축소하는 조작을 통해 남자가 여자로 변신하며 여자가 남자로 변모하는 선택의 자유로 돌변한다. 처음에는 장난처럼 한번 바꿔볼까 하던 생각은, 더이상 태생적 성을 책임지고 싶지 않다고 진저리를 치는 순간 진지한 대안으로 떠오른다. 태어나면서부터 자신의 의지와는 상관없이 미끄러져들어간 성이 일종의 저주로 느껴질 때, 이 사슬을 끊어버릴 수 있다는 생각은 무시무시한 해방감과 함께 자유를 선물한다. 이게 진정 행복으로 향하는 길인지 묻는 것은 아무 의미가 없다. 어쨌거나 자유롭지 않다고 느끼는 것이야말로 최악의 불행이니 말이다. 이성처럼 차림새를 꾸미고 싶다거나, 아예 이성으로 탈바꿈하고 싶다는 갈망은 최근 성전환수술의 발달로 현실이 되어가고 있다. 사실 성전환은 어느 한쪽의 성을 선택하는 게 아니라 암수한몸이 되는 것이나 다름없다. 사정이 이렇다보니, 어떤 사람이 무슨 성을 가졌느냐 하는 문제는 상대적인 의미만을 지니는 동시에, 개인의 결단에 의한 것이기에 그 의미의 비중은 커진다. 만들어지는 성이라는 것은 그때그때 문화적 취향과 성향에 따라 달라진다. 다시 말해서 한 사회의 문화가 어떤 흐름에서 성 문제를 바라보는가에 따라 성이 선택될 것이다. 타고난 생리적 요소까지 바꿀 수 있다면 성 문제는 지금껏 상상도 못했던 차원의 것이 되리라. 그때그때 입맛에 따라 계속 바꾸어나갈 게 아닌가. 사람이 그저 여자 혹은 남자로 살아가는 게 아니라 원하는 성을 만들 수 있다면, 의도적인 선택으로 그때그때 마주치는 어려움을 피하려 들 가능성도 얼마든지 있다. 아니면 거꾸로, 그저 주어진 대로 살아가거나. 어차피 끊임없이 바뀌는 거라면, 그저 타고난 그대로 살아가는 것도 나쁘지 않은 방법이리라. 문화적인 흐름이야 눈 질끈 감고 외면하면 그만이다. 그러나 이런 외면과 회피에도 한계가 있지 않을까? 문화의 영향을 계속 무시하고 살아갈 수는 없는 노릇이니 말이다.

이런 진퇴양난에서 빠져나오는 방법은 의외로 간단할 수 있다. 수술 기법의 발달로, 수시로 성을 바꿀 수 있다면. 오늘은 남자, 내일은 여자, 모레는 남성 성향이 강한 이성애자, 글피는 레즈비언 하는 식으로 말이다. 이렇게 해서 성 문제는 늘 어느 쪽을 선택할까 고민해야 하는 일상이 되어버린다. 심지어 남자와 여자의 경계를 넘나드는 게 직업이 될 수도 있다. 결국 남성이냐 여성이냐 하는 게 아무 의미가 없게 되는 날도 오지 않을까? 순간적인 기호에 따라 얼마든지 새롭게 바꾸어갈 수 있다면, 어느 쪽을 택하든 마찬가지일 터. 아무튼 간단한 문제가 아니다. '여자' 혹은 '남자'로 살아간다는 것은 단순히 성을 말하는 게 아니라 특정 생활 방식과 밀접한 관련이 있기 때문이다. 이를테면 '여자'와 '남자'를 운명처럼 받아들이고 인내할 때 결실을 맺는 것도 있으니 말이다.(뵈메) 성을 지속적으로 선택할 수 있는 자유는 남자와 여자 외에 제3의 성을 낳기도 하리라. 이른바 '천사라는 성'(룬테)이 나타나거나, 아예 플라톤의 구형 인간이

귀환할 수도 있다. 어쨌거나 이런 식으로 문화가 규정하는 성에서 탈피할 수는 없다. 남과 여를 넘나드는, 어찌 보면 관음증에 가까운 방랑은 그저 주어진 역할에 충실하게 사는 것보다 훨씬 더 어려울 게 틀림없다.(히르샤우어•) 남자 혹은 여자로 살아간다는 것은 결국 나를 어떻게 이해해야 할 것인가 하는 자기결단의 문제다. 다시 말해서, 어떻게 살아야 인간으로서 나 자신을 온전히 실현할 수 있을까 하는 물음부터 던져야 한다. 남자 혹은 여자라는 성 정체성만으로 이 물음에 답할 수는 없다. 여자 혹은 남자로 살아간다는 것은, 여자든 남자든 어떤 인간으로 살아야 하는가 하는 물음으로 남을 따름이다.

관련 항목
몸에 충실한 삶 | 유전자 세상이라는 묵시록 | 정체성이라는 모호함에 대하여

• Stefan Hirschauer: 1960~. 독일의 사회학자.

예의란 인간다운 나에 대한 열망

우리는 아이들에게 입버릇처럼 예의바르게 굴라고 말한다. 그러나 그렇게 말하는 어른치고 특별히 예의바른 사람을 찾아보기는 힘들다. 자신은 별로 예의를 갖추지 않으면서도 상대방의 태도를 보고 끌끌 혀를 차곤 하는 게 어른이다. 오죽하면 여성 부장은 출장을 떠나는 부하 직원에게 아주 심각한 얼굴로 제발 품위 있게 행동하라고 충고할까. "건강하게 잘 다녀와" 하는 인사가 더 친절하게 받아들여진다는 것을 모르지는 않을 터. 물론 대개 "건강하게!" 하는 인사는 그다지 진지함이 담기지 않은, 입에 발린 말처럼 들리기는 하지만 말이다. 어쨌거나 품위를 잃지 말라는 당부에 부하 직원의 얼굴은 벌게진다. 불편하고 불쾌해한다. 대체 어른은 왜 '예의'라는 말에 언짢아 하는 것일까? 무엇 때문에 상대방에게 예의를 권하는 일은 불손한 행위로 받아들여질까? 언어의 역사에서 보자면 그 원인은 예의라는 말이 그 원래 어원과는 달리 쓰이는 데서 찾아볼 수 있다. '예의Anstand'라는 말은 본래 아주 긍정적인 의미를 갖고 있었다. 중세의 독일 표준어에서 '예의Anstant'라는 말은 고위관직을 뜻했다. 그러니까 예의바르게 굴라는 말은 직책에 걸맞은 품격과 권위를 갖추라는 지적과 다르지 않았다. 다시 말해서 '예의'를 권고한다는 것은 지금 당신 하는 짓이 엉망이고 개판이며 보잘것없다는 욕이나 다름없다. 물론 그림 형제는 '예의Anstant'라는 말에 대해, 사격 중지로 인해 싸움이 '멈춘 것Anstehen'을 뜻하기도 한다고 지적하기는 했다. 머리끄덩이를 잡고 싸우지 말고 조금 떨어져서 보라? 예의가 이런 뜻이라면 고무적인 일이 아닐 수 없다. 그러나 '품위'라거나 '떨어져서 보는 것'이라는 의미는, 오늘날 어떤 사람의 예의바름을 말하는 데 있어 결정적인 영향을 준 라틴어 '데코룸decorum', 즉 꾸밈과 '호네스타스honestas', 즉 명예로움에게 자리를 내어주고 말았다. 이처럼 어떤 사람의 예의범절을 만드는 게 무엇인지 한마디로 콕 집어 이야기하는 것은 결코 간단한 일이 아니다. 그래서 여기서도 눈에 거슬리는 것에 대해서 그런 게 예의는 아니라고 말해주는 부정의 방법이 간편하다. 이를테면 빈의 가장무도회에 파자마를 입고 나타나는 것은 정말 아니라고 이야기해주는 식으로 말이다. 여기서 드러나듯 우리는 다른 사람의 겉모습을 보고 그가 얼마나 예의바른지를 판단한다. 그러니까 우리가 말하는 예의란 '꾸밈'인 것이다. 그렇기에 가장무도회에는 화려한 야회복을 잘 차려입고 나타나야지, 잠옷 바람으로 와서는 안 된다.

철학자 크니게가 추천하는 처세술을 귀담아들어두는 것도 나쁘지는 않으리라. 예를 들어 치열이 고르지 못하거나 얼굴의 골격이 어딘가 모르게 뒤틀려서 미소를 짓는 게 더 끔찍한 인상을 준다면, 차라리 심각한 표정을 짓고 있으라는 식이다. 아무리 즐거운 이야기를 듣더라도 절대 웃어서는 안 된다. 또 재산이 아무리 소중하다고 해도 "손님에게 이쑤시개를 건네주고는, 쓴 다음에 돌려달라고 해서는 안 된다". 거칠고 버르장머리 없는 사람이라는 욕을 듣지 않으려면 그 같은 충고들은 의심하지 않고 잘 새겨두어야 한다. 그러나 이런 충고들을 지킨다고 해서 예의바른 것일까? '데코룸'이라는 18세기의 좁은 개념이 말하는 예의가 반드시 존경할 만한 것은 아니다. 진심에서 우러나는 존경을 받는 예의를 갖추고자 한다면, 우리의 태도가 달라져야만 한다. 예의가 꾸밈과 분칠만으로 가르칠 수 있는 것이라면 차라리 예의범절 카탈로그 같은 것을 만드는 것만으로 충분하리라. 그러나 사정은 그리 간단치 않다. 예의는 어떤 이에게는 복잡하기 짝이 없는 것인 반면, 다른 이에게는 단순명료하기 그지없다.

예의바르게 식사를 한다는 게 무엇이냐고 누군가 묻는다고 하자. 물론 여기에도 적용할 수 있는 도식 같은 게 있으리라. 그런 도식을 보여주고자 한다면, 어떤 경우에 예의바른 것인가 하는 물음에 대해서는 대개 구체적인 상황으로만 대답할 수 있다. 물론 사람들은 대개 상대방이 예의바르게 행동했는지에 대한 '아주 섬세한 판단감각'을 가지고 있다는 오토 프리드리히 볼노프의 지적은 맞다. 그러나 과연 뭐가 정확히 예의인가 하는 물음에는 쉽게 답할 수 없다. 다시 한번 '데코룸'이라는 뜻에서, 가장무도회의 예의바른 신사를 떠올려보자. 이 신사의 예의는 적절한 옷을 고르는 것에서 시작해, 동행한 여인에게 정중히 차문을 열어주는 것 따위의 무수한 테스트를 거쳐서야 비로소 그 수준을 평가받을 수 있으리라. 바로 이게 문제다. '데코룸 예절'에 있어 이런 식으로 체크해야 할 항목은 숨이 넘어갈 정도로 늘어난다. 그래서 심지어 우리는 이렇게 실토하고 만다. "다 그게 그거야." 그게 그거다? 있는 게 있는 거라는 존재론의 농담이라도 하자는 것인가?

존경받아 마땅한 예절이라는 게 사람들이 우러르는 행동과 똑같지는 않다. 자기 대신 처형장에 볼모로 잡혀 있는 친구를 구하기 위해, 급류를 무릅쓰고 도적떼와 맞닥뜨리며 머리가 녹아버릴 듯 이글이글한 열기에도 아랑곳하지 않고 약속을 지킨 뫼로스•의 행동은 의심할 여지가 없이 예의바르다.(실러) 그러나 이런 영웅적인 행동을 곰곰이 뜯어봐도 정작 뭐가 예의인지 직접적으로 드러나지는 않는다. 이보다 훨씬 덜 극적인 상황에서도 우리는 "저 사람 참 예의바르군!" 하고 말할 수 있다. 이처럼 일상의 경우에서 예의바름은 '차분하면서 사려 깊은 공평함'에 기반을 둔다는 점을 더욱 잘 확인할 수 있다. 이런 예의바름은 거창한 말이나 행동을 필요로 하지 않는다. 생명이 위협을 당하는 극적인 순간에서조차 신의를 지킨다거나, 착오로 더 많이 거슬러 받은 돈을 돌려주는 등의 일상의 정직함은 모두 '상호 존중이라는 신뢰의 표시'(가르베) 혹은 '인간다움이라는 확인과 유대'(볼노프)로 나타난다.

상호존중과 유대, 참 멋지고 훌륭한 말이다. 왜 우리가 예의

• Möros: 독일의 극작가 실러가 1798년에 쓴 『보증』에 나오는 주인공의 이름.

를 지켜야 하는지 그 이유를 곱씹어볼 여유를 주는 말이기도 하다. 서로 마음을 나누고 공감을 하며 인간으로서 결속과 유대를 확인하는 것은 자발적으로 우러나오는 것이지, 요구한다고 해서 억지로 만들어지지 않는다. 볼노프는 예의야말로 인간다움의 초석이라고 지적한다. 인간 윤리를 떠받들고 있는 기초가 예의라는 말이다. 진정한 예의는 다른 모든 게 무너져내렸을 때 비로소 그 모습을 드러낸다. 정신이 무너지고 도덕이 깨져 파편만이 가득한 폐허의 땅에서 우리의 마지막 버팀목이 되어주는 게 예의다. 토마스 만은 심지어 예의를 "근본적으로 주어진 영원한 인간다움"이라고 표현한다.

절반 정도라도 '예의'가 통하는 사회를 건설한다는 것은 지난한 일이다. 상대방에게 예의를 요구할 수는 있지만, 의무로 강제할 수는 없기 때문이다. "각종 제도와 기관이 인간의 존엄을 짓밟지 않는다"(마르갈리트)라는 의미에서, 예의바른 사회에서 살아간다는 사실만으로도 대단한 행운이라고 할 수 있다. 인간은 사회에 자신의 존엄을 지켜달라고 요구할 수 있으며, 또 그래야 마땅하다. "인간의 존엄을 최우선의 가치로 삼는 정치"(마르갈리트)는 인간 존중을 사회의 표준으로 내세워야만 한다. 그러나 현대사회에서 이런 실례는 놀라울 정도로 찾기 힘들다. 그러니까 마르갈리트의 진단은 그다지 좋은 소식을 기대하지 못하게 만든다. 제도와 기관을 인간답게 정비하고 가꾸는 게 어렵기 짝이 없는 마당에, 제도에서 자유로운 영역, 즉 사적인 영역은 더더욱 난장판일 게 틀림없기 때문이다. 공공이 눈을 시퍼렇게 뜨고 감시를 함에도 성취하기 어려운 일이 사적인 영역에서 이뤄지기를 기대한다는 것 자체가 무망하지 않을까? 공공의 영역에서는 그나마 무례함을 차단하려는 장치가 소심하게나마 마련되어 있다. 예를 들어 선의의 풍속을 거스르는 계약은 무효로 한다는 게 그것이다.(『독일민법전』 제138조 1항) 상식으로 납득할 수 없는 폭리를 취하는 사채놀이는 처벌하겠다는 솜방망이 장치다. 사적인 영역에서도 처벌하겠다고 으름장을 놓는 울타리가 전혀 없지는 않지만, 그런 게 예의를 키우고 장려하는 데는 거의 기여하는 바가 없다. 고작 다른 사람의 분노가 두려워 무례하게 굴지 않는 것을 예의바르다고 할 수는 없지 않을까? 사람들이 예의를 지키게 만드는 동기는 무엇일까? 어떻게 해야 야단법석 떨지 않고 자신을 낮추면서 해야 할 바를 묵묵히 지키는 태도를 갖게 할 수 있을까?

상대에게 예의를 지키는 사람은, 그 상대방에게서 바로 자신, 곧 인간을 발견한다. 예의범절을 갖춰 인간을 존중하는 태도는 결국 자기 자신을 아끼고 존중하는 데서 비롯된다. 이런 자기존중이야말로 모든 윤리가 출발하는 지점이다. 상대방을 인간으로 인정하고 받아들이는 원초적인 형식이 곧 자기존중이기 때문이다. 자기 자신을 존중할 줄 아는 사람은 타인의 소중함을 아는 사람이다. 남을 업신여기고 비하하는 사람은 곧 자기 자신을 멸시하고 학대하는 성격 파탄자다. 남을 위해 봉사하고 헌신하려는 마음을 먹게 만드는 동기는 바로 나 자신을 인간답게 지키려는 열망이다. 침묵을 강요당하는 상황에서 당당하게 할말을 하는 것, 불의의 폭력에 맞서기 위해 주먹을 불끈 쥐는 것, 요컨대 용기야말로 예절과 품위의 문제다.

자기 자신을 아끼고 존중하는 마음에서 예의를 지키는 사람은, '네가 원하지 않는 것을 남들이 너에게 할지라도 너는 남에게 절대 같은 짓을 하지 말라'며 꼬드기는 쩨쩨한 소상인의 자기방어적인 계산속으로 생각하지 않는다. 오히려 내가 원하는 게 정말 무엇인가 하는 생각에서 출발하는 게 진정한 예의다. 그런데 내가 나를 꼭 존중해야만 하는 것일까? 더욱이 남을 예의바르게 대하겠다는 생각으로 내가 나를 존중해야만 할까? 이런 물음을 갖는 사람도 없지는 않으리라. 이는 저마다 자신의 가슴에 손을 얹고 스스로 해답을 찾아야만 할 물음이다. 곧 뒤따르는 물음도 마찬가지다. 남에게 예를 갖추기 위해 나를 존중하면 안 되는 이유는 뭘까?

관련 항목

먹고 마심은 곧 우주다 | 의무를 넘어 여유로운 삶으로 | 적절한 행동의 척도는 무엇인가

욕지기는 불완전한 자신을 향한 혐오다

왜 우리는 인육을 먹지 않을까? 근친상간을 혐오하는 이유는 뭘까? 어째서 어떤 동물은 보기만 해도 입맛이 떨어지고 속이 메슥거릴까? 꼴만 봐도 역겨운 인간이 흔한 이유는 뭘까? 아니, 왜 우리는 메스꺼움을 느끼다못해 구토까지 하는 것일까? 일단 떠오르는 이유는 간단하다. 싫기 때문이다. 언제나 문제를 다룰 때에는 간단하고 분명한 이유부터 짚고 들어가야 한다. 물론 구토라고 다 같은 구토는 아니다. 몸이 내뿜는 각종 악취나 배설물을 보고 느끼는 구역질에서 인간 자체를 혐오하는 구토에 이르기까지, 그 차이는 알레르기를 일으키는 것에서 시작해, 다른 것이라면 몸서리치듯 소름이 돋는 것까지 다양하다. 그럼 이런 욕지기라는 게 도덕과는 무슨 상관이 있는 것일까? 느낌이라는 게 도덕적 행위를 판가름하는 데 신뢰할 만한 지표일까? 그럼 가장 격렬하게 구토를 하는 사람이야말로 가장 도덕적인 사람이라는 말인가?

욕지기라는 것은 타고난 자연스러운 감정이 아니다. 적어도 인류학이나 역사학을 통해 봤을 때 욕지기는 사회화 과정을 통해 우리가 습득한 감정이다. 그렇다면 욕지기가 어디서 비롯되는 것인지 설명할 수 있지 않을까? 어려서부터 특정한 음식물을 먹지 않는 데 익숙해진 탓에 우리에게는 다음과 같은 도덕적 구호가 박혀 있다. 인육을 먹지 마라! 이런 암묵적 의식이 피와 살로 자리잡은 터라, 우리는 더불어 사는 이웃을 단백질이 풍부한 먹을거리로 보지 않는다. 아마도 서기 3000년경에 이르면 중유럽 사람들은 17세기에 즐겨 먹었던 음식을 거들떠보려고도 하지 않으리라. 이를테면 기름에 튀기거나 오믈렛으로 요리한, 보기만 해도 늠름한 사슴의 불알 같은 것 말이다. 멧돼지나 닭의 성기는 또 어떤가? 여우나 산양 혹은 수소의 성기는? 당시 사람들은 사슴의 뿔과 머리를 먹기도 했으며, 도요새 머리를 반으로 갈라 프라이팬에 구운 뒤 바로 입에 넣었다. 심지어 촛불에 그슬린 지빠귀 다리 요리도 별미였다. 독사 고기는 수명을 연장시켜준다며 즐겨 먹던 전통 음식 가운데 하나이다. 아즈텍족의 농부는 털을 몽땅 뽑은 개고기를 스튜로 만들거나 옥수수에 곁들여 먹기를 조금도 꺼리지 않았다. 요컨대 음식을 둘러싼 풍습이라는 것은 그때그때 시대의 (미학적) 감각과 밀접하게 연관된다. 그냥 좋은 게 있고, 보기만 해도 싫은 게 있다! 특정 음식이 터부시되는 데에는 다 그만한 이유가 있다. 무엇을 먹으면 안 된다는 감정에는 그 집단의 도덕관념이 깔려 있다. 이런 관념은 그 어떤 의식보다도 우선시된다. 이렇게 볼 때 한 사회를 떠받드는 도덕적 토대는 말뜻 그대로 구토를 느끼는 혐오감으로 응축되어 구체적으로 드러난다고 해도 과언이 아니다.

예를 들어 중세에는 식사를 하는 도중 트림을 하거나 식탁에 침을 뱉는 게 지극히 정상적인 행동으로 받아들여졌다. 심지어 손으로 코를 풀기도 했으며, '호텔'에서 생판 모르는 투숙객과 한방을 쓰거나 침대를 나누기도 했다. 오늘날 그랬다가는 당장 난리가 나리라. 현대인은 몸과 관련해 발생하는 문제에 쉽사리 메스꺼움을 느끼는 '문명의 단계'에 올라섰기 때문이다. 음식, 분비물, 배설물, 질병, 죽음 그리고 성적인 것들은 자칫했다가는 10년 묵은 것까지 토하게 만드는 불상사를 야기할 수 있다. 썩고 녹아내리는 생리적 분해의 악취와 함께 스멀스멀 피어오르는 죽음의 공포는 그때그때 다양한 모습으로 달라지면서 우리의 속을 왈칵 뒤집어놓는다.

메슥거림을 느낀다 함은, 그와 짝을 이루는 고급 취향을 은근슬쩍 강조함으로써 당사자가 문화 혹은 문명의 특별한 계층에 속한다는 무언의 과시이기도 하다. 예를 들어 지멜이 확인했듯, 고약한 냄새를 마주하고 상대가 누구인가에 따라 반응도 달라진다. 역시 천민은 별 수 없다며 얼굴을 찡그리던 마름은, 그 냄새가 지주 양반의 몸에서 나는 것임을 알고 태도를 확 바꾼다. 신분 차이를 들먹이던 입은 어느덧 자신의 코를 문제삼는다. 오늘따라 내 코가 왜 이러지? 동시에 구역질은 몸을 바라보는 일정 도식의 표현이기도 하다. 안짱다리나 곰보는 보기만 해도 토할 것 같아서 싫고, 우윳빛 피부는 상큼하기 짝이 없다는 식이다. 혐오감의 노골적인 표시로 메슥거리는 표정을 짓는 것을 보면, 구토는 자신과 이웃, 더 나아가 세계와의 관계를 온몸으로 표현하는 방식인 듯하다. 그러니까 그 자체로 볼 때 구토는 특정한 접촉이나 행동은 절대 안 된다는 태도로 말미암아 자연 반사적으로 나오는 반응인 셈이다. 미끈거리고 끈적이는 것에는 손도 대지 않으려 하며, 썩는 냄새에 코를 감싸쥔다. '참혹한 장면'을 보면 전율하며 부르르 떨고, 특정 음식은 떠올리기만 해도 숨넘어가는 표정을 짓는다. 구토는 우리로 하여금 거리를 두게 만든다. 이런저런 것에는 가까이 가지도 말라고 요구한다. 말하자면 구토는 우리를 지켜주는 수호천사다. 신으로부터, 세상으로부터, 특히 너무나 자연스러운 나머지 자연이라고는 봐주기 힘든, 욕지기나는 것으로부터 우리를 지켜주는 게 구토다. 구토의 감정은 참을 수 있는 것과 도저히 참을 수 없는 것 사이의 경계를 분명히 해준다. 여기서 구토의 감정은 무엇보다도 우리의 피부를 관장한다. 낯선 사람이나 도저히 상대해줄 수 없는 사람을 소개받을 때 우리의 피부에는 으스스 소름이 돋는다. 이런 마당에 살갗이라도 스치는 불상사가 벌어지면 참을 수 없이 고통스러워진다.

메스꺼움은 깊은 혐오이자 격렬한 저항인 동시에, 다른 취향과 다른 사람의 취향 앞에서 보란듯이 토사물을 뿜어내며 낄낄대는 가학적인 '쾌락'이다. 남의 미각을 너그러이 받아들일 수 없다는 배척의 표시인 구토는 그 주인의 생활 스타일 감각을 고스란히 드러낸다. 멋을 중시한다고 입버릇처럼 떠드는 귀족이 식탁 앞에 앉아 내빈과 함께 열심히 숟가락을 놀리는 동안, '하잘것없는' 노예가 음식 시중을 드느라 꽉 끼는 제복을 입고 몇 코스나 되는 음식을 내오다가 너무나 배가 고픈 나머지 자기도 모르게 침을 흘린다. 그러자 이를 본 주인 나리는 써늘한 냉기가 척추를 타고 흘러내리는 것을 느낀다. 자신의 스타일 감각에 생채기를 입힌 노예에게 메스껍다며 분노의 철퇴를 내리는 귀족은, 그러나 속옷 차림이다. 이처럼 욕지기는 언제나 상대를 향한 것일 뿐이다. 자신의 취향을 소중히 여기라고 하면서 정작 자신은 그 취향에서 자유롭다. 무의식에 숨어 있는 상상의 표현으로서 구토는 정치, 사법, 행정, 교육보다도 더 강력하게 사회와 문화를 하나로 묶는 힘을 자랑한다. 몸으로 직접 나타내기에 몇백 마디의 말보다도 강력한 탓이다. 구역질을 하는 모습에서 그 당사자가 가진 도덕관은 숨김없이 드러난다. 그는 지시를 내릴 뿐, 누구의 지시도 받지 않으려 한다. 세상을 자기 마음대로 선과 악으로 나눈다. 자신의 비위를 맞추는 사람은 좋은 편이며, 사사건건 시비를 거는 놈은 불한당이다. 이 같은 취향의 독재는 자신과 다른 것이면 무조건 비문화요 반자연이라고 낙인을 찍는다. 자신과 다른 것을 혐오한다는 점에서 구토는 한 사회가 정체성을 구축하는 토대이기도 하다. 따라서 구토는 체제를 위협하는 불안 요소를 보면 부들부들 떤다. 저런 경박하고 무지한 것을 보았느냐며 거품을 문다. 이런 경우 구토는 도덕적 판단력이라는 칼날을 휘두르며 자기방어에 열중한다. 자신과 다른 것은 반자연적이며, 의미를 무너뜨리는 패악이다. 저렇게는 되지 말아야 한다고 목청을 높인다. 자신과 다르다는 단 하나의 이유만으로! 기존 형식을 깨는 것 앞에서, 아름답고 진실한 자신의 취향을 위협하는 것 앞에서, 전통적 도덕을 부패시키는 것 앞에서, 절절히, 아예 속속들이 게워낸다. 이런 의미에서 도덕을 앞세우는 구토는, 근본적으로 죽은 것이 여전히 산 것처럼 발광하는 것이라는 혐의를 벗기 어렵다. 이미 썩어버린 고기를 치켜

들고 싱싱하다고 고집하는 것이랄까. 그런가 하면 눈을 희번덕거리며 눈치보기 바쁜 도덕의 기회주의자는 우리를 구역질하게 만든다. 유리한 쪽에 빌붙기 위해 계산에 열중하면서도 겉은 순한 양처럼 꾸미는 모습을 보면 분노가 치솟는다. 심한 거부감에 무수히 욕설이 쏟아진다. 대개 항문 주위에서 노는 욕들이다. 그러니까 구토는 눈으로 보기에 달갑지 않은 '뒷면'에 주로 속하는 감정이다. 기회주의자와 위선자는 뒤가 아주 구린 인간이다. 구역질은 이들에게서 거리를 두라고 명령한다. 메스꺼운 감정에 압도당하지 않기 위해 "간격 유지라는 격정으로 지켜야만 하는 도리Pathos der Distanz"(니체)를 지니라고 한다. 결국 인간은 구역질나는 것 앞에 서야 도덕적이 된다. 이로써 구토는 한 사회의 도덕이 합의를 본 미각적 취향의 경계선이 된다. 다른 사람이 무얼 먹으며, 뭘 보고 구역질을 하는지 아는 사람은 그 사회에 순조롭게 적응할 수 있다. 말하자면 구토는 사회의 지평을 형성하며, 다른 것과의 경계를 설정한다.

이 경계선은 특히 섹스의 영역에서 분명한 모습을 드러낸다. 근친상간을 두고 구역질을 하는 것은 이 경계 설정이 낳은 효과다. 그럼에도 이 혐오는 '지극히 자연스러운 터부'로 포장된다. 터부란 '금지한 것' 그 이상도 그 이하도 아니다. 일정 선을 넘어가서는 안 된다고 우격다짐한다. 이런저런 말이나 행위를 해서는 곤란하다고 윽박지른다. 만약 이를 어길 경우, 권력을 가진 사회 기관(또는 초사회적 존재)이 심판과 처벌을 내린다는 게 터부의 참뜻이다. 프로이트가 터부를 잠재의식과 연관지어 설명하는 이유는 여기에 있다. 처벌이 두려운 나머지 우리는 간절한 소망을 억눌러 잠재의식에 숨겨놓는다. 성적 욕구나 공격 성향이 잠재의식에서 필연적으로 터부가 되는 이유는 간단하다. 사회가 이를 인정하려 들지 않기 때문이다. 근친상간을 금기시하는 것은 내밀한 소망과 처벌의 두려움이라는 상반된 감정이 양립한 결과다. 유아기의 사내아이는 엄마와 자고 싶다는 내밀한 욕망을 갖는다. 그래서 아빠를 죽이고 싶은 충동을 느낀다. 그러나 다섯 살에서 여섯 살이 되면 자신의 욕망이 인정받을 수 없다는 것을 깨닫는다. 회초리를 든 사회가 그래서는 안 된다고 윽박지르기 때문이다. 따돌림을 당할까 두려워진 아이의 무의식 속에서 프로이트의 이른바 '초자아'가 형성된다. 그다음부터 '초자아'는 아이의 욕구가 울타리를 넘어서지 못하도록 감시하고 감독한다. 물론 무의식 속에서 말이다. 아이는 동성인 아빠의 손길에 거세를 당할까 두려워하며 아빠의 법이 주도하는 양심을 키운다. 너는 엄마와 자서는 안 돼! 그건 구역질나는 짓이야! 이런 식으로 아이가 지켜야 할 사회의 경계가 첩첩이 쌓인다. 나이 차이라는 울타리가 세워지고, 친척과 친족의 관계에 따른 경계선이 그려진다. 그러니까 욕지기라는 감정은 부정이라는 방법을 통해 도덕 정서의 밑바탕을 이룬다. 욕지기가 불러일으키는 효과는 절대 과소평가할 수 없다. 대체 인간이 살면서 이런 감정을 극복할 날이 올까? 구토는 무덤까지도 따라갈 감정이다.

그래서 다른 사람이 야수라고 굳게 믿고 있는 인간에게 타인이 짐승이 아니라는 사실을 설득하기란 무척 어렵다. 심지어 멀쩡한 상대방을 벌레로 만들어버리면서까지 웩웩거리는 게 인간이지 않던가! 이런 식의 태도는 자신의 행동을 정당화하려는 욕구에서 비롯된 것이다. 인간이라고는 도저히 볼 수 없는 벌레를 당장 눈앞에 두고 있기 때문에, 위생을 위해서라도 제거하는 게 마땅하다는 식이다. 해충은 잡아 죽이는 게 인류에 봉사하는 길이다! 벌레를 밟아 죽인 인간은 으쓱 허리를 편다. 자신이 인간임을 증명해냈다는 자부심이다. 욕지기를 느끼고 그에 합당한 실천을 한 이상, 자신은 누구 못지않은 인간이다. 이로써 인간의 경계가 새로 그어진다. 두 발로 걷는, 날개 없는 인간이 그 한 축이며, 나머지는 짐승이자 벌레다. 두 발로 걷는다고 모두 인간인가? 이 짐승은 보기만 해도 구역질이 나온다. 더럽고 추잡한 벌레들! 이들은 '인간'이 아니기 때문에 그 존엄성을 얼마든지 짓밟아도 된다. 오히려 게워낸 토사물로 대접해주는 게 그들에게 마땅한 처사다. 이처럼 구토는 사람의 도덕적 품성을 최소화하고, 남을 짓밟는 비열한 냉소주의로 이끌며, 타인에 대한 연민과 공감을 질식시키는 결과를 낳을 수 있다. 한마디로 비인간성을 조장할 수 있는 게 메스꺼움이라는 감정이다. 욕지기는 이기주의로 우리를 유도할 위험이 크다. 벌레에게 전염될까 두려워 한사코 접촉을 피하려 든다. 이때 구토의 '강점'은 믿기 어려울 정도로 파급력이 세고, 강력하게 꿰뚫는 힘을 가지고 있어서 모든 인간을 일거에 사로잡는다는 점이다. 구역질난다는 사실보다 더 명료한 게 또 있던가? 목젖까지 치고 올라온 구역질보다 더 분명한 객관성은 없지 않을까?

사실 우리가 낯선 사람, 변태성욕자, 병자, 죽은 사람을 보고 욕지기를 느낄 때 그 원인이 밖이 아니라 안에 있다는 사실을 알기란 어렵지 않다. 특히 심리학적으로 훈련받고 단련된 사람이라면 이런 사정을 쉽게 간파할 수 있다. 나 자신이 낯설게 느껴지는 경우가 어디 한두 번인가? 솔직히 말해 변태성욕을 느끼는 자신의 모습에 놀란 적이 있지 않은가? 병자처럼 무력하며 시체처럼 따분한 자신의 인생 앞에서 절망해본 적 없는 사람이 있을까? 지금 내가 올바로 살고 있는 것일까 하는 회의와 불안에 빠진 나머지 자기혐오로 괴로워하지는 않았는가? 이처럼 인간이란 무릇 거창한 욕구와, 하잘것없는 결과에 대한 낙심과, 그래도 다시 일어서겠다는 의지와, 도저히 참을 수 없을 것 같다는 감정의 다스림과, 불쑥불쑥 고개를 들이미는 자살충동 사이를 끝없이 오가는 존재다. 요컨대, 나 자신을 향한 욕지기는 도대체 삶에 의미라는 게 있을까 하는 의문을 불러일으킨다. 인생을 거부하고픈 생생한 혐오가 치솟는다. 이래서는 안 된다고 거듭 타이르며 다짐해줘야 간신히 울타리 안에 잡아둘 수 있는 충동이다. 나 자신의 실존이 나를 습격했달까. 나는 아무짝에도 쓸모없는 놈이며, 어디에도 어울리지 않는 얼간이가 된 것만 같아 속이 뒤집힌다. 더이상 삶의 의미가 없다는 게 인생의 본질이 되며, 우연이 필연이 되고, 모든 게 목적을 잃고 무의미해진다. 이런 종류의 욕지기는 우리의 행동을 마비시키거나 무작정 가속화한다. 어쨌거나 스스로 통제할 수 없는 지경으로 몰아넣는다.

도대체 왜 인간은 자기 자신과 인생에 대해 욕지기를 느낄까? 자신이 도덕적으로 타락해가는 모습을 보며 끔찍해하고 환장하는 이유는 달리 있는 게 아니다. 오스카 와일드의 소설 주인공인 도리언 그레이가 몸소 그 이유를 명확히 그려내지 않았던가. 사람은 자신이 꿈꿔온 인간이 되지 못했다는 사실에 절망하고 괴로워한다.

간절하게 품어온 소망에 비춰봤을 때 지금의 모습은 정말 욕지기나는 헛것일 뿐이다. 한마디로 아무것도 아닌 무명인, 이게 나의 모습이기에 인간은 무너져내린다. 그런 의미에서 자기 자신에게 느끼는 욕지기를 일종의 시간의식으로 해석할 수 있다. 인생이라는 것은 시간 제한이 있는 퍼즐놀이와 같다. 아무리 둘러보아도 전체를 의미있게 완성할 수 있는 조각들이 눈에 띄지 않는다. 갈수록 시간은 줄어든다. 조바심에 미칠 것 같던 나는 마침내 판을 엎어버린다. 인생은 헛된 것이요, 욕지기 느끼게 만드는 것일 따름이다.

결국 자기 자신이든 타인이든, 그 앞에서 욕지기를 느낀다는 것은 우리가 '단단히 여물지 못했다'는, 간절히 되고 싶어하던 만큼 나 자신을 완성하지 못했다는 뜻이다.

관련 항목

감정 표현을 허하라 | 성매매라는 참혹한 교환관계 | 몸에 충실한 삶

용서하라 용서하라

오늘날 사람들은 조금만 실수를 해도 놀라우리만치 기민하게 사과를 한다. 이를테면 출퇴근길의 혼잡한 지하철에서 누군가의 발등을 밟는다거나, 성급히 서두르다가 뒤따르던 사람의 코를 유리문에 부딪히게 한다거나, 심지어 사람들이 숨죽여가며 아리아에 심취해 있는 오페라 극장 한복판에서 휴대전화 벨소리가 울릴 때, 거의 자동으로 "죄송합니다!" 하는 말이 튀어나온다. 메아리도 이보다 빠르지는 않으리라. 그만큼 후회막급의 참회를 하는 것일까? 그러나 당연한 의무를 치렀다는 듯, 나의 사과에 대해 다른 사람이 어떻게 반응하는지 따위는 살피지도 않는다. 사과했으니 됐지 하는 표정만 지을 따름이다. 앞서도 말했듯, 별것 아닌 실수인데 무슨 큰일이겠냐고 여기는 것일까? 그러니까 여기서 용서라는 말의 의미를 가져다 쓰기는 하지만, 사실 용서를 비는 게 아니다. 그저 우리가 익히 아는 예의와 범절을 지키려고 자신이 잘못했다는 것을 인정하는 요식 절차일 따름이다.

반대로 사과를 해야 할 사람의 사회적 지위가 높을수록, 사과의 말을 입에 올리기란 그만큼 더 어려워지는 모양이다. 비겁하거나 졸렬해서 그런 것만은 아니다. 용서란 그만큼 특별한 성격을 갖기 때문이다. 용서는 그저 단순히 사과를 주고받는 것과는 확연히 다르다. 오늘날 사과는 그야말로 상종가를 치며 호경기를 누린다. 물론 여기서도 사회적 지위와 정치적 권력에 따라 상하관계가 분명한 양상을 보인다.(뤼베) 미국 대통령이나 교황도 걸핏하면 '사과'라는 말을 입에 올리지만, 어디까지나 인격적 개인으로서 하는 게 아니다. 자신이 책임지고 있는 권력기관이 저지른 실수를 잊어주었으면 하는 바람에서 하는 사과다. 이때 "머리 숙여 사과합니다!" 하는 사람은 사과라는 말의 의미를 애써 줄이려 든다. 그리고 진짜 속내에 관해서는 한사코 침묵한다. 다시 말해서 사과를 구하는 사람은, 그 자신이 아니라 피해를 받은 상대편만이 용서를 허락할 수 있다는 사실을 대충 얼버무리면서 어서 잊어달라고 은근슬쩍 들이대고 있는 셈이다. 그러니까 권력자가 사과를 구한다는 것은, 이런 창피한 상황에서조차 칼자루를 손에서 절대 놓지 않으면서 자신이 상황의 지배자임을 각인시키려는 안간힘에 다름없다. 그래서 "머리 숙여 사과합니다!" 하는 말만으로 모든 책임을 깨끗이 씻어낼 수 있다고 생각하는 모양이다. 그것참 묘한 일이다. 가벼운 채무를 졌다 해도 제멋대로 그 빚을 탕감할 수는 없는 노릇이지 않은가. 빚을 없던 것으로 해줄 수 있는 사람은 어디까지나 채권자이지, 채무자가 아니다. 도덕적 채무라고 가벼이 여기는 것이야말로 더욱 경계해야 하지 않을까.

"머리 숙여 사과한다!"라는 말이 특정 조건 아래서 이미 부분적인 책무 완수로 여겨진다 하더라도, 용서를 해줄 사람은 어디까지나 피해자라는 사실을 잊지 말아야 한다. 사과의 진실성과, 어쩔 수 없는 상황의 불가피함을 인정받는 경우, 모든 법정은 부분적인 면책을 허락하기는 한다. 말로만 끝낼 수 없을 때에는 행위가 따라야 한다. 그러나 보상 행위만으로 모든 게 깔끔하게 정리되는 수순에 들어섰다고 볼 수는 없다.(야스퍼스) 용서를 구하는 데에는 태도의 변화가 따라야만 하기 때문이다. 태도를 바꿔야만 한다는 자기성찰은 자칫 우리의 자유가 빠질 수 있는 구렁텅이가 얼마나 무서운 것인지 자각할 때만 가능하다. 다시 말해서 그 심연의 구렁텅이를 들여다본 사람은 다른 사람이 된다. 그런데 사과가 받아들여졌다는 게 곧 용서받았음을 의미할까? 꼭 그런 것만은 아니다. 이는 경우에 따라 달라진다.

우선 용서의 경우에는 사과를 할 때 이미 드러났던 게 더욱 첨예해진다. 여기서 우리는 자신의 행복을 스스로 개척해나가는 주인이 아니다. 어디까지나 우리는 용서를 베풀어주는 상대방에게 매달려야만 한다. 상대방의 너그러움이 없이는, 오매불망 그리는 용서를 결코 누릴 수 없다. 그러나 우리의 운명은 다른 사람들의 그것과 얽히고설켜 있는 탓에 용서를 구하기란 쉽지 않다. 당사자들끼리의 일대일 상황으로 끝나지 않고 계속 번져나갈 수 있기 때문이다. 일단 잘못을 인정하고 나면, 쉽게 지울 수 없는 딱지가 따라붙는다. 사과를 주고받는 경우 그저 한 번씩 웃으면 끝날 일이, 용서의 차원에 이르면 이야기가 전혀 달라진다. 용서는 법적으로 요구하고 강제할 수 있는 게 아니기 때문이다. 그러니까 용서를 구하는 사람은 자신이 가진 카드 패를 남김없이 까발리는 셈이다. 이제 더 숨기고 감추고 할 게 없다. 그저 애간장이 타는 희망밖에는.(슈페만) 용서를 갈망하는 사람은 이처럼 엄청난 위험부담을 끌어안는다. 희망이라는 게 늘 그렇듯, 채워지지 않는 허망함으로 남을 때, 용서받지 못한 인간은 대체 뭘 믿고 살아갈까. 그렇기에 묻지 않을 수 없다. 왜 인간은 늘 용서받기를 희망할까? 무엇이 이런 희망을 갖게 만들까? 희망을 가질 아무런 근거가 없음에도 왜 용서를 구해야만 한다고 굳게 믿는 걸까?

인간이 용서를 구할 희망을 포기하지 않는 것은, 아마도 언제나 거듭 용서를 경험해왔다는 사실에 기초를 두고 있으리라. 이런 경험은 두 갈래의 뿌리를 가지고 있다. 그 하나는 종교적인 것으로, 서로 용서하라는 예수의 가르침으로 거슬러올라간다. 예수는 서로 용서하지 않으면 천국의 아버지도 용서해주지 않으리라고 힘주어 말하지 않았던가.(『마태복음』 18장 21~35절) 다른 한 갈래의 뿌리는 존재론적인 것이다. 인간은 신과 달리 용서를 필요로 하는 피조물이다. 인간은 자신의 자유로 말미암아, 훗날 일어나지 않았더라면 좋았을 것을 하고 후회할 일을 저지른다. 그러나 일단 저지른 일은 결코 되돌릴 수 없다. 절망에 빠진 인간은 몸부림을 치며 용서해달라고 울부짖고 간청하지만, 하늘은 무심하기만 하다. 결국 신과는 아무 관계가 없는 것이기에, 이는 존재론적 절망이다. 그런데 대체 용서는 우리에게 무엇을 베풀 수 있을까? 용서가 주어지면 무슨 일이 벌어지기에 우리가 그토록 용서를 갈구하는 걸까?

세상은 말이든 행동이든 한번 엎질러진 것은 주워담을 수 없는 곳이기에, 있는 그대로 주어진 현실을 일단 받아들일 수밖에 없기에 용서를 필요로 할 뿐만 아니라, 바로 그 용서 덕분에 존재한다. 용서는 세상을 뒤엎으려는 광기를 부리지 않고, 오히려 새로운 차원으로 끌어올린다. 용서는 화해를 일구어주며, 화해는 평화를 낳는다.(『고린도후서』 5장 18~20절) 용서를 구하는 일은 그래서 위험하다. 평화가 있어야 마땅한 곳에서 전쟁이 벌어지고 있다는 사실을 실토하는 게 곧 용서를 구하는 일이기 때문이다. 그러나 평화를 이끌어내고자 하는 갈망은 우리를 무장해제하며 '굳은 긴장이 저절로 풀어지는'(헤겔) 경험을 만들어주기에 용서라는 행위가 그토록 심오한 격정으로 떠받들어지는 것이다.

건성으로 하는 싱겁기 짝이 없는 용서는 거룩해야 할 용서의 품격을 떨어뜨릴 뿐만 아니라, "나는 나 자신을 용서할 수 없다"라는 흔한 사탕발림처럼 의심을 자초한다. 자기 자신을 용서할 수 없다면, 먼저 다른 사람의 피부 안으로 기어들어가야 한다. 이런 짓부터가 용서받기 힘든 만행이다. 그리고 자신에게 관대하지 않은 인격은 위선의 냄새만 폴폴 풍길 뿐이다. 자신마저 용서할 수 없는 사람이라면 그런 말도 하지 말고 조용히 세상을 떠나라. 어디까지나 용서는 사회적인 행위이기에 상대방을 필요로 하며, 상대에게 의지해야만 한다. 용서를 구하는 쪽이든 베푸는 쪽이든, 상대가 없으면 꼴만 우스워진다. 용서와 함께 말갛게 떠오르는 평화는 상대방, 즉 나와 다른 사람을 있는 그대로 받아들이겠다는 인정의 행위다. 인정이란 다른 사람의 행위를 문제삼지 않고 그의 인격을 생긴 그대로 고스란히 받아들임이다. 죄는 미워해도 사람은 미워하지 말라는 말도 있지 않은가. 이게 바로 용서의 핵심이다. 그래서 용서는 근본적으로 무한정하다. 물론 누구나 자신에게 고통을 안긴 사람을 용서할 수는 없으리라. 또 하고 싶지 않을 수도 있다. 인정한다. 그러나 진정 용서할 줄 아는 사람은 상대가 자신을 죽인 살인자라 할지라도 용서하리라. 용서는 사람을 행위와 동일시하지 않기 때문이다. 순간적인 충동으로 살인을 저지른 자로서가 아니라, 예전부터 있어왔던 그 사람 본연의 모습 그대로 (다시금) 받아들이는 게 용서다.(슈페만) 진정한 용서는 모두에게 새 출발의 길을 활짝 열어준다.

'체념과 망각'만 주변에 무성하거나, 용서의 인플레이션이 봇물 터지듯 하는 것만큼은 막아야 한다. 용서란 아주 고통스러운 과정 끝에 얻어지는 결실이다. 그 아픔을 피해갈 수 있는 사람은 아무도 없다. 용서가 얼마나 어려운 일인지는, 흔히 볼 수 있는 사과와의 차이에서도 분명히 드러난다. 쉽게 수긍할 수 있는 사과와 달리, 용서는 지극히 까다롭고 섬세하지 않던가. 그러나 용서는 고통스러워서 까다로운 게 아니라, 정신적 올곧음을 요구하기에 까다롭다. 득실을 맞춰보다가 어느 정도 실속을 차렸다 싶으면 이내 표정을 바꾸는 사과와 달리, 용서는 그런 계산속을 허락하지 않는다. 빚문서나 들춰보는 것은 용서가 모르는 일이다. "좋습니다!" 하고 용서하는 것은 그 용서와 직접 맞닿은 행위를 일컫는 말이 아니다. 또 상대방만 겨누고 하는 말도 아니다. 용서란 '너이기에, 그래도 좋다'는 뜻이 아니다. 다만, 어우러져 사는 세상을 회복하자는 선언이다. 함께 더불어 살기 위해 인간은 품어주되, 행위는 잊지 않겠다는 다짐이다. 이제 인간은 자신의 자유가 초래할 무서움을 충분히 의식하는 존재로 거듭난다. 물론 그렇다고 자유를 포기하지는 않으리라. 그러나 자유의 심연을 들여다본 우리는 이제 달라진다. 일을 저지르고 살 수밖에 없는 우리 인간은 일을 되돌릴 수 없음에 평생 가슴 찢어지게 후회하며 살지만, 바로 용서 안에서 희망을 본다. 용서는 이처럼 인간을 그 근본에서부터 긍정하고 포용하는 사랑이기 때문이다. 쓰라린 아픔의 대가를 치를 수밖에 없는 용서는 그 어떤 초월적 존재, 이를테면 신이나 숙명을 생각하지 않고서는 이겨내기 어려운 결단의 순간을 필요로 하기에 일대 도전이 아닐 수 없다. 계산이나 주고받으면 정리되는 단순 무지한 차원을 벗어나는 일은 아주 큰 고통이 따르기에 쌍방 모두 간절히 피하고 싶어한다. 사과를 주고받는 게 차라리 낫겠다는 생각이 들 정도이다. 유감스럽지만, 이도 용서할 수 있는 일이다. 그저 주었으면 받고, 받았으면 베푸는 상호인정의 관계를 갈망하는 게 인간의 숨길 수 없는 속내이기 때문이다. 그러나 잠깐! 이런 상호인정을 잘 이뤄주는 것으로 용서만한 게 또 있을까?

관련 항목

감사, 타자와 함께 살아가는 법 | 인내와 희망의 토양, 현재 | 화의 이면

유전자 세상이라는 묵시록

있거나 없거나. 바로 돈 이야기이다. 그렇다. 있으면 좋고, 없어도 별 수 없는 게 돈이다. 우리의 행동거지도 거기에 맞춰진다. 오죽하면 어린애들도 "있으면 행세하는 거지 뭐" 하고 노래할까. 까짓, 없으면 어때 하는 마음가짐을 벌써부터 연습하고 있는 셈이다. 유전자도 마찬가지다. 유전자는 그저 갖는 것이다. 유전자가 없다면 그냥 없는 것일 뿐이다. 그래서일까? 사람들은 그저 이쯤으로 그치고 유전자에 대해 더 생각하려 들지 않는다. 하기야 유전자를 두고 머리를 쥐어짜봐야 무슨 의미가 있을까? 그래서 우리 선조들도 유전자라는 문제를 가지고 철학을 하는 것은 돌을 두고 철학을 하는 것만큼이나 한가로운 짓이라 여겼으리라. 그러나 바로 이 점에서 유전자 문제는 돈의 그것과 다르다. 적어도 돈을 두고 한가롭게 생각할 사람은 없으니 말이다. 유전자를 두고는 격렬하게 논쟁할 수 있을 뿐만 아니라, 현명하게 철학을 할 수도 있다. 또 이미 우리는 그런 선

례를 알고 있기도 하다. 바로 아리스토텔레스가 이미 유전자 문제로 궁리에 궁리를 거듭한 바 있다. 그는 인간의 유전자를 '정치적인 동물'이라고 이르지 않았던가. 아니, 뭐 굳이 아리스토텔레스를 들먹일 필요도 없다. 오늘날 보험회사의 정보 분석 전문가가 유전자 지도를 이야기하는 마당이니, 우리도 더이상 유전자에 관해 침묵할 수는 없는 노릇 아닌가. 너나없이 모두 유전자를 가지고 있다고 해서 문제가 사소해지지는 않는다. 오히려 그 반대로, 모두 유전자를 가지고 있기에 그 사실을 기초로 서로 대화를 나눠야 한다. 그리고 기왕이면 더 미루지 말고 바로 오늘 해야 한다. 그게 최선이다. 어쨌거나 보험회사에 다니는 친절한 이웃이 귀띔해준 말을 새겨보면, 이제 머지않아 유전자 문제는 발등에 떨어진 불이 될 모양이다.

아무튼 침착하게 실마리를 풀어보자. 생명보험회사의 복잡하기 짝이 없는 '리스크 분석 그래프'를 골똘히 들여다보기에 앞서, 대체 인간 유전자 지도라는 게 뭔지 알아볼 필요가 있다. 유전자 지도에 따르면 우리가 지금까지와는 다른 인간이라도 된다는 말인가? 2000년 6월의 어느 뜨겁던 여름날, 워싱턴의 대통령 집무실에서 전 세계 가정의 거실로 생중계된, 그 끝없는 알파벳의 나열은 도대체 뭘 의미하는 것일까? 아마 지구를 몇 바퀴 돌고도 남을 'C, G, A, T'의 연쇄 고리는 철학의 위대한 거물들이 쓴 책들보다도 많은 글자 수를 자랑하리라. 골치 아픈 철학책보다 더 많은 글자 수를 자랑하다니, 인간은 본래부터 골치 아픈 존재인가. 그러나 인생은 어느 모로 보나 네 개의 알파벳만으로 싸잡아 이야기할 수 없는, 그보다 더욱 풍부한 것이다. 세계의 강력한 권력자들이 선물한 이 자연의 책

앞에서 주눅들 필요는 없을 것 같다. 그저 가벼운 마음으로, 그 알파벳 덩어리가 뭘 뜻하는지 도무지 읽어낼 수가 없다고 털어놓아도 좋으리라. 이에 대한 난독증과 문맹은 누구나 겪는 것일 터이니 말이다.

그 자연이라는 책에 무슨 내용이 담겨 있는지 우리는 거의 모른다. 문학으로 치면, 대체 그게 어떤 장르에 속하는 것인지 구분하기조차 애매할 뿐이다. 분량만 따진다면야 그 어떤 장편소설보다도 길다. 반면, 괴테의 정의대로 한다면 '노벨레'* 라고 해도 손색이 없다. 어쨌거나 "후고"** 라는 자못 재미있는 이름을 붙인, 사설 유전자 연구소에서 시동을 걸어 오늘날 우리의 식탁 위에 오른 유전자 지도는 말 그대로 '전대미문의 작품'이다. 새 천년의 개막에 발맞춰 펴낸 이 자연의 책이 내용상으로나 경제적으로나 위대한 성공을 거둘 것이며, 네 개의 알파벳 조합이 하나의 완전한 텍스트로 완성되는 것은 시간문제일 뿐이라고 확신하는 사람이 있는가 하면, 유전자 실험실에서 눈사태처럼 쏟아져나온 이 알파벳 덩어리가 대체 무슨 의미인지 의혹의 눈길로 바라보는 사람도 적지 않다. 초기 유전자 연구의 선구자이자 오늘날 이른바 '생명공학'에 적극 반대하는 입장을 취한 에르빈 샤르가프 같은 비판가들은 생명이라는 게 그렇게 간단하게 이뤄진 게 아니라는 표정을 지으며, 유전자의 위치와 조합을

---

* Novelle: 14~16세기 이탈리아에서 유행한 단편소설 양식. 짤막한 이야기들이 끝없이 이어지는 형식을 취한다.

** HUGO: 'Human Genome Organization'의 약칭. '인간 게놈 프로젝트'라고도 한다. 아마도 저자는 프랑스의 문호 빅토르 위고의 이름을 떠올리며 재미있다고 표현한 듯하다.

알아냈다고 해서 인생의 무엇을 이해할 수 있느냐며 고개만 가로젓는다. 하물며 유전자를 알아냈다고 인생을 개선할 수 있다고 믿는다면 그것은 말도 안 되는 환상이라고 단언한다.

그러나 바로 이 점에서, 유전자의 비밀을 풀었다고 주장하는 사람들과 그 열광적인 옹호자들은 의기양양하다. 오랜 전통을 자랑하는 철학의 분과, 즉 선한 행동을 유도하는 이론이 원하는 의미 그대로 이제는 '유전자 윤리학'을 말할 수 있다는 확신에 차 있는 것이다. 학창 시절의 친구 프랜시스 크릭과 함께 DNA의 이중나선 구조를 밝혀낸 제임스 왓슨은 '유전자 윤리학'이라는 말을 처음으로 들먹이며, 니체가 죽은 지 100년이라는 세월이 흐른 지금, 인류는 드디어 완전히 새로운 세상을 열어갈 문턱에 섰다고 떨리는 목소리로 외쳤다. 말인즉, 선배 니체가 좋은 뜻으로 한 말이 분명한 "신은 죽었다!"라는 선언이 현실로 나타났다는 주장이다. 이제 인간은 신의 손에 맡겨졌던 미래를 되찾아 직접 자신이 원하는 그대로 꾸며갈 수 있게 되었다나. 잘살고자 하는 해묵은 희망과, 신나게 보란듯 살겠다는 새로운 갈망을 두루 해결할 수 있으리라고 자신하는 왓슨의 표정을 보며, 솔직히 어안이 벙벙할 뿐이다. 샤르가프의 연구실을 찾았다가 DNA 구조 발견의 결정적인 힌트를 얻었다는 사실을 슬쩍 양탄자 아래 쓸어넣고 깔아뭉갠 것은, 왓슨 자신이 말하는 '유전자 윤리학'과는 전혀 상관이 없는 모양이다. 왓슨의 말을 액면 그대로 받아들인다 해도 그 논리는 어딘가 모르게 이상하다. 결국 그의 말은 약자가 원한에 사무쳐 부르는 신의 구원이라는 고정관념을 버리라는 것이지 않은가? 저 '후고'가 만들어줄 아름답고 멋진 신세계에서는 유전자의 개량으로 신의 보호 없이도 잘 살아갈 수 있다? 하지만 그런 논리야말로 유전자를 쥐락펴락하는 강자만이 할 수 있는 소리가 아닐까? '후고'의 신세계에서도 약자는 약자일 따름이다. 그러나 왓슨 박사의 신조는 굳건하다. 그래서 왓슨은 '후고' 이전의 시대에 인간의 생명이 누리던 특권, 즉 적어도 인간의 생명은 함부로 손대지 말고 보호해야 하는 성역이라는 논리에 반기를 들었다. 그리고 마침내 개인으로 하여금 자신의 유전자를 자유롭게 선택할 권리를 도입하자고 제안했다. 인간이 생명공학의 발달로 열린 새로운 가능성을 마음껏 활용할 정도로 자유로워진다면, 다시 우생학이 고개를 들고 권력자에 빌붙으려 들지 않을까? 그것도 양심의 가책을 조금도 받지 않으면서 말이다. 우성 인종을 키우기 위해 열성 인종을 죽음의 구렁텅이로 몰아넣는 피바람이 다시 불어오지 않을지 벌써부터 가슴이 조마조마하다. 그러나 우성과 열성을 가르는 기준이 무엇인가? 생명공학자들조차도 유전적으로 볼 때 우성과 열성은 과학적으로 증명될 수 있는 게 아니라지 않는가? 우성이니 열성이니 하는 것은 종교나 가치처럼 개인의 기호와 성향에 따라 달라질 뿐이다. 자, 무엇이 우월하며 무엇이 열등한가?

아예 신의 존재까지 무시하면서 입맛대로 유전자를 조작하겠다는 이런 허무주의를 우리는 철저히 경계해야만 한다. 그리고 끝내 우리의 본래 모습을 회복하는 게 중요하지 않을까? '후고'는 물론 문학과 철학보다 우리 자신에 관해 더 많은 것을 이야기해준다. 질병의 원인을 속시원히 설명해주기도 한다. 어디 그뿐인가? 개인에 따라 다르게 나타나는 행동 방식이 어디서 비롯되며, 왜 누구는 좋고 누구는 한사코 싫은지도 속속 밝혀준다. 알코올중독, 이기주의 혹은 이타주의, 동성애 등을 유발하는 유전자가 따로 있다는 것도 관찰되었다고 한다. 그렇다면 무엇보다도 그런 현상을 바라보는 우리의 시각부터 먼저 바뀌어야 하지 않을까? 이 모든 것은 아우구스티누스회 소속의 수도사 멘델이 아주 멀리 내다보고 실행한 완두콩 실험으로도 예측하지 못했던 결과이리라. 마찬가지로 유전학이 생명보험업계와 추진하고 있는 이른바 '크로싱 오버'• 역시 멘델을 턱이 빠지도록 놀라게 했을 것이다. 주지하듯 앎은 힘이기 때문이다. 힘, 그것은 곧 돈의 힘을 뜻한다. 그래서 유전자를 안다는 것은 혹시 알지 말아야 할 것, 이를테면 특정 병의 발병 확률을 꼭 알아야만 하는가 하는 물음만 낳는 게 아니다. 더 나아가 자신이 아는 것을 평생의 반려자 혹은 생명보험회사에 알리지 않아야 하는지 아니면 털어놔야 하는지, 어느 한쪽을 쉽사리 택할 수 없다는 난처함도 낳는다. 머지않은 미래에 약국에서 임신 테스트기와 비슷하게 유전자 칩을 팔지도 모른다. 그래서 저마다 왓슨과 크릭이 되어 자신이 어떤 유전자를 가지고 있는지 알아보면서 무슨 병이 시한폭탄처럼 잠복하고 있는지 가늠하려 들리라. 그 같은 지식으로 무장한 환자가 의도적으로 보험을 택한다면? 하기야 그런 지경에 이르면 모든 보험이 똑같아지겠지만 말이다. 아니, 유전자 테스트가 예측한 그대로 실제로 발병한다면? 보험회사는 보험회사대로 유전자 테스트를 통해 선

• '염색체 교차'라고도 하며, 아버지와 어머니의 염색체를 교차해 더욱 많은 유전자 변화를 이끌어내는 방식이다.

별한 고객만 받아들인다면? 모르긴 몰라도 극심한 혼란이 빚어질 게 뻔하다. 서로 상대의 정체를 꿰뚫어보고 철저히 계산속에 따라 움직이는 사회! 유전자 테스트가 상용화된다면 그 어느 쪽도 빠져나갈 길이 없지 않을까? 보험회사는 자구책으로 재보험을 강구할 것이고, 이렇게 해서 눈덩이처럼 불어난 위험을 사회는 끝내 감당하지 못하는 지경에 이르고 말리라.

우리 사회의 경제적 기초가 흔들리면, 문제는 걷잡을 수 없이 심각해진다. "차라리 기도나 올리는 게 좋으리라"라는 샤르가프의 경건한 충고를 따르지는 않는다 하더라도, 유전자를 둘러싼 지식이 앞으로 세상을 어떻게 바꾸어나갈지 고민해야만 할 시점이다. 새로운 유전자 세상이 보여주는 눈이 뒤집힐 정도로 풍요로운 가능성은, 이제껏 꿈꾸어본 적 없는 환영이 곧 현실화될 뿐만 아니라, 상상조차 어려웠던 엄청난 권력이 출현하리라고 예언한다. 돈에 대한 끝모를 탐욕만 두고 하는 이야기가 아니다. 이제 인간이 인간을 다스릴 절대 권력은 하늘 높은 줄 모르고 치솟으리라. 아마도 인간의 몸을 반강제로 규격화하는 체계가 교묘한 솜씨를 자랑하며 절정으로 치닫지 않을까. 미셸 푸코가 확인했듯, 이제 '생물의 문제'는 '정치' 안에 고스란히 반영될 것이다. 푸코의 『성의 역사』가 나온 지 갓 사반세기가 지난 지금, 생물적인 요소가 정치에 투영되고 있는 게 고스란히 확인되고 있다. 그래서 말이지만 우리가 살아가는 유전자 시대는 말 그대로 "생명 전반에 걸친 정치권력의 전면적 지배"* 의 시대인 셈이다. 이로써 우리는 실제로 새 시대의 문턱에 서게 되었다. 유전공학이 몰고 온 "생물적인 현대사회의 문턱은 바로 정치권력이 인류의 생존을 좌지우지하는 데 있기 때문이다". 푸코의 주장은 여기서 그치지 않는다. "수천 년이 지나도록 인간은 아리스토텔레스가 본 그대로였다. 즉, 인간은 정치적 능력을 가진 동물이다. 그렇다면 현대인은 자신의 목숨을 정치에만 내맡기는 동물이다."

'후고' 이전 시대에 인간의 미래를 둘러싸고 이렇듯 강력한 경고를 제기했다는 데서 푸코의 혜안을 높이 사지 않을 수 없다. 이 진단이 시의적절했다는 점은 현재 우후죽순처럼 고개를 들이미는 생명공학의 신기술, 이를테면 '착상 전 유전자 진단법'이나 '출산 전 진단', 유전자 분석 및 유전자 스캔 등이 여실히 확인해주고 있다. 이런 신기술들은 '생명 전반에 걸친 정치권력의 전면적 지배'에 차고도 넘치는 정보를 제공해준다. 이제 머지않아 '유전자 수술'도 현실이 되지 않을까? 그렇다면 이제 인간이라는 종을 변화시켜 수천 년의 전통과 작별하게 만드는 것은 시간문제일 뿐이다. 결국 소수에게만 지식과 권력이 집중되어, 이 소수의 정치권력이 전체의 운명을 좌지우지할 게 불 보듯 환하다.

이로써 아돌프 무슈크••가 추측하듯, "단 몇백 년 뒤면 이제 계몽의 정신도 매진"되는 것일까? 유전자 기술에 관한 논란이 촉발된 이래 그런 공포 시나리오는 인간과 사자와 용과 말 등이 뒤범벅된 키메라와, 유전자로 완전히 통제될 수 있는 인간이라는 무시무시

• Biopolitique: 미셸 푸코가 말하는 '생체권력biopouvoir'에서 유래한 개념. 특정 층이 지식을 독점함으로써 인간 생명의 전반을 정치권력이 지배한다는 의미에서 쓴 말이다.

•• Adolf Muschg: 1934~. 스위스의 작가이자 문학비평가. 촌철살인의 정치비판으로 명성이 높다.

한 버전을 계속 내놓고 있다. 물론 과장된 측면이 없지 않기 때문에 신중하게 접근해야 하는 것은 사실이다. 그러나 초기 유전자 연구에 대한 비판에서는 상상조차 하지 못했던 일들이 과학의 발달로 속속 현실로 나타나고 있다는 점만큼은 부인할 수 없다. 현재 사정은 확실히 달라졌다. 우리는 더이상 실현 불가능한 미래를 이야기하는 게 아니라, 그 미래 자체에서 살고 있다. 다시 말해서 유전자 실험실과 보건 당국은 마음만 먹으면 당장에라도 유전자 조작을 실행에 옮길 수 있다. 이런 사회에서는 무슈크가 말하듯, "아프면 자기 잘못이다". '후고 이전'의 시적 낭만이 가득했던 시대가 못마땅한 사람이라면 득의에 차서 이렇게 말하리라. "걱정 마, 모든 게 손아귀에 있어."

이쯤 되자 무슈크의 동료인 작가 크리스토프 란스마이어는 일찍 태어난 게 얼마나 큰 은총이냐며 가슴을 쓸어내린다. "조금만 더 늦게 태어났더라면 철저한 계급사회에서 살아남기 위해 피나는 싸움을 벌여야 했으리라. 그곳에서는 이미 닳을 대로 닳아버린 미인과 치졸한 근성만 남은 노인, 그리고 장기를 부품 바꾸듯 하거나 시험관에서 배양된 건강으로 무장해 바다거북 같은 수명을 자랑하는 주식투자자 좀비가 연금법의 개정을 놓고 아귀다툼을 벌이리라."

이게 유전자를 가져서 빚어진 결과일까? 무슨 말씀. 유전자는 있거나 없거나 하는 문제일 따름이다. 말하자면 희망과 똑같은 게 유전자다. 희망을 가지고 살 수도 있지만, 희망이 없다고 해서 우리가 사라지는 것은 아니지 않은가. 인생을 살면서 아름답고 싶다, 강하고 싶다, 지혜롭고 건강하고 싶다 따위의 커다란 희망을 품는다. 짧은 인생을 안타까워하며 영생을 희망하는 경우도 종종 마주친다. 그런 희망이 인생을 맛깔나게 하는 소금이라면, 희망과 현실 사이에 깊은 수렁이 아가리를 벌리고 있는 한, 저마다 자신만의 소설을 쓸 수 있으리라. 이 수렁만큼 다양한 깊이를 자랑하는 것도 없다. 어떤 것은 문장 하나면 쉬이 건너뛸 수 있고, 또 어떤 것은 평생 달음박질하며 도움닫기를 함에도 그 안으로 굴러떨어질 수밖에 없다. 아직 죽음이라는 수렁을 건너뛴 사람은 없지 않은가? 어쨌거나 희망이 채워지지 않는 인생은 맥빠진다. 간절한 소망 끝에 찾아온 비참한 파국 앞에서 우리는 그저 쓴입을 다시며 침묵할 뿐이다. 그러나 아예 희망이라는 게 없는 인생, 모든 게 이미 다 실현되어 있어서 상상과 현실 사이의 괴리를 찾아볼 수 없는 인생 역시 종말의 스산함을 풍길 따름이다. 말하자면 희망의 블랙홀이랄까. 그래서 말이지만, 유전자의 암호를 푸는 일은 그저 차분한 마음으로 계속하고 볼 일이다. 다만, 성공한 인생 또는 행복한 인생을 열 수 있는 열쇠를 찾겠다는 허튼 믿음만은 조심하자. 유전자를 알았다고 해서 문제가 되지는 않는다. 어떻게 해도 우리가 알 수 없는 영역이라는 게 있다는 점만 명심한다면 말이다.

관련 항목

여자 혹은 남자로 살아가기 | 장애인으로 살아가기 | 탄생은 과연 죽음의 시작인가

위선과 아첨

철학은 언제나 최초의 것이라면 무엇이든 특별한 광채로 빛나게 한다. 거짓으로 꾸며대는 위선은 인류 역사의 태초부터 있었다. 아니, 더 정확히 말하자면 인류사의 출발을 장식한 게 위선이다. 물론 이 태초는 휘황한 광채를 자랑하지 않았다. 오히려 태초는 부도덕한 행동이라는 그늘로 얼룩졌다. 위선의 흔적을 따라 그 뿌리로 거슬러올라가보면, 피할 수 없이, 성경이 묘사하는 낙원의 상황과 직면한다. 놀랍게도 위선은, 친동생을 죽인 카인의 살인 사건 이전에 이미 벌어졌음을 확인할 수 있다. 『창세기』는 이 땅에 사악함이 생겨난 게 악마의 간교한 거짓말 때문이었다고 증언한다. 뱀이 여자에게 물었다. "하느님이 너희더러 이 동산에 있는 나무 열매는 하나도 따먹지 말라고 하셨다는데 그것이 정말이냐?"(『창세기』 3장 1절) 이미 다 알고 꼬드기는 유혹처럼 견뎌내기 힘든 것은 없다. 그러나 악마의 사악함에도 좋은 면은 있었던 것일까? 악마의 천연덕스러운 유혹 덕분에 인간은 깨달음이라는 선물을 얻지 않았는가! 선악과를 따먹은 아담과 하와는 눈을 뜨고 '자기들이 알몸인 것'을 알았다.(『창세기』 3장 7절) 비록 꾐에 속아 낙원에서 쫓겨나는 수모를 당하기는 했지만, 그 덕에 인간은 참과 현실, 좋은 것과 올바른 것을 알아보는 인식의 눈을 떴다. 그러니까 위선은 진리를 깨우치도록 우리를 도와주는 거짓이다. 진리는 대개 위선의 탈을 쓰고 나오지 않던가! 종종 위선은 뭔가 좋은 일을 꾸며보려다 저지르는 경솔한 실수이게 마련이다. 이를테면 '페카틸리peccatilli', 즉 '자잘한 잘못'으로 경범죄 처벌을 받아야 하는 게 위선이랄까. 그러나 라로슈푸코가 촌철살인의 기지를 선보인 다음과 같은 말은 새길수록 의미심장하기만 하다. "위선은 악덕이 덕에게 보내는 추파다."

이제 우리가 알다시피 위선이라는 이름의 뱀 꼬리는 악마에게서 곧장 침이라도 핥아줄 것처럼 알랑거리는 상인, 굽실거리다 못해 허리가 굽어버린 말단 공무원, 늘 비굴한 미소를 입꼬리에 걸고 있는 하인, 근엄한 척은 혼자 다 하지만 뒤가 구리기 짝이 없는 정치가, 사기칠 기회만 호시탐탐 엿보는 이웃, 교활하기 짝이 없는 법관, 지도 교수의 구두코라도 핥을 기세인 대학원생 등으로 넘어간다(그저 몇 가지 사악한 직업군만 꼽아보았을 뿐이다). 이들이 어떤 족보를 가졌으며 무슨 법도로 무장했는지, 민중의 입은 정확히 읊조린다. "위선자야말로 줄이라면 기가 막히게 서지." 어디 그뿐인가? "아첨꾼은 악마에게라도 젖을 물릴 유모야." 눈앞에서 펼쳐지는 이런 끔찍한 몰골들의 만화경에도, 다음과 같은 물음이 끈질기게 고개를 든다. 우리는 정말 저 투명하기만 한 천국을 다시 소망하기는 하는 것일까? 전혀 포장되지 않은 천사의 말을 쓰고 싶어하기는 할까? 가면도 기만도 그 어떤 은폐도 없는 순수한 관계를 꿈꾸기는 하는 것일까? 아마도 순결한 심장은, 속속들이 믿을 수 있는 친근함은, 죽는 게 차라리 나을 정도로 지루할 뿐만 아니라, 정말이지 비인간적인 것에 지나지 않으리라. 조금이라도 꼼수를 부릴라치면 '도덕적 정확성'이라는 가혹하기 짝이 없는 잣대를 들이대며 추적하는 '빅브라더 사회'는 생각만 해도 끔찍하다. 어쨌거나 생각보다는 추구하고픈 사회가 아닌 게 분명하다. 특히 이런 형태의 사회, 즉 '빅브라더'가 우리의 일거수일투족을 감시하는 사회야말로 위선이 판을 치며 테러를 일삼는 독재로 돌변할 큰 기회를 허하리라. 인간은 그 족보로 보나 하는 꼴로 보나 타고난 위선자가 아닐까? 또 그런대로 그냥 좋은 게 아닐는지?

다른 사람에게 진실을 이야기한다는 것은 생각처럼 간단치 않다. 생사를 다투는 경우에서만 그런 것도 아니다. 일상생활에서 난처한 순간을 겪을 때마다 있는 그대로 털어놓는 게 좋을지 망설이는 경우가 얼마나 많은가. 이럴 때 그럴싸한 구실 뒤에 숨는 것은 현명한 일이다. 여사장에게 실제 나이가 몇 살은 되어 보인다고 털어놓거나, 이웃의 가구 장식을 보고 형편없는 미적 감각이라며 비웃는 얼간이가 대체 어디 있겠는가? 위선으로 말미암아 어느 쪽이 더 해를 입느냐는 물음도 그리 간단하게 대답할 수 있는 게 아니다. 안 그런 척 꾸며대느라 진땀을 흘리는 내가 불리할까, 아니면 내 말을 곧이곧대로 믿는 것 같지 않은데도 짐짓 의젓한 표정을 짓고 있는 상대방이 더 불리할까? 어쨌거나 위선을 떨며 상대와 내가 각자 어떤 처지에 있는가에 따라 관계의 성격이 판이하게 달라진다는 사실은 분명하다. 저쪽이 나보다 아랫사람이라면, 나는 위선을 떨면서도 쿨할 수 있다. 경우에 따라서는 이래도 좋은 것일까 하는 도덕적 의혹을 말끔히 던져버리고, 내가 다 책임질게 하고 그야말로 위선의 극치를 구사해도 좋다. "뭔가 찔리는 느낌을 주는 거짓말은 악덕이다. 그러나 기분좋게 하는 거짓말은 아주 위대한 공덕이다. 이런 거짓말은 그 어느 때보다도 더 고결한 품격을 자랑한다."(볼테르) 거꾸로 다음과 같은 물음도 도덕적으로 중요한 게 아닐까? 도대체 우리 자신의 의지와 생각을 어느 선까지 말과 행동으로 분명하게 드러내야만 하는가? 상대방에게 품고 있는 생각을 거침없이 솔직하게 말했다가는 불평불만에 가득차서 까다롭게만 구는 골통으로 낙인찍히기 십상이다. 그럼에도 끊임없이 들이대다가는 분노가 극에 달한 상대방이 다짜고짜 주먹부터 휘두르리라. 어디 그뿐인가? 심지어 교활한 상대라면 그렇게 아무 생각 없이 속내를 거침없이 까발리는 나를 얼마든지 이용해먹을 수도 있다. 정신병 환자들만 이런 식으로 숱하게 당하는 것은 아니다. 자신이 가진 패를 먼저 보이면 누구나 당하게 마련이다. 아예 주변 사람들이 그런 들이댐에 익숙해진다면, 하는 일마다 왜 그렇게 행동하는지 일일이 밝혀야 할 의무가 생겨날 수도 있다. 계속해서 해명을 하고 다니는 것은 상당히 번거롭고 힘들지 않을까.

칸트는 기대를 거스르지 않고, 위선 문제와 관련해 도덕적 진실성이라는 창문을 통해 가장 멀리 내다보았다. 칸트에게 위선이란 자기 자신에게 지켜야 할 의무를 가장 심각하게 해치는 행위다. 어쨌거나 자신을 도덕적인 존재로 보고 싶다면 말이다. 위선은 인간의 존엄을 파괴하며 아무렇지도 않게 팽개쳐버리기 때문이다. 위선의 문제에서 도덕을 거스르는 가장 강력한 적은 모순이다. 지금 내가 위선을 떨며 다른 사람에게 하는 말은 나의 본래 생각과 정면으로 충돌하며 모순을 일으킨다. 말과 생각이 따로 노는 것이다. 이는 곧 자신의 사람됨을 포기하는 것을 뜻한다. 위선자는 오디세우스와 조금도 다를 바가 없다. 이름을 캐묻는 키클롭스•의 면전에서 오디세우스는 자신의 이름을 'Nobody', 즉 '아무도 아니다'라고 밝힌다. 이 장면에서 키클롭스는 도덕이며, 오디세우스는 간교한 인간을 상징한다. 자기 자신이 아무것도 아니라고 부정하는 사람은 동시에 자신의 인격을 부정하는 것이다. 진실이라는 '올바름의 원천'을 바탕으로 세워진 인간다움을 부정한 자는 허깨비일 따름이다. 인간이 지켜야 하는 보편적인 의무로서 진실은 이처럼 위선으로 말미암아 철저히 부서진다. 이런 결과를 놓고 볼 때, 아무리 위선이 이득을 가져다준다고 할지라도, 나에게 심대한 해를 끼치는 진실을 지키는 게 더욱 낫다. 결국 남는 것은, 어떤 경우일지라도 진실하게 행동해야 한다는 의무를 지키는 일이다. "진실을 피할 수는 없다."(칸트)

칸트의 위대한 이성은 우리의 도덕적 일상에 너무 가혹한 게 아닐까? 하다못해 뒷문이라도 빠끔하게 열어주어야 숨통이 트일 텐

• 그리스신화에 나오는, 이마 한가운데 눈이 하나 달린 거인족. 사람을 잡아먹고 양을 기르며 대장장이 일에 능통하다. 그들 가운데 폴리페모스는 오디세우스가 권한 와인을 마시고 취해 잠들었다가 오디세우스의 창에 눈을 찔린다. 동료들이 달려와 누가 범인이냐고 묻자 "아무도 아니다"라고 대답해서 오디세우스는 무사히 탈출에 성공한다.

데, 조금이라도 꾸미는 거짓말은 곧 자기부정이라니 눈앞이 캄캄할 따름이다. 먼저 드는 생각은 우리 주변에 과연 진실에 충실한 사례가 얼마나 되는가이다. 우리는 대화의 상대방이 자신의 감정을 솔직하게 있는 그대로 드러내기보다는 통상적인 관례에 따라 적절히 정도를 조절해주리라 기대하기 마련이다. 점잖게 마주앉아 예를 갖추며 속내를 노골적으로 드러내지 않아야지, 걸핏하면 머리끄덩이를 잡거나 얼싸안아서야 그 번거로움을 어찌 다 감당한단 말인가? 비위를 맞춰주는 거짓말이 없다면 인생은 만인이 만인의 멱살을 잡는 싸움판으로 전락하지 않을까? 말과 행동이 일치하기를 바라는 사회적 기대라는 것도 일종의 허구처럼 느껴질 때가 어디 한두 번인가. 꾸며진 외양과 민낯 사이의 갈등은 간단하게 풀 수 있는 게 아니다. 주어진 사회적 역할에 맞게 성실히 살아가는 올곧은 시민으로서 우리는 외모에 어느 정도 신경을 써야만 한다. 이런 꾸밈까지 위선으로 몰아붙일 수는 없지 않을까? 그러나 일체의 허례와 허식에 냉소만 흘리는 위인은 자신의 외양을 꾸미기는커녕 사람들의 반응조차 무시하기 일쑤다. 냉소주의자가 바라보는 도덕이라는 것은 자신의 느낌과 감정에 충실하기 위해 사회적 관습을 부단히 문제삼는 데서 성립하기 때문이다. 하긴 냉소주의자의 정신적 고향이 고대의 견유학파에 있음을 생각하면 그리 놀랍지도 않다. 개의 날카로운 이빨로 무장하고 세상의 허례와 허식을 개처럼 물어뜯는 신랄함 앞에서 무엇인들 무사하랴.

그것참 난처한 일이 아닐 수 없다. 평범하게 일상을 보내는 우리는 개의 날카로운 이빨까지 두려워해야만 하는가? 이쯤에서 다시 한번 다른 태초로 돌아가보자. 남에게 빌붙는 빈대와 아첨과 위선이라는 문제는 성경에서만 찾아볼 수 있는 게 아니다. 철학, 정확히는 플라톤의 『국가』에, 완전히 정의로운 인간과 뼛속까지 부정한 사람을 대비시키는 글라우콘•의 이야기가 나온다. 그야말로 껍데기와 알맹이의 차이에 바탕을 둔 논법이다. 아니, 오히려 가상과 진상의 대결이랄까. 글라우콘에 따르면, 털끝 하나 잘못이 없는 완전히 정의로운 인간은 겉으로는 한없이 불의해 보일 수 있다. 세상과 조금도 타협하지 않으면서 일체의 허례와 허식을 깨부수기 때문이다. 반면 뼛속까지 부정한 사람은 거꾸로 "너그럽고 통이 크며 정의롭다는 최고의 평판을 얻는다". 실제로 그는 전혀 정의롭지 않음에도 말이다. 이게 정의를 바라보는 세상의 눈이다. 그렇기에 인간이 확실하게 알 수 있는 진리는 외양의 건너편, 즉 신과 우주의 틀 안에서만 찾을 수 있는 모양이다. 그러니까 저 이데아의 세상에서 봐야만 세상만물의 정체를 알 수 있다고 한 플라톤의 이야기는 옳다.

그런데 왜 모든 도덕 이론, 특히 18세기의 도덕 이론은 위선을 다른 어떤 악덕보다도 격렬하게 탄압했을까? 라로슈푸코가 옳게 본 대로 위선은 도덕에게 절하며 추파를 질질 흘림에도 말이다. 해나 아렌트는 인간이 위선을 일삼는 이유가 어디에 있을까 생각해보면서 위선을 다음과 같이 정리한다. "위선은 거짓말을 하는 게 아니다. 오히려 자기 자신이 스스로 속고 있는 게 위선이다. 그러니까 위선은 자기 자신에게로 고스란히 되돌아오는 거짓말이다. 그래서 위

• 플라톤의 큰형. 『국가』에서는 정의의 문제를 다루는 논객으로 등장한다.

선자는 그가 속이려 했던 사람 못지않게 스스로 거짓말에 희생당한다. (……) 위선자가 저지르는 범죄는 자기 자신의 뜻을 거스르고 거짓 증언을 내놓는다는 데 있다."(아렌트) 다시 말해서 위선은 그 뒤에 본인의 정체를 숨겨놓지 않은 유일한 악덕이다. 위선자의 정체는 위선 그 자체에 의해 산산이 부서지기 때문이다. 거짓말쟁이와 달리 위선자는 정체가 없는 존재다. 거짓말을 하는 사람은 적어도 자신이 거짓말을 한다는 것을 안다. 하지만 위선자는 한사코 자신이 거짓말을 한다고 생각하지 않는다. 결국 위선은 자신을 부정하는 행위다. 그러므로 위선자에겐 자아가 없다. 그는 자신의 위선을 폭로할 자아를 갖지 않은 인간이다. 말하자면 위선자는 위선을 떨면서 자기 자신을 해체한다. 그는 도덕의 완벽한 날조이며 왜곡이 무엇인지 몸으로 보여준다. 그래서 정의가 살아 있는 완전한 도덕 국가에서 추방되어야 마땅하다. 실체가 없는 인간, 그리고 그런 태도가 강력한 전염성을 갖는다는 걱정, 한마디로 남을 속이기 위해 자신까지 속이며 순간을 모면하려는, 어찌 보면 별것 아닌 꼼수가 인성과 도덕, 정치와 철학이 힘을 모아 이끌어가려는 사회 전체의 존립을 위협할 수 있다는 생각에, 플라톤은 예술을 두고 저 유명하고도 악명 높은 험담을 늘어놓은 것이리라. 즉, 플라톤이 보기에 예술은 진짜 인생을 베껴놓은 모사에 지나지 않으며, 정체와 본질을 중시하는 이데아론의 입장에서 '색깔만 현란하고 요란한 허영'(괴테)일 뿐이라던가. 그래서 플라톤은 예술이 우리에게 참된 존재를 절대 중개해줄 수 없다고 보았다.

(예술의) 위선과 (위선에 찬) 예술가는 함께 악마의 환영을

그려낸다. 신학은 이들을 파문해야 한다고 펄펄 뛴다. 예술과 위선 그리고 거짓말이 카오스를 불러오는 주문이기 때문이란다. 이로써 그때그때의 도덕 질서는 허약한 다리로 서서 후들거린다. 다른 사람의 말이 진짜 무얼 뜻하는지 몰라 우주는 삐거덕댄다. "피아트 베리타스 쿠오드 페레아트 문디Fiat veritas quod pereat mundi"•, 즉 "진리가 고개를 들면 수많은 세상이 무너지리라". 진리는 단 하나지만, 진리를 가장한 위선은 수천 개다. 가상의 이 변복은 장기적으로 볼 때 단 하나의 진짜 현실을 파괴한다. 그래서 언젠가는 사람들이 진상과 가상의 차이마저 망각하고 가짜를 진짜라고 여기리라. 속으로는 비도덕적인 행위를 서슴지 않으면서 겉으로는 자신이 도덕적인 양 포장해 팔아먹는 인간이 숱하게 나올 것이다. 결국 우리는 겉으로 보이는 도덕에만 눈이 멀고 말지니. 도덕적인 것처럼 꾸며 보이려는 열망은 우리로 하여금 실제 도덕적인 인간이 되는 것을 가로막는다.

하지만 악명 높은 위선자들이 득실거리는 사회에서 사는 것은 어딘지 모르게 흥분되는 일이 아닐까? 여기서 쿵, 저기서 쾅, 저 너머서 번쩍, 아무튼 요란뻑적지근할 테니 말이다. 그러나 근본적으로 도덕이라는 문제는 결국 나 자신과, 내가 살아가는 세계와 깊은 관련을 맺은 것이니만큼, 어떤 인간과 사회와 세계를 선택하느냐 하는 물음처럼 중요한 것도 또 없으리라. 흥분과 자극에 팔려 자기 자

• 신성로마제국의 황제 페르디난트 1세가 말했다는 "Fiat iustitia, et pereat mundus", 즉 "정의가 이뤄질 수만 있다면, 세상은 몰락하리라"를 패러디한 것이다. 정의를 위해서라면 어떤 대가를 치러도 좋다는 뜻으로, 오늘날에는 법과 원칙을 지키기 위해서라면 어떤 희생도 감수한다는 태도를 비꼬는 뜻으로 쓰인다.

신을 팽개쳐둘 수야 없는 노릇 아닌가. 더 나아가 도덕은 구속력을 요구한다. 오늘은 이렇고 내일은 저런, 갈팡질팡하는 갈지자걸음을 두고 도덕적인 행실이라고 부를 수는 없다. 무엇보다도 중심을 단단히 잡고 흔들림 없이 걸어가는 게 후회를 남기지 않는 인생일 터. 죽음을 맞이하는 순간, 후회로 괴로운 인생처럼 비루한 게 또 있을까. 다시 회복할 시간은 허락되지 않는다. 이제, 고통스러운 후회의 흙에 뉘어야 하는 얼굴은 부끄러움으로 화끈거릴 따름이다. 바로 그래서 흔들림 없는 행보는 중요하다. 위선자를 보면 고개를 돌리는 성정도 같은 맥락에서 생겨난 게 아닐까? 위선의 문제를 다룬 문학작품에 부끄러움, 후회, 걷잡을 수 없는 분노, 원망과 한숨 따위가 주로 등장하는 것도 이 때문이리라. 아첨꾼과 위선자는 부끄러움이라고는 모른다. 더이상 잃어버릴 얼굴이 없기 때문이다. '잃어버릴 얼굴이 없다'라는 표현은 다른 사람의 우러름은 물론이고 자존심마저 저버린 경우를 염두에 둔 것이리라. 얼굴이 없는 위선자는 더 나아가 우리가 공감하고 공유하는 가치와 규범을 '알아볼' 능력과 의지마저 상실한다. 이런 그가 도덕 공동체의 일원이 될 수 없는 것은 당연한 일이다. 다시 말해서 '얼굴을 잃어 철판을 덧댄 인간'은 공동체 구성원 사이의 상호인정이라는 도덕 조건을 충족할 수 없는 막장 인생일 따름이다. 그런 인간에게 누가 신뢰를 선물할까? 사회생활의 기본 요구인 신뢰성을 누릴 수 없는 사람이 갈 곳은 막장밖에 없다. 물론 누구나 체면을 잃을 수는 있다. 그러나 이때의 체면이 꼭 형식적인 의미만 갖는 것은 아니다. 사실 그 속내는 '부끄럽다'라는 실토이지 않은가. 위선자를 보고 얼굴을 붉히는 사람은, 저런 인간과 함께 살아왔다는 게 부끄러우며, 이로써 나 자신에게 실망했다고 말하는 것이나 다름없다. 부끄러워할 줄 아는 심성은 인간이 근본적으로 가진 도덕 감정의 발로가 아닐까 하는 물음이 자연스레 고개를 든다. 누구나 인정하는 가치를 소중히 여길 줄 아는 인간은 결코 위선자가 되지 않을 것이기 때문이다.

물론 말할 수 있는 것이라고 해서 남김없이 입 밖에 내야만 하는 것은 아니다. 그게 아무리 진실이라고 할지라도 입안에서 꿀꺽 삼켜야만 하는 경우는 틀림없이 있다. 친구가 지켜달라고 신신당부한 비밀을 동네방네 떠벌리고 다니는 것은 무슨 심사인가? 속으로 삭여야 할 설익은 생각을 부득불 주절대다가는 망신만 산다. 진실도 마찬가지다. 진실은 그것을 밝혀야 할 때와 장소가 있는 법이다. 다름아닌 진실이기에 속에 담아두어야만 하는 절박한 순간도 있다. 자신이 생각하는 것을 미주알고주알 말하면서 다른 사람들이 그것을 듣고 늘 감사하리라고 여기는 자는 얼간이일 뿐이다. 그렇기에 의도적인 아첨과 위선, 그리고 살다보니 어쩔 수 없이 행하게 된 아첨과 위선을 구분해주는 게 좋지 않을까? 익히 알다시피 진실은 언젠가는 드러나게 마련이니 말이다. 그러니까 중요한 것은 상대가 어떤 의중, 무슨 동기로 그랬는가를 읽어내는 일이리라. 그러나 인간이 뒤집어쓴 껍데기와 겉치장을 완전히 벗겨놓고 봤더니, 다시 말해 위선을 탈탈 털어버렸더니 그 속이 텅 비어 있는 것을 목격하고, 우리는 저 페르 귄트*처럼 놀란 입을 다물 수 없을지 모른다. 아마도 인간이 가진 비밀 중의 비밀, 최고의 비밀은 아무 비밀을 갖지 않는다는 게 아닐까. 이런 초라한 사실을 자꾸 다른 사람에게 숨김없이 털어놓으라는 것은, 입만 열었다 하면 도덕이라는 말만 읊어대는 대꼬챙이 늙은이나 할 소리다.

관련 항목

양심이라는 주관적 도덕 | 예의란 인간다운 나에 대한 열망 | 표정, 공동체를 위한 얼굴의 대화

• Peer Gynt: 입센이 1867년에 발표한 희곡 『페르 귄트』의 주인공. 몽상을 좇느라 방랑하던 페르 귄트가 늙어서 고향에 돌아와 아내 솔베이의 사랑으로 구원을 받는다는 이야기다. 이 이야기를 바탕으로 작곡가 그리그가 모음곡을 만들기도 했다.

의무를 넘어 여유로운 삶으로

도덕이 무엇인지 짤막하게 정의를 해달라고 물으면, 많은 사람들은 별로 내키지는 않지만 해야만 하는 것이라고 대답하곤 한다. 그러니까 어쩔 수가 없어서 마지못해 따르는 게 도덕이라는 것이다. 시큼털털한 게 영 뒷맛이 개운치 않은 소리다. 아무튼 도덕은 즐겁고 흔쾌한 마음으로 향유하는 게 아니라, 어쩔 수 없이 해야만 하는 것인 탓에, 아예 처음부터 이런 강제를 빙 둘러가려는 게 현명한 선택일지 모른다. 그러나 더욱 현명한 선택은 도덕이 정확히 무엇인지 가려보는 게 아닐까? 그래야 자신이 원래 원하는 것과 도덕의 요구가 충돌할 때, 어떤 점을 주의하고 조심해야 할지 정확하게 알 수 있을 터이니 말이다. 원하는 것과 해야만 하는 의무가 서로 대립하는 것처럼 보인다면, 그 대립의 정확한 원인을 짚어볼 필요가 있다. 많은 경우 해야만 하는 게 원래 하고 싶은 것을 이루는 데 도움이 되는데도, 왜 사람들은 두 가지가 서로 대립한다고만 여기는 것일까? 예를 들어 지금 '라테 마키아토'를 한잔 마시고 싶은 생각이 간절하다고 치자. 그러나 냉장고를 보니 우유가 없다. 우유를 사러 밖으로 나갈 생각을 하니 한숨부터 나온다. 그냥 소파에 누워 있고만 싶다. 그래도 눈앞에 따끈한 '라테 마키아토'가 어른거린다. 이처럼 구체적인 상황에서 보면, 뭔가 하고 싶다는 소망에는 의무가 따른다. 목표를 이루려면 마땅히 해야만 할 의무가 있다는 것을 인정해야만 한다. 이처럼 뭔가 하고 싶다는 희망은, 전혀 하고 싶지 않은 것을 하도록 요구하고 강제한다. 내키지 않는 의무감은 이렇게 생겨난다. 별것 아닌 '라테 마키아토' 한잔 마시고 싶다는 생각이 묘한 역설을 빚는 것이다. 내 자유의지로 원하는 '라테 마키아토'가 자유와는 정반대의, 그전에 뭔가 해야만 하는 강제를 낳는다. 그럼 이 역설을 간단하게 뒤집으면 무슨 말이 될까? "의지가 없다면, 의무도 없다."(니체, 『유고집』) 그렇다. 하고 싶지 않다면, 해야 할 것도 없다.

'라테'보다 훨씬 더 맛이 강한 음료 때문에 빚어지는 의지와 의무 사이의 갈등관계를 누구도 따를 수 없는 명확함으로 파헤친 사람은 다름아닌 칸트다. 18세기 발트 해 연안에서, 인생의 어떤 경우에서든 우리의 손을 잡아 일으키겠노라고 다짐하는 음료의 이름은 간단하게 말해서 '의무'다.• 이 '의무'라는 놈의 눈을 깊숙이 들여다보면, 우리가 뭘 해야만 한다는 것인지 알 수 있다. "의무는 법을 존중하는 데 꼭 필요한 행위다." 칸트가 『윤리형이상학 정초』에서 한

• 이 문장에서 '발트 해 연안'이라는 표현은 칸트가 살았던 쾨니히스베르크를 염두에 둔 것이다.

말이다. 칸트의 선험철학을 비웃는 사람들은, 이 말만 듣고도 대체 무슨 법을 이야기하는 것이냐고 되물을 게 틀림없다. 법을 지키라는데 그게 누가 만든, 무슨 법이냐고 따지고 드는 것이다. 어쨌거나 그 법이라는 게 그저 예의범절이든, 교통법규든, 아니면 이성 그 자체의 법이든 간에, 한 가지 사실만은 분명하다. 칸트가 환상의 여지를 조금도 남기지 않고 아무 꾸밈이 없는 노골적인 말로 분명히 강조하듯, 의무는 우리를 '강제'한다. 혹시 잘못 읽은 것은 아닐까? 인간의 자기해방운동에 불을 붙인 계몽사상가가 정말 이런 말을 했을까? 의심하던 눈길은 남서쪽을 향하는 순간, 다시금 화들짝 놀라고 만다. 하필이면 강제라고는 모르는, 정신의 자유를 최고의 가치로 삼는 연방국가의 시민, 즉 제네바의 루소 역시 칸트와 같은 맥락의 이야기를 하고 있기 때문이다. 인간은 자유롭게 태어나기는 했지만, 도처에서 의무라는 강제의 쇠사슬에 묶여 있다는 루소의 확인 앞에 어안이 벙벙해질 따름이다.

남서쪽에서도 새로울 게 없는 이야기가 되풀이되는 것으로 미루어, 칸트 교수의 말은 심사숙고 끝에 나온 게 분명하다. 의무가 우리를 강제한다는 사실은 인정해야 한다. 결국 해야만 하는 것의 표현이 의무인 셈이다. 그러나 앞서도 살펴보았듯, 강제라는 창날은 어디까지나 나 스스로에게 겨누는 것이다. 교통법규나 법률과 같은 외부적인 강제로는 깨끗이 설명될 수 없는 게 곧 의무다. 이 의무는 어디까지나 선험적인 자아가 의지하고 선택한 것으로 봐야만 한다. 다시 말해서 내가 해야만 하는 의무는 여러 가지로 반감을 불러일으키기는 하지만, 어디까지나 내가 원한 의지다. 이게 바로 칸트의 선험철학이 말하고자 하는 핵심이다. 자유롭고 싶은가? 그럼 의무라는 강제를 흔쾌히 받아들여라! 욕구에만 충실하려는 방종에서는 알아보기 어려웠던 게 머리 위 밤하늘을 바라보면 선명하게 빛난다. "해야만 한다는 당위는 원래 하고 싶다는 의지다." 어째서 그런지는 동전의 다른 면을 보면 안다. 의무를 다하고 사는 것이야말로 자유인의 명예로움이다. 말하자면 의지의 자율성 안에는 스스로 자신을 제한하고 강제하는 절제의 정신이 숨어 있다. 이는 칸트도 루소도 아주 비슷하게 확인해주는 진리다. "자유를 포기한다는 것은 인간됨의 포기인 동시에 스스로 자신의 인권을 저버리는 일이다. 의무를 포기하는 것, 이는 곧 자유의 부정이다." 그러므로 의무감은 진정한 자유인으로 거듭나기 위해 반드시 받아들여야만 하는 사실이다. 철학에서 의무감이라는 것을 너무 어렵게 받아들이지 말라고 가르치는 이유가 달리 있는 게 아니다. 의무라 할지라도 어디까지나 자유로운 선택에 따른 것일 뿐이다.

여기서 무슨 속임수가 있는 것은 아닌지 의심하거나, 그 동전이 위조된 것은 아닐까 하고 경찰에 신고부터 하는 사람은 날 때부터 심성이 삐뚠 악당이거나, 선험철학의 비밀을 전혀 모르는 문외한일 따름이다. 자신이 뭘 원하는지 모르는 사람만이 철학자에게 머리를 조아리고 무엇을 해야만 하는지 가르쳐달라고 매달린다. 진정으로 자신이 원하는 게 뭔지 아는 사람은 해야 할 바, 곧 의무를 흔쾌히 받아들인다. 이제 반쯤이라도 자신에게 비판적인 사람이라면 누구나 소크라테스의 지혜, 즉 자신이 아는 것은 아무것도 모른다는 사실뿐이라는 고백에 서명을 하리라. 물론 의무만큼은 아직 인정하고 싶지 않다는 예외 조항을 한사코 고집하면서 말이다. 그만큼 인간의 심사는 의무라면 저항부터 하려고 든다. 무릇 진정한 자유란 의무를 성실히 수행하는 것이어야 한다고 아무리 설득해도 닫힌 귀는 열리지 않는다. 고집불통의 무지한 바보는 앞뒤가 맞아떨어지는 법칙으로서의 필연성이란 수학이나 물리학에나 있는 것이지, 우리네 사람살이에 그런 게 어디 있느냐며 휘휘 손사래만 친다. 오히려 법칙을 지키는 의무는 얼간이의 몫일 뿐이라며 되레 큰소리를 친다. 오죽 답답했으면 비트겐슈타인은 수학이나 물리학이라는 논리 법칙이 독재를 일삼고 있다고 했을까. 묘한 것은, 수학과 물리학 같은 자연법칙을 말할 때 사람들은 강제라는 단어를 좀체 입에 올리지 않는다는 사실이다. 아니, 수학 공식으로 나타낸 것이야말로 벗어나는 것을 허용하지 않는, 폭압적인 강제이지 않은가? 그럼에도 우리는 원하든 원치 않든 자연법칙을 따른다. 수학 공식으로 표현된 자연법칙이라도 얼마든지 저항할 수 있는데도 말이다. 그러나 자유의 세계에만 오면 달라진다. 칸트가 행동과 실천의 영역이라고 강조한 자유의 세계에서는 '반드시 무엇무엇 해야만 한다'는 필연성은 없다고 고집한다. 자유의 세계에서는 필연이라는 게 없다는 생각을 한사코 관철한다. 그러나 사실은 정반대다. 필연을 인정하는 자유는 날개를 달아줄 뿐만 아니라, 평소에 상상도 못했던 힘을 불어넣어준다. 뭔가 해야만 한다는 단순한 이유로 그것을 할 수 있는 힘이 생겨나는 것이다. 이게 바로 『실천이성비판』이 정리한 핵심이다.(칸트) 선험철학은 일단 제쳐두고 현실을 정면으로 응시하더라도 이를 확인할 수 있다. 사람은 누구나 인권을 존중한다. 대개 다른 사람의 품위와 존엄성을 지켜주려 애쓴다. 그리고 다른 사람도 주변의 모든 이들에게 그렇게 해줬으면 하고 희망한다. 해야만 한다는 당위성과 하고 싶다는 의지가 서로 정확히 맞아떨어지지는 않더라도, 서로 끈끈한 유대관계를 유지하고 있음은 잘 드러난다. 필연의 힘을 믿고 포기하지 않아야 하는 이유는 여기에 있지 않을까? 적어도 내가 원하고 바라는 게 나만의 희망이 아니라 우리 모두의 희망이라는 확인을 통해 거듭 힘을 추스르고 일어서야만 한다. 물론 해야만 한다는 의무를 사랑할 필요까지는 없다.

필연성과 당위성이라는 말만 득세를 하게 되면, 심리적 억압만이 고개를 들 수 있기 때문이다. 이런 압박감이 심해지면 현실을 자꾸 자신의 머릿속에 그린 그림에 맞추려 들 수가 있다. 심지어 현실을 완전히 물구나무세우는 일까지 벌어질지도 모른다. 사실 우리는 본능적으로 의무감을 부담스러워한다. 억지로 고통스럽게 의무를 다하느니 본능에 충실하고 마음 편안한 게 차라리 낫다. 자기 자신에게는 물론이고 다른 사람에게도 본능에 따르는 건강한 태도를 지킬 필요가 있다. 어떤 경우든 당위에 맞춰 자신이 원하는 것을 희생하도록 강제하지 않으면서, 현실을 그 어떤 압박 없이 부드럽게 바꾸어 나가는 게 더 나은 선택이다. 이런 마음가짐으로 세상을 바라보면 우리는 힘과 여유를 가질 수 있다. 지금껏 '무엇무엇 해야만 한다'는 강제가 지배하던 곳에서 넉넉한 너그러움이 자라난달까.

지금까지 강요와 강제를 말하는 윤리는 차고 넘칠 정도로 많았다. 이로써 의무감은 우쭐우쭐 커지기만 했고, 의무감을 자신의 희망이라고 억지로 끼워맞추는 일도 빈번하게 벌어졌다. 강단철학으로서 윤리학이 그런 풍조에 일단의 책임이 있는 것도 사실이다. 율법을 강조하려다보니 율법을 세운 이(신이나 군주)를 내세울 수밖에 없었고, 법에 힘을 실어주려다보니 질서의 수호자가 가진 권력을 옹호해야 했으며, 해석의 권위가 없이는 과오와 오류만 있을 뿐이라며 기성 윤리학이 으름장을 놓은 측면은 분명히 있다. 그러나 일부 그런 잘못이 있다고 해서 윤리학이 오로지 권력에 빌붙어 먹고 살 조건을 만드는 데만 혈안이 되었다는 비난은 터무니없는 과장이다. 그러나 근대의 윤리학이 중대한 오류를 저질렀다는 것, 즉 "근본적으로 잘못된 인생관을 드러냈다"라고 본 버나드 윌리엄스의 지적은 옳았다. 인생을 그저 여차하면 빠질 수밖에 없는 부덕과 악덕이라는 구렁텅이 위에서 벌이는 아슬아슬한 외줄 타기로만 바라본 탓에, 근대 윤리학은 강제와 의무라는 채찍을 휘둘러대는 것만 능사로 여기지 않았는가. 동시에, 다른 한편으로는 모든 것을 근대가 추구한 자유 주관 안에 욱여넣다보니 꼭 해야만 하는 의무는 희망으로, 아무쪼록 이러저러하게 해주었으면 좋겠다는 당위는 개인의 의지로 탈바꿈시켜놓았다. 개인을 역사의 주체로 부각하려는 근대 철학의 이런 성향이 오히려 방종과 아집을 불러온 게 아닐까? 인류가 20세기에 써내려온 암울하기 짝이 없는 역사는 이를 여실히 증명한다. 역사에서 얻은 많은 교훈으로 미루어볼 때 한 가지 위안이 되는 사실은, 우리의 인생이 저 구렁텅이로 끊임없이 추락하기만 하는 것은 아니라는 점이다. 오히려 우리의 인생은 새로운 생명의 탄생과 더불어 좋고 아름다운 쪽으로 거듭 새롭게 기획될 기회를 얻는다.

기획은 물론 실패할 수 있다. 20세기의 인간학, 역사, 정치는 실패의 가능성을 신물이 나도록 가르쳐줬다. 그러나 또한, 너무 쉽게 잊어버리는 데 익숙하기는 하지만, 기획은 얼마든지 성공할 수도 있다. 고대사회에서는 이를 이미 알고 있었으며, 살아 있음의 강한 확신을 심어주는 이 아름다운 진리를 다시금 발견해내는 게 중요하다. 거듭된 실패에도 굴하지 않고 끈질기게 도전한 끝에 이뤄내는 성공은 황홀할 정도로 아름답다. 의무와 필연을 강조하기에 바빴던 근대 철학에 맞서 너그러운 여유를 체득하는 일이 이제 우리의 과제가 되어야 한다. 마음의 평안을 누릴 줄 아는 여유! 여유롭게 인생을 사는 사람은 결코 헛되이 살지 않는다. 이런 자명한 사실을 이제 다시금 가슴에 새겨야 한다. 이유는 간단하다. 여유롭게 사는 사람은 의미를 얻는다. 의미를 새기고 음미하며 다듬어가는 삶! 이런 인생은 어느 모로 보나 헛되지 않다. 물론 한가하고 여유로운 사람도 다른 모든 사람과 마찬가지로 인생을 살아가면서 그 값은 치른다. 다만, 전혀 힘들이지 않아도 좋은 자기만의 생활방식을 찾아내고 이를 발전시켜온 여유로운 대인도 인생의 대가를 치르고 있다는 사실을 보통 사람들은 쉽사리 간과한다. 남들을 있는 그대로 받아들이고 살아가게 내버려두는 것, 이것이 곧 여유를 자랑하는 대인의 삶이다. 진정 여유로운 삶에는 반드시 해야만 하는 의무라는 게 별로 없다. 적어도 늘 이래라저래라 요구를 내걸고 꼬치꼬치 따지며 피곤하게 구는 철학의 노이로제에는 사로잡히지 않는다. 여유로운 마음은 남에게 많은 것을 요구하지 않는다. 우선 자기 자신부터 늘 한결같다. 이는 곧 더불어 사는 좋은 인생을 만드는 가장 아름다운 조건이다. 여유를 가진 사람은 자신의 본모습에 충실하게 살아갈 뿐, 사람들이 일반적으로 생각하는 인생을 좇으려 아등바등하지 않는다. 남이 하니까 나도 해야 하는 것이란 없다. 자신이 생각하는 소중한 의미에 맞게 자기 인생을 살 따름이다. 반면 남들 하는 대로 해야만 한다고 안달복달하는 인생은 늘 '뭔가 해야만 한다고 요구하는 윤리'에 이끌려 남의 꽁무니만 따라다닐 뿐이다. 니체는 이런 사정을 다음과 같이 장렬한 언어로 표현한다. "무리의 겉보기만 좇다가 허울이 유일한 가치가 되어버린 인생!"(니체, 『즐거운 학문』) 해야만 하는 것을 별로 원하지 않는 인생은 개개인의 삶을 살맛나게 만들어줄 뿐만 아니라, 함께 사는 공동의 삶도 풍요롭게 가꾸어준다. 철저하게 무장을 한 뒤 참호에 몸을 던지지 않고서는 해야만 하는 의무의 집중포화를 피하기 어렵기 때문에, 여유를 가지려는 시도는 고단할 수 있다. 하지만 여유를 가지라고 몰아세우는 강제는 그 어디에도 없다. 우선은 내가 진정 원하는 게 무엇인지 차분하게 생각해볼 노릇이다. 잊지 말자, 진정한 여유로움에 이를 수 있다면 이보다 더 기쁜 일이 또 있을까.

관련 항목

예의란 인간다운 나에 대한 열망 | 적절한 행동의 척도는 무엇인가 | 허락, 금지, 그리고 약속

의심 vs. 어리석음

첫인상으로만 보면 위대한 철학자라는 사람은 하나같이 의심과 어리석음의 혼란만 불러일으키는 실수를 저지르고 다닌 것 같다. 상황에 따라 이런 경범죄는 철학 혹은 철학자의 목숨을 앗아가는 치명적인 결말을 낳았다. 고대에 이상하기만 한 괴짜로 소문과 명성이 자자했던 소크라테스를 예로 들어보자. 소크라테스는 시장통이나 어슬렁거리다가 만만한 녀석만 봤다 하면 붙들고 늘어져 뭐가 뭔지 알쏭달쏭하기만 한 질문을 퍼부어댔다. 대개 막판에 가면 자신도 뭐라고 대답해야 좋을지 몰라 어리벙벙한 표정만 짓게 되는 물음이었다. 게다가 눈이 퍼붓는 가운데서도 몇 시간이고 끄떡없이 서 있었으며, 남들이 잠자리에서 일어날 때까지 술을 퍼마시기도 했단다. 물론 한없이 아이러니한 미소와 함께 아무것도 모른다는 듯 순박한 표정을 지으면서 말이다. 결국 소크라테스는 신을 부정했으며, 청소년을 타락의 길로 유혹했다는 죄명을 뒤집어쓰고, 잘 알려

졌듯 독배로 생을 마감했다. 소크라테스가 끈질기게 물고 늘어진 그 대화라는 것에 대해 사람들은 웃기기 짝이 없다고 코웃음을 쳤다고 한다. 우리의 통 큰 대인께서는 언제나 멀뚱한 표정으로 자신은 아무것도 모른다며 어리석음을 줄줄 흘리고 다녔다는 증언도 있다. "모든 게 아무 가치도 없다고 아무것도 아니라고 되뇌며, 사람만 봤다 하면 허리를 곧추세우고 평생 그럴 것처럼 그들과 웃고 떠들었다." 술에 취한 알키비아데스*의 입에서 나온 말이다.(플라톤) 소크라테스는 정말 웃기는 철학자였을까? 본인의 말마따나 그저 아무것도 모른다는 것만 아는 어리석은 인간이었을까? 철학을 어리석어지려고 준비해가는 과정으로 이해할 수 있을까? 끝없이 캐물은 다음 결국 아무것도 모른다고 실토하려고? 혹 철학은 아무런 확신을 갖지 못한 채 어리석어지지 않으려고 안간힘을 쓰는 시도가 아닐까? 아무것도 모른다는 무지를 알았다는 게 "네 안의 어리석음을 깨달아라!"(글뤽스만**) 하는 가르침의 실천일까? 그러나 잊지 말자. 어리석을 수 있는 유일한 동물이 인간임을! 인간을 두고 '이성적 동물'이라고 하기보다는 '어리석은 동물'이라고 부르는 게 훨씬 적절한 표현이다. "어리석은 개자식아!" 하는 욕지거리가 언제 개를 겨누는 것을 보았는가? 그런 욕을 먹는 쪽은 언제나 인간이다.

---

* 플라톤의 대화편 중 한 작품의 제목이자, 소크라테스와 대화를 나누는 인물의 이름이다. 실재했던 그리스의 장군이자 정치가 알키비아데스를 모델로 했다.

** André Glucksmann: 1937~. 프랑스의 철학자이자 에세이스트. 좌파의 입장에 서서 공산주의의 전체성을 끊임없이 비판해온 이른바 '반전체론자'다. 최근 들어 테러리즘을 강력히 비난하는 입장에 서서 반미세력을 비판하는 데 앞장서는 바람에 프랑스 좌파 앞에서 "나는 아직도 좌파다!" 하고 선언하는 촌극을 벌였다.

아무것도 모르겠다며 우둔한 표정을 짓는 어리석음이 자신의 생각을 의혹의 눈길로 바라보는, 고도로 절제된 자기반성이라거나, 자신의 무지함에 대한 자발적 각성이라고 할 수 있을까? 어쨌거나 소크라테스의 '어리석음'은 우리에게 많은 교훈을 준다. 우선 대화의 상대방으로 하여금 지금껏 그가 안다고 생각했던 게 무엇인지, 소크라테스는 자신의 무지함을 들이대며 비교해볼 것을 권한다. 이로써 대화에 참여한 모든 사람이 동등한 자격으로 문제 해결을 모색하게끔 만든다. 아니, 소크라테스의 의심은 아예 한 걸음 더 치고 나아간다. 덕을 실천한다는 게 무얼 뜻하는지 넌지시 꼬집어가며 계속 생각을 유도함으로써 먼저 덕이라는 게 무엇인지 생각을 가다듬게 한다. 현실에서 시작해 이론적인 지식을 갖도록 은근슬쩍 유도를 하는 셈이다. 이런저런 덕을 실천하겠노라고 자신에 찼던 상대방은 정작 그 덕목이라는 게 어떤 내용인지 전혀 모르는 자신을 발견하고 깜짝 놀란다. 아니, 뭐가 뭔지도 모르면서 대체 무얼 실천하겠다는 것인가? 고쳐 말해서, 정확한 이론을 갖지 못한 채, 실천을 한다는 게 무슨 의미인가? 어느덧 성큼 핵심을 파고든 소크라테스 앞에서 상대방은 놀라서 입을 다물지 못한다. 의심이 끝없이 이어지는데, 심지어 회의의 먹구름이 모든 걸 뒤덮을 지경인데, 무얼 할 수 있을까? 플라톤이 말하는 선함의 이데아를 현실에서 실천하려면, 먼저 채워야 하는 그 절대 조건이 무엇인지 알아야 할 게 아닌가? 좋다는데 뭐가 좋은 것인가? 의심이 고개를 든다는 것은 언제나 평소 익숙했던 환경 밖으로 나왔다는 것을 뜻한다. 뭐가 옳은 것이며, 무엇이 잘못된 것인지, 도통 알 수가 없다. 좋은 게 뭐며, 나쁜 것은 무엇일까? 따라서 의심을 한다는 것은 일상에서 확실하다고 믿었던 게 환상은 아니었을까 하는 의문을 품게 되는 것이다. 그러니까 이는 곧 다음과 같은 의미다. 잘사는, 훌륭한 인생이라는 게 무엇인지 확실치는 않지만 다소나마 짐작이라도 할 수 있다면, 서로 믿음을 가지고 한자리에 모여 앉아 머리를 맞대고 의논할 수 있다. 막연하게 알고 있다고 생각했던 게 뭘 몰라서 그랬던 것인지 의견을 모아본달까. 물론 이렇게 한자리에 모여 앉아 의견을 나누려면 모든 게 의심스러운 판국이라 할지라도 상대방의 의견을 끝까지 경청해주는 태도가 꼭 필요하다. 아무리 의혹의 먹구름이 짙을지라도 서로 예의는 지켜야 생산적인 이야기를 할 수 있기 때문이다.

그러나 진짜 어리석은 자는 의심이라면 꺼리기만 한다. 바보가 달리 바보일까. 바보는 다른 사람이 진리라고만 하면 무조건 수용하려 들기 때문에 바보다. 바보가 달리 우스꽝스러워 보일까. 남이 하는 말에 귀를 팔랑대며 절대 의심하지 않는 바보를 보며 사람들은 쓴웃음만 지을 뿐이다. 얼마 지나지 않아 어리석은 자는 자신의 몸을 스스로 옭아맨다. 결국 막판에서야 자신이 무슨 짓을 한 것인지 깨닫고 땅을 칠 따름이다. '스툴티티아stultitia', 즉 어리석음의 세상에는 자신만이 알고 있다고 믿는 '독사doxa', 즉 잘난 척하는 억견만이 판을 친다. 아닌데도 부득부득 고집만 피우는 게 억견이다. 억지를 일삼는 의견이랄까. 그러니까 바보는 순박한 게 아니라, 뭐든 너무 쉽게 잘 믿을 뿐이다. "어리석음은 종종 눈뜬장님이기 때문이다."(브란트*) 의심할 줄 아는 사람은 순박해서라도 사정을 더 잘 꿰뚫어 본다. 순진한 탓에 그나마 세상을 맑게 본달까. 적어도 물끄러미 요모조모 뜯어보는 게 의심할 줄 아는 사람이다. 임금님이 아무것도 입지 않은 벌거숭이임을 유일하게 알아본 어린아이처럼 의심할 줄 아는 사람은 의심의 여지 없이 확실한 것이라며 굳게 믿는 바보의 헐벗은 마음을 고스란히 읽어낸다. 물론 의심에만 머물러 있지 않으며, 굳은 억견을 의심하면서 '벌거숭이라는 사실'을 향해 나아가려고 애쓴다. 바보는 세계관을 받아들이지만, 의심할 줄 아는 사람은 세계를 직시한다. 의심할 줄 아는 사람이 철학을 두루 섭렵하며 사실의 본질을 밝혀내려 몰두하는 반면, 바보는 철학적 노력을 모두 멀리하고 남이 말하는 것을 곧이곧대로 받아들이며 자위한다. 다만, 바보는 지나치게 어리석은 일이 별로 없기 때문에, 그가 바보라는 사실이 눈에 잘 띄지 않는다. 언제나 요란한 꾸밈이나 과장 뒤에 숨어 그 기묘하기만 한 고집만 부려댄다. 의심할 줄 아는 사람은 전부는 아니라도 부분적으로나마 바보가 아는 척하는 모든 것의 정체를 밝혀보려 시도하지만, 바보는 사기꾼의 번지르르한 말뿐인 '확실성'에 속아넘어가 제 발로 함정에 빠진다. 바보는 자신이 무엇에 의지할 수 있으며, 또 해야 하는지 안다고 믿지만, 의심할 줄 아는 사람은 이런 앎이 관습이자 인습이며 관행이고 겉보기일 뿐이라는 사실을 늘 염두에 둔다. 의심할 줄 아는 자는 자신의 생각의 깊이에 매달리지만, 바보는 자신이 '직접' 두 눈으로 보는 깊이마저 천박하게 만든다. 결국 비극이 어리석음을 완전히 덮친 다음 흔적도 남기지

• Sebastian Brant: 1457~1521. 독일의 인문주의자. 법학자로 바젤 대학교의 교수를 지냈으며, 스트라스부르 제국자유도시의 수상을 역임했다. 『바보들만 탄 배』라는 책으로 명성을 얻었으며, 인문주의자로 각광을 받았다.

않고 쓸어가버린다. "아둔한 인생은 결코 이중의 의미가 공존하는 깊이를 알지 못한다. 기껏해야 하나 내지 둘밖에 모르며, 자신이 하는 짓과는 정반대의 결과가 나오기만 바라는 헛된 꿈을 꾼다. 그리고 꿈을 유지하기 위해 필요한 것이라면 무엇이든 서슴지 않는다." (글뤽스만) 그렇다, 속이 뻔히 들여다보이는 사기를 치면서 대박을 꿈꾸며, 꿈을 위해서라면 영혼까지 팔아치울 정도다.

어리석은 사람은 세계를 내다보지 못하고 자신이 사는 동네에서만 지지고 볶는 우물 안 개구리 같은 의식을 지니며, 이것저것 닥치는 대로 일을 벌인다. 다 먹고살려고 하는 일이라지만, 사실 공허함에 빠질까 두려워 안달하는 것에 지나지 않는다. 바로 그래서 어리석은 인간은 다른 사람에게 호기심이 많다. 새로운 사람만 봤다 하면 먹이를 찾은 개처럼 펄떡펄떡 뛴다. 사물의 이치를 끝까지 파고들지 않는 인생은 지루함을 이기지 못하는 탓에 손쉬운 대용물로 남의 인생을 붙들고 늘어진다. 그렇기에 숱한 비화와 루머와 악담과 전설이 판을 친다. "사물의 궁극적인 이치를 캐고 들어가는 사람은 원칙이 분명하게 서 있기 때문에 탄탄한 대지 위에 발을 디딘 셈이다. 이런 사람은 소박하며 근본적이고 자연을 닮은 인생을 산다." 의심을 벗하며 생각을 단련해온 사람에게는 이 세상의 궁극적인 진실도 그리 동떨어져 있지 않다. 말하자면 '절대자'의 숨결을 온전히 느낄 수 있는 정기로 가득찬 인생을 사는 것이다. 안으로 들어오지 못하고 바깥만 맴도는 어리석은 사람에게 '절대자'는 물론 퀴퀴한 냄새만 풍길 뿐이다. 어리석은 사람은 조금만 무시당한다거나 홀대받는다 싶으면 불같이 화를 낸다. 조그만 일에도 신경질을 일삼으며 주먹부터 휘두르는 호전성을 과시한다. 반대로 의심을 벗하는 사람은 "프리뭄 비베레 데인데 필로소파리primum vivere deinde philosophari", 즉 먼저 인생을 살고 나중에 철학을 하라는 저잣거리의 지혜가 갖는 모순을 곰곰이 되씹으며 철학으로 인생이 풍요로운 결실을 맺게끔 노력한다. 이를 보고 어리석은 자는 기껏해야 흡사 정신분열증을 앓는 지성인을 마주하는 것만 같은 표정을 지으리라. 그러나 "다른 사람이 뭐라 하든 꿋꿋하게 자신의 길을 가며, 때때로 찾아드는 무력감에 휩싸여 어리석게 굴지 않고 떨쳐 일어서는 것은 살아가는 동안 거의 언제나 감당해야만 하는 과제이다".(아도르노) 어제보다 나은 오늘을 살며, 오늘보다 더 나은 내일을 위해 노력하는 것은 진정 풍요로운 인생을 이루기 위해 꼭 필요하다. 우리의 인생은 언제나 더 나아질 여지가 있으며, 아직은 이루지 못한 올바름을 완성하기 위해 계속 앞으로 나아가야 하기 때문이다.

물론 의심의 도가 지나쳐 더 나은 내일을 위한 노력마저 의심하는 사람도 있으리라. 이런 지독한 회의론자는 시대를 막론하고 늘 한결같은 모습이다. 즉, 미래를 불안해한다. 회의론자는 미래의 불안을 극대화하며, 현재의 불안은 최소화하려는 경향을 보인다. 변화의 필요성을 주장하는 사람은 먼저 회의론자 앞에서 왜 변화가 좋은지를 납득시켜야만 한다. 회의론자의 입장을 한마디로 표현하면 다음과 같다. "피아트 문두스 페레아트 우토피아Fiat mundus pereat utopia", 즉 "현세가 바로 서고, 유토피아는 무너지리라". 쉽게 말하자. 회의론자는 지독할 정도로 보수적이다. 회의론자는 그저 늘 해오던 통례와 예부터 지켜오던 관습을 고집하는 탓에, 옛것만 끌어안고 사는 전통주의자가 아닐까 하는 의심을 종종 받는다. 회의론자에게 진리 따위는 아무래도 좋다. 그저 대충 그럴싸하면 만족한다. 회의론자는 "이러쿵저러쿵 까다롭게 따지지 말고 그냥 세상 흘러가는 대로 맞추어 사는 게 속 편하다. 이런저런 선입견 때문에 생겨날 수 있는 근심과 걱정마저 떨쳐버리면, 놀랍게도 내면이 평안해진다"(몽테뉴)고 생각한다. 한마디로 더도 덜도 말고 늘 지금 이대로만 살았으면 좋겠다는 게 보수적 회의주의자다. 한편으로 새로운 경험이라고는 한사코 마다하면서, 다른 한편으로는 까다롭기 짝이 없는 기대와 요구를 내세우는 게 보수적 회의주의자다. 지상에서 하늘을 우러르기보다 끈질길 정도로 현세에 집착하며, 뭐든 유토피아주의라고 하면 손사래부터 친다. 이게 좋은지 저게 나을지 긴가민가할 때에는 어김없이 일상의 '에토스ethos', 즉 품격만 고집하며, 갈고닦아 윤택이 반들거리는 습관, 직접 자기 눈으로 본 것, 혹은 이른바 '코먼 센스Common sense', 즉 양식, 건강한 상식에만 매달린다. 진리와 평화를 짓밟는 만행으로 온 세상이 고통받고 괴로워할지라도, 보수적 회의주의자는 자기 한 몸 편하면 그만이다. 이런 태도는 회의주의자를 어리석은 자의 옆자리로 데려다놓는다. 여기서 빠져나가려면 다시 철학이 필요하다.

회의에 회의를 거듭한 끝에 데카르트는 철학을 붙들고 한 가지만큼은 분명하게 확인했다. 자신이 의심을 했다는 것만큼은 의심의 여지 없는 사실임을! 곰곰이 생각해본 결과, '생각한다'는 부정할 수 없는 사실임을 확인했다는 점에서, 결국 의심은 생각하는 능력인 이성의 한 형태다. 의심을 하려면 물론 의심하는 주체가 반드시 있어야만 한다. 이렇게 해서 초지일관 의심을 밀어붙인 데카르트는 "생각하는 나"는 분명히 있다고 확신했다. 그저 생각만 붙들고 있는 초라하기 그지없는 '나'지만 있다는 사실만큼은 부정할 수 없지 않은가. 혹시라도 이 확신마저 의심하는 사람이 있을까봐 데카르트는 종교, 곧 신까지 끌어들여 수고를 아끼지 않게 했다. 누가 아는가? 악마가 나를 속여 의심을 거듭하는 이성의 소유자인 양 착각을 불러일으켰을 가능성도 얼마든지 있지 않은가? 악마에 대적하려면 신은 꼭 필요했다. 하지만 모든 것을 자신에게로 빨아들이는, 일종의 진공청소기와도 같은 신이 시쳇말로 고장났다면, 어떻게 해야 할까? 모든 게 본격적으로 의심스러워진 가운데 그래도 그 의심이 넘어들어오지 못하게 막는 마지막 성채는 '나'라는 이름의 주체다. 바깥세상이 일으키는 모든 현혹과 기만은 우리의 지성이 끊임없이 턱걸이를 하며 힘을 키워야만 막아낼 수 있지 않은가. 그러나 철저한 회의주의자의 관점에서 보면 지성의 강력한 힘도 허망한 어리석음일 수 있다. 우리의 감각과 지성이 우리를 속이지 않는다고 어떻게 확신하는가? 결국 그토록 기대해온 주체의 힘 역시 허공에서 사라질 위험이 다분히 있다. 다르게 말해볼 수도 있다. 의심은 마침내 자신의 싸움 상대가 누구인지 확실히 알게 한다. 그것은 곧 어리석음이다. 인간으로서 지켜야만 하는 의무가 무엇인지 하는 정확한 판단을 어중이떠중이의 올망졸망한 어리석음에 맡길 수야 없지 않은가. "인간이 생각하는 그대로 결정을 내리도록 내버려두지 말아야 한다. 그러지 않으면 그 허약하고도 끝없이 이어지는 변덕스러움 때문에 끝내 서로 잡아먹는 게 우리의 의무인 양 착각하는 사태가 벌어질 수 있다."

(몽테뉴) 그러니까 의심은 저 어리석음이 우리를 멸종으로 내몰지 않도록 지켜주기 위해 꼭 필요한 안전장치다. 적어도 이것만큼은 확실하고도 분명하다.

그렇지만 다음과 같이 말할 수도 있지 않을까? 즉, 논리적으로 보자면, 의심에 의심이 꼬리를 무는 무한퇴행에 빠지지 않기 위해서는 모든 걸 남김없이 의심해서는 안 되지 않을까? 그러니까 무턱대고 의심하는 게 아니라, 의미 있는 의심을 위해서는 의심한다는 행위 자체는 더이상 의심할 수 없다는 확실함이 반드시 수반되어야 한다.(비트겐슈타인) 다시 말해서 "지금 나 의심하고 있어" 하고 말하는 사람은 적어도 자신이 의심하고 있다는 것만큼은 확실한 것으로 인지해 의심하지 않는다. 모든 것을 남김없이 의심한다는 것은 의심이 아니다. 그것은 어리석음일 뿐이다. "어린아이는 어른을 믿으면서 배운다. 의심은 믿음 다음에 오는 것이다."(비트겐슈타인) 오, 주여! 감사합니다. 이렇게도 말할 수 있구나! 그 자체로는 아무런 근거가 없지만, 이를 터전 삼아 배움의 집을 지을 수 있는 믿음도 있구나! 어린아이의 맑은 눈이 어른을 바라보는 그 순진무구한 믿음 위에서는 이렇듯 기적을 세울 수 있구나! 여기서 다시금 어리석음(천진난만함)이 점수를 딴다. 물론 승패를 확실히 결정짓기에는 아직 이르다. 궁극적으로 인간이 그 위에 자신의 인생이라는 집을 지을 수 있는 기초는 어떤 도덕을 택할 것인가 하는 판단이리라. 승자의 도덕이든, 만인의 도덕이든, 어느 쪽이든 그 선택은 근거 없는 믿음에서 출발한다. 그러니까 인간은 누구나 자기만의 믿음을 가지고 있다. 그리고 이 믿음은 그 자체로 좋은 것도 나쁜 것도 아니다. 좋으냐, 나쁘냐의 차이는 이 믿음이 실천으로 옮겨질 때 비로소 생겨나기 때문이다. 그러니까 근거를 찾아가는 일의 끝은, 비트겐슈타인에 따르면, 어떤 특정한 도덕규범이나 도덕형식을 곧바로 '진리'라고 들이대는 게 아니다. 비트겐슈타인은 오히려 모든 도덕의 궁극적인 근거는 우리의 '실천적 행동'이라고 주장한다. "행동, 그것은 언어 게임의 근거다." 이는 곧 인간이 어떤 특정한 도덕을 선택해 실천하는 행동으로 옮길 때 비로소 도덕적 존재가 된다는 뜻이다. 일체의 의심 요소를 배제한다는 의미에서 확신의 마지막 근거는 주관적 확신이다. 이 주관적 확신은 그 어떤 실수도 하지 않는다고 자신한다. 이것마저 무너진다면, 우리는 근거라는 것을 생각할 수 없기 때문이다.

참 어려운 이야기가 아닐 수 없다. 의심을 끝까지 밀어붙이자면, 주관적 확신처럼 불안한 게 또 있을까? 나는 안다고? 뭘 어떻게 알았는데? 그래서 의심에 기초한 계몽주의 철학은 자신이 내세우는 도덕이 상대적일 수밖에 없다는 사실을 잘 알았다. 주관을 보편적 근거로 제시하는 고육지책은 문제가 많은 선택임을 몰랐던 게 아니다. 오죽했으면 칸트가 결국 우리와 무관하게 있는 것은 그게 무엇인지 알 수 없다고 불가지론을 인정했을까. 이는 곧 기초가 허약하다는 자백에 지나지 않는다. 그래도 주관적 확신을 고집한 이유는 단 하나다. 그것마저 없다면 어리석음이 폭력을 휘두르는 야만으로 가는 길이 활짝 열리기 때문이다. 의심에는 의심이 꼬리를 물기에 결국 싸움만 남을 뿐이다. 어리석음을 상대로 그러지 말라고 아무리 설득하고 반론한들 눈 한 번 꿈쩍하지 않기 때문이다. 이에 비해 의심을 앞세우며 인간은 상처받기 쉬운 존재라는 전제에서 출발하면, 적어도 최소한의 도덕은 합의를 볼 수 있다. 다시 말해서 깨지기 쉬운 인간을 배려하고 지켜주자는 도덕은 만들어낼 수 있지 않은가. 의심하는 사람은 자기 자신을 늘 끔찍히 생각하기에, 남에게 해를 끼칠 수가 없다. 의심이라는 생각에 몰두하기에 다른 일에 신경쓰고 싶지도 않거니와, 무엇보다도 폭력이 정당한지에 대해 철저히 곱씹을 것이기 때문이다. 의심을 하는 사람은 평온한 가운데 의심을 거듭하고 싶어하기에 '아타락시아'를 연습한다.

반대로 어리석음은 자신의 원칙을 철저히 고집한다. 경험이라는 그물에 걸린 파편으로 영원이라는 이름의 집을 지으려 안달한다. 어리석음에게 생각이란 아무짝에도 쓸모없는 시간 낭비일 뿐이다. 그저 지금 여기서 눈에 보이는 것, 귀로 듣는 것, 냄새 맡을 수 있는 것, 만질 수 있는 것만 있으면, 충분하다고 윽박지른다. 어리석음에게 다의성이라는 것은 없다. 모든 것은 지금 있는 그대로이며, 결코 달라지지도 절대 변하지도 않는다. 어리석음은 행동하면서 그때그때 물음을 만들어냄과 동시에 물음을 제거하는 모순이다. 어리석음은 도덕과 올곧은 삶이 일종의 굳어진 것, 이미 확실하게 정해진 것이라는 입장을 고수한다. 이 고정된 것을 진리라며 결코 손에서 놓으려 하지 않는다. 혹은 도덕적 인생에 대해 생각하는 것은 아무런 가치가 없다고 믿는다. 생각하는 반성은 결코 실천을 따라잡을 수 없기 때문이라나. 그래서 어리석음은 맹목적이고 무기력하다. 감각으로 받아들인 것을 제멋대로 주물러놓고 그게 진리라고 우기기 때문이다. 그리고 어리석음은 언제나 자신이 이겼다고 큰소리를 친다. 생각을 거듭하는 '철학'은 이미 끝장을 보았다는 억지를 부린다. 아인슈타인은 이런 이야기를 한 적이 있다. 우주 다음에 오는 두번째 무한함은 어리석음이다. 반대로 의심에서 부동의 첫번째인 확실함을 찾으려는 회의는 인간이 품고 있는 유일한 진리를 향한 열망과 일치한다. 그저 의심이기만을 고집하지 않는 의심이라면, 이는 인생의 고통을 풀어줄 열쇠이며, 무한한 것, 도저히 이를 수 없는 것을 향한 갈망을 달래줄 묘약이다. 철학은 무한하고 영원한 것을 추구하는 갈망을 사랑이라는 개념으로 부른다.

관련 항목

감각은 악마의 간계일까 | 일상은 경이로운 철학의 시작이다 | 주목할 것인가, 호기심만 채울 것인가

이기주의자로 살아가기

현명한 사람은 인간이 겪는 모든 문제에는 간단하고 깔끔하기는 하지만, 잘못된 해답이 있다고 힘주어 말한다. 도덕이 문제가 되는 경우 이런 해답에 해당하는 것은 이기주의다. 우선, 이기주의는 간단하다. 이기주의는 부도덕한 것으로 여겨지기 때문에 도덕을 분명히 강조해줄 수 있다. 이기주의는 깔끔하다. 이기주의라는 기준으로 보면 세상이 명쾌하게 정리되기 때문이다. 한쪽에는 못된 이기주의의 세상이, 다른 한쪽에는 착한 이타주의의 세상이 서로 대립하며 마주본다. 그러나 이기주의는 우리의 도덕관념을 왜곡시킬 위험을 가진 잘못된 해답이다. 도덕을 강조하려고 이기주의를 비난하다 보면 자칫 헤어나올 수 없는 수렁에 빠질 수 있다. 이기주의 자체에 문제가 있는 것은 아니다. 문제는 이기주의를 한사코 못마땅하게 바라보려는 우리의 태도다.

일반적으로 이기주의자는 놀기 좋아하고 탐욕스러우며 공격적인 사람으로 인식된다. 거꾸로 말하면 이기주의자는 일체의 조화, 사랑, 사회성, 의무감 따위가 없는 사람으로 간주되기 일쑤다. 심지어 사람들은 이기주의자를 야수에 직접 빗대기도 한다. 권력을 추구하려는 열망이 지나친 나머지 곤궁한 사람들을 무자비하게 짓밟으며, 방탕한 호사가로 자기만 좋으면 그만이라는 식으로 남의 불행을 보고 낄낄댄다나. 어쨌거나 이기주의의 한복판에는 뒤틀리고 비틀어진 사이코패스와 희한하게 굴기로 작심한 변태, 그리고 약삭빠르기만 한 기회주의자 등 반사회적인 인물이 득시글거리는 셈이다. 아니, 좀더 현대적인 감각으로 이야기하자면, 저마다 자신이 최고라며 입에 거품을 물고 꾸며대기에 바쁜 경영자, 이름마저 생소한 각종 건강식품과 이를 파는 다단계 판매원, 만능을 자처하는 컨설턴트 등이 이를 판매하는 면면이다. 하루라도 빨리 옥석을 가리는 대책을 세우지 않는 한, 사회는 사기꾼들이 경합을 벌이는 난장판으로 전락하고 말리라. 그야말로 만인 대 만인의 전쟁이라는 익숙한 그림을 보여주는 게 요즈음의 현대사회다. 실리에만 무게를 둔 비용 대비 효용 효과의 분석에 열을 올리며 끝없이 사회에 자신의 권리만을 요구하는 야비한 개인들로 넘쳐나는, 참으로 무서운 세상이다. 이런 사람들일수록 국가를 상대로 지켜야 할 의무와 도덕 따위는 깡그리 무시한다. 전반적으로 이기주의의 특성으로는 다음과 같은 게 꼽힌다. 무분별한 소비성향, 무책임한 향락주의, 탐욕, 의무라고는 모르며 권리만 요구하는 태도, 무관심, 냉담함, 무정부주의적인 도덕관 등등. 이런 요소가 뒤엉켜 과도한 폭력과 내키는 대로 상대를 바꾸는 성적 취향을 조장함으로써 교육과 도덕을 불안하게 만든다는 점은 따로 강조할 필요도 없을 것이다.

그러나 이기주의가 과연 그런 것일까? 선입견과 편견을 버리고 이기주의를 조금이라도 진지하게 받아들인다면, 다음과 같은 의문이 먼저 떠오르지 않을 수 없다. 에고이즘Egoism? 여기서 '에고'란 대체 어떤 자아를 염두에 둔 것일까? 철학자들, 특히 근대 들어 철학자들은 거듭, 인간이 그만의 고유한 자아를 갖는 게 아니라고 설명해왔다. 오히려 인간이란 '나눌 수 있는 것dividuum'(니체)이라고 보았다. 다시 말해서, 나는 언제나 다른 나일 수밖에 없다는 진단이다.(랭보) 이를테면 내가 나를 생각할 때 언제나 다른 모습이 떠오른다. 그것참 까다로운 이야기다. 나 자신과 동일한 나를 알고자 나와 똑같은 내가 생각을 함으로써, 언제나 조금씩 다른 나를 상대한다는 말이 아닌가. 심히 어지러운 이야기지만 사실이 그런 것을 어쩌랴. 그러니까 나와는 다른 내가 없이는 나를 생각할 수 없다는 말이다. 그러니까 변함없이 나 자신의 이익만을 생각한다는 이기주의는 그 말 자체가 성립되지 않는 어불성설이다. 지금 이 순간의 나는 절대 변하지 않으리라는 전제에서 출발한 이기주의는 결국 그 출발부터 잘못된 것일 수밖에 없다. 있지도 않은 '절대적인 자아'라는 것에 매달리다니, 얼마나 우스꽝스럽고 허망한가. 나라는 자아는 그때그때 이해에 따라 달라지는 일종의 대상이라고 좀더 현대적으로 바라본 몽테뉴의 입장도 늘 변하는 게 자아라는 관점에서 멀리 떨어져 있지 않다. 몽테뉴의 말을 직접 들어보자. "우리의 나는 여러 가지 '나'가 함께 모여 이뤄진 존재다. 각각의 나는 저마다 다른 역할을 맡으면서 그 자체로 시시각각 달라진다. 오늘의 우리와, 앞으로 변해갈 우리 사이의 차이는 우리와 타인 사이의 차이만큼이나 크다."

활동하는 자아의 어떤 부분이 도덕이냐 혹은 부도덕이냐의 판단을 떠맡는 것일까? 혹 프로이트가 말하는 이도 저도 아닌 부정 대명사로서 잠재의식이 나의 도덕적 주체일까? 그러니까 나도 너도 우리도 아닌 제3의 무엇이 우리에게 도덕적으로 행동하라고 요구하는 것일까? 먼저 이 물음을 풀지 않고서 이기주의에 부도덕 운운하는 것은 터무니없는 비난일 따름이다. '에고이즘'의 '에고'가 무엇인지도 아리송하기만 한 마당에 무턱대고 비난부터 하는 것은 올바른 태도가 아니다. 그렇다면 이제 의사이자 철학자인 맨더빌의 주장대로, 인간의 본질을 무한히 개선될 수 있는 도덕적 존재에서 찾은 윤리학은 와르르 무너져버린다. 인간의 '에고', 즉 자아는 부도덕한 짓도 서슴지 않는 다양한 면모를 가졌다고 확인되지 않았는가. 적어도 주어진 현실에서 출발한다면, 인간은 남을 돕기 좋아하는 착하고 고결한 존재가 아니다. 인간은 대개 저마다 타인에게 늑대라는 사실이 맨 먼저 눈에 띌 뿐이다. 어쨌거나 경쟁이야말로 비즈니스의 동력이라며 늑대 짓을 솔직하게 인정하기만 한다면야 그런대로 나쁘지는 않다. "불평하지 마라. 덕을 갖춘 이들이여./큰 나라에는 어차피 자네들이 차지할 자리가 많지 않으리니./남을 제압하는 카리스마로 사기를 쳐야 사치라는 걸 맛볼 수 있을 뿐이네./백성이 저마다 눈에 불을 켜고 성장하고자 하는 마당에, 경쟁은 필수라네."(맨더빌) 이런 식으로 이기주의자들과 대화를 나누며 보편의 행복을 생각하도록 유도하는 것은 본격적으로 사악하게 굴고자 눈을 시퍼렇게 뜬 악당에게는 '벌어질 수 있는 최악의 상황'일 뿐이다. 싫다는데 왜 자꾸 이웃 사랑이니 연민이니 하는 시민 도덕 목록을 들여다보라는가? 물론 양의 탈을 뒤집어쓴 늑대에게 뭘 기대해서 이런 말을 하는 것은 아니다. 하지만, 늑대에게라도 하소연을 하고픈 절박하고도 지난한 문제는 결코 지나칠 수 없다. 반쯤이라도 정의가 세워진 사회라면 정도를 걷는 착한 사람이 못되게 구는 악당보다는 더 잘살아야 하지 않을까? 이렇게 따지고 드는 트라시마코스•에게 저 위대한 소크라테스마저도 명쾌한 답을 주지 못하니 참으로 딱한 노릇이다. 이런 마당에 사회적 기득권과 특혜를 누리는 이기주의자에게 가난한 사람의 아픔을 헤아리고 도와야 하는 이유를 뭐라 설명할 것인가? 어찌해야 사회적인 불이익을 당하는 이기주의자에게 너희도 법과 질서와 정의를 지키며 공동의 안녕을 위해 봉사해야 한다고 설득할 수 있을까? 이들의 눈에 법과 질서와 정의는 지금껏 불이익을 강제해온 제도가 아닌가? 인간의 유전자가 본래 거칠 것 없을 정도로 이기적이라는 전제에서 출발한다면, 결국 가장 바람직한 도덕은 권력과 돈과 과잉을 둘러싸고 벌어지는 경쟁이 가장 잘 이뤄질 수 있는 조건을 만드는 것이리라. 경쟁을 위한 최선의 조건? 경쟁이 가장 잘 이뤄질 수 있는 조건은 경쟁 그 자체일 뿐이다. 서로 불신하고 자기만 잘났다고 외치며 명성을 위해서라면 물불 가리지 않는 게 그 조건일 따름이다. 이런 조건을 따르는 길은 적어도 경쟁에서 살아남은 최대 다수의 최대 행복은 보장해주리라. 다만, 그 최대 다수라는 게

• 기원전 450년경에 살았다고 전하는 소피스트. 플라톤의 대화편 『국가』에서 소크라테스의 대화 상대로 등장해 권력과 정의는 같은 것이라고 우겨댄다.

극소수라는 게 문제일 뿐……

공리주의의 길을 따르지 않더라도 '자아'는 다른 윤리에서 쉽게 찾아볼 수 있다. 자아 인식에서 시작해 자기존중과 자기연민을 거쳐 자기단속에 이르기까지 도덕은 '자아'와 '자기'라는 말이 없으면 도대체 아무것도 못 하는 모양이다. 자아가 곧 책임과 자유, 의지, 선택, 의무, 존경 등을 보장하고 보증하는 개념적 장치인 탓이다. 심지어 타인을 강조하는 윤리 역시 '나'라는 자아가 있다는 것을 전제한다. 아무튼 늘 변하는 탓에 정확한 실체를 알지 못하면서도 어지간히 끈질긴 사랑을 받는 게 '자아'다. 그렇다면 이기주의자를 꼭 뻔뻔하기 이를 데 없는 부도덕한 인간으로만 보지 않아도 괜찮지 않을까? 그저 자신을 위해 최선의 것을 바라는 그런 사람으로 너그럽게 받아들일 수는 없을까? 자신에게 최선의 것을 바란다는 게 곧 남에게 나쁜 것만 바라는 거라고 결론지을 수는 없다. 이미 니체는 이런 사정을 알았던 모양이다. "악의는 쉽게 볼 수 없는 드문 것이다. 사람들은 대개 자기 자신에게 골몰하는 나머지 남에게 악의를 품을 여유가 없다."(니체) 그럼 이제 이기주의자에게, 남이 좋아하는 게 곧 나에게 좋은 것이며, 이타주의라는 것 역시 개인을 자극하고 격려하는 동기가 없이는 이뤄지지 못한다는 사실을 알아듣도록 명확히 설명한다면, 사울이 바울이 되는 기적의 역사가 일어나리라.*

물론 이기주의가 도덕적 정당성을 얻기 위해서는 그전에 넘

* 성경에 빗댄 표현. 기독교도를 박해하느라 혈안이 되어 있던 사울이 다메섹에서 예수의 음성을 듣고 기독교의 최고 선교자인 사도바울로 달라진 것을 염두에 둔 것이다.

어야 할 벽이 있다. 그리고 이 벽은 결코 쉽게 뛰어넘을 수 없다. 유구한 역사를 갖는 이 장애물이 무엇인지 분명히 하기 위해 먼저 다음과 같은 차이를 살펴야 한다. 고대와 현대의 윤리 간의 결정적인 차이는 도덕의 핵심을 바라보는 지점이 달라졌다는 데 있다. 좀 단순화해서 표현하자면, 고대인은 이렇게 물었다. "내가 잘 지내려면 무얼 해야만 할까?" 여기서는 '잘'라는 말에 주목하기 바란다. '훌륭하다' 혹은 '좋다' 또는 '아름답다'•라는 말들은 모두 인간이 마땅히 추구해야 할 것을 가리킨다고 고대 그리스 철학자들은 여겼다. 반면, 현대인의 물음은 달라졌다. "내가 도덕적으로 올바르게 행동하기 위해서는 무얼 해야만 할까?" 그러니까 여기서는 더이상 '좋은 것'을 당연한 것으로 받아들이지 않는다. 도대체 좋다, 좋다 하는 데 그 '좋은 것'이 뭐야? 이게 현대인이 묻는 방식이다. 고대에서는 '좋은 것'을 하면 됐지만, 현대에 들어와서 그 좋은 게 뭔지 먼저 '나의 의지'로 만들어내야 한다. 뭐가 좋은 것인지 내가 알아야만 한다. 여기에 바로 이기주의가 도덕으로 뛰어오르기 힘들게 하는 장애물이 숨어 있다. 결국 도덕이 개인의 의지와 결부된다면, 이기주의자가 눈앞에 둔 목표는 자신의 뜻만 관철하는 자기만족에 있는 게 아닐까 하는 의문을 떨치기 힘들기 때문이다. 저마다 자기실현만 목적으로 삼는다면, 서로 충돌하지 않는 보편적 가치의 추구와 접점을 찾기가 무척 힘들다. "이기주의자로 살아라!" 하는 도덕적 구호가 설득력을

• Das Gute: 그리스어로는 '아가톤agathón'이다. 고대 그리스인들은 코스모스, 즉 우주는 조화를 지닌 것이라 보고, 이 조화를 좋은 것, 아름다운 것이라 불렀다.

얻으려면, 너와 내가 추구하는 '좋은 것'이 다르지 않아야 한다. 그러나 인간의 본성은 이런 요구와 충돌할 수밖에 없다. 인간에게 있어 본능적으로 중요한 것은 '자신의 쾌락'이기 때문이다. 아무리 좋은 것일지라도 내가 먼저 즐겁고 유쾌해야 한다. 이게 인간의 본성이라는 데는 적지 않은 철학자들이 의견을 같이한다. 바로 그렇기에 현대의 도덕철학에서 이기주의는 골칫거리다. 저마다 좋은 게 다른 마당에 아무리 '좋은 근거'를 끌어다대도 가장 좋은 것이 무엇인지 합의를 이끌 수 없기 때문이다.

공리주의와, 행위의 결과에 구애됨이 없이 행위 그 자체를 선하게 하라는, 정언명법의 논리로는 이기주의를 도덕적으로 비난할 수 없다. 이기주의가 안고 있는 자기이해관계라는 장애물의 정체를 밝혀주고 이를 넘어가기 위해서는 제3의 길을 찾아야 한다. 우선 확실한 점은, 이기주의자는 자기 자신에게 지극한 관심을 갖는다는 것이다. 그럼 역으로 자기 자신을 끔찍이 생각하는 그 심리를 이용하면 어떨까? 약속을 깬다거나, 알고도 거짓말을 한다거나, 남을 배려하지 않을 때마다, 왜 그렇게 못난 인간이냐고, 어째서 그리도 부덕하냐고 꾸짖는 것이다. 자기 자신이 비난을 받는 마당이니 정신이 번쩍 들지 않을까? 철저한 이기주의자라면 남의 이해관계도 깨서는 안 된다는 타이름을 받아들여야 한다. 내가 내 이해관계를 철저히 지킨다면, 남이 자신의 이해관계를 지킬 권리도 인정을 해줘야 하니 말이다. 어쨌거나 철저한 이기주의자라면 자신을 제외한 다른 사람들이 똑같은 태도와 계산으로 행동할 권리는 없다는 억지 주장은 할 수 없다. 나만 되고 너는 안 된다는 식의 논리는 진정한 이기주의자라면 내세울 수 없다. 그렇지 않다면, 너도 나에게 안 된다고 할 테니까. 이런 깨달음을 가진 이기주의자들이 이뤄가는 사회는 제대로 된 이타주의의 사회이지 않을까. 이렇게 볼 때 이기주의는 이타주의 사회에서만 올바로 '실현'될 수 있으리라. 다만, 한 가지 의구심을 떨칠 수 없다. 그렇게 된다면 이기주의자는 남에게 빌붙어 먹고살려고만 들지 않을까? 말하자면 사회 구성원 대다수의 이해관계를 자신에게 이익이 되는 쪽으로 써먹으려 들 수 있기 때문이다.

어쨌거나 거꾸로 뒤집어봐도 계산은 긍정적인 결과를 보여주지 않는다. 완벽하게 이기주의자들로만 이뤄진 사회라면 저마다 권력을 누리고 좋은 것을 향유하려는 의지는 필연적으로 충돌할 수밖에 없다. 게다가 그 성향과 경향으로 볼 때 이기주의자는 모든 것을, 그것도 당장 원한다. 이기주의자의 덕은 기다리지 못하는 조바심이며 뒤늦은 위로의 거부다. 느긋한 마음으로 말해보자면, 이기주의자는 이 세상을 초월해 있는 천국이라는 것과 최후의 심판을 믿지 않는다. 이기주의자의 가슴은 이득을 볼 수 있는 기회를 놓칠 때마다 찢어지는 듯 쓰라리다. 잠재적인 적수를 싹부터 눌러버리고, 자신의 영토를 지켜줄 허수아비를 세우며 위험 부담을 덜어줄 보증인을 확보할 계략을 꾸미는 데 골몰하느라 포도나무 동산에서도 이기주의자는 편안할 겨를이 없다. 늘 경계하고 조심하며 잔인하게 처신하는 데 드는 몸과 마음의 수고를 생각한다면, 이기적인 생활 방식의 장점은 눈 녹듯 사라지고 만다. 그런 수고를 들여 권력과 부를 차지한들 뭐하랴. 게다가 더욱 심각한 사실은 그런 인생을 살아 얻어낸 결실은 다른 누구와도 나눌 수 없다는 것이다. 결국 이기주의자는 늘 누군가에게 쫓기는 듯한 망상에 시달리다가 우울증에 걸려 미쳐버릴 위험이 크다. 최소한 '엑스 네가티보ex negativo'•라는 관점에서 부정적 사례로 미루어 본다면 이기적으로만 굴지 않아야 할 이유는 충분하다. 또는 이렇게도 말할 수 있으리라. '자신에게 최선의 것을 추구'한다는 이기주의의 뜻을 살려주려면, 이기주의자가 되지 않는 게 합리적인 선택이다.

이렇게 본다면 어디까지 이기주의를 도덕적인 태도라 볼 수 있는지도 분명해진다. 남이 행복할 수 있도록 돕고 격려하는 게 나 자신의 행복에도 보탬이 된다는 것, 그래서 내 행복이 곧 남의 행복을 키워줄 조건이 된다는 논리가 설득력 있게 들린다면, 지금까지의 이야기를 종합해 다음과 같은 결론을 내릴 수 있다. 인정하자, 인간은 지금까지 너무 이기적이지 않았다. 다시 말해서 남의 행복에 지나칠 정도로 관심이 적었다. 물론 이런 결론이 노골적으로 이기적으로 굴라는 건 아니다. 오히려 지적하고자 하는 바는, 지금까지 우리가 알고 있었던 이기주의는 잘못된 것에 지나지 않는다는 점이다. 이기주의의 입장에서 보자면 칸트처럼 개인의 특별한 감정을 가정해놓고 돌연 범주적인 보편 이성으로 비약을 하는 도덕은 너무 허점이 많기 때문이다. 나에서 우리로 곧장 건너뛸 게 아니라, 너와 나의 관계를 좀더 주목했어야 하지 않을까? 개인의 이기주의와, 이익의 극대화라는 사회의 이기주의가 대화를 해나가는 것이 최선이라는

• 여기서 'ex negativo'는 어떤 개념을 정의할 때 쓰는 방법을 이르는 표현이다. 말하자면 '무엇무엇이 아닌 것' '무엇무엇에 해당하지 않는 것'에 주목해 해당 개념의 뜻에 접근하는 방식이다.

공리주의 역시 받아들이기 힘들다. 경쟁을 통해 최대 다수의 최대 행복을 끌어낸다는 논리 자체가 어불성설이기 때문이다. 오히려 중요한 것은, 도덕적으로 훌륭하게 행동하고자 '의지'한다면, 종종 자신의 이해를 철회해야만 한다는 점을 깨닫는 게 아닐까? 다시 말해서 내가 원하는 '좋은 것'은 남과 맺는 관계를 배려할 때에만 극대화할 수 있다. 그때그때 나와 더불어 사는 타인을 있는 그대로 받아들이고, 그가 도움을 필요로 할 때 그와 나란히 어깨동무를 하는 연대감, 이게 바로 윤리의 출발이다.

관련 도서

고독은 반사회적인가 | 위선과 아첨 | 잇속은 존중에서 비롯된다

이웃, 적당한 거리의 미학

무릇 품지 않아야 좋을 유일한 의문은 이웃의 됨됨이가 어떤지이다. 일반적인 의미에서만 하는 말이 아니다. 개인적으로도 이런 물음은 금물이다. '더불어 삶'의 소중함을 중시하는 도덕의 차원에서 볼 때 이웃의 됨됨이나 본질은 결정적이지 않다. 중요한 것은 이웃이 우리 곁에 있다는 점이다. 그러니까 이웃이 있어야 좋은지, 없어도 괜찮은지 하는 물음 따위는 절대 금물이다. 외려 우리는 어떻게 해야 이웃에게 더 잘 대해줄 수 있는가 하고 물어야 한다.

이웃은 그저 평소 바삐 오가며 지척에 있거나 없거나 한 사람과는 확연히 다르다. 뭐 이웃에게 설탕을 빌린다거나, 이웃의 부부싸움에 넌덜머리가 나서 특별하다는 게 아니다. 옆집에 사는 사람의 이름조차 모를지라도 이웃은 유별난 특징을 갖는다. 즉, 이웃은 우리 곁에 현재하는 인간이다. 어쨌거나 최소한 이웃은 우리와 멀리 떨어져 있지 않다. 이웃 관계는 가까움으로 정의되기 때문에 적절한 거리를 유지하는 게 중요하다. 시끄럽게 군다거나 그릴 파티로 연기를 자욱하게 피워내서 피할 수 없이 낯빛을 붉히고 싸워야 하는 경우만 놓고 하는 이야기가 아니다. 이웃끼리 적당한 거리를 유지하는 것은 원칙이자 철칙이다. 가깝기 때문에 이웃은 보기만 해도 즐거운 존재만이 아니라, 공격심을 촉발하는 숙명적 존재이기도 하다. "그 결과 이웃은 서로 도움을 주고받는 사이를 넘어서서 성적 욕구를 푸는 제물이 되거나, 얼굴만 봐도 때려눕히고픈 흉물이 되기도 한다." (프로이트) 이웃이 거칠기만 한 야수일 수 있다는 점은 다음의 경구에 압축적으로 담겨 있다. "꼴도 보기 싫은 이웃과 평화롭게 살 수 있는 인간은 없다." 이로써 고개를 드는 의문은 성경에 나오는 저 카인의 것과 다르지 않으리라. 인간은 어디까지 이웃 형제의 보호자일 수 있을까? 가까이의 이웃을 도저히 견딜 수가 없어서 도망갔다는 변명은 얼마든지 설득력이 있다. 쇼펜하우어는 이런 사정을 두더지 우화를 들어 그림처럼 묘사한다. "고슴도치 무리는 한겨울의 혹독한 추위를 이겨내려고 서로 밀착하려 든다. 체온을 나누어 몸이 얼지 않도록 하는 것이다. 그러나 따끔거리는 가시를 견딜 수 없어 고슴도치들은 이내 다시금 떨어진다. 온기로 몸을 녹이려던 욕구가 두번째 화를 불러온 것이다. 추위와 따끔함 사이에서 어쩔 줄 모르고 갈팡질팡하던 고슴도치들은 결국 적당한 간격을 두고 더 가까이 가려 하지 않으며 오들오들 떤다." 이 우화의 교훈을 한마디로 요약하자면 이렇다. 이웃 관계는 종종 휴머니즘이 위대한 승리를 거두기도 하지만, 끔찍한 잔혹함에 무릎을 꿇고 마는 패배의 현장이기도 하다.

이웃과 적절한 거리를 유지하면서도 가까이 지낼 요령을 익힌다는 것은 매우 부담스러운 문제다. 그가 백만장자이든, 생활보조금 수령자이든, 외국 여성이든, 깔끔을 떠는 까다로운 귀부인이든, 이웃과의 관계를 유지하기 위해 끊임없이 뭔가 해야만 한다는 요구가 생긴다. 혹시 무례하게 굴지는 않았는지 늘 경계하며 노심초사해야만 한다. 이웃과의 관계에서 어떤 식으로든 태도를 취하지 않는다는 것은 있을 수 없기 때문이다. 이웃과는 오면가면 어떻게든 얼굴을 마주칠 수밖에 없지 않은가. 이웃은 내가 골랐다기보다는 골라진, 적극적이라기보다는 수동적일 수밖에 없는 관계를 형성한다. 이웃이 나를 이웃으로 삼아주어야 비로소 나는 개성을 가진 개인이 된다. 그리고 이웃은 나에게 이웃으로서 도의를 지키라고 요구한다. 바로 옆에 둥지를 틀고 있는 이웃은 성경이 말하는 '이웃 사랑'의 대상이기 때문이다. 그러니까 나는 내 이웃을 사랑해야 할 도의를 실천에 옮겨야 한다. 이웃과 깔끔하게 지낼 수 있는가는 내가 이웃에게 어떤 태도를 갖느냐에 달렸다. 그래서 크니게는 이웃을 절대 무시하지 말라고 충고한다. 그 이름이 예의범절과 동의어처럼 여겨지는 인물의 말이니 틀림없으리라. "이웃은 어떤 형태로든 사교를 즐기며 호의를 베풀기 좋아하는 정서를 가진 사람으로 추어올려줘야 한다." 이웃과 친근하면서도 친숙한 관계를 갖고 필요할 때마다 이웃이 처한 곤경을 해결할 지혜를 주고 그것을 실천해야 한다는 것은, 다음의 사실을 염두에 둘 때 정말이지 바람직하다. 우선, 우리 자신이 도움을 필요로 하는 존재라는 점을 잊지 말아야 한다. 그리고 더 나아가 아쉬운 일이 있을 때마다, "좋은 사람이 곁에 있어주기를 갈망한다"(크니게)는 점을 새겨야 한다.

이웃 사이에서는 어려움에 처했을 때 기꺼이 도울 수 있어야 한다는 점이 정말 중요하다. 이웃을 위해 아낌없이 도움을 베푸는 사람을 볼 때마다 이런 의문이 자연스레 고개를 든다. 세상의 모든 이웃들이 저럴까? 지금 저렇게 돕는 게 장기적으로 자신도 도움을 받을 경우를 대비한 계산속일까, 아니면 도와야만 한다는, 가슴에서 우러나는 책임감 때문일까? 진정 책임감을 느껴서 돕는다면, 이제 '옆'이나 '더불어'는 '서로 위함'이라는 고결한 차원으로 승화된다. 격정적으로 표현해보자면, 이제 더이상 그저 옆에서 더불어 사는 게 아니라, 서로를 위해주는 오롯한 사랑의 인생이 펼쳐진다. 자신만 생각하는 데서 그치지 않고 남을 배려하고 근심하는 현존은 하이데거의 실존적 명제를 뒤집는 결과를 낳는다. 하이데거는 우리의 현존재란 일차적으로 자기 자신의 존재를 먼저 생각하는 것이라 설파했다. 이제 이 말은 다음과 같이 바뀌어야 하리라. 서로 아끼고 사랑하는 도덕적 이웃은 자신의 존재를 통해 남의 존재를 중시하는 현존재다. 물론 이런 현존재는 끊임없이 남부터 생각하는 이타주의로 인해 남의 자율성을 염두에 두지 않는 테러를 저지를 위협에 노출될 수 있다. 누구나 한밤중에 걱정된다며 불쑥 들이미는 랜턴 불빛에 놀란 적이 있으며, '안내인'을 자처한 이웃의 과잉 친절에 얼굴을 붉히거나 미성년자를 대하듯 시시콜콜 참견을 일삼는 어르신의 호의에 난감했던 경험이 한 번쯤 있으리라.

이웃사촌이란 말 그대로 가까이 있는 존재다. 함께 어울려 사는 공동체를 만드는 것도 중요하지만, 서로 적당한 거리를 두며 사생활을 존중해주는 것 역시 중시해야 한다. 이웃 간에는 예의와 법도가 그만큼 절실하게 필요하다. 이웃은 가까우면서도 먼 거리를 유지함으로써 신비로 후광이 빛날 수 있어야 한다. 이웃, 이는 말 그대로 가까운 남이다. 우리는 레비나스의 말을 빌려 가까움이라는 영역을 도덕적 명령의 공간이라 부를 수 있으리라. 이 명령은 오해의 여지가 없는 분명한 어조로 외친다. "나를, 나라는 섬약한 존재를 도와줘! 너는 나에 대한 무한 책임을 지고 있으니, 나를 살려줘야 해!" 이웃은 자신을 주목해달라고, 자신의 존재를 의식하고 어두컴컴한 질곡 속에 제발 버려두지 말아달라고 우리에게 요구한다. 그러면서도 자신의 이름만큼은 익명으로 처리해달라고 부탁한다. 이웃에 대한 존중과 배려가 없는 사회를 두고 도덕적인 사회라 부르기는 힘들다. "이웃과 얼굴을 맞댈 때 비로소 나와 이웃은 더불어 삶이라는 의미를 얻는다. 나는 책임을 아는 나이며, 이웃은 나를 책임 있는 사람으로 만들어달라고 내가 권리를 위임한 사람이 된다."(지그문트 바우만) 레비나스의 논리를 더욱 밀고 나가본다면, 이웃은 가까움의 원형과 같다. 이 원형은 공간적인 동시에 공동체의 도덕성을 요구한다. 그만큼 가까움은, 가깝게 느끼는 것은 도움과 배려를 베푸는 도덕의 근간이다. 공간적으로 멀리 떨어진 곳에서 화를 당한 사람의 아픔을 내 것처럼 느낄 때 도움의 손길을 뻗을 수 있기 때문이다. 이런 게 바로 거리감을 없애는 가까움이다. 간격을 극복할 수 있어야 곤경에 처한 사람은 나에게 "말을 걸 수 있다".

이런 맥락에서 진정한 의미의 도덕적 삶이란 이웃이 와주기를 기대하고, 이웃을 주목하는 자세다. 이는 어떤 의도를 품고서는 이뤄질 수 없는 상황이다. 누가 이웃인지 어떻게 알며, 이웃이 언제 어떻게 무슨 일을 당해, 우리에게 다가올지 짐작할 수 있는가? 우리는 다만 기다릴 뿐이다. 그러니까 선한 이웃은 기다리고 있다가 무슨 일이든 기꺼이 다가와 도움의 손길을 뻗는 사람이다. 따라서 이웃으로 산다는 것은, 준비하는 자세로 살아가는 것을 뜻한다. 늘 '관심'을 가지고 남의 말에 귀를 기울이며 필요할 때 답을 주겠다는 책임의 자세, 반드시 해결책을 찾겠다는 각오와 책임의 자세랄까. 이런 맥락을 종합해볼 때, 이웃의 존재야말로 나를 비로소 도덕적으로 만들어주는 은인이다.

관련 항목

고독은 반사회적인가 | 기다림의 끝 | 인사, 고독한 타인을 깨우는 일

인내와 희망의 토양, 현재

만족 이전의 탐욕과 만족 이후의 지루함 사이를 끊임없이 오가며 방황하는 것이 인생이라고 확신하면서도 그런 헛일에 마침표를 찍을 준비가 되지 않은 사람에게 인내란 아무런 희망이 없는 현상이다. 희망을 위해 참고 견딜 만한 인내심은 더더욱 없다. 그러나 목욕물을 버리며 인내와 희망을 함께 버린 저 유명한 염세주의자처럼 굴지 않는 사람이라면, 인내와 희망이 미래와 관련된다는 것을 안다. 그런데 일반적으로 볼 때 미래는 간단치가 않다. 고래로 전통에 빛나는 예언이나 근대적인 진단 혹은 현대의 계획이나 포스트모던의 투사 내지는 예상 가운데 어떤 게 미래로 접근하는 가장 의미 있는 통로인지 몰라서만은 아니다. 철학은 적어도 두 개의 미래가 있음을 분명히 보여준다는 것만 봐도 미래가 간단하지 않음을 알 수 있다. 우선, 미래는 객관적으로 다가오는 것이다. 미래가 스스로 우리에게 다가오는, 움직일 수 없는 사실이라는 점에서 그렇다. 미래의 자기운동이라고나 할까. 그러나 미래는 주관적인 접근이기도 하다. 미래에서 출발해 현재로 되짚어 오는 운동이랄까. 첫번째 미래는 꼼짝없이 참고 기다려야만 하는 미래라면, 두번째 미래는 내가 계획함으로써 실현할 수 있는 미래다. 라틴어는 미래의 이런 이중성을 적절한 단어로 구분해 표현한다. 첫번째 것은 '아드벤투스adventus'이며, 두번째 것은 '푸투르futur'이다. 첫번째 경우에는 미래가 현재를 마련해준다면, 두번째 경우에는 현재가 미래를 설계한다. '아드벤투스'에서 우리는 참고 기다리며 미래가 나타나기만을 고대한다. 기대한 때는 아닐지라도 언젠가는 와주리라. '푸투르'에서 우리는 적극적으로 희망해야만 한다. 팔짱 끼고 기다린다고 해서 와주는 것은 아무것도 없다. 그러니까 '푸투르'는 우리가 노력해야만 얻을 수 있는 미래다. 계획하고 노력하라. 반면 '아드벤투스'는 인고를 요구하는, 기다릴 수밖에 없는 시간이다.

이런 사정은 환자의 예에서 잘 드러난다. 환자를 달리 '호모 파티엔스homo patiens', 즉 참는 인간이라고 부르는 게 아니다. 아니, 환자는 적어도 참아내야만 한다. 환자는 고통이 끝나기만 참을성 있게 희망하며 아픔을 감내한다. 진부한 말이지만 건강하기를 소망한다. 이런 사정을 잘 아는 쇼펜하우어는 "건강이 전부는 아니지만, 건강이 없으면 모든 게 헛것이다"라는 명언을 남겼다. 물론 건강하기를 희망하는 태도에는 미래의 두 가지 측면이 고스란히 드러난다. 한편으로 건강은 현재와는 '다른 것'이다. 우리의 의지와 상관없이 미래의 어느 지점엔가 잠복해 있다가 돌연 우리를 덮치는 게 병이다. 또는 전혀 마주칠 수 없거나. 다른 측면에서 보면 건강은 매일 인내심을 가지고 가꿔야 하는 것이다. 건강은 건강하게 살겠다는 일념으로 꾸준히 다듬고 돌보아야만 하며, 어느 정도 예측하고 계획할 수 있다.

이제 인내와 희망은, 인생이란 시간을 잘 다뤄야 성공할 수 있다는 점을 분명히 보여준다. 어쨌거나 미래를 인내하고 희망하려면 현재에 충실해야 한다. 여기서 우리는 에른스트 블로흐가 '살아낸 순간의 어두움'이라고 강조한 묘한 상황과 직면한다. "언제나 '지금'이라는 것은 이제 막 사라지는 것일 따름이다. 애타게 기다리고 기대하는 한, 지금은 내 의지로 산 시간이 아니라, 그저 겪는 순간일 뿐이다. 직접적으로 내 앞에 있는 것은 순간이라는 어두움 속에 있다." 이런 마당에 인간은 언제나 순간이라는 것을 지나쳐 있는 게 아닐까 하는 물음은 너무 한가로운 질문이리라. 인간은 현재를 사는 생명체가 아니기 때문에 늘 순간을 놓칠 수밖에 없다는 사실은 굳이 곱씹을 필요도 없다. 우리는 항상 현재라는 순간의 뒤꽁무니만 따라다닌다고 이야기해야 정확하다. 일반적으로 말해서 인생은 언제나 우리를 압박하며, 몸은 긴장하며, 정욕은 갈구하고, 욕구는 들끓으며, 행동은 의지와 의욕을 불태우며, 갈망은 희망한다. 희망은 그 가장 커다란 적인 두려움과 달리 건강과 충족과 행복을 약속해주기에 무척 중요하다. 현재가 자신의 바람과 같지 않기에 인간은 미래라는 더 나은 시간을 희망한다. 블로흐에게 미래란 갈망했으되 한 번도 찾지 못한 고향이다. 여기서 인내심을 갖지 못한 사람일지라도 적어도 희망은 갖는다. 그리고 희망은 희망 없는 우리 같은 사람들에게 주어진 것이다.(베냐민) 물론 희망에 실망한 사람은 인내를 필요로 한다.

오늘날 우리는 인내를 가지고 희망하며 미래를 바라보는 사람을 수상쩍은 눈길로 흘겨보는 시대를 살아간다. 우리의 과거가 빚어놓은 태도다. 현대인의 조급함을 역사라는 큰 틀에서 본다면, 근대로의 이행기, 그러니까 17세기 말에서 18세기 초 사이에 조바심을 내게 만든 아주 특별한 변화가 일어났음을 확인할 수 있다. 이전과는 완전히 다른 시간 모델이 출현한 것이다. 여기서 시간은 더이상 영원을 생각할 수 없는, 속세의 시간으로 전락했다. 이전까지는 느긋하게 천국을 희망하며 바라보던 사람들은 계몽주의의 물밀듯한 세례에 아차 하고 정신이 깨어났다. 말하자면 세속화의 과정에서 시간을 돌연 다르게 이해되기 시작했다. 이제 시간은 단위로 잴 수 있고, 일정한 모습으로 흐르며, 차곡차곡 쌓이는 것으로 돌변했다. 더이상 영원에서 시간의 의미를 찾을 수 없었다. 사람들은 이제 현세에서 살아가는 유한한 시간 동안 뭔가 이루겠다며 조바심을 냈다. 죽으면 모든 게 끝장이라는데 무슨 천국에 목을 매겠는가? 계몽과 더불어 인간의 시간은 기술적 발전과 경제적 성공을 이루는 데도 빠듯하기만 했다. 갈수록 경제가 초미의 관심사로 떠오르면서 사람들은 1분 1초가 아깝다며 눈에 불을 켰다. 인간의 이성은 그동안 뒤늦은 것을 만회하겠다며 목청을 드높였다. 생각할 수 있는 최고 최상의 세상일지라도 시간과 더불어 더욱 나아질 수 있음을 주목하자고 외쳤다. 미래는 열려 있으므로 세상은 더욱 발전하고 개선될 수 있다. 그리하여 발전의 속도는 하루가 무서울 정도로 빨라지기만 했다. 인내하고 기다리는 것은 어리석은 자나 하는 짓이다. 오로지 희망을 가지고 뜨겁게 밀어붙이자. 이게 근대 이후 인간 이성이 내건 기치였다. 그러나 거꾸로 보자면 이미 현재 누릴 수 있는 최고의 세상을 사는 것 아닐까? 그렇게 조바심을 내고 안달하며 살아야만 할까?

어쨌거나 새로운 시간의 최우선 목표는 시간 절약이다. 시간은 이제 신의 시간이 아니라, 돈의 시간이다. 사람들은 눈이 벌게져서 뭐든 "빨리빨리"라고 외치며 시간을 돈으로 바꾸는 데 골몰한다. 그러나 속도만 추구하는 현대의 시간이 과연 좋은 것일까? 이제는 시간을 연구하는 사람들만 이런 물음을 던지는 게 아니다. 속도에 급급해 치러야 하는 대가(패스트푸드에서 심장마비에 이르기까지)를 보며 많은 사람들이 고개를 갸웃거린다. 참을성이라고는 눈곱만큼도 없이 "빨리 가서 뭐든 서둘러 먹어 치우며, 언제나 시간을 칼같이 지키고 동시에 여러 일을 벌이는 것을 자랑스러워한다. 현대인들은 다른 사람의 느림을 조금도 참아주지 않는다".(러바인) 다른 사람의 느림을 참지 못하는 것이야말로 도덕적으로 큰 문제가 아닐까.

근대의 계몽주의가 빚은 초조함은 너그러움과 여유의 도덕을 짓밟는 괴물을 불러오고 말았다. 계몽의 시대가 의학과 기술의 발전뿐만 아니라 정치와 도덕 그리고 사회의 발달과도 밀접하게 관련된다고 굳게 믿는 사람일지라도 그동안 조급함에 집착한 게 어떤 화를 불러왔는지 거꾸로 계몽당할 수밖에 없었다. 물론 계몽주의가 인류로 하여금 '스스로 자초한 미숙함'(칸트)에서 빠져나와 자유와 평등과 형제애로 부단히 이끈 성과를 폄하하려는 것은 아니다. 그러나 20세기의 경험으로 미루어 볼 때 우리는 참을성이라고는 모르는 조급함을 최고의 미덕으로 꼽는 기괴한 상황에 봉착하고 말았다. 한마디로 이는 윤리의 파국이며, 인간이 서로 존중하고 인정하는 가운데 키워가는 문화의 참된 몰락이다. 그 두드러진 예가 나치즘이라는 역사의 불행이 아닌가. 인내심이라는 견지에서 볼 때 나치스의 폭력은 끈기 있고 꾸준하게 사물의 이치를 따르려는 사람들을 다짜고짜 신속하게 쓸어버리고 짓밟았다. 나치스가 말하는 천년 제국이나, 역사의 끝을 미리 앞당길 수 있다고 믿었던 마르크스레닌주의의 미래상은 그런 미래를 함께 나누고 싶어하지 않는 사람들을 상대로 총칼을 휘둘러 피바람을 불러일으켰을 따름이다. 묵묵히 맡은 바를 감당하며 인내심을 가지고 '소박하고 성실하게' 꿈을 이루려 노력하는 개인은 미래를 앞당겨 인민을 위해 봉사하겠다며 두 눈 부릅뜬 자칭 도덕 전문가에게는 귀찮고 성가신 장애물이었을 뿐이다. 그러나 그들이 말하는 미래는 늘 판박이처럼 되풀이되었기에 사람들은 희망을 잃고 좌절했다. 미리 정해져 구호로 내세워진 새로움이 알고 보니 옷만 바꿔 입은 낡은 것에 불과했기 때문이다.

조급함으로 이룰 게 많지 않다는 사실을 절감한 사람들은 새삼 인내심의 소중함을 깨달았다. 이렇게 해서 인내심은 도덕의 중요한 가치로 자리잡았다. 현대사의 격변을 돌이켜볼 때 참고 견디는 인내를 새삼 되새기게 되는 순간은 많기만 하다. 역사의 진행을 이성의 간지가 주도할 때가 아니라, 언제나 자신이 뭐든 더 잘 안다고 잘난 척하는 인간들이 좌지우지할 때 특히 그랬다. 이들은 이성과 도덕은 일찍 시작하고 채찍을 가해 속도를 붙여줄수록 시대적 변환기로 이끈다는, 밑도 끝도 없는 짐작으로 닦달해댔다. 그래야 약속의 땅에 이를 수 있다고 윽박질렀다. 어떻게 알았느냐고 묻는 자에게는 그 답으로 칼날과 총알이 돌아왔다. 젊어서 배우지 못한 것은 늙어서도 못 배운다며 우리의 등을 떠밀었다. 그러나 잘난 척하는 이 성급한 작자들은 이성과 도덕이란 우리가 그에 합당한 시간을 들일 때만 실현 가능하다는 사실을 망각했을 뿐이다. 끈기를 가지고 기다리는 것은 적당한 때를 포착할 수 있게 해준다는 점에서 완전히 새로운 차원의 의미를 갖는다. 그리고 희망이라는 것은 일이 되어가는 이치를 즉흥적으로 그려본 정치나 기술의 유토피아를 실현하는 것과 전혀 관계가 없다. 희망이란 다만 다른 사람들과 머리를 맞대고 함께 문제를 풀어가려는 자세에서만 길어올릴 수 있을 뿐이다.

관련 항목

고통은 공감을 이끄는 끈 | 기다림의 끝 | 행복은 시간으로부터의 해방이다

인사, 고독한 타인을 깨우는 일

인사를 어떻게 할 것인가 하는 물음은 벌써부터 우리를 난처하게 만든다. 인사는 생각처럼 간단하지 않다. 그냥 "그뤼에치Grüezi" 하는 게 좋을까, 아니면 "모인, 모인Moin, Moin"하는 게 나을까?• "모인, 모인"이라 하면 저녁에도 똑같은 인사말을 써먹는다는 장점이 있기는 하다. 차라리 아무 말도 하지 않고 고개만 까딱하면 충분하지 않을까? 이처럼 인사의 형식은 풍경보다도 더 다양한 모습을 자랑한다. 나이와 사회적 지위에 따라 달라지기도 하는 게 인사말이다. 사정이 이렇다보니 적절하게 인사말을 골라 쓰지 않았다가는 혼쭐이 날 수 있다. 고개만 까딱이다가는 인사도 할 줄 모르는 불한당

• 'Grüezi'는 독일어권 남부 지방, 즉 스위스에서 쓰는 인사말이다. "안녕하세요Ich grüsse Sie"에서 주어인 'Ich'를 빼고 나머지 단어들을 하나로 줄인 형태다. 반면, 'Moin, Moin'은 독일 북부와 네덜란드 남부에서 주로 쓰는 인사말이다. 영어의 'Good, good'에 해당한다. 아침과 저녁의 구별 없이 쓰는 말이다.

으로 여겨져 빼도 못 추리도록 험한 꼴을 볼 수 있다. 반대로 인사를 받은 사람이 답례하지 않는 경우는 매우 드물다. 몸짓을 잘 읽는 훈련도 중요하다. 제삼자에게 들키지 않기 위해 은밀하게 보내오는 신호를 놓치고 멀뚱하게 있다가는 될 일도 그르치기 십상이다. 팔을 툭 치는 것은 친구라는 친밀감을 강조하는 것일 수 있지만, 어깨를 건드리는 것은 도발행위로 받아들여질 위험이 크다. 바이에른에서는 "그뤼스 고트Grüß Gott!"가 친근한 인사말일 뿐이지만, '프렌츨라우어 베르크'에 즐비한 술집에서 그랬다가는 가능한 모든 경우의 수를 염두에 두어야만 한다. 창조주가 보내는 축복은 깨끗이 잊어야만 하리라.•

인사를 하는 사람은 자신이 무슨 일을 하는지 정확히 파악해야 한다. 특히 온도 차이에 따른 감성의 변화에 민감해야 한다. 차갑게 툭 내뱉는 인사는 찬바람만 쌩쌩 불게 한다. 반대로 가슴에서 우러나는 따뜻한 인사는 그에 상응하는 대접을 받기 마련이다. 내밀하고 은근한 인사를 두고 이러쿵저러쿵 입방아를 찧는 것은 삼가고 볼 일이다. 그래서 말이지만 가장 성공적인 인사는 '사람의 일人事'이라는 본래 뜻에 충실하게 그때그때 적절히 달리하는 것이다. 지폐를 몇 푼의 동전과 바꾸는 돈거래와는 달리 인사는 언제나 같은 것끼리

• "주님의 평안을!"이라는 뜻의 "Grüß Gott!"는 가톨릭교회의 영향권에 있던 지방, 곧 바이에른·스위스·오스트리아 등지에서 쓰는 사투리 인사말이다. 그런데 북부의 프로이센, 즉 베를린과 남부의 바이에른, 곧 뮌헨은 전통적으로 경쟁의식이 무척 강하다. 본문의 지적은 베를린에 가서 뮌헨식의 인사를 했다가는 매를 번다는 뜻이다. 프렌츨라우어 베르크는 베를린에서도 술집이 가장 많이 모여 있는 곳으로 주말이면 불야성을 이루는 환락가이다.

교환되어야 한다. 이런 교환 형식을 선호하는 데서 인사의 특성이 잘 드러난다. 말하자면 본래적인 의미에서 이뤄지는 경제활동이 인사랄까. 사람은 자신이 베푼 만큼 기대하기 마련이다! 뺨에 입을 맞추는 인사는 상대의 눈길을 살짝 비켜간다는 데 묘미가 있다. 그런데 뺨에 입을 맞추며 눈길을 똑바로 맞추면, 상대방은 이게 뭔가 하며 기함하게 마련이다. 악수를 선호하는 사람에게 썰렁하게 손을 잡은 뒤 두 눈을 질끈 감는다면, 상대는 아마도 손모가지를 비틀고 싶은 충동에 시달리리라. 이처럼 모든 것에는 그에 적당한 때와 형식이 있는 법이다. 물론 인사를 하는 데에도 다 그만한 이유가 있다.

상대가 인사를 하지 않는다면, 최소한 이게 뭐지 하고 의문을 품게 마련이다. 인사하지 않는 이유는 대개 저 깊숙한 어딘가에 숨겨져 있지만, 인간관계의 표면으로 떠오르는 경우도 심심찮다. 그렇지만 왜 인사를 하는지는 논하지 않는 편이 좋다. 물론 인사를 통해 전해지는 온도만으로도 인사말을 주고받는 사람들의 사이가 어떤지 잘 알아볼 수 있다. 그러나 왜 인사를 하는지 그 본래적인 목적은 당사자들만 알게 내버려둬야 한다. 그저 인사를 하는 이유야 분명하다. 그거야 관습과 관례에 따른 것일 뿐 별 의미를 담고 있지 않기 때문이다. 옛날에야 제때 인사함으로써 혹시 빚어질지 모르는 불상사를 사전에 예방하려는 지혜가 큰 비중을 차지했다. 혹은 멀리서 오는 길손에게 나쁜 뜻은 전혀 없다고 간판에 써붙이듯 광고 차원에서 인사를 건넸다. 말이 났으니 이야기지만, 우리는 인사할 때 상대방에게 오른손을 건넨다. 대개 오른손이 힘이 좋거니와, 그래서 무기도 그 손으로 잡지 않던가. 그러니까 인사를 하며 오른손을 내미는 것은 무장해제를 하고 상대에게 온전히 자신을 맡긴다는 함의를 갖는다. 물론 경의를 표하려는 인사도 없는 것은 아니다. 그러나 여기에는 대부분 다분히 관습을 거스르지 않으려는 소극적인 의미가 담긴다. 심지어 결투를 하며 상대의 목숨을 노리는 경우에도 이런 허례는 빠지지 않는다. 무기를 겨누기에 앞서, 비록 무언의 위세이지만, 서로 눈길을 맞추며 인사는 나누지 않던가. 여기서의 인사는 평화를 다지자는 협상의 의미를 갖지 않는다. 오히려 상대를 얕잡아 보며 자신의 배경이 너보다 낫다는 식으로 시위하는 것이랄까. 물론 이게 마지막 시위가 될 확률은 반반이지만 말이다. 그러니까 인사를 통해 자신의 신분과 지위를 과시하며 상대의 콧대를 꺾으려는 기선 제압의 전략을 구사한다. 경쟁세력을 향해 자신이 속한 집단의 위세를 과시함으로써 우위를 확보하려는 이런 인사는 20세기 들어 나날이 파벌이 강해지는 정치권에서 즐겨 써먹는 수법이다. 그런데 희한하게도 오늘날 청소년들은 스포츠를 하면서 결투에 빗댄 인사말을 즐겨 쓴다. 이를테면 "목과 다리가 부러져라!"라든가 결투 직전 손을 서로 마주칠 때 "다섯을 줘봐!" 하는 식이다.* 갈수록 호전적으로 변하는 사회 분위기를 반영한 것일까?

적대심으로 뭐가 부러지든 간에 충실하게 인사를 해야 소속

* 두 표현의 원어 표기는 각각 "Hals- und Beinbruch"와 "Give me five"이다. 앞의 것은 원래 유대어에서 전래된 표현으로 신의 은총과 행운을 빈다는 뜻이다. 영어의 "잘해봐!"라는 뜻의 "Break a leg" 역시 같은 맥락에서 생겨난 것이다. "Give me five"는 결투 직전 당사자들이 손을 부딪치던 것에서 유래된 표현이라고 하는데, 여기서 하이파이브가 생겨났다는 설도 있다. 이 말도 승리를 축하한다는 뜻으로 전의된 것이다. 이런 맥락을 전하기 어려워 본문에서는 직역을 했다.

공동체에서 쫓겨나는 위험을 막을 수 있다. 크니게는 우리가 이런 위험을 당할까 걱정이 되었는지 몸소 시범을 보여주며 좋은 요령을 일러준다. 언제 무슨 상황에서든 상대방에게 친절하게 인사를 건네는 것은 정말이지 웃지 못할 코미디다. 예를 들어 우연히 창가에 서 있는데 마침 지나가던 아는 사람이 인사를 건넨다고 하자. 이럴 때 우리의 예절은 목례에 그치지 말고 창문을 열고서 직접 맞받아줘야 한다고 명령한다. 그런데 추운 겨울에 이런 명령에 충실하기란 곤욕스럽기 짝이 없다. 그래서 크니게는 서둘러 창문을 열려고 하나 창문 걸쇠가 고장이 나서 열리지 않는 듯한 시늉을 하라고 일러준다.(크니게) 아무튼 인습의 독재에 충실히 따르기 위해 고민까지 해야 하다니, 이게 인사일까.

그럼에도 오르테가이가세트•처럼 인사를 하는 이유를 이미 발견했다고 믿는 사람이라면, 인사의 관습을 무시하며, 관례에 따른 그 어떤 방식의 인사도 치켜세우지 않으리라. 사실 인사를 하는 사람의 속내는 다른 데 있다. 서로 믿고 의지하기로 합의를 본 사람들, 예를 들어 부부가 아침마다 인사하는 이유를 관습과 전략이라고 설명한다? 어떻게 그런 설명이 가능할까? 거꾸로 많은 사람들이 지켜보는 공공장소에서 악수하기 위해 내민 손을 뿌리치는 무례한 자가 있다고 가정해보자. 그가 과연 관습에 상처를 입히기 위해 그런 짓을 할까? 아니다, 그렇게는 볼 수 없다. 그가 원하는 것은 바로 손을

• José Ortega y Gasset: 1883~1955. 에스파냐의 철학자. 생명의 철학에 중점을 두고 현대 문명을 비판했다.

내민 그 사람이 상처 입는 것이다. 다시 말해서 그런 거부는 정말이지 파괴적인 결과를 낳는다. 빌헬름 2세 시대•에 인사를 거부함으로써 생겨나는 상처는 그야말로 치명적이었다. 심지어 직접 칼을 겨눈 결투에서 입은 부상보다 더 악질적이었다. 반대로 인사를 한다고 상대방에게 생명의 입김을 불어넣어주는 것도 아니다. 오로지 살아 있는 사람을 붙들고 늘어질 뿐이다. 뺨이나 발에 입을 맞추며 매달리고, 손을 흔들며 잘 좀 봐달라고 웃음을 질질 흘린다. 그래도 안 되면 눈을 똑바로 들여다보거나 어깨를 움켜쥐며, 모자를 벗고 허리를 깊숙이 숙인다. 이런 형태의 만남은 신체적 접촉과 결부되면서 갖은 스캔들을 낳는 온상이 된다. 크리스티안 가르베가 증언하고 있듯, 이런 만남은 유행이 지난 치마를 보는 것보다도 더 불쾌하고 짜증스럽게 한다. 이 같은 위험에도 인사는 세상에서 사라지지 않았다. 불편함과 경계심에도 인사를 멈추지 않는다니 참 야릇한 노릇이다.

인사는 언제나 다른 사람을 의중에 둔다. 자기 자신에게 인사를 하는 사람은 없지 않은가. 겉으로 드러나는 몸짓을 제외한다면, 인사로 말미암은 일은 한사코 비밀의 베일에 가려져 있다. 물론 구약성경에서처럼 인사는 그저 축복의 의미로 이해될 수도 있다. 재채기를 하는 사람에게 우리는 '건강'을 빌거나 "God bless you!", 즉

• 독일 황제 빌헬름 2세가 통치하던 1890~1918년 시절. 대제국의 건설을 꿈꾸던 빌헬름 2세는 재상 비스마르크를 해임하면서 실권을 잡았으나, 무리한 대외정책으로 결국 이 시기는 제1차 세계대전의 패망으로 끝났다. 황제의 야욕은 당시 국민들에게 그대로 투영되어 지극히 보수적인 분위기를 낳았다.

"신의 은총이 있기를!" 하고 빌어주지 않던가.• "안녕하세요!"라는 말에도 사실 축복의 의미가 담겨 있다. 그러니까 상대방이 누렸으면 하는 것을 인사말을 매개로 선물하는 셈이다. 안녕하라니, 이 풍진 세상에 그보다 더 좋은 축복도 없을 터. 인사말이 갖는 형이상학적인 힘은 특히 인사가 남의 입을 통해 전해지거나 문자로 전달될 때 가장 강하게 나타난다. 인사를 차리는 격식과 의식에서 특별한 분위기를 자아내는 마법이 발휘되기 때문이다. 제삼자를 통해 전달받는 형식은 사회적 결속을 상징함과 동시에 인사를 받아야 할 사람이 누구인지 확실히 밝혀줌으로써 그 사람의 품격을 높여주는 신비한 마법이다. 인사는 그 목적지인 상대방을 바로 그 사람, 즉 인사받아야 할 인간으로 만들어준다! 그처럼 특별히 전달된 인사는 섬세한 솜씨의 결정체라 해도 과언이 아니다. 헛되이 인사를 기다리는 사람이 겪는 불행을 생각해보라. 인사를 받지 못한다는 것은 관계를 지켜주는 별이 이미 스러져버렸거나, 이미 관계가 균형을 잃고 무너져내렸음을 의미할 뿐이다. 잊힌 인사는 운명의 일대 타격이 가까웠음을 알리는 신호탄이다.(슈트라우스••) 오매불망 인사를 기다리는 타는 목마름은 인사라는 이름의 생명수가 명예와 존경을 낳아주는 것임을 상징적으로 보여준다. 그저 심드렁하게 인간의 존엄성을 존중한

• 독일에서는 남 앞에서 재채기 하는 것을 몹시 부끄럽게 여긴다. 코는 팽팽 풀지언정 기침은 절대 하지 않으려고 부들부들 떨 정도다. 그래서 참지 못하고 재채기를 터뜨린 사람에게는 반드시 "건강하세요Gesundheit!" 하고 외친다. 일종의 힐난이자 책망인 셈이다.

•• Botho Strauss: 1944~. 독일의 극작가. 독일 연극무대에서 전설적인 작가로 추앙받고 있다.

다는 일상적 수준을 훨씬 넘어가는 게 바로 인사이기 때문이다.(가르베)

인사가 그저 부정적인 의미에서 하는 제스처가 아니라, 타인을 인정하는 긍정적인 형식이라는 점에서 생명수의 효험은 잘 드러난다. 인사가 진정 마음에서 우러나올 때 몸과 마음이 따로 놀지 않고 혼연일체를 이루는 것을 보라. 글로 나타낸 가장 간접적인 인사일지라도 간절한 몸의 표현은 꼭 필요하다. 이를테면 심장의 뜨거움을 담지 않은 연애편지가 상대를 움직이겠는가? 인간이라면 서로 모두 존중해야 하지만, 일일이 찾아다니며 인사를 할 수 없는 탓에, 어쩔 수 없이 의식적인 선택을 통해 인사가 이루어진다. 그 범위는 직접 사회관계를 맺고 있는 대상으로 한정된다. 그 같은 관계의 틀을 무작정 넓힌다면, 예컨대 길거리로 나가 마주치는 모든 사람에게 인사를 한다면, 무한정 늘어난 관계로 말미암아 정신을 버텨주던 골조가 무너져내릴 수 있다. 거꾸로 관계라는 개념을 멋대로 지나치게 협소하게 잡는다면, 그래서 지극히 가까운 친분관계만을 인사의 전제조건으로 삼는다면, 그 역시 정신병의 징후를 의심받아야 한다. 사막을 정처 없이 걷던 방랑자가 우연하게 마주친 타인을 인사도 없이 그냥 지나친다면, 이를 수행자의 감상적인 명철함이라고 하기보다는 결국 정신이 혼미해져서 사람도 못 알아보는 모양이라고 혀를 찰 게 아닌가. 인간이 '철저한 고독' 속에서 돌연 타인과 마주치는 일은 사막에서만 겪는 게 아니다.(오르테가이가세트) 인간이 서로 '너'에서 '나'로 될 수 있다는 경험은 저마다 사막을 걷는 우리에게 아주 따스한 위로를 선물한다.(부버*) 이런 위로가 현실이 되려면 먼저 고독함에 침잠해 있는 타인을 깨워야 한다. 인사는 바로 그 깨움의 동작이다. 이런 몸짓은 무슨 율법으로 다스릴 수 있는 게 아니며, 지나친 기대로 부담을 주면 쉽게 무너질 수 있는 것이다. 그래서 말이지만, 인사가 더이상 그저 습관대로 하는 게 아니라면 쌍수를 들고 환영해야 한다. 계산속으로 하는 인사는 이미 얼굴에서부터 그 속내를 드러낸다는 점을 잊지 말아야 한다. 인습이 아니라면, 대가를 바라는 게 아니라면, 우리는 마침내 다시금 환하게 인사할 수 있으리라.

관련 항목

고독은 반사회적인가 | 예의란 인간다운 나에 대한 열망 | 타인인가 손님인가

• Martin Buber: 1878~1965. 오스트리아 태생의 유대계 종교철학자. 독일에서 주로 활동했으며, 나치스의 박해를 피해 오랜 망명생활을 했고 이스라엘 히브리 대학에서 철학 교수로 재직했다. '나와 너'의 관계를 바탕으로 인격주의 철학을 펼쳐 전 세계 각 분야에 두루 지대한 영향을 주었다. 신비적 유대교 운동인 하시디즘의 부흥에 앞장섰다.

인생이라는 실타래

세상에서 가장 간단한 진실은 동시에 가장 어려운 것이다. 고생, 가슴을 짓누르는 아픔, 슬픔과 질투, 이 모든 것은 오로지 우리가 인생을 살기 때문에 겪는 게 아닌가. 인생에 관해 이야기할 때면 그 쌍둥이 형제인 죽음이 귀를 쫑긋하고 엿듣는 탓에 누구나 진저리를 친다. 그래도 죽음은 끄떡 않고 정권을 넘겨받을 마지막 순간을, 힘들게 살아온 인생, 이 '유예된 죽음'(쇼펜하우어)에 마침표를 찍을 순간을 기다린다. 그러나 끝이라고 해서 불행하다고 할 수만은 없다. 그것도 여러 가지 이유에서. 우선, 인생이 최고로 좋은 것만은 아니다.(실러) 다른 한편으로 인생의 끝은 그 자체가 인생의 일부다. 절대 죽지 않겠다며 아등바등하는 사람은 인생을 사는 일을 시작도 못한 셈이다. 물론 좀 거친 표현이기는 하다. 인생살이가 언제 친절하게 시작해도 좋으냐고 물어보던가? 동의를 구하지도 않고 일단 시작부터 하고 보는 게 인생이기에 언젠가는 자연스럽게 눈앞에서

벌어지는 일이 마음에 들게 될 따름이다. '인생'이라고 불리는 것, '인생'이 빚어내는 다양한 우여곡절은 어느덧 살아 있음을 소중히 느끼게 하기 마련이다. 그리고 이런 느낌에 초를 치고 싶지 않은 사람은 기꺼이 불변의 존재가 되기를 소망한다. 평생 인생과 씨름하며 원망하도록 말이다. 잠깐, 인생을 살아가는 우리에게 불변의 것이란 무엇일까? 불변하고 영원하기 위해서는 어떤 조건이 필요할까?

살아 있는 사람에게 인생이란 피할 수 없는 존재 형식이다. 인생은 그저 있으며, 없을 수 없다. 물론 스스로 목숨을 거둘 수도 있지만, 살아서 살지 않는 것처럼 할 수는 없다. 그렇기에 살아가는 사람은 그가 살아갈 수 있게 해주는 것에 무조건 '예' 하고 긍정한다. 인생이란 그 어떤 사족도 붙일 필요 없이 생물적인 현상이다. 자신이 생물로 살아가고 있음을 인정하는 사람만이 삶의 다른 방식들도 생명으로 채울 수 있다. 예를 들어 먼저 동물로 살아 있어야, 신을 섬기는 종교적 인생에 헌신할 수 있으며, 자신의 인생을 학문에 바칠 수도 있고, 문학에도 전력을 다할 수 있지 않은가. 이처럼 생물로서 사는 삶은 다른 모든 형태의 인생에게 포기될 수 없는 것이다. 심지어 저승에서의 인생조차 일단은 생물적인 삶을 살아야 맛볼 수 있는 게 아닌가. 그러나 이 포기될 수 없음을 인정하더라도 인생을 산다는 게 무슨 의미인지는 그저 풀리지 않는 물음으로만 남는다. 인생을 생물이 태어나서 죽어가는 과정으로 설명하는 것은 새로울 게 거의 없는 말이다. 인생이 생명의 일부가 아니라면 대체 뭐란 말인가? 그러나 곰곰이 생각해보면 꼭 그런 것만은 아니다. 여기에는 뭔가 특별한 이치가 숨어 있다. 즉, 인생은 언제나 다른 생명과 결합을 통해서만 펼쳐진다. 생물학의 관점에서는 인생만 따로 떼어놓고 보는 일은 있을 수 없다. 모든 생명체가 살아 있음을 만끽하는 생명이라는 풍요한 네트워크 안에 이미 설명의 실마리가 담겨 있다. 한마디로 생명은, 비교하고 관계를 맺을 수 있는 다른 생명체가 없이는 불가능한 존재방식이다. 각각의 생명은 저마다 고유한 특성을 가지면서, 서로 어떻게든 연결되어 있다.(아리스토텔레스) 인생은 근본적으로 적극적인 활동을 한다는 능동태적인 특징을 갖고 있다. 그 좋은 예가 때만 되면 끼니를 해결해야 하는 일이다. 먹고 마시는 사람만이 인생을 산다. 다시 말해서 살아 있는 사람은 먹고 마셔야만 한다. 그래야 목숨을 유지한다. 인생을 살아가는 동안 살아 있는 몸은 성장하고 변화한다. 성장하고 변화하는 과정은 고령이 되어 죽음을 맞을 때까지 계속된다. 그러니까 하나의 통일체 안에서 끊임없는 혁신이 일어나는 게 인생이다. 혁신이 멎는 것은 곧 죽음을 뜻한다. 자연이 낳은 존재인 인간은 다른 자연의 생물과 마찬가지로 탄생으로 보든, 그 전체 존재로 보든, 일차적으로 생명체이다. 누구도 부정할 수 없는 이런 사실은 인간의 인생과 행동을 근본적으로 규정한다. 헤아릴 수 없이 다양한 모습을 갖는 인생은 식욕과 성욕이라는 본능만 따르는 게 아니라, 인생을 가꾸어갈 무수한 기회를 실현하는 데 의미가 있다. 인생은 기쁨과 욕지기 같은 감정만 포함하지 않으며, 이런 감정들을 거스르고 이겨낼 힘을 가짐으로 더욱 풍요로워진다. 각자의 인생은 그를 낳아준 다른 인생이 없이는 생각조차 할 수 없다. 잔인하기 짝이 없는 '카스파 하우저 실험'*이 보여주듯, 인생은 다른 인생 없이는 홀로 살아갈 수가 없다. 인생이란 인간으로 살아가는 생명력의 원천일 뿐만 아니라, 바로 그래서 인간을 존중해야 하는 도덕적 근거이기도 하다. 내 인생이 소중한 만큼 남의 인생도 귀중하다는 말이다. 이처럼 나와 남은 떼려야 뗄 수 없이 맞물려 있다. 인간이 같은 종의 생명체와 핏줄을 나누며 친족 관계를 이루는 것을 보라. 그 가운데에서는 물론 어머니와 아버지와의 관계가 가장 가깝다. 이렇듯 인간은 피와 살을 섞으며 계속 번식하면서 생명이라는 거대한 네트워크의 한 축을 형성한다.

생물학의 입장에서 보자면 인간이라는 생명체는 동물이다. 인간으로 살아가는 일은 그 고유한 동물성의 저편에서 시작하는 게 아니다. 인간은 바로 동물로 자신의 인생을 시작한다. 바로 그렇기에 동물성은 절대 부차적이지 않다. 인간은 인간을 상대하면서 반드시 동물성을 '계산에 넣어야만 한다'. 인간은 몸을 가지고 있으며, 몸이 없이는 존재할 수 없지 않은가. 그리고 몸은 '동물성'과 따로 떼어낼 수 있는 게 아니다. 그래서 인간은 보호받아야 마땅한 동물이다. 인간이 보호받아야 할 특별한 가치를 지닌 동물이라는 점은 인권에 뿌리를 내리고 있다.(슈페만) 가장 절박한 인권 보호는 바로 생명을 존중하는 것이다. 고로, 살인은 인간에게 가장 끔찍한 인권 침해다. 살인에 비하면 의사 표현의 자유가 방해받는 것은 한참 뒤에 오는

• 동물의 행태를 연구하기 위해 외부와 완전히 격리된 환경에서 행해지는 실험. 카스파 하우저(1812~33)는 19세기 독일에서 발견된 버려진 아이다. 지극히 제한된 말밖에 할 줄 몰랐으며, 건강 상태도 좋지 않았던 이 소년의 정체는 아직도 수수께끼로 남아 있다. 일설에 따르면 대공의 사생아라서 태어나 줄곧 골방에 갇혀 있었다고 한다. 결국 21살을 넘기지 못하고 죽었다. 이후 생물학에서 외부와 절연되고 고립된 생명도 살아남을 수 있는지 조사하는 실험은 '카스파 하우저 실험'으로 불렸다.

인권 침해일 뿐이다. 인간의 생명이자 곧 인간 그 자체인 인생을 올바로 바라보기 위해서는 이중의 논의 방식이 필요하다. 그 하나는 알베르트 슈바이처가 제안한 것이다. 우리는 모두 생명체이므로 우리 자신을 생명체가 아닌 것처럼 생각해서는 안 된다. 또 우리가 아는 것과 속성이 다른 생명체도 아니므로 다음과 같은 확인을 해야만 한다. "나는 살아가기를 갈망하는 생명의 한복판에서 살기 원하는 생명이다."(슈바이처) 이는 곧 우리가 생명을 지켜주고 보호해야만 한다는 의무를 뜻한다. 이런 깨달음에 충실하지 못한다면, 우리는 지금까지의 익숙한 방식으로는 더이상 살아갈 수가 없다. 다른 생명을 돌보고 배려해야 한다는 의무는 풀 한 포기, 벌레 한 마리까지 끌어안아야 한다. 물론 그 가운데서도 가장 힘써 돌보아야 할 것은 우리 인간 자신의 생명이다. 모든 생명에 베풀어야 하는 배려와 관심은 인간의 인생에 전환점이 되어준다. 인생뿐만이 아니라 모든 생명체를 존중해야 한다는 각성이 바로 그것이다. 물론 전쟁이나 사형 혹은 안락사와 같은 예외적인 경우를 꼽아보면서, 생명을 지켜주는 것만이 능사가 아니라고 생각할 수도 있다. 그러나 생각의 물꼬를 다시 한번 틀어본다면, 모든 생명은 하나로 연결된 거대한 네트워크인 까닭에, 바로 그 한복판에 서 있는 생명과 맞닿지 않을 수 없다. 그러니까 내가 살아가기를 갈망하는 만큼, 다른 생명도 똑같이 존중하고 보호해줘야 한다.

그저 살아갈 뿐이 아닌 인생, 즉 자신의 생명이 갖는 소중함을 깨우친 사람은 더이상 되는대로 살아갈 수 없다. 우리는 자신의 인생을 돌보고 가꾸는 데 모든 힘을 쏟아야 한다. 쉬우면서 동시에 어렵기도 한 일이다. 인생이라는 학교는 바로 인생 그 자체라는 점에서 인생을 배우고 가꾸는 일은 쉽다. 누구나 자신의 인생 한복판에서 배우기를 원하고 배워야만 하는 것을 꾸준히 실행할 수 있지 않은가. 그러니까 다른 학교처럼 입학을 위해 따로 노력하지는 않아도 된다. 그러나 인생이라는 학교에서는 쉬는 시간조차 배움의 과정에 포함되는 과제라는 점에서 인생을 배우기란 간단치가 않다. 게다가 한 번 놓친 시간은 다시 돌아오지 않는다. 다시 말해서 인생은 복습이 불가능한 교과서이다.

이로써 우리는 두번째 논의와 맞닥뜨린다. 이 논의는 니체에게서 비롯된 것이다. 우리는 살아 있고 살아가기 원하는 생명을 가지고 있기 때문에 진리를 소홀히 다룬다. 진리 앞에서 눈을 질끈 감는 것은 그럭저럭 편하게 살아가는 방법이기 때문이다. 니체가 짐작하듯 "현금보다 진리를 소중히 여겼다가는 살아남을 인생이 거의 없다고 여겼기 때문이다".(니체, 『즐거운 학문』) 어느 모로 보나 인간은 지금까지 이런 태도로 잘 지내왔다. 어쨌거나 아직 살아 있지 않은가. 그래서 진리라는 말만 들으면 그렇게나 코웃음부터 치면서 앎의 자세를 고치려 들지 않는 모양이다. 다만, 달리 행동할 수도 있다는 상대성을 의식하면 사정은 달라진다. 지금껏 당연하게만 여겨온 게 다를 수도 있다는 사실에 화들짝 놀라 외마디 비명을 지를 수도 있다. 아직까지 몰랐던 대안이 얼마든지 가능하다는 것을 깨우친 사람은 날카로운 비명을 꿀꺽 삼키고 침착하게 대처할 수 있으리라. 이런 사람에게 인생은 혼자서 사는 게 아니다. 무엇보다도 남이 살아야 나도 살 수 있다는 진리에 눈을 뜬다. 나만 먹고살 때는 진리가 거추장스러웠지만, 생명의 네트워크라는 진리를 깨닫는 순간, 삶은 더불어 사는 축복이 된다. 이런 깨달음은 남에게만 유리한 게 아니다. 오히려 나 자신이 숨통 트이는 여유를 얻는다. 다른 사람들을 자신의 관점과 생각에만 붙들어 매기를 포기하고 세상에는 얼마든지 다른 삶의 방식도 있다는 데 눈을 뜨는 순간, 먹고사는 일에만 집착했던 지금까지의 삶에서 풀려난다. 그 대신 새로운 자유를 얻는다. 생명이라는 거대한 네트워크 안에서 나를 실현하고 키워갈 수 있는 무수한 가능성을 본다. 이 새로운 자유의 이름은 '생성Werden'(니체, 『단편집』)이다. '생성'으로서 삶은 그저 살기 위해 사는 일, 소유에 집착하는 인생에서 우리를 해방시켜준다. '생성'은 생명의 네트워크와 더불어 호흡하는 삶이다. 물론 이런 삶이 쉽지만은 않으리라. 세상을 근본에서부터 뒤흔드는 잘못 앞에서 눈을 질끈 감는 것은 새로운 길을 찾아 나서려는 도전을 감행하는 것에 비해 어쨌거나 손쉬우니 말이다. 그러나 자기 자신에게 솔직하고자 노력하는 사람, 더이상 자신의 인생을 거짓 위에 세우지 않으려는 인간은, 과감하게 자신의 삶을 살아가려는 도전 앞에서 움츠리지 않으리라. 인생의 생동감은 이런 해방의 몸짓을 통해 비로소 그 고유한 힘을 풀어낸다. 인생은 "그저 살아가는 일 그 이상이며, 생명이라는 네트워크를 온전히 끌어안는 것"이다.(지멜)

인생이라는 학교에서 그저 먹고사는 일이 배움의 목표일 수만은 없다. 진정한 목표는 훌륭한 인생이어야 하리라. 인간은 그가 살기 원하는 생명이라는 점에서 다른 생명, 이를테면 식물이나 동물과 같다. 그러나 인간은 그런 생명 이상의 존재다. 인간은 자신의 인생을 두고 생각하는 능력을 갖기에 다른 생명체와는 다르다. 그래서 인간은 생물학이 말하는 그저 생존하기 위한 삶을 넘어서는, 이런저런 인생을 살고 싶다는 요구를 키운다. 장차 살게 될 인생이 훌륭한 것이어야 한다는 요구(아리스토텔레스, 『니코마코스 윤리학』)는 물론 아주 당차다. 동시에 인간을 인간이 아닌 다른 생명체와 결정적으로 구분해주는 요구다.

그런데 대체 그 훌륭한 인생이라는 게 뭘까? 이 물음에는 인생만큼이나 다양한 답이 주어질 수 있다. 어떤 이는 페라리를 사려고 돈을 모을 것이며, 태어날 때부터 페라리를 가진 사람이라면 아마도 자선을 목적으로 팔아치우려고 할 수도 있으리라. 어떤 인생이 언제 '훌륭한 삶'이 되는지는 구체적인 삶을 보지 않고서는 말하기 쉽지 않다. 다만, 한 가지 조건만큼은 꼭 채워야 하리라. 훌륭한 인생을 살고픈 사람이라면 무엇보다도 자신이 무엇을 원하는지를 정확히 알아야 한다. 훌륭한 인생을 살기 위해서는 자신이 무엇에 의지하는지 알아야 한다는 말이다.(슈테머•) 그러나 이것만으로는 충분치 않다. 훌륭한 인생은 무엇을 선택할 것인지 의지를 분명하게 밝히는 것을 넘어서서 구체적인 조건들도 충족시켜야만 한다. 구체적인 훌륭한 인생을 위해 꼭 필요한 조건들 말이다. 이러한 조건들 가운데 중요한 몇 가지만 꼽아본다면, 풍부한 감각적 체험, 견실한 사회적 관계, 스스로 결정할 줄 아는 능력 등이다.(누스바움) 이런 체험을 자신의 인생에서 이룰 수 있는 사람은 스스로 멋진 인생을 살

• Peter Stemmer: 1954~. 독일의 철학자. 실천철학이 주된 관심 분야다.

았다고 자부하리라. 훌륭한 인생을 엮는 실타래는 다른 생명들과 다양하고도 풍성한 접촉을 통해 잣는 것이다. 다시 말해서, 훌륭한 인생은 다른 생명을 배려할 때에만 이루어진다. 각자 자신의 인생을 살지만, 다른 생명을 함께 체험하며 또 체험할 수 있게 해줄 때 비로소 훌륭한 삶이 영글어간다.

관련 항목

고통은 공감을 이끄는 끈 | 기계인가 인간인가 | 몸에 충실한 삶

일상은 경이로운 철학의 시작이다

우리의 일상은 단조로운 잿빛이다. 이론이 대개 회색이듯. 그러나 다른 한편 일상은 다채로운 빛깔의 속내를 가지고 있다. 다양한 이해관계가 충돌하기에 이를 다루는 도덕 이론 역시 다채로울 필요가 있다. 이는 고대 그리스 사람들도 이미 잘 알던 사실이다. 그렇지 않고서야 어떻게 2000년 전에, 어찌해야 성공적인 일상을 이루며 살 수 있을까 하는 고민을 했겠는가? 성공적인 일상, 이것은 어떤 형태로든 성공만 하면 그만이라는 것을 뜻하지 않는다. 성공적 일상은 무엇보다도 도덕적인 의미에서 고결한 것, 훌륭한 일상이어야 한다. 훌륭한 일상이라는 게 뭘까?

이 물음은 우리를 먼저 도덕과 윤리라는 개념으로 안내한다. 도덕을 뜻하는 '모럴moral'이라는 말은 의지, 규정, 법, 풍습 혹은 예절 등을 가리키는 라틴어 '모스mos'(복수형 '모레스mores')에서 유래했다. 반면, 윤리를 뜻하는 '에티크ethik'의 어원은 그리스어 '에토스

ethos'다. 에토스 역시 풍습과 예절을 뜻하기는 하지만, 모스와 달리 습관을 의미하기도 한다. 여기서 습관은 이중의 의미를 갖는다. 그 하나는 묻지도 따지지도 않고 행동의 규범으로 전해져 온다는 뜻이다. 교육을 통해 가치 기준으로 심어진 것이랄까. 또하나는 훌륭하고 선한 행동이 무엇인지 나름대로 통찰해서 습득한 것이다. 아리스토텔레스가 쓴 책의 제목이기도 한 '윤리'는 위에서 말한 두 가지 의미, 즉 습관(e를 짧게 발음하는 에토스)과 풍습(e를 길게 발음하는 에토스)을 포괄한다. 그러니까 에토스는 한 인간의 성격이자 도덕적 성향인 반면, 모스는 명백하게 위에서 내려온 규정이라는 특징을 갖는다. 각설하고 핵심만 이야기하자면 이렇다. 고대 그리스인들이 풍습으로 살아가는 것과 당위성의 도덕이 끊임없이 대화를 주고받는 변증법을 중시했다면, 로마인들은 당위성으로서 도덕만 강조했다. 그러니까 그리스인들은 우리에게 대화를 통해 스스로 깨닫는 통찰을 가르친 반면, 로마인들은 법과 규정을 지킬 것을 강조한 셈이다.

우리의 일상에는 가치와 규범이라는 형태의 도덕이 녹아들어가 있다. 가치와 규범은 다시 습관과 요구로 나타난다. 그러니까 일상은 온통 권리와 의무로 범벅이 되어 있다. 어떤 경우에는 어떤 태도를 보여야 할까의 문제에서부터 남을 해쳐서는 안 되며, 상대방이 인정을 기대하면 어떻게 하는 게 좋은가 등등을 일일이 헤아리고 따져야 한다. 지극히 사소한 일상사에서조차 무수히 많은 도덕 기준들이 살아 꿈틀댄다. 동정심을 가지라고 하며, 정의를 외치고, 약속과 규칙을 지킬 것을 요구한다. 일상을 산다는 것은 곧 도덕 세계를 살아간다는 것을 의미한다. 도덕은 각종 규칙이나 행동지침, 느낌, 전통, 합의 따위의 형태로 우리의 실생활에 녹아들어 있기 때문이다. 우리의 생각 이상으로 일상은 도덕적이며, 도덕은 일상적이다. 그렇다면 일상은 대체 어떤 도덕을 따라야 하는 것일까 하는 물음이 자연스레 고개를 든다.

먼저 도덕적인 관점에서 보자면 일상은 좋은 측면과 나쁜 측면을 동시에 가지고 있다. 항상 누군가와 함께 이루어간다는 점에서 일상은 이른바 공감에 바탕을 두고 있다는 게 좋은 측면이다. 공감은 말 그대로 상식이나 양식sensus communis, common sense에 의지한다. 인간이 어떤 도덕적인 결정을 내려야 할 때 그 방향을 잡아주는 데 중요한 역할을 하는 게 공감이다. 공감은 탐욕스러운 손길에는 거의 그 모습을 드러내지 않는다는 게 그 강점이다. 일체의 사심이 없이 일상의 문제에 접근할 때 비로소 구체적으로 공감할 수 있다. 말 그대로 다른 사람과 더불어 나눌 때 공감이 생겨난다. 공감은 함께 만드는 게 그 핵심으로 어느 날 갑자기 하늘에서 뚝 떨어지는 게 아니다. 그 바탕에는 수많은 전통이 깔려 있으며, 늘 대화와 협의를 거친 새로운 창조가 잇따른다. 이로써 공감은 특별한 형태의 지혜라 할 수 있다. 지금까지의 삶을 반추하면서 어떻게 해야 나 자신의 행복을 이루며, 남의 행복을 키워줄 수 있을지 판단을 내리게 하는 지혜가 곧 공감이다.

공감력을 갖춘 사람은 어떻게 해야 잘 지낼 수 있는지 익히 알고 있다. 공감의 소유자는 어찌해야 좋고도 올바르게 지낼 수 있는지 안다. 아니, 더이상 알려고 하지도 않는다. 일상은 너무도 자명해서 더 힘들여 캐묻지 않아도 되는 깨달음을 베풀기 때문이다. 이런 깨달음을 가진 사람은 혼란한 상황에서도 든든한 자신감을 잃지 않는다. '비엔파이산테 세르티투드bienfaisante certitude', 즉 편안한 확실함(겔렌•)을 보장해주는 게 다져진 공감으로서 양식이다. 사회가 잠식당하고 무너져내리지 않도록 일상의 도덕이 지탱해준다. 복잡하기만 한 현대사회에서도 사회가 결속력을 잃지 않고 방향을 잡아나갈 수 있는 것은 일상의 도덕 덕분이다. 일상은 앎과 실천을 결합해 공동의 장을 펼치며 의미를 길어내는 현장이다.

습관이자 의례이며 충분히 숙지해서 익숙한 행동방식인 일상은 전통을 지키는 데서 즐거움과 보람을 느낀다. 전통을 바라보는 일상의 태도는 막연한 것을 이미 분명히 알고 있는 것으로 존중한다. 일상은 전통이 좋은 것이니 의문을 갖지 말라고 가르친다. 그리고 이렇게 말한다. 조국에 머물러 성실하고 정직하게 살아라! 일상의 관습과 규범이 무엇인지, 왜 그런 게 있어야 하는지 묻지 말고 순종하라는 뜻에서만 이런 말을 하는 게 아니다. 그냥 있는 그대로 받아들이라는 무언의 강제이자 강요다. 그저 주어져 있다는 사실이 그 타당성의 증명이자 증거임을 수용하라고 한다.

사실 일상을 정리해주는 도덕 법칙이라는 게 있기 때문에 사람들은 사회 질서를 당연하게 받아들인다. 많은 문제를 한결 간단하게 만들어주기 때문에 기꺼이 따른다. 누구나 똑같은 도덕적 가치관

• Arnold Gehlen: 1904~76. 독일의 철학자이자 사회학자. 막스 셸러와 함께 철학적 문화인류학을 대표하는 인물이다. 그의 이론은 인간을 결함이 많은 존재로 보는 데서 출발하며, 이를 자각하는 데서 문화의 창조가 시작된다고 보았다.

을 따르게 되면 인간은 서로 많은 오해를 피할 수 있기 때문이다. 의사소통이 물 흐르듯 절로 이루어지고 각자의 행위를 따로 조율할 필요가 없다면, 만족감은 더할 나위 없이 커진다. 이미 같은 도덕관에 따라 행동하기로 합의를 본 마당이니 두말해 무엇할까. 그러나 그렇게 간단한 것만은 아니다. 일상이라는 게 그처럼 매끄럽게 진행되기 위해서는 명문화하지 않은 도덕 법칙을 모든 사회 구성원이 자기 몸의 일부처럼 동화시켜야만 한다. 도덕 법칙을 하나도 남김없이 자기 것으로 소화해낸다는 것은 아주 고통스러운 과정일 수 있다. 완벽한 도덕군자가 된다는 게 어디 쉬운 일인가. 또 완벽한 도덕군자가 되는 게 바람직한 것만도 아니리라. 어쨌거나 도덕 법칙과 일체가 되는 일은 여느 도덕 철학자의 이론적 정당화나 반성적 규범 도출보다 훨씬 더 중요하다. 제아무리 완전무결한 이론일지라도 행동이 따라주지 않으면 무슨 소용인가. 몸으로 실천하는 게 가장 좋은 것이니만큼 규칙과 규범만 앵무새처럼 강조하는 도덕은 목소리를 낮출 일이다. 무엇이 허락된 것이며 뭐가 금지된 것인지, 경우에 따라 어떤 행동을 취해야 하는지는 몸이 '알아야 한다'. 자기도 모르게 도덕을 위반한 사람은, 다시 말해서 양심의 가책을 느끼는 사람은 얼굴부터 붉어지며 진땀을 흘리지 않던가. 그러니까 인간은 일상생활에서 도덕의 근육을 키울 아령을 들어야만 한다. 열심히 운동해 내 몸이 도덕을 자유자재로 구사할 수 있게 만들어야 한다. 그래야 별 의심 없이 받아들인 도덕 법칙을 계속 신뢰할 수 있다. 이렇게 해서 우리는 다소 정도의 차이가 있는 도덕적 삶을 살아간다. 이게 우리네 일반적인 삶의 모습이다. 물론 어째서 인생이 규범과 규칙, 덕성, 가치 등으로 물들어야 하는지 명확하게 깨우친 사람은 찾기 힘들다.

얼핏 보기에 일상은 인간의 탁월한 능력, 즉 자발성과 자유를 부정하는 것만 같다. 그러나 이런 인상은 일상의 도덕 이성이 자신을 관철시키기 위해 구사하는 간교한 지혜를 간파하지 못해 생겨나는 것이다. 도덕 이성의 간지奸智•는 형식을 존중하게 하고 그 존중의 형식을 개인에게 심어줌으로써 각 개인이 그에 걸맞은 도덕을 체득하도록 교육하는 데 숨어 있다. 몸에 심어진 도덕이 자발적인 것이라기보다 타고난 자연이며, 자유라기보다는 불변의 구속처럼 보이는 이유는 여기에 있다. 그러나 자연과 구속의 배면에서는 자유라는 본질을 갖는 이성이 자신을 실현하려는 치밀한 전략을 펼치고 있을 따름이다. 따라서 일상은 도덕의 정상적인 실현과정이다. 거꾸로 말하면, 우리의 진상은 쉼 없이 도덕을 향해 나아간다.

그러나 일상의 양면성은 바로 그 '도덕성을 별로 중시하지 않는다'는 데 있다. 일상은 잿빛으로 물든 지대도 분명 가지고 있다. 이 지대에서는 보통 우리의 도덕적 행동이 움츠러들며, 도덕을 실현하려는 욕구도 위축된다. 여기에서 도덕성은 언제나 평균적인 의미에서의 도덕성을 뜻할 뿐이다. 일상의 도덕은 언제나 숭고한 도덕의 가치와 규범에서 빗겨나는 듯하다. 물론 근엄한 덕목의 목록과 윤리의 포괄적인 명령에 맞서 이따금 일탈을 저지를 수도 있다는 게 일상의 좋은 점이기도 하다. 여기서 현실이란 이론의 삽을 휘게 만드

• 역사를 이성이 자신을 실현하기 위해 구사하는 간지List의 현장이라고 본 헤겔을 염두에 둔 표현이다.

는 단단한 암초랄까. 일상생활에서 우리는 도덕에 거의 신경을 쓰지 않는다. 실타래에서 절로 실이 풀리듯 이뤄지는 게 일상이기 때문이다. 물론 사정이 이렇다보니 일상생활이 도덕적이지 않을 위험은 있다. 인간이 그 도덕적 요구를 스스로 충족하고자 원할 때에만 도덕이 성립된다고 이해되는 탓이다. 도덕의 가치와 규범을 올바로 지키려 하기보다는 남에게 과시하고자 꾸며 보이는 경우가 왕왕 있지 않은가. 봐라, 우리는 도덕에 충실했노라! 이런 식으로 과시하느라 우리는 본연의 자세를 까맣게 잊어버리기 일쑤이다. 세상의 그 어떤 것도 이러저러하게 일상을 꾸며 보이려는 의도를 막을 수는 없어서다. 일상에 달리 도덕적 위선의 위험이 숨어 있는 게 아니다. 도덕적 일상은 도덕의 분칠과 하식으로 얼마든지 어긋날 수 있다. 이로써 사람들은 자신을 잘 팔아먹을 수 있다고 여긴다.

도덕을 별로 중요시하지 않는 태도는 현실을 향해 이중의 벽을 쌓는다. 우선 극한 상황이 요구하는 도덕을 거부한다. 일상의 평균 도덕 감각을 가진 사람은 "나는 영웅이 아니다!" 하고 외친다. 더 나아가 일체의 비정상적인 것, 정상에서 벗어나는 것을 혐오한다. 그러니까 영웅이 아닌 나는 정신이 어떻게 된 미치광이도 아니다! 나는 그저 보통 사람일 뿐이라고 우리의 평균적인 도덕 감각은 주장한다. 거꾸로 니체의 영향을 강하게 받아 허무함 때문에 극단적인 행동을 일삼는 사람일지라도 미치지는 않으리라 다짐한다. 일상인은 미쳐 죽지는 않겠노라고 스스로 나직하게 되뇔 따름이다. 그저 평범하게 평소의 습관대로 살겠노라고 속삭인다. 두려운 나머지 그저 소박하게 살지언정, 미치지는 않으리라 고집한다. 그러니까 여기서 도덕이냐 비도덕이냐를 가름하는 비판의 잣대로 기능하는 게 일상이다. 일상은 좋고 나쁨을 떠나 자신이 언제나 올바른 쪽에 서 있다고 생각한다. 물론 여기서 일상을 살아가는 생활인은 여러 가지 조건들을 들이댄다. 우선, 언제 어디서나 들어맞는 보편타당한 도덕이라는 게 실재한다고 믿는다(정말 그런 게 있는지는 충분히 의심해볼 만한 문제다). 이 보편타당한 도덕은 특수한, 다시 말해 비정상적인 경우에 적용되는 도덕과 구별된다는 조건이 그 첫번째다. 그러니까 나는 누구나 지키는 보편 도덕만 따를 뿐, 비정상의 도덕까지 감수하지는 않겠다는 주장이다. 둘째, 평균 도덕을 갖는 보통 사람은 정상에서 벗어나는 '유별난 괴짜'를 특별한 방식으로 다뤄야만 한다고 생각한다. 이런 도덕관은 무엇보다도 앞뒤 가리지 않고 '배제한다'는 게 그 특징이다. 가리고 숨기며, 나가라고 하고 쫓아내며 지워버린다. 아예 어딘가 가두어버리거나 뿌리를 뽑으려 든다. 이로써 확인되는 일상 도덕의 세번째 측면은 배타성이다. 다른 어떤 것도 옆에 두지 않으려 드는 총체적인 배타성이다. 자기만 아는 배타성, 이게 곧 일상 도덕의 또다른 특성이다.

일상은 배타성 못지않게 현실적이나 도덕적인 이유에서 의혹의 여지가 많다. 우리는 일상의 지루함 혹은 그 고집스러운 틀에 박힘, 영원히 되풀이되는 똑같은 면모에 괴로워하지 않는가? 인생에 있어 최악의 순간을 두고 우리는 일상이라고 욕하지 않았던가? 일상에 갇혀 지내는 생활을 사소함과 진부함의 늪에 빠져 지내는 것이라고 부르곤 하지 않았는가? 여기서 분명해지듯 일상은 시간을 다루는 특정한 방식 내지는 경험을 뜻하기도 한다. 나의 시간뿐만 아니라 남의 시간을 두고도 우리는 일상이라는 표현을 써왔다. 이런 의미에서의 일상은 일상이라는 개념이 아직 존재하지 않았던 1760년 이전으로 눈길을 되돌려볼 때 가장 잘 알 수 있다.• 이후 일상이라는 단어는 새로운 시간 경험과 시간 도덕을 나타내는 것으로 자리 잡았다. 이때부터 사람들은 시간을 정확히 지켜야만 했다. 결코 시간을 허비해서는 안 되었다. 근무시간과 여가시간을 엄격하게 구별했으며, 하루를 시계로 측정했고, 다른 사람들까지 시간의 독재에서 벗어나지 않도록 감시했다. 돌연 모든 사람에게 적용되는 유일한 시간이 생겨났달까. 마치 한 사람의 모든 행동을 포괄하는 유일한 시간 단위가 있기라도 한 것처럼. '프로테스탄트 윤리'(베버)는 시간이란 지상에서 얻을 수 있는 (천상의) 돈이라는 의식을 기준으로 발달한 것이다. 18세기에 들어서자 자기절제 및 관리라는 게 도덕의 중요한 덕목으로 떠올랐다. 늘 자신의 모습을 되돌아보며 계획을 통해 시간을 아끼는 철저한 자세를 중시하는 태도는 20세기 말까지도 그 효력을 조금도 잃지 않았다. "네 인생을, 시간을 철저히 지켜가며 정확하게 살아라!"

시간을 아끼는 이 새로운 도덕관의 목표는 시간을 최대한 집중적으로 활용하는 것이다. 갈수록 시간을 작은 단위로 끊어가며 최선을 다해 능력을 좀더 좋게 키우고 가꾸는 데 조금도 소홀함이 없으려고 안간힘을 쓰려 한다. 이로써 개인을 완벽하게 다듬을 뿐 아

• 여기서 1760년이라는 연도는 존 해리슨이 해상용 크로노미터를 발명한 1759년을 염두에 둔 표현이다.

니라 인류의 온전한 발달에 기여하고자 했다. '시간이라는 소법정'(푸코)은 이제 시간의 최대한 활용을 중시하면서 일체의 지각, 결석, 시간 낭비 등을 꼼꼼하게 감시하고 제재한다. "늦는 자여, 일상이 너를 처벌하리라." 일상은 이제 저 고대 그리스 철학자 아낙시만드로스•가 2000년 전에 이미 부여했던 형식을 얻었기 때문이다. 이로써 마침내 우리 생명체는 시간의 질서에 맞춰 일상을 정리정돈할 수 있게 되었다. 이제 일상을 다스리는 도덕적 기준은 시간이다. 시간을 정확히 지키기로 유명했던 칸트는 도덕 기준으로서 시간을 다음과 같이 표현했다. "언제라도 정언명법이 네 삶의 기준이 되도록 행동하라." 그러니까 정언적 명령이 우리의 도덕적 일상이 되어야 한다. 이로써 도덕은 우리의 일상이 된다. 그럴 때에만 우리의 생각과 행동에 끼어드는 일체의 자의성, 제멋대로 하려는 충동을 누를 수 있다. 혼돈과 혼란 때문에 두려워하는 공포는 이성의 명령을 따르는 자신의 충실함으로 극복될 수 있다.

물론 일상이 깨지고 비틀리는 경험을 할 때는 심각한 문제가 발생한다. 의학의 관점에서 내린 진단은 이렇다. 인간이 병들었다. 습관처럼 자연스러운 도덕의 네트워크 안에서 살아가는 한, 도덕이 몸에 익은 옷처럼 편안해서 움직이는 게 조금도 불편하지 않은 한, 문제는 생겨나지 않으리라. 그러나 일상이 갖는 도덕적 의미가 무엇인지 심각하게 물음을 던지는 사람이 있다면, 의학의 경우와 마찬가

• 만물의 근원을 무한자apeiron라고 본 고대 그리스 철학자. 시각 계측의 정확도를 획기적으로 높인 해시계를 최초로 발명하여, 계량화된 시간을 일상에서 사용할 수 있게 했다.

지로 우리는 이 사람을 병든 것으로 진단해야 한다. 도덕적으로 좌절을 맛본 사람이라고나 할까. 도덕이 의문스럽다면, 이는 곧 자신과 세상 사이의 관계가 비틀어지고 깨진 것으로 인식해야 하기 때문이다. 이런 경우 도덕이 자연스럽기만 했던 일상은 무너져버린다. 일단 제기된 도덕적 물음은 풀 방법이 거의 없는 것처럼 보인다. 발을 디디고 설 기반이 사라져버렸기 때문이다. 일단 흔들리기 시작한 도덕은 언제나 다시금 의혹의 대상이 될 따름이다. 돌아오는 것은 배신과 환멸뿐인데, 왜 나만 믿음을 지켜야 할까? 이런 물음을 자신에게든 남에게든 던진다는 것은 세상과 나의 관계가 뿌리째 흔들림을 뜻한다. 지금껏 당연하게 여겨왔던 게 무거운 짐으로 가슴을 짓누른다. 포기하고픈 강렬한 유혹에 사로잡힌다. 버팀목을 잃은 바닥이 사정없이 흔들린다. 지금껏 너무도 당연하게만 여겨왔기에 더 당혹스럽기만 하다. 사실 일상의 의미를 반추해야 하는 반성은 언제나 뒤늦게 찾아온다. 일이 벌어지고 나서야 의문이 고개를 드는 탓에 풀 길은 막막하기만 하다. 그러나 그래도 내가 바라보는 세상과, 나를 받아들여주는 세상 사이의 불일치에 어떻게든 대응을 해야만 한다. 일상의 도덕이 깨지고 갈라지면서 생겨난 균열은 원칙적으로 해결할 수 없는 물음을 낳지만, 그래도 우리 인간은 이런 물음을 두고 어떤 쪽으로든 결단을 내려야만 한다.

이런 곤란한 사정을 더욱 어렵게 만드는 것은 생각이다. 우리는 흔히 일상을 행동으로 이해하기 때문에, 생각은 일상을 끊어놓고 멈추게 하며 심지어는 마비시킨다. 모든 기존의 가치를 문제시하고 마비시킨다는 점에서만 생각이 위험한 게 아니다. 무엇보다도 우리로 하여금 다른 세계를 꿈꾸고 그곳으로 들어가게 하기에 특히 위험하다. 그래서 폴 발레리는 짧고도 건조하게 이렇게 말한 게 아닐까. "나는 때로는 존재하며, 시시때때로 생각 속에서 살아간다." 우리는 생각하는 동안 살아 있는 사람들과 더불어 있는 게 아니다. 어쨌거나 일상인과 어깨를 나란히 하지는 않는다.

그렇지만 일상적인 것, 익숙한 것을 문제로 여길 때 경이로운 철학이 시작된다. 무엇이 세계를 그 가장 깊숙한 내면에서부터 지탱하는가를 밝혀주는 것은 생각함으로서의 철학이기 때문이다. 생각의 결과물인 '이론'은 이렇게 볼 때 일종의 정신적 활동의 산물이라기보다는 특별한 방식의 정신적 존재가 빚어낸 것이라 하겠다. 활동을 멈추고 거리를 두고 바라보는 것, 이게 바로 생각이기 때문이다. 정신적 존재는 생각해볼 가치가 있는 일에 자신을 맡기고 더불어 산다. 생각을 하며 이론을 가다듬는 것, 이는 곧 인생에 있어 신이 벌이는 축제에 참가해 즐기는 것과 같다. 이것이 고대가 바라본 이론의 의미다. 그러나 최근 들어 이론은 그 다채로운 색깔을 잃고 잿빛으로 변하고 말았다. 이제 우리는 일상을 아끼고 사랑하는 마음으로 이론에 다시금 도덕적 삶의 숨결을 불어넣어줘야 하지 않을까.

관련 도서

낭비, 돈과 시간을 놓아버려라 | 몸에 충실한 삶 | 인생이라는 실타래

잇속은 존중에서 비롯된다

좀 솔직해보자. 정말 당신은 잇속 따위는 아무래도 좋다고 말할 수 있는가? 그렇지 않으리라. 윤리학이라는 것도 기실 따지고 보면 점잖게 실속 차리자는 일종의 게임 규칙 같은 게 아닐까? 아니라고? 그렇다면 어디 한번 윤리와 잇속은 전혀 다르다는 주장을 증명해보라. 쉽지 않으리라. 이익 추구는 맑은 정신으로 생각하는 사람이라면 너무도 지당한 일이어서, 인생에 그거 말고 다른 게 뭐가 또 있느냐고 반문할 게 틀림없다. 이익 추구가 지나치게 과열되어 인간이 서로 굶주린 늑대처럼 물어뜯는 것을 막으려고 그럴싸한 구실을 찾는 윤리학을 잘 들여다보라. 윤리학의 노력에서조차 사심을 완전히 벗어던지는 희생과 헌신의 흔적은 찾기 힘들다. 물론 사익만 취하는 일에는 도덕적 추궁을 받아 마땅한 구석이 적지 않다. 심한 경우에는 형사 처분의 대상이 되기도 한다.(『독일형법전』 제331조) 사정이 이렇다보니 상대방에게 '자신의 이해관계에 충실하시군요!'

했다가는 명예훼손으로 고소당할 위험까지 감수해야 한다. 하지만 자신의 이익을 인정하고 지켜달라는 것, 즉 자신에게 유리한 쪽으로 상황을 이끌어가는 것은 인간으로서의 욕구를 주목해달라는 표현일 뿐이지 않을까. 당장 '나도 내 걸 챙겨야 하는 인간이야!' 하는 반론이 튀어나오리라. 바로 그렇기에 상대방의 욕구를 무시하면 안 된다. 상대의 욕구를 인간적인 것으로 인정해줄 때, 내 것도 인간적인 대접을 받을 것이기 때문이다. 성경에서 말하는 사랑의 율법(『마가복음』 12장 31절)•에서 '네 몸같이' 이웃을 사랑하라고 요구하는 것은 바로 이런 이치의 표현이리라. 하기야 자신이 누리는 것보다 더 큰 이익을 왜 남에게 양보하겠는가? 아무려나 자신의 이익을 추구한다는 것은 피안이라는 약속의 땅에서든, 계산만 난무하는 현세에서든, 언제 어디서나 최고 권위가 내리는 축복을 누린다. 그것도 정당하고도 충분한 근거로 말이다.(베버)

글로벌 경제체제의 강점은 말로는 글로벌을 표방할지라도, 이처럼 사익 추구에 그 바탕을 두는 데 있다. 정치 체제의 안정 역시 거래와 교역의 틀을 마련해 이익 추구가 이뤄질 때 가능하다. 종이에 인쇄한 정식 계약서든, 악수 혹은 박수갈채로 추인을 받는 것이든, 모든 계약은 언제나 이득을 볼 것이라는 기대로 맺어지며, 또 그래서 지켜진다. 그러므로 저마다 고유한 이익을 챙긴다 함은 작든 크든 사회관계를 잇는 접착제와 같다. 심지어 이 접착제 역할을 고유한 직업으로 택한 사람들마저 있다. 상인이 바로 그들이다. 생산

• 이 성경 구절은 다음과 같다. "네 이웃을 네 몸같이 사랑하여라."

보다 상업이 더 중요하게 부각되는 현대 경제 세계를 쥐고 흔드는 권력은, 근대 초 손으로 물건을 만들어내는 수공업자들을 손아귀에 넣은 장사치에게서 비롯되었다.(브로드베크*) 과거 장사치라며 다소 홀대받았던 상인 계층은 오늘날 눈부신 경제적 성공과 함께 사회적 우러름까지 받는 직업군으로 훌쩍 성장했다. 뭘 취급하든 돈을 잘 버는데다가 귀족에게나 쓰던 '합리적'이라는 수식어까지 누릴 수 있게 되자, 이제 사람들은 앞다투어 장사꾼의 사고방식을 익히려 안달을 하는 실정이다. 자신의 이익을 돌덩이 보듯 무시하는 것은 비합리적인 태도를 단적으로 증명하는 일이기에 생활 전반에 걸쳐 대대적인 변화의 바람이 몰아쳤다. 장사를 업으로 하는 여자 혹은 남자만이 아니라 아내나 여자친구, 남편이나 남자친구도 저마다 자신의 이익만을 염두에 두고, 인간관계에서의 득실을 수학 못지않게 치밀하게 계산하기에 이르렀다. 그래서 새로 사람을 알게 될 때마다 대개 '저 사람이 어떤 식으로 나에게 이득을 가져다줄까?' 하는 의문을 맨 먼저 품는다. 곰곰이 뜯어보며 계산기를 두들겨본 결과 "가져다줄 게 많지 않다는 확신이 드는 순간, 그 사람은 아무것도 아니다. 즉, 없는 사람이다".(쇼펜하우어) 그런 태도를 두고 왜 고상하지 못한 짓이라고 비난해야 하는지, 그 이유를 적시하기란 쉽지 않다. 다른 누구도 아닌 우리 자신이 세상을 그렇게 만들어놓았기 때문이다. 전방위에서 이득을 취해야 전설적인 부를 축적할 수 있다고 다짐해

* Karl-Heinz Brodbeck: 1948~. 독일의 철학자이자 창의성 연구가, 경제학자. 이른바 '경제윤리학'에서 선구적 업적을 남겼다.

온 우리가 아니던가. 인류의 이런 꿈을 충족시켜주는 게 뭐가 나쁜가? 아무것도 나쁠 게 없다면, 재산 증식의 성공적인 방식을 인간관계의 영역에 적용한다고 해서 왜 좋지 못한 일이 되는가?

이제 우리는 가치를 평가하고 판단하는 영역의 한복판에 들어섰다. 행동의 규범을 고민해보고 이러저러한 것을 금지하는 일은 윤리학, 그러니까 이해관계에서 자유로워야 하는 윤리학의 소임이다. 윤리학이 잇속을 챙길 리 없지 않은가. 설혹 이득을 염두에 둔다 해도, 그것은 모두를 위한 것이어야 한다. 그럼에도 윤리학의 이런 고결한 자기관점 역시 허락받지 않고 무단으로 이득을 취한 것은 아닐까 하는 짙은 혐의가 고개를 든다. 윤리학은 쌍방이 권리와 의무를 주장하는 가운데 서서, 양쪽에서 자신에게 유리한 점만을 취해 판단하니 말이다. 시비가 붙은 당사자 모두를 유리하게 해주겠다며 게임의 심판을 보고 뒷주머니를 채우는 일은 아주 영리한 짓이다. 그러나 이런 혐의는 윤리학과 별 관계가 없다.(투겐타트) 윤리학은 이득을 취하려는 게 아니라, 이해관계의 조정에만 관심을 갖기 때문이다. 윤리학은 뒷돈이나 챙기는 부정한 심판이 아니라 공정한 심판이다. 사람들이 윤리학의 개입을 문제되지 않는다고 받아들이는 이유가 여기에 있다. 또 윤리학도 이득을 취하는 것 자체로 뭐라고 하지는 않는다. 다만, 너무 지나쳐 한계를 넘어버릴 때에만 비난의 회초리를 든다. 그럼 지나침의 척도는 누가 정할까? 지나침이 발생했을 땐 다수의 의견에 따라 이해가 조정되면서 문제가 해결되기 마련인데, 이게 곧 척도라 할 수 있다. 민주사회를 살아가는 우리로서는 척도의 이런 자정능력에 기댈 수밖에 없다.

그러나 윤리학이 다수결이라는 원칙에 의해 좌우된다면, 뭐가 진짜 좋은 것인가 하는 물음에 대한 대답은 지난한 문제가 되고 만다. 다수가 원한다고 해서 반드시 좋은 것이라고 할 수는 없기 때문이다. 이렇게 되면 이득을 취한다는 것은 사회의 통념에 따라 정당성을 가늠할 수밖에 없다. 앞서 허락되지 않은 부당한 이득 추구를 언급한 바 있는데, 이럴 때 대처 방법은 검사를 부르거나 도의적 양심에 호소하는 것이리라. 그러니까 누군가 거짓말로 사기를 쳤다거나, 우리의 미적 취향이 섬세하고 까다로운 탓에 그냥 넘어갈 수 없다거나 하는 차원에서 문제를 다뤄야 한다. 정직하지 못한 경우는 시장을 마음껏 주무르다가 그 가격의 부당성이 우연히 발각될 때까지 지속된다. 이윤 추구를 최우선의 가치로 삼는 자본주의 사회가 빠질 수밖에 없는 함정이다. 터무니없이 가격을 부풀려놔도 통제할 방법이 없기 때문이다. 묘한 것은 거품이 클수록 눈이 뒤집혀 미쳐 돌아가는 무리가 많다는 사실이다. 한탕과 대박을 노리는 어리석음이 눈과 귀를 닫게 만들기 때문이다. 결국 막대한 물질적, 정신적 피해를 보고 나서야 가슴을 치지만, 이미 사기꾼은 산 넘고 물 건넌 다음이다. 요행히 잡는다고 해도 피해는 보상받지 못하는 경우가 태반이다. 미적 취향이 불평과 불만을 터뜨리는 경우도 크게 다르지 않다. 이득과 손해가 참 애매하게 얽혀 돌아가기 때문에 깔끔한 해결을 기대하기란 무망하다. 게다가 취향의 문제를 놓고 법에 호소할 수는 없지 않은가. 추한 상황에 빠진 자신이 한심하고 꼴도 보기 싫지만, 달리 뾰족한 수가 없다. 어느 한쪽만 이득을 보고 마는 게 아니라, 모두가 함께 이익을 나누는 그림이 아름답다고 강변해보지만 돌아오는 것은 헛기침뿐이다. 감히 누가 나는 그런 아름다운 그림을 알아볼 천사의 눈을 가지고 있다고 나설 것인가? 물론 사태가 아주 절망적인 것만은 아니다. 칸트가 확인했듯, 악마들과도 국가를 이룰 수 있다지 않던가! 하물며 인간끼리 더 나은 사회를 건설하지 못할까?

개인이 희망하는 정당한 이득이 곧 누군가에게 피해가 되지 않으려면, 항상 무엇이 다른 사람에게 보탬이 되는지 살펴야 한다. 그러나 이런 깨달음은 행동이 따르지 않으면 아무 소용이 없다. 이런 결정적인 점이 간과되고 마는 이유는 간단하다. 인간에겐 자기 이익부터 따지며 편한 쪽으로만 행동하는 습성이 있기 때문이다. 잘못한 줄 알면서도 어지간해서는 머리를 숙이려 들지 않는다. 인간적인, 너무나도 인간적인 습성과 관성이 우리의 발목을 잡는달까. 또 전체 기상도 뒤로 슬쩍 숨어버리기도 한다. 요즘 세상이 다 그런 거지 뭐 하며 말꼬리를 삼키거나, 왜 나만 가지고 그러냐고 외려 대들기도 한다. 그리고 이득의 문제를 쌍방의 관계에 국한시키지 않고, 교환법칙이라는 해묵은 원리까지 끌어다 붙인다. 이 논리에 따르면 교환할 게 아무것도 없는 사람은 무가치한 사람, 곧 없는 사람이다. 경제를 꽃피운 게 교환법칙이기는 하지만, 경제가 아닌 문제에까지 교환법칙을 들이댄다면, 지독할 정도로 단단한 이득만 남을 뿐이다. 피가 돌지 않는 냉혹함으로 물질에만 혈안이 된 인간…… 오로지 물질의 논리에 눈이 먼 사람은 대답한다. 인간답게 잘살고 싶어서라고? 그러나 피가 도는 따뜻하고 여린 이득은 교환의 법칙이 지배하지 않는 곳에서만 찾아볼 수 있다. 여기서 인간은 시장의 경쟁자가 아니며, 계약 당사자의 얼굴을 하지 않는다. 오로지 순수하게 서로의 온기를 나누며 함께 손을 맞잡고 세상을 헤쳐나갈 진정한 반려자를 향한 갈망과 욕구가 있을 따름이다. 서로 먼저 배려하고 보듬는 관계에서 인간은 가장 강한 힘을 얻는다. 나누기에 슬픔은 사라지며, 기쁨은 몇 곱절로 늘어나는 놀라운 기적은 인간의 가장 내밀한 소망이다.

여기서 벌써 분명하게 드러나듯, 이런 소망을 성취한다는 일은 많은 정성을 요구한다. 우선, 개인적 이기심의 최대화가 시장의 보이지 않는 손에 조절되어 만인을 위해 두루 보탬이 되는 쪽으로 작용할 것이라는 생각부터 깨끗이 버려야 한다. 이득만 취할 수 있다면야 까짓 부정쯤이야 대수냐는 식으로 남을 배려하지 않고 잔혹하게 구는 것을 공감과 동정을 나누는 자세보다 더 우위로 치는 몰염치는 완전히 떨쳐야 한다. 파렴치한 인생은 죽을 때 후회만 남긴다. 돌이킬 수 없이 끝장나는 비루한 인생을 살 수야 없지 않은가. 시장이라는 한 가지 요소에만 인생 전체를 걸지 마라. 생각하며 사는 인생은 모든 요소를 두루 보듬을 줄 알아야 한다. 시장의 가치만 따지기보다는 인간의 인간다움부터 회복해야 한다. 물론 인간다움의 면모는 워낙 다채로워서 일일이 열거하기 힘들지만, 확실한 공통점만큼은 있다. 인간은 서로 의지해야만 하는 존재라는 것, 그리고 관계의 양쪽 모두 상처받기 쉬운 존재라는 것, 이게 바로 그 공통점이다.(매킨타이어) 이런 깨달음에 맞춰 행동하는 데 성공한다면, 우리는 어느 쪽에도 해를 끼치지 않고 이익을 창출할 수 있다. "배려하라!" 이것이 존중의 윤리가 우리에게 선사하는 권고다.(콘라디) 이로써 동그라미와 사각형이 함께 어울리는 기적의 역사가 일어난다. 이는 우리 모두의 잇속이자 실속이다.

관련 항목

권리를 주장하는 일 | 이기주의자로 살아가기 | 패거리라는 이름의 윤리적 난민

잔혹함, 관심의 가뭄

윈스턴 스미스•는 101호 방에 있었다. 창문도 없는 방은 지하 깊숙한 곳에 있다. 콱 막힌 공간에 갇힌 그는 "세상에서 벌어질 수 있는 가장 끔찍한 일"을 꼼짝도 못하고 기다려야 했다. 윈스턴 스미스가 자다가도 벌떡 일어날 정도로 두려워하는 것은 쥐다. 고문 기술자 오브라이언은 스미스의 코앞에 쥐를 넣어둔 철망 우리를 놓아두었다. 오브라이언이 우리 문을 여는 순간, 쥐는 스미스의 얼굴을 향해 뛰어오르리라. 살점을 뜯어먹는 쥐새끼가 무슨 일을 벌일지는 불 보듯 환하다. 이러한 잔혹함은 어떤 종류의 것이든 고통은 죽을 때까지 참아낼 수 있으나, 개인적으로 견디기 힘든 모멸감만큼은 절대 이겨낼 수 없다는 교훈을 준다. 여기서 저항해봐야 아무런 소용이 없다. 고문의 목적은 그 어떤 정보를 쥐어짠다거나 자백을 강요

• 조지 오웰의 『1984』에 등장하는 인물. 오웰의 참전 경험이 이 인물에 투영되어 있다.

하는 게 아니다. 인간이 자신을 완전히 포기하고 권력에 처절하게 굴복할 수 있음을 증명하는 것이다. 가장 두려워하는 것으로 그 의지를 꺾어버림으로써 인간은 아무것도 아닌 껍데기로 전락해버린다. 그것도 속속들이. 공포와 고통이라는 건반을 두들김으로써 희생자는 조종하는 대로 노래를 부르는 '도구'가 되어버린다. 이제 그에게 남은 것은 없다. "'지금 너에게 일어난 일은 앞으로도 영원히 계속될 거야.' 오브라이언은 이렇게 이죽거렸다."(오웰) 한때 인격체였던 희생자는 이제 짐승만도 못한 퇴물이자, 엄밀한 의미에서 더이상 죽을 수도 없는 그저 헛것일 따름이다. 반면, 고문 기술자 또는 정치권력을 행사하는 국가기관은 생사를 결정지을 힘을 손에 쥐고 신이라도 된 양 으스댄다. 연출된 불멸의 존재가 꼬나쥔 무기는 잔혹함이다.

잔혹함이 무엇인지 몸소 체험하고 싶다거나 배우고자 한다면, '신'과도 같은 위세를 자랑하는 마르키 드 사드를 스승으로 삼아야 하리라. 사드는 잔혹함이 무엇인지 가장 잘 보여주는 인물이다. 그의 작품을 제외하고는 그 어디에서도 잔혹함의 기계적인 작동, 기능, 기술 및 변형을 찾을 수 없을 지경이다. 말 그대로 뭐가 문제인지 적나라하게 까발린다. 무릎 꿇은 먹잇감을 바라보는 가학적 고문 기술자의 눈에서는 "음탕과 호색을 발산하는 거의 모든 마법이 이글거린다".(사드) 잔혹함을 그 대척점인 애욕에 빗댐으로써 자못 시적인 경지로 승화시키는 사드의 기술은 사악함의 정점을 찍는다. 피해자가 고통에 떨며 죽어가는 것을 음미하는 살인 행위, 제철을 만난 들꽃처럼 만개하는 온갖 고문 방법과 수단에 관한 상상, 피가 튀고 살

점이 떨어져나가는 참상을 즉흥적으로 연출하고 즐기는 일 따위는 오로지 하나의 목적을 위함이다. 이는 곧 자위와 자족으로서 잔혹함이다. 우선 맞춤한 고문 수단을 골라잡아야 한다. 가장 좋은 방법은 피해자의 인간다운 존엄을 철저히 짓밟는 것이다. 어떤 경우에도 일말의 연민을 보여서는 안 된다. 몇 차례 실전 연습을 통해 야수의 심리를 익혀둔다면 더욱 좋다. 이제 남은 일은 졸업시험을 치르는 것뿐이다. 그동안 갈고닦은 잔혹함의 기술을 완성할 걸작이 필요하다. 잔혹을 더욱 재미있게 즐기기 위해서는 젊고 잘생긴 선남선녀를 먹잇감으로 고르는 게 좋다. 아름다움을 짓밟는 쾌감이 쏠쏠할 뿐만 아니라, 가장 상태가 좋은 몸을 주무르기에 오랜 호흡으로 놀이를 즐기는 맛이 일품이다.

잔인함과 잔혹함으로 화려하고 풍부하게 수놓아진 역사를 볼 때 악의 대가大家의 고문기술은 이미 최첨단 수준을 자랑한다. 이미 사드의 수준을 훨씬 능가하는 이 악마는 구타와 불장난이라는 고전적인 방법에서부터 손가락을 자르고 손톱을 뽑으며 다리 사이에 각목을 넣어 비트는 중세적 기술을 거쳐, 격리와 수면박탈이라는 현대의 심리학에서 수입한 방법과 배설물 주입이나 전기충격까지 정말 다양하고 풍성한 레퍼토리로 무장하고 있다. 이제 남은 일은 될 수 있는 한, 한갓진 장소, 아니 밀폐된 장소를 골라 오랫동안 오롯한 향연의 초연을 만끽하는 것이다. 이 세상에서 둘도 없는 일이자, 똑같이 되풀이되지 않을 것이기에 이는 그 어떤 초연보다 흥미진진하다. 고대 로마의 검투사 싸움에서부터 사드의 흉건한 방종과 너절한 오르가슴을 거쳐 현대의 강제수용소에 이르기까지 '잔혹함의 극장'

(아르토*)은 언제나 문전성시를 이뤘다. 그리고 이 극장은 이중의 의미에서 유혹의 손길을 뻗는다. 화려한 시각과 청각 효과와, 사람의 목숨을 좌지우지하는 신비한 마법의 분위기로 사람들은 얼이 나간다. 그리고 폭력이라는 수단으로 극한이라는 경계를 늘 새롭게 밀고 나가며 도덕의식이라는 댐을 허물고 넘어간다. 결국 잔혹함에 이끌려 얼이 나가고 끝내 한계를 넘는 유혹을 처절하게 맛보는 것이다. 여기에 잔혹한 행위는 그야말로 안성맞춤이다. 무엇보다도 잔혹함은 일종의 변형이자 변신인 탓이다. 잔인한 폭력을 휘두르며 이빨을 드러내고 웃는 가해자 앞에서 인간은 물건이 되고, 그 육신은 고깃덩어리로 변할 뿐이다.

잔혹함이 중점적으로 노리는 것은 몸통이다. 사지가 끊어져 나가는 아픔과 모멸감을 안기며 어디까지 참을 수 있는지 그 한계를 시험한다. 잔혹함이 극한에 이른 상황에서 언제까지 의젓하게 행동할 수 있을까 하는 물음처럼 가소로운 것은 없다. 잔혹한 상황은 거짓말을 하지 않는다. 이럴 수 있나 싶을 정도로 어이없고 간단하다. 장기를 비틀어대고 사지를 찢어놓으며 몸의 구멍이란 구멍에 남김없이 뭔가 끼워넣어 뭐가 어떻게 다른지 구별하는 일조차 사치가 된다. 무슨 말이 필요 없는 탓에 일체의 의미가 와르르 무너져내린다. 그래서 철학은 무차별성이 똬리를 틀고 있는 잔혹함에 주목한다. 여기서는 형이하학과 형이상학이 뒤엉켜 돌아간다. 모든 게 동어반복

• Antonin Artaud: 1896~1948. 프랑스의 배우이자 연출가. 초현실주의 연극운동에 적극적이었으며, 잔혹 이론을 내세워 훗날 전위극에 커다란 영향을 주었다.

일 뿐이다. 고통은 고통이며, 고통을 가하는 쾌락은 고통을 가하는 쾌락이다. 그 이상도 이하도 아니다. 비명은 뒤틀리는 아픔이며, 고문은 고문이다. 잔혹함의 세상은 몸이 아파하며 느끼고 생각하는 피상적이고 유물론적인 세계이다. 여기서는 모든 게 깔끔하게 정리된다. 어디서 어떤 반응을 보일지 정확히 계산한 기술이 솜씨를 자랑하며, 무자비하고 단호한 가학적 탐욕이 침을 질질 흘린다. 무엇보다도 끝없이 이어질 것만 같은 고통이 지배한다. 죽음으로 들어서는 경계선이 끊임없이 조금씩 밀려나는 탓에 죽고 싶다는 마음마저 얼굴을 감싸쥐고 나가떨어진다. 잔혹함은 계속해서 죽음을 덧칠하는 일이다. 벌써 죽었어야 마땅할 목숨으로 간신히 숨만 이어지는 비굴한 생존의 현재를 연출함으로써 고통의 바다에서 허우적거리게 할 따름이다. 회의와 좌절과 절망을 철저히 강요하는 이런 체계적인 시나리오에서, 인간은 더이상 살 수 없으면서도 죽음도 허락되지 않는 상황을 경험한다. 얼빠진 희생자는 세계에서 내몰린 채 시간도 공간도 없는 무한 고통 속에 갇혀 창도 없는 모나드•로 전락하고 만다. 이때 모나드의 유일한 존재 의미는 고문 기술자의 손아귀에 속수무책으로 자신의 운명을 맡겨버리는 데 있다. 잔혹함은 한쪽의 삶이 곧 다른 쪽의 죽음이라는 간명하고도 살인적인 법칙을 갖기 때문이다. 바로 지금 여기에서. 우주의 이치는 피도 눈물도 없는 무자비함으로 자신을 관철한다. 여기에서 필요한 것은 의식이다. 의식은 공

• Monad: 단자라고도 한다. 라이프니츠가 쓴 개념으로 넓이나 형체를 가지고 있지 않으며, 무엇으로도 나눌 수 없는 궁극적인 실체를 말한다. 모든 개인은 모나드인데, 그럼에도 세계가 이뤄질 수 있는 것은 모나드가 창문을 갖기 때문이라고 보았다.

포의 분위기를 체감하며, 잔혹함이 몰고 올 결과를 예측하기 때문이다. 이런 의식을 통해 가해자가 피해자의 입장에 서보는 국면의 전환이 지속적으로 이뤄질 수 있다. 의식은 죽음의 메시지를 중개해주면서 몸에 위해를 가하는 일의 무서움을 일깨운다.

"인간이 인간을 죽이는 것을 분노하지도 않고 두려워하지도 않으며 지켜본다는 것"(세네카)은 고대 사회에서도 이미 절정에 달한 잔혹함이라고 여겼다. 이 절정은 타인의 고통을 보고 즐기며 낄낄댈 뿐만 아니라, 착취와 강압을 위해 태연자약하게 이뤄진다는 점에서 다시금 그 위용을 자랑한다. 사드와 같은 이들에게는 사악함이 그저 권력을 행사하며 상대를 좌지우지하는 감정의 '자기만족'이었다면, 반대로 사건 이후 몇 번이고 당시를 떠올리며 그 전능했던 권력을 음미하는 가해자의 심리는 단순한 자기만족을 넘어서서 나르시시스트의 자기도취라는 기벽까지 감추고 있다. 정말 오싹한 일이다. 그러나 절대적인 절정은 잔혹하기 위하여 잔혹하게 구는 것이다. '카우자 에피시엔스causa efficiens', 즉 작용 원인이 곧 '카우자 피날리스causa finalis', 즉 목적 원인이 되는 잔혹함, 왜 하느냐고 물었더니 그냥이라고 대답하는 뻔뻔함은 우리를 뼛속까지 경악하게 만든다.• 여기서 폭력은 격정의 분출이자 변태적인 음탕함을 즐기는 추악함이며 고통받는 희생자를 보고 낄낄대는 성격 파탄인 동시에 무절제를 무슨 의식이라도 치르듯 과시하는 진부함이다. 이런 잔혹한 고문

• 여기서 작용 원인과 목적 원인은 아리스토텔레스가 말하는 자연의 네 가지 원인에 속한다. 여기에 '질료 원인'과 '형상 원인'이 따라붙는다.

기술자들이 함께 모인 자리를 떠올리는 것만으로도 소름이 끼친다. 도살자들이 서로 어깨를 치며 최근의 경험에 대해 희희낙락하는 장면을 생각해보라. 잔혹함은 그 자체만 놓고 보면 절대적인 자유의 꼭짓점을 찍는다. 여기서 가해자는 피해자의 생사를 결정지을 권력을 가지며, 자기 멋대로 생명을 낭비할 수 있다. 누구의 목숨을 빼앗을지는 이들에게 전혀 문제가 되지 않는다. 순수하고 순결한 생명은 그게 누구의 것이든 간에 학살의 대상이 된다.

이런 엄청난 잔혹함은 일상의 사소한 잔혹함을 망각이라는 수렁은 아닐지라도 착각이라는 뒷전으로 몰아낸다. 그러나 잔혹함을 타인이 받는 고통에 대한 무감각함이라고 정의한다면, 일상생활에서 그런 잔혹함의 무시무시한 의미는 분명하게 드러난다. 결국 잔혹함은 타인의 고통을 느끼지 못하는 것이니 말이다. 요컨대 잔혹함은 관심의 메마름이다. 여기서 더 나아가 아예 인간을 짓밟고 그에게 굴욕을 맛보게 한다. 피해자의 사회적 정체성을 이루는 바탕이었던 언어와 생활전통을 폭력으로 깨부수기 때문이다. 결국 다른 것은 안 보고, 한사코 인정하지 않으려는 것이 잔혹함의 뿌리이다. 안 보고, 인정하지 않으려기에 한바탕 피바람이 부는 잔혹함의 현장에서 사람들은 고개를 돌리고 눈을 질끈 감는 것일까? 인간의 뿌리를 송두리째 들어낸 잔혹함은 절대 죽음은 허락하지 않는다. 뿌리 뽑힌 그대로, 말라비틀어진 그대로, 구차하기 짝이 없는 목숨을 부지하라고 한다. 인간의 가치? 이런 마당에 가치가 다 무슨 소리인가.

거꾸로 보면 바로 이 잔혹함의 현실에서 타인의 존재에 주목하라는 도덕적 요구가 정당성을 얻을 수 있다. 결여된 것을 지적하는 데서 도덕은 성립하기 때문이다. 피해를 받고 고통스러워하는 타인이 자신일 수도 있다는 점을 일깨워야 한다. 이런 관심을 가질 때 타인의 존재를 인정할 수 있는 조건이 비로소 생겨난다. 어떤 사회의 도덕이 어느 정도 발전했는지는 서로 기꺼이 인정하는 가운데 생겨나는 연대의식이 그 구성원들 사이에 얼마나 퍼져 있는지를 관찰함으로써 가늠할 수 있다. 연대감을 가지고 타인을 바라보는 것이야말로 "더욱 많은 것을 보게 해주는 능력이다. 이는 곧 고통과 굴욕을 받는 타인의 모습에서 그가 나와 다르지 않은, 바로 나와 같은 인간이구나 하고 깨달을 수 있는 능력이다".(로티) 이처럼 연대감이란 각 개인 사이에 하늘과 땅만큼이나 벌어져 있는 다름과 차이에도 불구하고 서로 상대에게서 '인간'을 알아보는 능력이다. 이로써 싹트는 동질감은 사회의 친화력과 융화력으로 자라난다. 동질감은 특히 같은 공동체의 일원이 잔혹함에 희생당해 고통으로 신음할 때 그 모습을 분명하게 드러낸다. 더 나아가 연대감은 공공의 형태로 발전한다. 선입견을 불식하고 숨겨진 치부를 드러내는 자정의 역할뿐만 아니라, 나와 다른 타인을 함께 고통을 나누는 형제자매로 보게 하는 힘과 능력이 곧 이런 공공의식이다. 이를 키우기 위해 우리는 공감과 연민의 상상력을 꾸준히 연습해두는 게 중요하다.

개인적인 행복만 좇다가 저지르는 사소한 잔혹함도 그냥 넘어가지 않도록 세심한 감성을 가꿔야 한다. 작은 것부터 지켜나가야 핑계와 변명을 입에 달고 사는 인생을 피할 수 있다. 종종 잔혹함을 잔혹함으로 알아보지 못하기 때문에 섬세한 감성을 강조한다. 희생자를 불행을 당한 피해자가 아니라 무슨 벌레 취급하고, 외국인이라

몰아붙이며 열등한 부류로 손가락질하는 데서 이미 잔혹함은 자라나고 있다. 인간에게 고통을 안기는 가장 효과적인 방법은 "상대가 중요하게 여기는 모든 것을 낡고 추하며 아무짝에도 쓸모없는 것이라고 굴욕을 주는 것"이다.(로티) 다른 사람과 연대감을 갖는다는 것은 내가 그 사람에게 이미 베풀었던 것을 다시 알아보자는 게 아니다. 그런 것은 결국 다른 사람에게서 자기 자신만 확인하려는 이기심에 지나지 않는다. 오히려 '다른 사람의 삶에서 작은 것 하나하나'를 바로 나의 것처럼 소중하게 여기는 자세를 가져야 한다. 그래야 서로 다른 차이에도 '우리'라는 공감대를 키워나갈 수 있다. 사회의 통합과 결속은 이렇게 이뤄지는 것이다. 이런 통합은 사회 구성원이나 제도가 잔혹함을 감시하고 막을 수 있는 곳에서만 가능하다. 인간을 인간으로 대접하지 않고 공동체에서 따돌리는 것은 그 사람이 딛고 서 있는 땅을 빼앗는 것과 같다. 이는 곧 그의 자존심을 짓밟는 것이며 그의 자제력을 무력하게 만들어 사회 바깥으로 내모는 일이다. 잔혹한 행동은 무엇보다도 개인을 그가 속한 맥락(인간관계, 공동체, 자기 자신과의 관계)에서 끊어내어 철저히 파괴한다. 당사자만 무너지는 게 아니다. 그 맥락도 함께 요동을 친다. 이는 곧 나를 둘러싼 자연을 공격하는 것과 같다.

무엇보다도 주목해야 할 점은 잔혹한 행위가 노린 굴욕의 상황은 그 피해자에게만 국한되는 게 아니라 인간 전체를, 인간성 자체를 더럽히는 일이라는 사실이다. 잔혹한 고문의 상황을 피해자만 당하는 게 아니다. 위해를 가하는 고문 기술자 역시 그의 인간성에 지울 수 없는 상처를 입는다. 건강한 사회라면 인간적이라는 게 어떤 의미인지 늘 대화와 감성의 교류를 통해 생생한 공감을 이끌어가야 한다. 잔혹함은 통합의 부정이자 특정 계층의 배제가 구체적인 형태로 나타난 것이지만, 그 부정을 통해 굴욕을 안긴 사람과 받은 사람 사이에 무엇이 공통되는지 밝혀준다. 그것은 곧 그들 모두 '인간'이었다는 점이다. 혹여 꿈속에서라도 남에게 고문을 가해본 사람이라면 고문의 현장 기록인 알렉산다르 티스마•의 『신이 없는 학교』를 읽어보기 바란다. 거기서 고문은 "자꾸 미뤄지기는 하지만, 결국 피할 수 없이 한쪽의 승리가 다른 쪽의 패배로 끝나는, 그래서 마지막에는 둘 사이의 주고받음이 결국 균형을 이루는 과정"으로 기술되어 있다. 다시 말해서 고문 기술자는 피해자를 살해한 다음, 자신이 다른 사람이 되어버린 것을 발견한다. 그 누구도 아닌 바로 자신이 인간의 존엄성을 짓밟은, 그래서 그 존엄성을 잃어버리게 만든 주범임을 가슴 아프게 깨닫는 것이다. "고개를 떨군 그의 모습은 몰락의 상징 그 자체였다. (……) 그는 자신이 짐승이었음을 깨달았다. 자신이 끔찍하기 짝이 없는 괴물임을 알았다. 이제 앞으로 다시는 예전처럼 살 수 없으리라는 것을 깨우친 그는 힘없이 고개를 숙였다."(티스마)

관련 항목

증오는 자기파멸의 심연 | 고통은 공감을 이끄는 끈 | 아픔과 동정

• Aleksandar Tišma: 1924~2003. 세르비아 태생의 유대계 작가. 구 유고슬라비아에서 민족해방운동에 앞장섰으며, 이런 투쟁 현장의 생생한 모습을 담았다는 점에서 높은 평가를 받고 있다. 유럽 휴머니즘의 실패가 어디에서 비롯되었는지 다루는 게 그의 평생 주제였다.

장애인으로 살아가기

1997년 말 쾰른의 고등법원에서 장애인이 이웃에게 종종 '견디기 힘든 부담'을 준다는 판결이 내려졌다. 법관은 판결 취지문에서 정신적 장애를 가진 일군의 사람들이 내는 '무슨 말인지 알아듣기 힘든 고함, 시끌벅적한 소음, 시도 때도 없이 고로롱대는 소리, 한숨, 왁자한 웃음, 웅얼거림' 등은 아무리 이해심이 깊고 너그러운 이웃일지라도 견디기 힘든 '부담 요소'라고 설명했다. 국민의 이름으로 내려진 판결은 장애인 그룹이 취침 시간만큼은 철저히 정숙을 지켜야 한다고 했다.

사람들은 뭐 새로울 거 없는 이야기라고 생각하리라. 어떤 사회든 정신병자, 불구자, 노인, 심지어 때때로 아동과 여인들까지 문명의 사각지대로 내몰았다. 아예 배에 태워 생각할 수 있는 한 세상에서 가장 먼 곳으로 보내버렸다. 그들을 추방해버리고 문을 굳게 닫아걸었으며, 계몽시대 이후에는 그나마 체면을 차리려고 사회 한복판에 가두어버렸다. 옛날에는 쫓아냄으로써 가두었다면, 이제는 가둠으로써 쫓아낸다. 인류학자나 민속학자의 증언에 따르면, 장애인에게 보이는 적대감은 끊임없이 변해온 '콘디치오 후마나conditio humana'[•]에서 꾸준히 살아남은 몇 안 되는 가치관 가운데 하나라고 한다. 맹인은 눈을, 정신병자는 귀를, 벙어리는 말을, 이 모두는 인간의 건전한 취향과 도덕관념을 심각하게 위협하는 모욕이기에 건강한 비장애인을 이들에게서 보호하는 일은 정당하다못해 지당하다고 한다. 심지어 "멘스 사나 인 코르포레 사노mens sana in corpore sano"[••]라는 영원불멸의 진리도 모르냐며 눈을 희번덕거린다. 병든 몸은 아름답지도 않고 타고난 그대로의 것도 아니며, 더군다나 좋은 것일 수는 없다는 이유로 장애인을 내몰기를 도덕적으로 정당화한다("악마 좀 봐, 안짱다리잖아?"). 눈이 없으면 감각도 없다는 억지 논리로 장애인을 부당하게 대한다. 정상이 아니라고 비정상적인 편견을 스스럼없이 드러낸다. 장애인이 자신의 이해를 주장하지 못하고 정상적인 생활을 할 수 없는 것처럼 보이는 한, 사람들은 장애인을 짐승이나 물건 다루듯 한다. 그러니까 장애인에게는 동물보호 지침서나 사용설명서가 필요하다는 식이다. 특히 도덕의 경우 장애인 문제를 어떻게 바라봐야 하는지, 사회가 어디까지를 끌어안고 어디서부터 예방하고 퇴치해야 좋을지 여전히 고민중이다.

• '인간의 조건'이라는 뜻의 라틴어. 당대의 사회나 문화가 구성원에게 지키라고 요구하는 조건을 뜻한다.

•• "건강한 몸에 건전한 정신이 깃든다." 풍자시로 유명한 로마의 시인 유베날리스가 한 말이다.

장애인 문제에 기대 이른바 '(생명Bio) 윤리'라는 이름으로 포장된 각종 프로그램들이 달리 성업중인 게 아니다. 물론 어디까지나 이윤 추구에 눈이 벌건 수작에 지나지 않지만 말이다. "정박아는 잡아먹어도 아무 문제가 없는 게 아닐까?" 하는 뻔뻔한 질문을 빈정대며 던지는 자칭 철학자라는 머피 같은 인간까지 있을 지경이다.(안스퇴츠) 이를테면 전체 다수의 행복을 위해서라면 세포 배양과 장기이식술이라는 의학의 첨단 분야에 장애인의 성한 몸뚱이를 얼마든지 써먹을 수 있다는 주장이다. 장애인에게서 장기를 들어내 건강한 사람에게 판다? 아니, 비장애인에게 그런 게 왜 필요하며, 또 필요하다손 치더라도 그런 의족이나 의안 따위가 전혀 문제 없다는 식의 보장은 누가 어떻게 하는가? 이런 식의 논리가 윤리적으로 허약한 기반에 서 있기는 하지만, 몇몇 경우에는 벌써 장애인을 심각하게 위협중이라는 점을 피터 싱어의 책을 읽어보면 분명히 알 수 있다. 위에서 언급한 실제로 거리낌없이 자행되는 조롱과 비난이 비록 인종위생이라는 망상에 빠져 우수한 인간형이라는 것을 제시하지는 않지만, 우생학이라는 인종차별의 신체 숭배 사상에 힘을 실어주기는 한다. 장애인과 비장애인의 경계를 자의적으로 넘나들면서 비장애인의 몸만큼은 신성불가침의 모범이라는 이 유토피아적 망상을 품는 이유는 대체 어떻게 설명해야 할까? '절대 다수의 절대 행복'이라는 구호 아래, 돌봐주어야 할 사람을 죽음으로 내모는 일까지 거리낌없이 정당화한다는 게 말이 되는 소리인가. "심각한 장애를 안고 태어난 젖먹이를 죽이는 게 더 행복하게 살 수 있는 다른 아기가 태어나는 데 도움이 된다면, 불구인 젖먹이를 죽이더라도 행복의 전체 총합은 더욱 커진다. (……) 사안의 핵심은 분명하다. 선천적 장애를 안고 태어난 젖먹이를 죽이는 것은 하나의 인격체를 죽이는 일과 도덕적으로 동일시할 수 없다. 정상이 아닌 아기를 죽이는 것은 아주 많은 경우에서 전혀 부당한 일이 아니다."(싱어) 도덕의 문제를 생각함에 있어 싱어와 같은 출발점에 서는 사람은 사회의 '정당한' 행복 혹은 절대 다수의 '진정한' 이해관계를 고려하는 한, 장애인을 '행복'과 '이해'를 거스르는 존재로 보고 '처리'하고 '처단'하는 데 아무런 어려움을 느끼지 않는 모양이다. 심지어 장애인도 무의식적으로 스스로 혹시 나의 '이기심'으로 사회의 발전을 가로막는 것은 아닌지 하는 의문을 품으리라.

그런 식으로 몰아세우지 않아도 장애인은 자신과 반대되는 모델이 어떤 것인지 익히 알고 있다. 실력과 화려한 경력, 경쟁력, 합리적 사고와 왕성한 권력욕을 두루 갖춘 (똑똑한) 남자! 병이라고는 모르며 건강미를 뿜어내는 활동적이고 완벽한 능력을 자랑하는 '터프가이'! 이런 모델을 바라보노라면 지극히 정상적인 많은 남자들도 얼굴이 하얗게 질리기 마련이다. 그야말로 손가락에 꼽을 정도로 귀하신 모델 앞에서 나머지 대부분의 사람은 모자란 놈이 되고 만다. 허약자와 노약자는 장님·귀머거리·벙어리 못지않은 장애인으로 취급당하며, 노숙자·주정뱅이·날건달·외국인·어린애와 여자들은 싸잡아 병신이자 얼간이로 내몰린다. 차별과 불이익이라는 장애를 당하는 데 굳이 장애인일 필요가 없다는 게 이보다 더 분명할 수 있을까. 한마디로 말하자. 현대인을 일러 '호모 사피엔스 사피엔스'라고 부르는 것은 물론 학술용어지만, 인간의 기준을 '인간성'에 두고 있다는 선언과 다름없다. 인간의 특징에서 지혜(사피엔스)를 다시 한번 강조하며 '호모 사피엔스'로 규정한 기준들을 살펴보면, (최소한의) 지성·자신감·자기절제·지식욕·유일무이한 개성 등이 있다. 자, 그럼 이제 물어보자. '사피엔스'에 다시금 '사피엔스'를 더한 이유는 이른바 인정된 기준을 살핌에 있어서도 지혜가 필요하다는 지적이 아닐까? 사람들은 한 명도 빠짐없이 언제나 이런 기준들을 충족하는가? 인간의 인간다움은 조금 모자라고 처지는 데 있는 게 아닐까? 그럼에도 왜 공리적 합리성을 도덕적 행동의 유일하고도 결정적인 기준으로 삼아야 할까? 공리적 합리성의 완전한 충족이라는 게 과연 윤리적인 선택일까? 그럼 멀쩡하기만 했던 상대방이 종종, 잠시 혹은 지속적으로 정신 줄을 놓을 때는 어떻게 해야 하는가? 오히려 조금 부족한 사람이더라도 인간이라는 종에 모두 함께 속한다고 보는 게 도덕적으로 결정적이고도 단호한 기준이어야 하지 않을까?

'인간의 존엄성'이라는 말을 인간의 서로 다른 다양한 모습을 존중해주는 것으로 이해한다면, 장애를 의학이 진단한 결함으로 보는 윤리학자들이 무얼 놓치고 있는지 분명해진다. 이들은 얼핏 역설적으로 보이겠지만, 떼어 보고 갈라 보는 법을 익히지 못했다. 자기만의 기준을 정해놓고 거기서 비켜서는 것은 병든 것이요 부족한 것이며 위험하다는 식으로 분류하고, 다른 사람들을 자기네 잣대로만 잰다. 게다가 기준들을 하나의 기준으로 압축한다. 이로써 숱한 문제들을 그들이 보는 하나의 인간형(잘난 모델) 안에 쓸어 담는다. 우선, 정당화가 빠진 터무니없는 태도임을 지적하지 않을 수 없다. 어떤 근거로 특정 사회의 인간만을 모든 인간을 대표하는 보편적인 패러다임으로 내세우는가? 건강한 사람만이 인간이라고 고집하는 이유는? 이런 기준이야말로 배타적 인종차별이라든지, 유럽 중심주의, 남성 우월주의라는 비난을 들어 마땅하다. 그들이 제시하는 단 하나의 인간형이라는 게 정말 현실의 모든 인간을 대변할까?

현대의 인문학이 인간이란 어떤 존재인가 하는 물음을 던지면서 인간은 이 연구의 주체이자 대상이 되었다. 스스로 묻고 답하는 꼴이랄까. 사정이 이렇다보니 '호모 사피엔스 사피엔스'라는 인류학의 규정 자체가 아리송하다. 위에서 언급한 기준에 맞는 현대인의 이상형은 장애가 아예 인간이라는 그림에 끼어들지 못한다고 못박아버린다. 그러니까 있지도 않은 이상을 그려놓고, 있는 현실을 부정하고 있는 셈이다. 무릇 이래야만 한다는 이상은 적어도 지금 이 순간에는 없는 게 아닌가. 인간을 정해놓은 척도에 따라 본다는 것(판 덴 다엘레•) 혹은 정상이라는 관점만 고집하면서 장애인을 보는 것은 장애를 성급하게 되돌릴 수 없는 손상이나 기능의 고장 또는 사회적 해악으로 받아들이도록 유도한다. 그 결과, 장애인을 적대시하며 영아를 살해하고 사회의 위생 운운하며 우생학과 안락사를 주장하는 생각의 틀을 벗어나지 못한다. 기준이나 규범을 들먹이는 인류학 연구 프로그램은 대개 연구로만 끝나지 않고 실질적인 변화를 끌고 온다. 첫째, 인간을 몇몇 특징에 국한해 분석하고 분류하

• Wolfgang van den Daele: 1939~. 법학자이자 사회학자. 2001년부터 독일 국가윤리위원회의 위원을 맡고 있다.

며 고정화한다. 둘째, 사회적 관계에서 끌어내 특정 기관에 가두어 버림으로써 인간을 고립시킨다. 셋째, 특수 시설에 가두어놓고 인간을 끝없이 감시하고 시험하며 치료라는 명목으로 실험한다. 넷째, 기준은 정상과 비정상을 나누고 가른다. 이렇게 편가르기함으로써 정상이 아닌 것을 정상으로 되돌려놓고야 말겠다는 의도에 집착하는 편집광적인 과학을 정당화하는 결과를 낳는다. 장애인이 나와 다르다고 해서 부정하는 왜곡과 기만을 서슴지 않는다. 마지막으로 다섯번째 문제는 그 기준이라는 게 명확하게 제시될 수 있는지 좀체 납득할 수 없다는 데 있다. 평균이요 표준이며 정상이라는 것은 사실은 이상이요 멋대로 정한 규정이며 표본에 지나지 않는다.

이제 윤리학의 역사는 장애인 문제에 적합한 도덕 형태를 깨우친 듯하다. 그것은 다름아닌 연민이다. 인간을 굳이 정의하고자 한다면 '호모 돌렌스homo dolens', 즉 아파하는 인간이라고 해야 적절하지 않을까? 인간을 아파할 줄 아는 존재로 정의한다는 것은, 뛰어난 지능을 지녔고 못하는 게 없는 놀라운 능력의 소유자라는 인간의 자부심을 깎아내리려는 게 아니다. 그런 자존심에 흠집낼 생각은 조금도 없다. 다만, 인간은 근본적으로 다치기 쉽고 무력한 존재라는 사실을 인정할 때, 타인을 바라보는 이해는 더욱 깊어지지 않을까. 다시 말해서 "지극히 상처받기 쉬운 인격체를 배려하고 지켜주기 위해 어떻게 하는 게 최선일까 하는 물음을 풀어나갈 정보를 제공"하는 사회를 만드는 게 진정 "도덕적인 태도"이리라.(하버마스) 이제 어떤 사회의 도덕적 발달은 그 구성원들 사이의 연대감과 결속이 어느 정도 형성되어 있는가로 가늠해볼 수 있다. 기가 꺾이고 고통받는 사람이 나와 다르지 않다는 마음가짐으로 적어도 연민의 정을 끊지 않는 기본은 갖춰야 하지 않을까.

그러나 문제는 간단치 않다. 장애를 가진 사람은 상대의 연민이 불편하기만 하다. 동정심을 앞세운 상대의 행동 뒤에 숨겨진 진짜 동기에 대한 의혹만 이야기하는 것은 아니다. 도와주겠다고 자청한 상대가 사실은 지독한 나르시시스트일 수 있으며, 심지어 관음증을 가진 사디스트일 수도 있음을 모르지 않는다. 그러나 더욱 심각한 것은 '연민'을 앞세운 온정주의다. "나는 너를 위해서 최선을 다할 뿐이야" 하고 들이대며 온갖 간섭을 서슴지 않는다. 장애인이 스스로 감당해야 할 책임마저 떠맡으려 든다. 평생 이런 식으로 살 수는 없다. 얼마 가지 않아 갈등은 폭발하고 만다. 자신이 옳다고 판단한 대로 따르려는 장애인을 향해 온정주의로 무장한 상대는 성의를 무시한다며 노골적으로 섭섭해한다. 주먹다짐이 오갈 수도 있으며, 폭력이라는 무서운 결말까지 빚어질 수 있다. 겉보기로는 온정주의가 장애인의 자유를 지켜주는 것만 같다. 그러나 실제로는 말도 안 되는 소리를 하지 말라고 입부터 틀어막는다. 이런 상황이 빚어지는 가장 큰 이유는 무엇보다도 장애인을 하나의 온전한 인격체로 인정하지 않아서다. 인간이라면 누구나 자신이 원하는 목적을 추구하며 그에 맞게 살 권리를 갖는다. 물론 그런 목적이라는 게 언제 어디서나 이성적이고 좋은 것만은 아니다. 또 저마다 관점도 다를 수밖에 없다. 바로 여기에 충돌이 빚어질 뇌관이 자리하고 있다. 이런 관점에서 볼 때 왜 사람은 남의 명령을 받기보다 자기 뜻대로 할 수 있는 독재를 선호하는지를 잘 이해할 수 있다. 상대가 아무리 호의를 가지고 있다 해도 가부장마냥 모든 결정은 내가 내린다는 식의 온정주의는 질색이다. 결국 연민을 등에 업은 윤리는 삶이냐 죽음이냐의 문제를 결정짓는 칼날이 될 수도 있다. 당사자를 위한답시고 적극적인 안락사의 근거로 연민을 끌어다대는 것이다. 차마 그 고통을 눈뜨고 지켜볼 수 없다며 심한 선천적 장애를 안고 태어난 신생아의 목숨을 가능한 한 빨리 끊어버리려 한다. 이게 정말 아이를 위한 선택인지는 심히 의심스럽다.

장애인이 겪는 고통을 어찌해야 온전히 보듬을 수 있는가의 문제는 도덕철학의 뜨거운 감자다. 도대체 인간은 왜 고통이라는 것을 겪어야만 하는가라는 물음은 좀체 풀릴 기미를 보이지 않기 때문이다. 신은 인간에게 겸손을 가르치기 위해 고통이라는 선물을 안긴 것일까? 뜨겁게 앓고 나면 더 멋진 세상을 안겨주려고? 모든 고통이 지워진 아름답고 훌륭한 신세계가 과연 우리를 찾아와줄까? 고통도 나름대로 의미를 가질까? 장애인 문제를 다루는 윤리학은 바로 이 점에서 융화와 예방이라는 딜레마와 마주한다. 장애인을 사회에 포용하고 융합시킨다는 것은 그들도 비장애인임을 인정하는 셈이다. 반면, 예방은 건강만 정상으로 인정하니까 장애는 막아야 한다고 실토하는 것과 다름없다. 이처럼 한쪽에서는 끌어안고, 다른 한쪽에서는 손으로 막아야 한다. 건강을 표준으로 보는 입장에서 장애는 어디까지나 '병'이기 때문이다. 이런 딜레마 때문에 결국 다음과 같이 묻지 않을 수 없다. 적극적인 예방은 현재 장애를 가진 인간을 인정하지 않고 버리자는 묵시적 동의가 아닐까?

어쩔 수 없다는 숙명론("뭐 원래 그런 걸 어쩌겠어!")이나 비열한 냉소("운이 없어서 그런 걸 어쩌라고?")에 사로잡히지 않으려면 인간의 고통을 올바로 소화할 수 있는 도덕이 무엇인지 물어야만 한다. 그저 심드렁하게 "인간의 고통을 완전히 지워 없애는 것은 비인간적인 태도니까"라고 중얼거리며 지나갈 수는 없는 문제다. "어차피 고통은 인생의 한 부분이니까"라고 체념할 수도 없다. 있는 그대로 받아들이면서도 극복 방안을 찾아야 한다는 게 도덕의 풀 길 없는 고민이다. 고통의 제거를 목표로 하는 것은 도덕적으로만 문제가 있는 것이 아니다. 작금 생명공학은 장애인에게 흰 가운을 입은 슈퍼맨 행세를 하고 있다. 유전자 조작이 우리의 눈앞에 현실로 나타났다. 유전자 조작을 허락할 것인가, 한다면 어디까지인가 하는 문제는 도덕의 차원을 넘어서서 인간의 존재를 뿌리째 뒤흔든다. 이런 기술을 두고도 인간적이라고 할 수 있을까? 정녕 인간의 존엄성을 건드리지 않을 기술일까? 흔들리는 와중에서도 도덕은 질문을 물고 늘어진다.

플라톤의 『국가』부터 헉슬리의 『멋진 신세계』까지 정치적인 차원에서 그려본 유토피아 사회는 언제나 고통에서 자유로운 세상을 꿈꿔왔다. 물론 유토피아에는 건강하고 잘생겼으며 이성적인 인간만 산다. 여기서 우리가 던져야 할 물음은 단 한 가지다. 우리가 원하는 사회가 정말 그런 것일까? 이에 답하는 대신 『멋진 신세계』에 나오는 의미심장한 대화를 읽어보도록 하자. 대화의 당사자는 '계몽주의'의 유토피아 사회를 대변하며 귀족주의의 우생학과 매일 벌어지는 향락의 옹호자인 무스타파 몬드와, 문명의 물이라고는 조금도 들지 않은, 발전과는 완전히 접속이 끊어진 자연 상태를 살아온 존이라는 야인이다.

몬드: 한마디로 말해서 자네가 지금 요구하는 것은 불행할 권리인가?

존: 그렇다. 내가 요구하는 것은 불행할 권리다.

몬드: 그래? 늙고 추해지며 발기부전에 걸릴 권리는 말할 것도 없고 매독과 암, 굶주림과 스멀스멀 기는 이, 티푸스에 걸려 열병을 앓는 따위의 이루 말할 수 없는 모든 종류의 고통을 짊어질 권리를 말이지? 내일에게서 끊임없이 도망 다닐 그런 권리를 원한다, 이건가?

존: (오랜 침묵 끝에 입을 연다.) 이 모든 권리를 요구하네.

몬드: (어깨를 으쓱한다.) 그래? 그럼 원하는 대로 얻을 걸세.

관련 항목

아름다움의 독재 | 욕지기는 불완전한 자신을 향한 혐오다 | 치유, 타인의 축복에 대한 응답

적절한 행동의 척도는 무엇인가

교육 현장에서 도덕 교사가 무심결에 내뱉어 제자에게 상처를 주는 말 가운데, "그건 너답지 않아!"라는 게 있다. 이런 말을 들은 학생은 속이 부글부글 끓는다. 불편하다못해 화가 치미는 이유는 세 가지로 꼽을 수 있다. 우선, 남의 인품에 대해 마치 기계로 열쇠를 깎아 맞추듯 멋대로 재단해서 불쾌하다. 둘째, 다른 사람이 나를 보고 이러쿵저러쿵하는 것 자체가 못마땅하기만 하다. 할 수만 있다면 입을 막고 싶은 생각이 굴뚝같다. 셋째, 도덕의 문제만큼은 남의 간섭을 받고 싶지 않다. 이에 관해서는 스스로 결정하고 선택하는 자율권을 누리고픈 것이다. 뭐가 어울린다, 안 어울린다의 문제도 스스로 묻고 답할 수 있는 것일 뿐, 다른 누가 간섭해서는 안 된다.

어떤 도덕적 행동이 나에게 어울리는 것인지, 그게 나와 맞는지는 어디까지나 나라는 개인의 사적인 영역이다. 무슨 이유에서 어떻게 그런 행동을 했는지 그 속사정을 가장 정확히 아는 사람은 바로 나이며, 그게 내 인생과 어울리는지의 판단도 오로지 내가 주관적으로 할 따름이다. 여기에 잣대를 들이대고 짧다느니, 너무 길다느니 말할 수는 없다. 그 어떤 형이상학도 도덕성의 함량 정도를 측정할 잣대를 만들지는 못했다. 나의 모든 행위의 척도는 내가 생각하는 인생, 내가 보기에 좋은 인생일 따름이다. 그러나 뭐가 좋은 인생이냐는 예부터 까다롭기 그지없는 난제다. 좋은 인생에 어떤 행동이 어울릴까 하는 문제도 쉽사리 대답할 성질의 것이 아니다. 자로 잰 듯 정확한 행동을 이야기하기에 앞서 먼저 행동과 실천으로 보여줘야 하는 게 진정한 의미의 도덕이리라. 문제가 어렵기는 하나 도덕의 물음에 실천으로 답해야 한다는 사실은 분명하다.

무엇이 좋은 것인가 하는 물음에는 아리스토텔레스일지라도 대답하기 어려워할 것이다. 그러나 아리스토텔레스는 "모든 사람이 추구하는 게 무엇인지" 그 답은 확인할 수 있다고 생각했다. 아리스토텔레스의 이런 생각을 받아들인다 하더라도 우리는 방향만 알 뿐이다. 다시 말해서 지금껏 살아온 인생이 좋은 것이었는지 편안한 마음으로 이야기할 수 있게 해준다는 보장은 그 어디에도 없다. 비록 이런 말이 탈脫도덕화하는 현상을 낳는다 할지라도 침묵하고 감출 수는 없다. 무엇이 좋은 인생인지 보장해주는 것은 아쉽게도 없다. 우리는 그저 성실하게 노력할 뿐이다. 좋은 본보기를 보여주려 노고를 아끼지 않는 자세, 이것만으로 충분하다. 이런 식으로 세월의 흐름과 함께 경험을 쌓아나가고, 경험을 토대로 자기 나름의 선을 구축할 따름이다. 사정이 이렇다보니 도덕적 노력에 있어 젊은이들이 손해를 보는 일이 종종 벌어진다. 살면서 많은 것을 겪은 사람은 자신의 체험을 돌아볼 수 있기 때문에 노인이 젊은이보다 몇 발자국 앞서 좋은 계획을 세울 수 있기 때문이다.(아리스토텔레스) 그러나 더 살았다는 것만으로는 해야만 하는 게 무엇인지 판단하기에 충분치는 않다. 오히려 젊은이가 노인보다 더 지혜롭게 대처할 수 있는 강점을 갖기도 한다. 훌륭한 인생을 살기 위해 고심하며 노력한다는 것은 지극히 사적인 과제이기는 하지만, 사회와 그 어떤 관련을 맺지 않고 세상에 등돌릴 수는 없는 노릇이다. 오히려 그런 노력은 다양한 가치관과 생각이 혼재해 있는 우주 안에서 이뤄져야만 의미를 갖는다. 믿고 의지할 만한 판단 기준은 없더라도 방향을 잡아나가는 데 도움이 될 공감대 다지기는 그래서 중요하다.

이런 시각에서 볼 때 우리 행동이 적절한 것인지 가늠할 수 있는 방향을 안내해주는 좋은 인생에 관해 합의는 이끌어낼 수 있다.(회페•) 인생을 살며 판단을 내리는 데 꼭 필요한 지혜, 풍부한 경험에서 이끌어내는 이런 지혜가 좋고 나쁨을 가늠하는 유일한 판단 기준일 수는 없다. 저마다 지혜로웠노라고 고집을 피우는 곳에서는 자의와 임의만이 판을 칠 것이기 때문이다. 그래서 반성할 줄 아는 이성이 필요하다. 모든 도덕적 실천 행동에는 이성의 반성이 반드시 병행하고 추인해야 한다. 반성할 때 윤리적 기억이라는 게 형성된다. 이 기억을 운전대 삼아 옳은지 그른지, 적절한지 부적절한지, 그때그때 방향을 잡아나가야 한다. 이런 방향타에 대해서는, 평소 우리가 좋다고 여기는 행동, 즉 도덕적 삶에서 선호하는 행동이 우리

• Otfried Höffe: 1943~. 독일 철학자. 윤리학, 특히 아리스토텔레스와 칸트에 정통하다.

와 맞는지를 별반 의심하지 않는다는 점에서 그 신뢰성을 크게 문제 삼지 않아도 좋다. 그러나 일단 이런 확신이 깨진 곳에서 우리가 의존 가능한 것은 두 가지다. 하나는 근거가 분명한 윤리 원칙이며, 다른 하나는 우리 인생의 구체적인 상황에서 무엇이 올바른 것인지 가려볼 수 있는 감각이다.

이론이라는 숲의 나무들이 하늘을 향해 쭉쭉 뻗기만 할 게 아니라, 현실이라는 땅에 튼튼한 뿌리를 내리려면, 올바른 게 무엇인지 따지지만 말고 적절한 것, 어울리는 것, 구체적인 상황에 순응하는 것도 받아들일 줄 알아야 한다. 그러기 위해서는 "하나의 사건이 갖는 좋은 측면과 나쁜 측면을 날카롭게 갈라보고 평가하는 연습을 꾸준히 해야 한다".(키케로) 순응이란 상황에 휩쓸리는 것을 의미하지 않기 때문이다. 오히려 부단한 훈련과 연습을 통해 좋은 쪽으로 꾸준히 나아갈 수 있도록 판단의 감각을 익혀두는 것이랄까. 이렇게 하다보면 자신에게 가장 잘 맞는 도덕의 옷을 찾아낼 수 있다. 물론 모든 훌륭한 성공이 그러하듯 여기서도 약간의 행운은 따라줘야 하리라.

관련 항목

쓰레기는 과연 인류의 운명인가 | 의무를 넘어 여유로운 삶으로 | 의심 vs. 어리석음

정체성이라는 모호함에 대하여

유명한 언어학자 소쉬르는 매일 한 장씩 자신의 사진을 찍어 벽에 죽 걸어놓자는 제안을 한 바 있다. 바로 맞붙은 두 장의 사진끼리는 별 차이가 없을지 모르지만, 첫 장과 마지막 장은 틀림없이 확연히 차이를 가릴 수 있을 거라는 점에서 이 제안은 꽤나 구미가 당긴다. 우리는 이제 정체성은 변함이 없는 가운데 겉모습만 변해가는 것인지, 아니면 세월의 흐름에 따라 정체성도 함께 변하는지 하는 흥미로운 물음을 놓고 철학을 해볼 수 있으리라.

이때 분명해지는 점은 정체성이라는 게 지각능력과 의식 그리고 시간과 어떤 형태로든 관계를 갖는다는 사실이다. 이런 정의에 따른다면 '나'라는 인격체는 시간의 흐름을 관통하는 의식이며, 이런 의식은 단절과 변화와 무의식에도 일정한 것으로 '유지'된다. 예컨대 잠에서 깨어날 때마다 우리는 어젯밤에 잠들었던 내가 지금 깨어난다고 확신한다. 자세히 살펴보면 잠들기 전의 나와 깨어날 때의 나는 같은 점보다는 다른 점이 더 많음에도 말이다. 기억이라는 의식이 정체성을 보증해준다는 것, 이로써 한 인간의 인격이 꾸준하다는 보장은 인간이 생각할 줄 아는 능력을 갖기에 가능한 것이리라. 시간의 흐름에도 변하지 않고 유지되면서 정체성을 담보해주는 의식은 인간만이 갖고 있다. 그리고 일반적으로 이런 의식을 가질 능력이 없는 사람은 삐아픈 인생일 뿐이다. 물론 이런 법칙에도 예외는 있다. 한때나마 의식을 완전히 잃은 유명 인사들 가운데 그 인격이 조금도 문제되지 않은 경우는 심심찮게 찾아볼 수 있기 때문이다.

정체성은 일반적으로 상대적인 개념으로 이해되는 경향이 강하다. 언제 어디서 어떻게 나서 자랐으며, 어떤 인간관계를 맺느냐에 따라 '나'라는 정체성은 상대적으로 달라지기 때문이다. '나는 누구인가?'라는 자기정체성의 물음은 그러니까 내가 맺는 모든 관계들을 포괄한다. 그런데 이 상대적인 관계는 역동적으로 변하는 까닭에, 정체성이 무엇인가 하는 물음은 갈수록 까다로워진다. 과거와 현재의 나뿐만 아니라 미래의 나까지 더불어 고려해야 정체성이 무엇인지 말할 수 있기 때문이다. 이처럼 정체성이라는 그림에는 갈수록 늘어나는 더 많은 시간들이 끼어든다. 나는 실제로 내 신분증에 담긴 사진의 나일까? 신분증 안의 서명은 진짜 내가 한 것인가? 매일 사진을 찍어두고 일기라도 쓰는 심정으로 자서전을 써두는 게 좋지 않을까? 어쨌거나 죽기 전에 부지런히 사진을 찍어두고 자서전을 써야겠다는 조바심이 번쩍 고개를 든다.

정체성이 나라는 주관의 궁극적인 실체를 의미하는 것 같지만 겉보기만 그럴 뿐, 실체가 무엇인지는 조금도 이야기해주지 않는다. 앞서도 지적했듯, 정체성은 어디까지나 상대적인 개념인 탓이다. 나라는 사람의 정체성은 세월이 흐르면서 시시각각 변해온 다양한 형태의 인간관계가 복잡하게 얽힌 것일 뿐이다. 따라서 정체성은 현대인이 소화해야만 하는 복수의 다양한 역할을 그때그때 적절하게 수행해야 하는 카멜레온 같은 능력을 요구한다. 적절한 수행이란 역할에 걸맞게 눈 깜짝할 사이에 변신하는 능력을 뜻한다.(볼프강 벨슈) '나'는 남편이자 회사원이며 아빠인 동시에 조기 축구회 회원이며 기독교인이자 투표권을 가진 시민이라는 식이다. 여기서 정체성이란 자유자재로 다양한 기술을 구사하는 곡예사도 아니며, 그때그때 주어지는 역할을 거부하며 변함 없는 개성을 고집하는 것도 아니다. 오히려 정체성은 과거와 현재와 미래를 아우르며 인간의 다양한 역할을 한데 묶어주는 끈과 같다. 그렇다면 과연 무엇이 남편과 회사원과 조기 축구회 회원과 기독교인과 투표권을 가진 시민 등을 함께 묶어주는 것일까?

어쨌거나 이놈의 정체성은 다루기 녹록지 않다. 게다가 현대인과 그의 '누더기 조각보 같은 정체성'은 한사코 '나는 다른 누구와도 달라!' 하고 굳게 믿는 탓에 정체성을 이야기하기가 더욱 어려워진다. 나는 다른 누구와도 헷갈릴 수 없는 나라는데, 그 근거가 뭔지 아리송하기만 하다. 물론 자신의 정체성이 여러 가지로 나뉜다는 것을 염두에 두고도 그렇게 말한다. 그럼 "나는 다른 사람과 똑같아!" 하고 말해야 정확한 게 아닐까? 대체 이 정체성이라는 것을 어떻게 이해해야 좋을까? 동일하게 불변하는 것인가, 아니면 그때그때 다른 것인가? 확실한가, 불확실한가? 결국 정체성은 스스로 나를 무엇 혹은 누구와 동일시해야 하며, 동일시할 수 있는지 떠올려보는 짐작에 지나지 않을까? 남성 혹은 여성·신분·타인·공동체·교회·국가·유럽 등등으로 말이다. 그렇다면 대체 무엇이 이 모든 것을 하나로 묶어 정체성을 만들어낸단 말인가? 언제는 내 이야기를 하는 게 자랑스럽다가, 또다른 때는 창피한 이유는 뭔가? 자랑스러운 나와 창피한 나의 공통점은 무엇인가? "너 옛날에는 이가 삐뚤빼뚤했잖아"라고 놀리는 친구의 말에 가지런히 치아교정을 한 나는 왜 부끄러워해야 하는가? 그럼 정체성이라는 것은 신부 앞에서 고해성사를 하거나, 정신과 의사에게 상담을 받을 때, 혹은 홀로 외로움에 떨 때, 아주 중요한 역할을 하는 게 틀림없다. 자신의 성별을 옷 갈아입듯 선택할 수 있게 된 오늘날, 그래도 정체성이라는 것을 이야기해야 하는가? 혹시 정체성이라는 게 무한경쟁을 강요하는 자본주의 사회에서 그 경쟁의 주체를 끊임없이 자극하기 위해 고안해낸 것은 아닐까? 아니면, 소비 주체의 구매욕을 부채질하기 위해? 어쨌거나 정체성이라는 개념의 바탕에는, 다소 정도의 차이는 있으나, 응집성과 일관성을 만들어주는 통합과 융합의 작용이 틀림없이 깔려 있다. 이런 게 없다면 시간과 공간의 차이를 넘어서면서까지 '나'를 이야기할 수 없기 때문이다. 물론 이렇게 개념적으로 '나'를 이야기하려면, 습관적으로 막연하게 쓰던 '나'라는 말에 붙어 있던 불분명함을 일체 솎아내야만 하리라. 요컨대, 내가 원하는 게 진정 무엇인지 모르는 나는 자신에게 "나는 누구인가?" 하고 자문해야만 한다. 그렇다면 현대인은 같은 문제를 안고 살아가는 사람들이 모여 서로 대화를 통해 경험을 나누며 해결책을 찾는, 무슨 자기치유 모임 회원이라도 된다는 말인가? 이를테면 알코올중독자가 "나는 누구인가?" 하고 스스로 묻고 답하는 것처럼?

어떤 경우든 신중해야만 한다. 몽테뉴 이후 인간학의 차원에서 내가 나를 이야기하는 것은 불가피하나 더이상 캐물어 들어갈 수 없는 대전제와 같은 것이기 때문이다. 내가 그렇게 보았다는데 더이상 뭐라고 말하랴? '나'라는 말이 등장하는 순간, 모든 논의는 끝나게 마련이다. 따라서 자기 자신을 찾아 길을 떠난 사람은 처음 출발할 때 잔뜩 부풀었던 기대는 온데간데없어지고 막판에는 빈손으로 남을 각오를 해야 한다. 정체성을 모색하는 우리의 논의 역시 인간이란 '나눌 수 있는 것'(니체)이며, '나I'와 '나 자신me'이라는 자기관계(조지 허버트 미드)를 확인하는 데에서 끝날 뿐이다. 아니, 더 나아가 자아 그 자체 안에 이미 차별성이라는 균열이 생기고 있는 것도 확인할 수 있다. 결국 나라는 자아는 내가 보는 나이니 말이다. "하나의 단일한 자아라는 전제는 아마도 필요하지 않으리라. 다수의 주관을 가정하는 것도 충분히 가능한 일이니 말이다. 나라는 자아 안에는 다양한 자아가 서로 어울리고 다투며 생각과 의식을 이루어 내는 게 아닐까?"(니체) 다시 말해서 나는 나 자신을 결코 현재하는 통일적 존재로 경험하지 않는다. 오히려 나중에 기억을 하고 앞서 예견을 하면서 자아를 구성하는 게 틀림없다. 하나의 단일한 자아를 경험하는 것은 다음과 같은 이유로도 불가능하다. 즉, 나의 정체성은 언제나 나 자신이 다른 모습과 맺는 관계 안에서만 생각할 수 있기 때문이다. 나는 언제나, 시간적으로나 수적으로나 객관적으로, 나 자신 그 이상이거나 이하다. 그로 인해 "그건 더이상 내가 아니야"라든가, "나는 아직 그렇다고 말할 수 없어" 혹은 "지금의 내가 그때의 나는 아니야" 따위의 표현이 의미를 갖는다. "나는 곧 나다"라고 말할 수 있는 존재는 언제나 하느님뿐이다.(『출애굽기』 3장 14절)

결국 인간은 자기 자신을 규정하기 위해 남을 필요로 한다. 이를 뒤집으면 다음과 같은 말이 된다. 스스로 자신이 작다고 생각할수록 남에게 받는 위협은 커지는 모양이다. 외국인에게 노골적으로 적대감을 드러내는 구호를 보면 이런 이치를 분명해진다. 열등감에 괴로워하는 사람일수록 타인을 두려워하니 말이다. 물론 여기서 "그노티 세아우톤Gnothi seauton", 즉 "너 자신을 알라"라는, 자고이래로 이어져온 인간의 사명은 이룰 수 없는 것이라는 사실이 분명해진다. 나는 언제나 다른 나이며, 이 다른 나는 절대 완전히 이해될 수 없기 때문이다(그렇지 않다면 다른 게 아니리라). 사정이 이렇다보니 나 자신을 안다는 것은 불가능에 가깝다. 내 안에서 벌어지는 것, 내가 꾸미고 있는 일, 반드시 관철하고 말겠다며 의지를 불태우는 일은, 비디오처럼 틀어볼 수 있는 게 아니다. 그러니까 이런 것은 검증도 안 되며, 그렇다고 부정도 할 수 없다. 아마도 인간이 자기 자신과 별 충동을 일으키지 않고 지내는 이유는 자기 자신에게 나 자신이 누구냐고 끊임없이 묻지 않기 때문이리라. 지금 나라고 하는데 그 '나'가 누구냐고 물어댔다가는 아무래도 온전한 정신을 유지할 수 없으리라. 알 수 없는 것을 모른다고 인정할 때 정확한 속내를 알 수 없는 '비밀스러운' 정체성이 생겨난다. 인간은 보통 이 '비밀스러운' 정체성으로 아무 문제 없이 살아갈 수 있다. "아이고, 내가 룸펠슈틸츠헨*으로 불리는 것을 모르니 얼마나 좋아!"

현대인의 룸펠슈틸츠헨 정체성은 다양한 역할(아빠, 회사원 등)이 엇갈리며 이루는 평균점이 아니다. 유례를 찾을 수 없는 개성도 아니다. 오히려 '비밀스러운' 정체성은 여러 역할들이 얽히고설킨 일종의 '리좀Rhizome'(들뢰즈/가타리)으로 보아야 한다. 그러니까 '내면 깊숙이' 자리잡고 있어야 할 정체성은 흙 위로 드러난 뿌리줄기처럼 피상적으로 나타난다. 우리는 언젠가 어디서 어떻게든 어느 누구, 어떤 무엇과 결합하며 자기 자신을 자각한다. 이 같은 '리좀'의 어떻게든이라는 정체성은 무슨 실체와 같은 핵심을 전제하지 않는다. 오히려 그런 핵심과 출발이 있다는 생각과 결별하는 게 '리좀 정체성'이다. 나의 정체성은 언제 어디서나 시작되기 때문이다. 그 시점은 탄생 이전일 수도, 탄생과 동시일 수도 있다. 의식이라는 게 영글면서부터 혹은 오이디푸스 콤플렉스를 겪으면서부터, 또는 첫 자가용을 사면서 생겨나는 게 정체성이 아닐까? 나의 정체성을 이루어주는 것을 꼽아보면 이런 사정을 잘 알 수 있다. 직업, 옷, 취미, 거미만 봤다 하면 부들부들 떠는 소심함, 심지어 생각(!)을 즐기는 자세 등등은 모두 나만의 성격이지 않는가? 이렇게 볼 때 '리좀 정체성'은 어떤 실체를 의미하는 게 아니라, 다양한 우발적 특징들이 한데 모여 이뤄내는 차원이다. 사람들, 상황들, 행위들, 소중히 여기는 가치들이 층을 이루며 모였다 흩어졌다를 반복하면서 남은 흔적 내지 선과 같은 게 정체성인 셈이다. 인간은 카멜레온이나 다름없다.

• Rumpelstilzchen: 그림 형제의 동화에 나오는 나쁜 요정. '덜컹거리는 소리를 내는 절뚝발이 꼬마'라는 뜻이다.

"확연히 구별할 수 있는 그만의 모습을 갖지 않는 피조물"이 인간이기 때문이다. 또는 다음과 같이 말할 수도 있다. "아버지는 무한한 가능성을 갖는 씨앗을 인간에게 뿌리셨다." 그래서 자연스럽게 다음과 같은 의문이 생겨난다. "카멜레온처럼 자유롭게 변신할 수 있는 자신을 보고 놀라지 않을 사람도 있을까?"(피코 델라 미란돌라•)

어쨌거나 인간 카멜레온은 타인을 필요로 하며, 타인에 의존하는 존재다. 타자 혹은 다른 것이 나를 이룬다는 생각을 충실하게 좇는다면, 이 타자와 다른 것을 인정하고 존중한다는 의미에서 정의 개념이 등장한다. 자기 자신을 존중하면서도 다른 사람까지 인정하고 떠받들어야 하는 정의는 거의 불가능한 경험에 가깝다는 점에서 아포리아라 할 수 있다. 그러므로 결국 정체성의 경험은 곧 "불가능한 것의 경험"이다. "나 자신과 다른 사람을 똑같이 만족시켜야만 하는 해결책을 찾기란 불가능에 가깝다."(데리다) 나 자신과 다른 사람에게 똑같이 정의로워야 하지만, 이는 불가능한 경험이기 때문에, 현대를 살아가는 우리의 인생 기술은 고전적인 의미에서 이룰 수 없는 것을 갈망하는 비극과 다르지 않다.

관련 항목

고독은 반사회적인가 | 이기주의자로 살아가기 | 표정, 공동체를 위한 얼굴의 대화

• Giovanni Pico della Mirandola: 1463~94. 이탈리아의 인문주의자이자 르네상스 철학자. 그의 저서 『인간의 존엄성에 대한 연설』은 르네상스 시대를 대표하는 저술로, 여러 철학에서 가장 훌륭한 요소들을 뽑아 자신의 작품 안에 소개했다.

주목할 것인가, 호기심만 채울 것인가 

철학이 처음에 어떻게 시작되었는가 하는 물음을 놓고 세간에서는 의견이 분분하다. 어쨌거나 최초의 철학자로 여겨지는 사람의 발이 돌부리에 부딪혔던 것은 사실인 모양이다.• 아무려나 그게 발이었으니 망정이지 머리였으면 철학에게는 큰 불행이었으리라. 보고 듣고 생각을 할 머리를 다쳤다면 아찔하지 않은가. 그러나 잠깐, 돌이켜 생각하니 꼭 그런 것만은 아닐 수도 있지 않을까? 아픈 발을 감싸쥔 철학자는 자연스레 다음과 같은 물음을 품을 수 있으니 말이다. '왜 여기에 돌이 있는 거야?' 이마를 긁적이던 철학자의 의문은 더 나아가 '있는 것은 뭐고, 없음이란 뭘까?'로 이어진다. 물음은 계속 이어질 수 있다. '왜 돌은 단단할까?' '돌의 본질은 무엇일까?' '왜 나는 돌부리에 발이 걸린 것일까?' '아니, 도대체 왜 나는

• 여기서 최초의 철학자는 탈레스를 말한다. 일설에는 돌에 부딪힌 게 아니라 우물에 빠졌다고도 한다.

하릴없이 돌아다니다 이런 꼴을 당한 거지?' '내 눈이 뭐가 잘못됐나?' '저런 돌부리 하나 살피지 못하는 거야?' 최초의 철학자께서 이 많은 물음에 뭐라고 대답했는지는 모른다. 아무튼 눈이 있다고 해서 누구나 다 뭔가 확실하게 보는 게 아닌 것만큼은 분명하다. 발아래 뭐가 있는지 잘 살펴야 할 때 생각에 빠져 돌부리를 못 봤을 수 있다. 혹은 보는 게 보는 것이 아니었거나. 눈으로 본다는 것은 언제나 넘겨보고, 흘려보며, 훔쳐볼 수 있기 때문이다. 아무튼 본다는 점에서는 주목하는 것과 다를 바가 없다. 자세히 요모조모 따져보는 것도 실제로 그런 것인지 확언하기는 힘들다. 우리는 뭔가 보면서 상상을 하고, 그렇게 상상한 내용을 눈에 보이는 것에 투사하며, 본래의 그것과 얼마든지 다르게 볼 수 있기 때문이다. 말하자면 우리의 감각을 통해 변조하고 위조한달까. 그래서 말이지만 정확히 주목한다는 것은 내 시야를 투명하게 만들어 불투명하게 본 것의 정체를 명확히 하는 일이리라. 물론 이쯤 되면 어떻게 보아야 제대로 보는 것이냐는 물음이 자연스레 고개를 든다.

푸코의 고고학 연구를 의사의 안목으로 따라가본다면 어떨까?• 우선, 주목에 대해서 두 개의 패러다임이 공존한다는 점을 알 수 있다. 그 하나는 대상 자체가 발하는 빛이 우리의 눈에 들어왔기 때문에 '봤다'고 말하는 것이다. 다른 하나는 우리 눈이 곧 "진리의 원천이자 그 수호자이다. (……) 전체 빛은 눈동자의 이글거리는 작

• 미셸 푸코는 인식의 방법론을 다룬 『지식의 고고학』을 1969년에 발표했다. 그는 여기서 '역사성'을 중시하면서 정신분석·민족학·언어학 등을 동원해 인식의 구조를 밝힌다는 의미로 '고고학'이라는 표현을 썼다.

은 불꽃에서 흘러나온다". 의사의 엑스선 같은 시선은 이제 사물을 보며 물질이라는 어두운 장막을 꿰뚫고 들어간다. "시체를 여시오." 이제 시신의 진실은 의사의 전지전능한 시선 아래 무자비하게 드러난다. 그리고 의사의 시선만이 가진 비법은 가장 개인적인 것조차 환하게 밝혀낸다. "이 사람은 암으로 죽었습니다." 여기서 의사의 시선은 현세의 다양함을 줄여주는 게 아니라, 더욱 늘어나게 한다. 죽음이라는 아주 단순명료한 사실을 놓고도 의사의 시각은 이 땅에는 저마다 다른 시각이 정말이지 무수하다는 확인을 해준다.

무엇이든 속속들이 들여다보는 사태•는 의학 영역에만 한정되지 않는다. 물론 그동안 의학은 눈부시게 발달해 생명을 넘어서는 것까지 가시화시키는 성과를 올렸을 뿐만 아니라, 투명인간까지도 잡아내려는 경찰의 감식 작업에서 특별히 큰 진전을 이루어냈다. 이로 인한 청사진은 세상의 아주 은밀한 구석구석까지 환하게 비추어낼 수 있다고 자신에 차 있다. 인간이 살아가는 모습을 완전히 조명하고 섭렵할 수 있다는 무서운 신비에 세상이 홀려 있다고나 할까. 더욱 기괴한 일은, 사람들이 점차 이런 생각에 익숙해져간다는 사실이다. 어떤 장소, 어느 때 무슨 일을 하든, 심지어 무슨 생각을 하는지까지 낱낱이 관찰하고 감시하기를 당연시한다. 항상 누군가 지켜보고 있다는 경험은 오늘날 감옥이나 학교와 같은 공공기관 혹은 대도시 사무실에서만 겪는 게 아니다. 개인의 지극히 사적인 공간까지

• Sachverhalt: '사태'라는 개념은 객관적 '사실'도 주관적인 '의견'도 아닌, '인간이라는 주관이 보는 사실'이라는 관계를 강조하는 뜻에서 쓰인다.

감시와 관찰의 눈은 파고든다. 이른바 '리얼리티 방송'을 거실 소파에 편히 누워 태연히 시청하는 사람들을 보라. 혹시 시청자가 흥미를 잃지는 않을까 특별한 감시 공간(여기서는 컨테이너)을 설치하면서까지 시청률을 끌어올리려 광분하는 게 오늘날의 방송이다. 시청률이 아무리 만능의 마법일지라도 너무 심한 게 아닐까. 사생활마저 까발리는 이런 방송은 발터 베냐민이 정의한 '아우라'를 완전히 뒤집어놓기 때문이다. 베냐민은 '아우라'를 "멀리 있는 게 아주 가까이 있는 것처럼 보이는 일회적인 현상"이라고 하지 않았던가. 그러나 어느 한순간, 어떤 각도, 무슨 몸짓이든 하나도 놓치지 않고 남김없이 지켜보는 방송이라는 기술적 재생은 멀리 있는 것을 무턱대고 뻔뻔하게 면전에 들이댈 뿐이다. 투명하게 사람을 감동시키는 아우라는 관음증과 외설로 변해버렸다.

이런 변화는 호기심의 역사적 신기원을 여는 것으로 보인다. 호기심에 찬 시선은 사물을 있는 그대로 바라보는 게 아니다. 오히려 호기심은 사물을 자기 멋대로 상상하고 지어내려는 거의 동물적 본능에 가까운 충동일 뿐이다. 이런 마당에 남의 사생활까지 훔쳐보는 '리얼리티 방송'이야말로 호기심을 물 만난 고기로 만들고 말았다. 헤겔은 "욕구는 타인의 욕구를 지양함으로써만 자기 자신을 의식한다"라는 말로써 이 같은 문제의식을 그 누구도 따르기 힘든 차원으로 끌어올렸다. 그러니까 자기만족을 위해서라면 타인쯤이야 아무래도 좋은 게 욕구라는 지적이 아닌가! 타인의 새로운 모습에 탐욕을 내는 호기심은 결국 자기 자신에게 새로움이 없다는 자백이나 다름없다. 새로운 변화가 없는 지루한 인생은 남을 훔쳐보며 수

음만 일삼는 것처럼 비루하기 짝이 없다. 동시에 자기만족을 위해 남을 짓밟는 호기심은 결국 남에게 의존하고 종속하는 태도일 뿐이다. 수다를 떨며 이웃의 험담을 즐기는 여편네가 그 이웃이 다른 곳으로 이사를 가버리면 낙담하고 실의에 빠지는 꼴을 보라. "호기심으로 무장한 수다쟁이들은 간판에 사악하다고 쓰여 있다"라는 민중의 지혜를 굳이 빌리지 않더라도, 끝없이 되풀이되는 "카더라" 통신은 제풀에 숨이 막혀 죽을 뿐이다. 끊임없이 새로운 시빗거리를 찾아다니느라 진이 빠져버리기 때문이다. 새로운 것만 갈망하는 사람은 앞뒤가 뒤집힌 인생을 살 따름이다.

시각적 만족에 목을 매는 호기심—특히 성적인 문제와 결부되어 관음증으로 기형화한 호기심—은 현대인의 정신적 공황 상태가 왜 생겨났는지를 잘 설명해준다. 그러니까 프로이트식으로 말하자면, 냄새에 매달리던 호기심이 그 관심의 대상을 섹스를 다룬 다양한 형태의 그림으로 옮겨간 이유는, 사물을 있는 그대로 주목하고 음미할 생각의 여유를 잃은 데서 찾아야 한다. 다시 말해서 눈과 머리를 올바로 쓰지 못하고 욕구의 만족에만 매달리다가 기형을 낳은 역사랄까. 이렇게 해서 인간의 쾌락은 이전에는 모르던 전혀 새로운 리듬을 얻는다. 끊임없이 새로운 자극을 찾아 헤매는 관음증은 조급하고 성급해서 조루가 무색할 정도다. 결국 시각에만 매달리다가 시각에 압도당하는 형국이다. 20세기 들어서 나타난 관음증은 쾌락이라는 것을 통째로 시각 활동으로만 바꾸어놓았다. 시각을 통해 전체를 모색하는 오롯한 즐거움으로서 예술(아리스토텔레스)은 포르노라는 볼품없는 허섭스레기로 전락해버렸다. 우리의 감각기관 가운데 최고의 것인 눈은 이제 '동영상 고문'에 지나지 않는 시각적 즐거움만 우리에게 강요한다. 이른바 '하드코어'는 진부하기 짝이 없는 시나리오로 벗기고 벗으며 가학과 피학을 일삼는 선정적 자극만 되풀이할 따름이다. 이 모든 것의 의미는 '아무것도 아님'일 뿐이다.(캄퍼•)

아무튼 이렇게 결과적으로 '섹스'는 모든 단계의 호기심과 결부되고 만다. 거리를 두고 보는 관조든, 지속적인 지켜봄이든, 절박한 관심이든, 다소곳한 소망이든, 흥에 겨운 환영이든, 흥분 고조를 위한 시뮬레이션이든 '본다'는 행위는 하나도 빠짐없이 선정성으로 누더기가 되고 말았다. 포르노필름, 현란한 광고판, 남성잡지의 요란한 표지 등이 넘쳐나는 일상은 온갖 기교를 동원해 그 화려함으로 단 한순간도 우리의 눈길을 놓아주려 하지 않는다. 쾌락의 보조적 기능에 지나지 않았던 시각적 즐거움이 이제는 쾌락의 유일한 해소책인 관음증으로 돌연변이한 셈이다. 성적 호기심을 자극하는 선정성은 그 본래의 호기심, 즉 이윤 추구를 위해 갖가지 기형의 상품들을 쏟아낸다. 모든 가리개가 사라져버린 투명한 포스트모던 사회는 원래 시각 활동에만 쓰여야 할 눈에 "성기의 역할을 떠맡기고 말았다".(프로이트) 이제 눈의 즐거움은 곧 성감의 만족이며, 성기의 오르가슴과 동격이 되었다. 부지런하게 포르노 동영상과 사진 따위를 다운로드하지 않으면 심인성 시각장애에 걸릴 지경에 이를 정도로 사태는 심각하다. 현대인의 성적인 호기심은 이제 쳇바퀴 돌듯 끊

• Dietmar Kamper: 1936~2001. 독일의 철학자이자 작가, 사회학자.

임없이 되풀이되면서 쏟아져나오는 새로운 포르노라는 닫힌 순환에 빠져 '완결'되고 '종결'된다. 그 내용이 인류의 유구한 역사만큼이나 오래되고 케케묵은 진부한 본능적 충동의 만족에 지나지 않음에도 끊임없이 새것을 구해보아야 직성이 풀리는 심리는 어찌 이해해야 좋을까? 이미 헤겔이 정확히 간파했듯, 인간은 자기 자신에게서 출발해 세상을 두루 편력하며 호기심을 만족시키고 결국 자기 자신에게로 되돌아오는 것일까?• 새로 다운받은 포르노 동영상의 마지막 화면이 어둠 저편으로 사라지고 나면, 홀로 남은 인간은 가엾은 자기 자신만 끌어안고 우두커니 어둠만 응시할 따름이다.

그렇기에 때때로 우리가 무엇을 어떻게 바라보는지를 보다 더 정확하게 주목해봐야 한다. 이렇게 하면 사물들을 지금까지와는 다른 안목(플레스너••)으로 볼 수 있을 뿐만 아니라, 이제껏 못 본 다른 것도 볼 수 있다. 심지어 늘 안다고 생각해온 게 사실은 조금도 모르던 것이었구나 하고 탄식할 수도 있다. 예를 들어 애인이나 컴퓨터 혹은 돌은 자세히 보려고 하면 할수록, 전에는 알지 못하던 묘한 속내를 드러낸다. 여기서 물끄러미 지켜보는 것은 세상의 알 수 없는 속내를 그대로 반영한다. 이런 알 수 없음은 부조리함으로까지 비화될 수 있다. 도무지 말을 들어먹지 않는 컴퓨터, 무슨 일인지 입을 꾹 다문 애인도 답답한데, 어쩌자고 돌부리는 내 발을 걷어차는

• 헤겔은 인간의 인식 과정을 자기 자신에게서 출발해 타자로 나아갔다가, 다시 자기 자신에게로 되돌아오는 순환 과정으로 설명한다.

•• Helmuth Plessner: 1892~1985. 독일의 철학자이자 사회학자. 이른바 '철학적 인간학'을 대표하는 인물이다.

것일까? 역설적이게도 바로 여기에서 철학은 기회를 포착한다. 속내를 알 수 없는 답답함이란 세상을 새롭게 달리 파악할 가능성을 제공한다는 점에서 더할 수 없이 좋은 기회이다. 이따금 우리는 떨어져서 볼 때 상대의 독특함과 그만의 진정을 비로소 알아차린다. 바로 그래서 민속학자는 다른 민족과 문화의 텃세를 무릅쓰고서라도 자꾸 그 안으로 들어가려는 게 아닐까. 이방인의 세계에서 자신의 문화와 풍습을 돌이켜볼 때, 더욱 많은 깨달음을 얻을 수 있으니 말이다. 조금의 여유만 허락한다 싶으면 가방을 꾸려 세계 곳곳으로 여행을 떠나는 데에는 다 그만한 이유가 있는 법이다. 왜 우물 안 개구리가 우물 밖으로 나와 세상을 보는 줄 아는가? 개구리는 무엇보다도 자신이 지지고 볶으며 살던 우물 안이 어떤 곳이었는지 더욱 잘 깨닫게 된다. 바깥에서 안을 들여다보면 익숙하고 친숙해서 그동안 무엇을 놓쳐왔는지 눈에 환하게 들어온다. 이로써 일상의 진부함은 그 지루함을 떨쳐버리고 기괴한 일로 가득찬 대우주로 변신해 우리를 깜짝 놀래킨다. 사실 정확하게 보자면, 그래도 사람들이 아직 이야기를 나누며 살아간다는 것 자체가 놀랍지 않은가. 자기 아이만큼은 반듯하게 자라주기 바라면서 환경이야 나빠지든 말든 신경도 안 쓰는 어른은 언제나 철이 들까. 어쩌자고 수도 배관공은 술을 퍼마시다가 해고를 당해야만 슬렁슬렁 움직이는 것일까. 아무려나 세상 이치를 주의깊게 살피고 싶은 사람은 기꺼이 가방을 싸들고 여행을 떠나는 민속학자가 되어봐야 한다. 멀리 떨어져서 보는 에움길을 통해서만 인간은 비로소 자기 자신의 진면목을 발견할 수 있기 때문이다. "막연하게 안다고 생각했던 것이 이해를 통한 깨달음이 된다.

표현은 객관적이 되고, 체험의 충격은 그동안 시야를 가리고 있던 장막을 거두어낸다. 한마디로, 우리는 다른 눈으로 세상을 보게 된다."(플레스너) 물론 어려움이 없는 것은 아니다. 우리의 감각은 종종 입을 꾹 다물고 한사코 고집피우며 익숙한 틀에서 벗어나려 하지 않는다. 심지어는 잔꾀를 부려가면서 낡은 것을 새롭게 본 것처럼 속이기도 한다. 바로 그래서 철학은 감각에 충실하려는 충성심을 벗어던지는 고통스러운 노력을 필요로 하는 모양이다.

관련 항목

감각은 악마의 간계일까 | 이웃, 적당한 거리의 미학 | 일상은 경이로운 철학의 시작이다

증오는 자기파멸의 심연

때때로 우리는 운명을 증오한다. 가끔 동물을 미워하기도 하지만, 대개 인간을 혐오한다. 백인은 흑인을, 여성은 남성을, 내국인은 외국인을, 푸른색 유니폼의 축구팬은 붉은색 유니폼의 축구팬을, 서로 잡아먹을 것처럼 으르렁거린다. '인간의 조건'을 함께 생각해 보고자 하는 지금, 증오만큼 적당한 감정도 없는 것 같다. 증오처럼 끝 모를 심연을 가지면서도 포괄적인 감정도 없기 때문이다. 프로이트 진영의 비관론자들은 아주 부드럽고 달콤해야 할 애정 관계에서조차 공격성과 증오가 호시탐탐 지배의 손길을 뻗으려 한다고 지적한다. 니체의 표현은 더욱 과격하다. 남녀 간의 사랑은 "이기기 위해 온갖 수단을 동원하는 전쟁이며, 근본적으로 죽음의 문턱까지 치닫는 증오의 행위다". 사랑의 땅마저 증오가 지배한다면, 에픽테토스의 다음과 같은 가르침은 전혀 다른 시대, 완전히 다른 세상에서 생겨난 게 틀림없다. "만약 네가 주먹을 흔들며 어떤 사람에게 달려들고자 한다면, 먼저 너 자신에게 나는 평화를 사랑하는 온화한 사람이라고 속삭이는 것을 잊지 마라. 그래도 분이 풀리지 않을지라도 거친 야수처럼 굴지 마라. 나중에 배상을 하면서 가슴 치고 후회할 일은 하지 않는 자세로 살아라."

증오는 태도와 시선, 그리고 종종 말투에서 고스란히 드러난다. 증오는 몸을 움직이게 할 뿐 아니라 말도 내뱉게 한다. 독설이 품은 독기에 상대방은 깊은 상처를 받는다. 말이 상처를 주는 이유가 특정 욕설을 사용하기 때문만은 아니다. 업신여기고 굴욕을 맛보게 하는 '파숑 드 파를레façon de parler', 곧 '말투'는 특히 상대방의 가슴을 헤집어놓는다. '증오로 가득찬 말'(버틀러)은 다른 사람이 발을 딛고 서 있는 바닥을 허물고, 불안함으로 몰아넣으며, 급기야 폭발하게 만든다. 말로 표출되는 증오는 사람들로 하여금 자제심을 잃게 한다. 상대방은 미쳐버릴 것만 같아 눈에 뵈는 게 없어진다. 세상을 다 엎어버릴 기세로 분노가 터져나온다. 결국 증오는 바로 자신의 복제품을 만들어놓는다. 참을 수 없는 증오는 마침내 서로 상대를 파괴하려 눈에 불을 켠다. 예컨대 내가 상대를 '돼지 새끼'라고 욕함으로써 그의 명예를 더럽힌다면, 상대뿐만 아니라 나 자신도 너저분한 돼지우리의 차원으로 떨어져버린다. 이제 각자의 안녕과 아픔은 오로지 상대방의 '입맛'에 좌우될 따름이다. 서로 상대에게 더이상 인간이기를 기대하지 않는다. 폭력으로 치닫는 증오는 의사소통의 가능성을 완전히 차단하기 때문이다. 증오는 이처럼 너 나 할 것 없이 우리를 숨막히게 만드는 폭행이다. 바짝 독이 오른 분위기는 증오의 욕설이 난무하면서 아무도 빠져나갈 수 없는 지옥이 된다.

무엇이 증오의 대상인지 살펴보면, 비로소 그것은 증오심이 만들어낸 대상임을 알 수 있다. 그렇다. 증오는 자신의 목적을 창조하고 그것에 정체성과 일관성을 부여한다. 대상은 증오로 얼룩진 광선이 이리저리 어지럽게 되튀는 일종의 무대다. 거기서 증오가 폭발한다. 증오 때문에 우리가 내상을 입지 않기 위해서! 증오가 나에게로 돌아와 나를 잡아먹지 못하게 하기 위해서는 무엇인가 나와 다른 것을 증오해야만 한다. 그래서 나는 증오의 완벽한 대상인 희생양을 만들어낸다. 희생양은 그 순진함으로 해악을 주기 때문이다. 가장 강한 자(왕)와 가장 약한 자(어린아이)의 중간 어디쯤 자리를 잡고 있는 희생양은 폭력과 성추행과 종교 음해 따위의 구실을 뒤집어쓰고 심판대에 오른다. 여기서 증오는 무슨 특별한 정당성이라도 부여받은 양 의기양양하다. 사회와 도덕과 정치의 질서를 어지럽힌다는 누명을 쓴 희생양이 어수룩한 눈망울만 굴리다가 눈물을 뚝뚝 떨어뜨리면 펄펄 기가 사는 게 증오이다. 저놈 때문에 전통이 위협을 받으며 우리의 생존과 사회의 미래가 불안하다고 증오는 목청을 높인다. 그때그때 증오가 찾아내는 특별한 희생양의 모습을 보면 너무나 특별해서 기가 찰 정도다. 보통 그 특징이라고 해봐야 눈에 띄게 유별나다는 것뿐이다. 몸과 정신에 어떤 장애가 있거나, 그저 코가 다르게 생겼다는 식이다. 그래서 증오의 '선호 대상'은 언제나 소수파에서 징발된다. 괜히 다수파를 건드렸다가 역공격당할 위험을 사전에 아예 차단하기 위해서다. 여기서 볼 수 있듯, 그 깊은 내면을 들여다보면 증오는 비겁하기 짝이 없는 졸장부에 지나지 않는다. 소수파 가운데 조금이라도 발언권을 가진 경우에는 손도 까딱하지 않는 데서도 증오의 추악한 졸렬함은 더욱 잘 확인된다.

보통 사람과 용모가 다른 힘없는 사람들은 불안에 떤다. "돌연 서슬이 퍼래져서 한바탕 야단법석을 떠는 게 조작과 음모라는 사실은 누구나 쉽게 안다." 이렇듯 증오는 불안함의 영원한 원천이다. 삿대질을 하며 약자를 향해 사회의 안정을 해치는 악이라고 공포 분위기를 확산하는 데 전력을 기울인다. 달리 증오가 입만 열었다 하면 희생양을 사회의 독소라고 떠벌리는 게 아니다. 전체 국민 계층이 소수파 탓에 "물들고 더럽혀진다"고 눈을 부라린다. 악마가 뿜어내는 독소가 사회 구석구석에 파고들며, 음란과 음탕의 씨앗을 뿌려 사회를 썩게 만든다나. 어안이 벙벙해진 소수파가 무어라 항변할라치면, 증오는 저 사악한 눈길과 악취를 풍기는 숨결 그리고 위선으로 가득한 아가리를 보라며 악다구니를 써댄다. 희생양을 두고 하루빨리 대책을 세워 발본색원하지 않으면 국민이 저 몹쓸 역병에 걸린다고 연일 대서특필해댄다. 권력을 총동원해 단호하게 대처해야 악의 온상을 뿌리 뽑을 수 있다고 선동한다. 그래서 증오가 말하는 위기가 정말 사실인지, 희생양에게 실제로 책임이 있는지, 대책과 수단이 그들이 말하는 목적에 부합하는지 따위의 물음은 하나 마나 하다. 증오 그 자체가 모든 소동의 진원지이며 고소와 고발을 남발하는 기폭제이기 때문이다. 사람들이 증오에 쉽게 부화뇌동한다는 것은 의심의 여지가 없다. 증오는 후광을 등에 업고 쉽사리 정당성을 얻는다. 각 가정으로 배달료도 내지 않고 공급되는 게 증오다. 물론 그 요금은 어디까지나 수취인 부담이다. 그래서 희생자는 자기방어를 할 수가 없다. 생각 있는 사람들이 아무리 이성에 호소해봐야 증오는 먹통일 따름이다. 증오의 행동이 얼마나 비합리적인지 설득하려 해봤자 소용이 없다. 저들 행동의 근거는 그 행동 자체인데 무슨 말을 하겠는가. 무고한 사람에게 죄를 뒤집어씌운 것을 누구보다도 잘 아는 것은 증오 그 자체다. 이런 마당에 더 무슨 이야기를 들으려 하겠는가.

증오는 우리로 하여금 여러 문제들과 직면하게 한다. 그 가운데 가장 진지하게 물어야 할 것은, 피해자의 입장이 되어보는 것은 어떨까이다.(쥘리아 크리스테바) 희생양의 입장을 받아들이고 그 입장에 서보는 자세가 꼭 필요하다. 우리가 증오로 상처와 굴욕을 입히는 것은 다름 아닌 우리 자신일 수 있다. 우리는 신경을 자극하고 부담스러우며, 처치하고 싶은 것을 증오로 부정한다는 사실을 깨달아야 한다. 우리는 타인을 있는 그대로 받아들이지 않는다. 그렇다고 무관심하고 쿨하게 그저 내버려두지도 않는다. 그들의 존재가 거슬린 나머지 한사코 그들을 시야에서 몰아내고 우리가 사는 땅에서 추방하려 든다. 별것 아닌 사소한 주변의 것으로 시비를 거는 증오의 속내는 나와 다른 타인의 목숨을 빼앗으려는 것이다. 그들과 더불어 살고 싶지 않기 때문이다. 그러나 비겁하게 속내를 감추고 자꾸 타인의 용모로 시비를 건다. 그들의 성적 취향을 나무란다. 결국 살인이 빚어지고 이런 식으로 인간성의 경계는 새롭게 그려지는 게 아닐까? 혼란과 무질서를 다스리겠다고? 사회를 불안하게 하는 소지를 뿌리 뽑겠다고? 그런 터무니없는 소리는 하지도 마라. 혼란과 무질서의 주범은 바로 증오를 끊임없이 재생산하는 우리 자신이다. 갈등을 부추겨가며 자신의 세계관과 맞지 않는, 그래서 이해하고 싶지도 않은 모든 것을 제거하려 드는 추악함이 증오의 자화상이다.

증오는 칼로 그은 것처럼 날카로운 경계를 가른다. 여기에는 내가 있으니, 너는 저기 있어라. 네가 거기에 있으니, 너는 불신과 경멸과 모욕과 차별을 받아 마땅하다. 증오하는 사람은 혹시 열등감 내지 두려움을 느끼는 게 아닐까? 증오를 낳는 주된 원인인 두려움은 자신의 불안함과 막연함을 참을 수 없어서 생겨난다. 또는 나의 존재감을 확인하기 위해 다른 사람을 부정하려는 감정이 증오로 분출되는 게 아닐까? 그저 아무 이유 없이 남을 부정하겠다는 심사만으로 자꾸 증오를 부채질하는 걸 아닐까? 증오는 다른 사람을 나와 더불어 사는 사람으로 인정하고 받아들일 수 없는 이기주의라는 토양에서 자라나는 게 틀림없다. 오로지 자기 자신에게만 충실하다보니 남의 존재가 눈에 들어올 리 없기 때문이다. 아니, 혹시 증오는 자신을 떠받들어줄 기반이 없다는 것을 잘 알기에 저토록 끝 모를 심연을 자랑하는 게 아닐까? 그래서 그냥 무턱대고 닥치는 대로 증오하는 것일까?

어쨌거나 미움으로 불타는 사람은 결국 그 미움으로 스스로 다칠 뿐이다. 미워하는 사람은 더이상 그 자신이 아니다. 증오가 그를 집어삼켰기 때문이다. 사랑에 빠지는 일과 흡사하게 증오로 물든 사람은 증오의 대상 때문에 자기 자신을 잃어버린다. 그것도 남김없이! 파괴적인 증오는 그래서 곧 자기파멸일 따름이다. 오직 증오의 순간에만 인간은 얼굴을 찡그리며 남에게 주먹질함으로써 자신의 인간성을 일그러뜨리는 어처구니없는 일을 벌인다. 폭발하는 순간, 증오는 현실이 된다. 이 순간, 세계는 요동을 치며 질서를 새로 잡고,

경계를 다시 그으며, 전통을 쓰레기통에 처박는다. 아무것도 없는 '타불라라사tabula rasa', 즉 백지 상태를 만들기 위해 집들에 불을 지른다. 근본부터 새롭게 시작하려고 남의 안면을 강타한다. 단지 그 눈길을 참을 수 없다는 이유만으로, 내 시야를 가리지 말라는 억지로! 나와 다른 남이라는 사실만으로 그를 칼로 찔러 쓰러뜨린다. 그의 생명이 땅속으로 사그라드는 것을 보고 즐기려고……

증오는 아무것도 없는 깨끗한 땅을 꿈꾼다. 땅을 완전히 다시 평평하게 고르고 모든 게 나와 똑같아지기를 강제한다. 바로 그래서 증오는 죽음이라는 막다른 골목으로 빠진다.

관련 항목

두려움과 더불어 살기 | 살인의 또다른 이름-뇌사와 장기이식 | 잔혹함, 관심의 가뭄

축제, 인생이라는 시간의 이정표

고대 이집트의 오페트[•] 축제에서부터 가장무도회나 혁명축일 혹은 에르나 숙모님의 생신을 거쳐 우드스톡 페스티벌이나 발리섬의 문화체험 또는 '러브 퍼레이드'[••] 와 같은 난장판에 이르기까지 인간은 축제를 통해 자유를 만끽한다. 좋은 의미로든 나쁜 쪽으로든 거나하게 취한 채 맛보는 자유는 평소와는 전혀 다른 모습을 연출한다. 축제를 벌이는 동안 인간은 신에게 가까이 간다. 초월자와 소통을 나누며 우주와 하나가 되는 천상의 경험을 즐기기 때문이다. 동시에 인간은 동물적 근성을 유감없이 드러낸다. 우리 안의 디오니소스가 겅중겅중 뛰며 춤을 춘달까. 온몸에 울긋불긋 요란한 장식을

• 고대 이집트의 신왕조에서 하트셉수트 왕 이래 지켜오는 축제. 여러 날에 걸쳐 퍼레이드를 벌이며 호루스 신의 탄생을 축하한다.

•• 독일에서 1989년부터 매년 열리는 테크노 축제. 2006년까지는 베를린에서, 이후에는 루르 지방에서 개최되고 있다. 유럽의 젊은이들이 총집결할 정도로 큰 인기를 끄는 축제다.

그려넣고, 얼굴에는 타이거 마스크를 쓰고 있다. 토템을 앞세우고 울부짖으며 포효하는 것은 저 원시의 조상을 조금이라도 더 닮고 싶다는 소망의 표현일까. 다만 범벅이 된 온갖 최신 기술만이 현대를 느끼게 한다. 특수 효과로 모방을 하며 현대 기술에 뒤처지지 않다고 과시하는 셈이다. 베이스음이 터질 것만 같은 거대한 스피커는 쉴새없이 굉음을 쏟아내며 리듬의 카펫을 깔아놓는다. 그 위로 디스코텍의 현란한 조명이 번쩍이는 숲을 이루는 가운데 춤을 추는 인간은 찰나의 스냅샷으로만 존재한다. 축제는 무아경의 장소이며, 여기서 우리는 내가 아닌 다른 사람이 된다. 여기저기 최면제 병이 굴러다니며, 사람들은 한 모금이라도 더 술을 마시려고 안달이다. 여기서 사람은 더이상 인간이 아니다. 얌전했던 일상의 모습은 흔적도 없이 사라지고 순간의 쾌락에 탐닉하는 눈빛만 이글거린다. 여기서는 그래도 된다. 아니, 여기서는 그래야 한다.

축제가 이루어지기 위해서는 자기 자신을 흔쾌히 내던질 줄 알아야 하기 때문이다. 일상의 권위나 품위 같은 것은 까맣게 잊고 순간에 자신을 내맡겨야 한다. 축제는 환상적인 분위기를 자아냄과 동시에 우리의 기분을 조작한다. 축제를 위해 모여든 사람들만으로도 전혀 새로운 종류의 현실이 빚어지지 않던가. 끊임없이 마시고 피워대며 미친듯 노래를 불러댄다. 축제에서는 이게 정상이며, 또 모두 그러기를 바란다. 축제에서 점잖게 구는 것은 얼간이나 하는 짓이다. 신나는 분위기가 무르익기 위해서는 기꺼이 다른 사람과 어깨동무를 하고 어우러져야 한다. 물론 축제라고 규칙이 없는 것은 아니다. 한바탕 즐기자는 것이지 난장판을 만들자는 것은 아니니 말이다. 하지만 큰 틀만 굵직하게 잡아놓았다면 마음껏 즐겨도 좋다. 축제의 기본 요건만 구성되었다면, 축제의 흐름에 그야말로 몸을 맡겨야 한다. 이미 플라톤도 알고 있었다시피, 낯모르는 사람들, 영웅, 죽은 자, 신들과 축제를 올리는 마당에는 신의 간섭과 규제가 절대적으로 필요하다. "태어나면서부터 고뇌와 불행으로 가득한 인간이라는 종에게 연민을 느낀 신들은 축제를 통해 신들과 교통하면서 잠시나마 이 고통에서 벗어나 쉴 수 있도록 기회를 베풀며, 함께 즐길 뮤즈들과, 이들 뮤즈를 이끄는 아폴론과 디오니소스를 내려보냈다. 아폴론과 디오니소스는 축제의 양 축이 되어 큰 틀을 잡아주었으며, 더 나아가 신들의 도움으로 축제가 교육의 현장이 되도록 배려했다."

이후 우리는 축제를 할 때마다, 한편에서는 디오니소스의 황홀한 열정을, 다른 한편에서는 아폴론의 절도와 엄숙한 제례 의식을 함께 맛보며 기묘한 조합을 경험하게 되었다. 바로 그래서 축제에는 특정 공간, 특정 시간, 특정 계기, 일정 규모 이상의 인원이 아주 중요하다. 홀로 축제를 올릴 수야 없는 노릇이지만, 군중과 함께 있기만 해도 달아오르며 들뜨는 사람은 얼마든지 있지 않은가. 축제를 위한 계기는 이루 말할 수 없이 많다. 철마다 돌아오는 절기를 맞아 올리는 축제, 추위와 더위를 무사히 넘겼다는 자축의 마당, 가요축제, 각종 무술경연대회 혹은 최근 자주 볼 수 있는 거리 축제와 구민자치 한마당 등은 추수감사나 생일, 성탄, 이웃 사랑, 경연 등 겉으로 내세운 구실을 굳이 주목하지 않더라도 축제는 언제나 공동체가 핵심이라는 사실을 분명히 알게 한다. 그래서 거꾸로 축제는 '아무것도 아닌 것'을 둘러싸고 벌어지는 소동이라는 주장도 할 수 있다.(뒤비노•) 축제란 공동체가 공동체로서 존립을 자축하고 부추기는 것 이상의 의미는 전혀 없다는 지적이다. 연단에 서서 개회 선언과 함께 축사를 하는 연사가 달리 다른 사회라면 꿈도 못 꿀 일을 해냈다며 입에 발린 말을 하는 게 아니다. "오늘날 우리가 이 자리에 함께 모였다는 사실만으로도 우리 공동체는 영원하리라는 게 증명되었습니다, 여러분!" 결과적으로 축제는 공동체가 하나라는 결속과 단합을 경험하게 해주는 상징적 연출이다. 축제는 사람들의 관계를 돈독히 해줌으로써 사회 기반을 다진다. 함께할 수 있는 것이라고는 전혀 없으며, 저마다 입 꾹 다물고 손수 가져온 도시락만 묵묵히 까먹는 그런 축제는 상상할 수 없지 않은가. 피를 흘리고 사람을 제물로 바치는 잔혹한 축제일지라도, 축제는 공동의 것이다.

이런 공동의 정신은 축제에서 위와 아래를 뒤집고 왼쪽과 오른쪽을 뒤바꾸는 역할 바꾸기 놀이로 표현된다. 모든 인간은 평등하고 자유로우며 형제자매의 우애를 가져야 한다는, 말도 안 되는 선입견을 당연한 것인 양 연출하려 드는 것이다. 그래서 축제에서는 상전이 하인이 되며, 하인이 상전으로 호령하는 식으로 신분의 일대 격변과, 위계질서의 물구나무서기가 이루어진다. 동창회에 불려나온 여선생은 흔쾌히 남자 제자에게 안겨 춤을 춘다. 요즘은 뭐가 '쿨'한 것인지 한바탕 수다를 떠는 데 스승이 발빼을 한다면 그게 어디

• Jean Duvignaud: 1921~2007. 프랑스의 인류학자이자 사회학자. 예술비평에도 뛰어났다.

동창회인가? 남성과 여성이라는 성적 질서를 살짝 꼬집는 촌극이 없는 카니발은 카니발이 아니다. 여기서 정권을 잡는 쪽은 여성이며, 생판 처음 보는 낯선 남자의 키스에도 별 거부감을 드러내지 않는다. 남자는 여장을 하고 그럴듯한 남자를 낚으러 온다. "축제는 허락받은, 아니 차라리 일부러 기회를 제공한 방종의 현장이다. 금기를 웃고 즐기며 깨는 것이랄까. 평소 금지된 것을 자유롭게 풀어주기만 해도 분위기는 후끈 달아오른다."(프로이트) 축제는 일종의 거대한 용광로이다. 여기에서는 역할 바꾸기의 어지럼증이 즐겁기만 하고, 지금껏 들킬세라 꾹꾹 눌러온 정욕을 마음껏 발산할 수 있다. 꼭지가 돌아도 좋고 술 취해 고꾸라져도 뭐라 할 사람은 없다. 인생 뭐 있느냐며 한잔 쭉 들이켜라고 술을 권하는 아랫것에게 윗대가리는 너그럽게 미소짓는다. 이처럼 위계질서를 뒤집어본들 어떠랴. 술이 깨고 나면 멋쩍은 미소와 함께 다시 예의바른 시민으로 돌아와 더욱 잘 돌아가는 사회를 위해 매진할 텐데! "재의 수요일*이면 모든 게 끝장이다." 사순절의 시작이다.

축제의 시간은 성스러운 시간이다. 신도 일곱번째 날에는 쉬지 않았던가. 전능한 신이 체력이 떨어지거나 몸상태가 좋지 않아서 일손을 놓은 것은 아닐 터. 이는 그만큼 신이 공휴일을 성스럽게 여겼다는 반증이리라. 이로써 축일은 근무를 하는 평일과는 다른 날이

* 사순절에 앞서 질펀하게 카니발을 벌인 유럽인들은 '재의 수요일'부터 부활절까지 참회에 들어간다. 광야에서 금식하고 시험받은 예수의 고난을 되새기며 단식과 속죄를 행하는 것이다. 재를 뒤집어쓴다는 뜻에서 '재의 수요일'이라 불리는 이날에는 식초에 절인 청어를 먹는 풍습이 있다.

라는 게 분명해지는 셈이다. 고대 사람들도 이 차이를 유용하게 써먹을 수 있다는 것을 익히 알고 있었다. 하물며 휴일에 목말라하는 시민들의 환심을 사는 데 혈안이 된 정치가들은 더 말할 필요도 없다. 될 수 있는 한 많은 공휴일을 만들어 축제의 분위기에 흠뻑 빠지게 해야 정치가로서 인기와 생명이 유지될 터이니 말이다. 잘 알다시피 신성제국으로 몇백 년을 존속한 로마는 전부 109일에 해당하는 '디스 네파스티dies nefasti'와 235일의 '디스 파스티dies fasti' 가지고 있었다•(앙드레). 그러니까 로마인들의 인생은 여유로운 것만이 아니었다. 아예 여유를 위해 산 것이다. 여기서 마음껏 게으를 수 있는 자유시간은 신이 허락한 것이었다. 이런 축일에 로마인들은 사투르누스•• 신을 섬긴다거나, 앉아 있으면 지루하다못해 고통스럽기까지 한 사교 모임 혹은 거창한 운동경기나 연극 공연 등을 보면서 몸과 돈을 소모만 한 게 아니다. 무엇보다도 생각할 시간과 여유를 가진다는 게 장점이었다. 오늘날 정치가가 축일을 별로 중시하지 않는 이유는 총생산을 늘리고 노동력을 착취하기 위해서라기보다는 축제 자체의 반정치적 성격에 있다. 축제는 공동체의 유지와 존속에 밀접한 관련이 있는 특성들을 해체하도록 충동질하기에 정치적 본능을 위협한다. "이제 노예가 자유인이다. 이제 단단히 굳어진 적대적 차별성을 모두 허물어야 한다. 인간과 인간 사이를 가로막고 있는 궁

• '디스 네파스티'는 그 어떤 청원도 받아들이지 않는, 그러니까 휴일이며, '디스 파스티'는 로마의 집정관이 근무를 하는 날이다. 로마력은 여기에 다시 열하루의 반공휴일을 더해, 1년이 전부 355일이었다.

•• 로마신화에 나오는 농경과 계절의 신. 그리스신화의 크로노스에 해당한다.

펍과 제멋대로의 자의 또는 '뻔뻔한 시류'를 극복해야만 한다."(니체) 축제라는 "세계의 조화를 선포하는 복음"(니체)을 통해 인간은 인간과 손에 손을 맞잡으며, 자연과 하나가 된다. 이로써 궁극적으로 자기 자신과 하나가 되는 기쁨, 이게 곧 축제다. 여기서 국가와 정치가 다 무슨 소용인가? 심지어 정치의 축제에서조차 정치적 본능을 넘어서려는 경향이 보인다. 축제에서 사람들은 가능한 모든 걸 즐기지만, 국가가 명령하고 내세운 구실만큼은 거들떠보지도 않는다. 전체주의 국가들의 장엄하고 화려한 의식은 축제라기보다 복종과 충성의 서약을 받아내려는 안간힘처럼 보여 씁쓸하기만 하다. 그것을 두고 어찌 공동체의 놀이마당이라 할 수 있으랴. 여기서 사람들은 자신이 체제의 포로이자 탄압 대상이라는 것만 즐겨 노래할 따름이다.

모든 날이 축제의 날이 되어버린다면, 축제는 일상이 되며, 이로써 축제의 성격을 잃고 만다. 아무리 좋은 날이라도 며칠씩 계속되는 것만큼 참기 힘든 게 또 있던가.(괴테) 오랜 연휴의 끝은 죽음일 뿐이다. 진정한 의미의 축제는 일상과 일정한 간격을 유지하는 데서 찾아야 한다. 말하자면 일종의 모라토리엄이랄까.(마르크바르트) 경제에서 말하는 모라토리엄처럼 일시적으로 일상에 대한 관심을 끊고 유예하는 것이다. 지친 몸과 마음을 쉬면서 새로운 활력을 충전한달까. 인간은 축제를 통해 일상에서 빠져나와 이 황홀경 속에서 새로운 공간, 새로운 공동체, 새로운 자아만 찾아내는 게 아니라, 무엇보다도 완전히 새로운 시간을 체험한다. 축제의 시간은 곧 시간이 사라진 시간, 물리적 단위로 측정할 수 없는 시간이다. 종종 축제에서 신비로운 시간을 떠올리는 이유가 달리 있는 게 아니다. 이 신비의 시간에서는 '모든 게' 시작되지만, 영원에 매달려 있지 않기 위해 적절한 때 끝나도록 엄격함과 절제력이 요구된다. 그러나 오늘날의 추세는 다르다. 현대의 이른바 '메가 파티Mega Party'는 마냥 보채는 어린아이처럼 끝을 보려 하지 않는다. "파티는 계속되어야만 한다!" 일상에서 도피하려는 이런 심리에는 영원한 오락을 갈구하는 태도만 담긴 게 아니다. 무엇보다도 철두철미하게 지루함을 두려워하는 무능함을 표현한다. 도저히 참을 수 없어 가라고 내몰 때까지 술병을 끼고 앉아 죽치는 심리의 바탕에는 오로지 자기 자신하고만 보내야 하는 공허한 시간의 무게를 감당하지 못하는 무기력함이 깔려 있는 것이다.

이렇게 해서 순수한 의미의 축제는 일회성 행사가 되어버린다. 그토록 바랐던 황홀경은 자아의 상실이자 세계의 소멸일 따름이다. 일상은 우지끈하는 소리와 함께 무너져내린다. 내면과 바깥이 충돌을 일으키며, 문화산업이 빚어낸 환각이 현실인 양 착각을 불러일으킨다. 여기서 개인들은 온데간데없어지고, 오로지 문화산업만이 희희낙락할 뿐이다. 이른바 '메가 파티'라는 게 '이벤트'라는 이름으로 사람들을 현혹한다. 마치 공짜인 것처럼 호들갑을 떨지만, 그 배면에는 철저한 계산속이 숨어 있다. 단순히 사건이자 체험을 의미했던 '이벤트'는 이제 치밀한 프로그램으로 기획된다. 현재라는 일회성을 강조했던 축제는 철저히 계산된 프로그램에 의해 연출되는 기술 자랑으로 전락하고 만다. 온갖 기계적인 기술이 경합을 벌이는 장바닥에 지나지 않는 게 오늘의 축제다. 지독한 상업주의가 당연한 것처럼 일을 꾸미는 가운데 개인은 형체 없는 대중과 다중 속으로 사라져버린다. 함께 갈망하고 같이 꾸밈으로써 공동의 시간을 체험하는 것이었던 축제(가다머)와 달리, 이벤트는 흥청망청 춤추고 노래하며 순간의 쾌락을 소비하는 행태에 지나지 않는다. 익명의 개인들은 서로 수없이 엇갈릴 뿐, 공동이라는 게 뭔지 관심조차 가지지 않는다. 그저 '업'과 '다운'이 되풀이되며, 뭔가 모를 것을 지워버리고 잊어버리려고만 한다. 어디론가 가버리고자 열망한다. 그 어딘가에, 있지도 않은 곳에 도착하기 위하여. "멀리, 아주 멀리!" 저 먼 곳에서 우리는 "그런 젊은 시절은 다시는 오지 않을 거야" 하며 기억에 괴로워하리라. 이벤트의 현장에서는 "Life is live!", 즉 인생은 현재를 즐기는 것이라는 구호만이 독재할 따름이다. 그저 허공에서 떨어진 것만 같은 축제인 이벤트를 즐기며, 모든 것에는 그에 합당한 시간이 있음을 아프게 곱씹는 때를 맞이한다. 이제 우리는 안다. 시간이라는 게 '축제'에서 비롯되었으며, 바로 그래서 축제는 되풀이할 필요가 있다는 것을! 우리 인간은 때가 오면 축제를 치러 그때그때 자신의 인생에 이정표를 세운다는 것을! 퍼포먼스에 지나지 않는 이벤트는 그만의 독자적인 시간, 연결고리라고는 찾아볼 수 없는 우연의 시간을 가질 뿐이다. 그래서 이벤트는 언제나 다르며, 또 다를 수밖에 없다. 이벤트는 되풀이되어서는 안 되기 때문이다. 바로 그래서 축제는 한 번쯤 놓쳐도 상관없지만, 이벤트는 매번 그 꽁무니를 따라다녀야 한다.

관련 항목

먹고 마심은 곧 우주다 | 일상은 경이로운 철학의 시작이다 | 타인인가 손님인가

치유, 타인의 축복에 대한 응답

의사이자 작가인 보헤미안 악셀 문테•는 인간을 치유하는 데 있어 병을 앓지 않는 것보다 더 방해되는 일은 없다고 보았다. 깜짝 놀랄 만큼 신선한 충격을 주면서도, 왜 그런 게 생겨났는지 알쏭달쏭한 병이 치유에 있어서는 꼭 필요하다는 것이다. 누구나 그런 병의 축복을 누리는 것은 아니기 때문에, 사람들은 지나치게 건강한 자신이 못마땅하기만 하다. 아니, 적당히 아파야 주변의 관심도 끌 수 있고 자신의 존재감도 확인할 수 있지 않은가. 그래서 아프지 않다는 사실로 근심걱정을 하며 괴로워하는 희한한 일이 벌어진다. 보다못한 악셀 문테는 맞춤한 병 하나를 발명해냈다. 이른바 '콜리티

• Axel Munthe: 1857~1949. 스웨덴의 의사이자 작가. 하층민을 위해 의료봉사를 하면서 자유분방하게 살며 작품활동을 했고 스웨덴 왕실의 주치의로도 활약했다. 카프리 섬에 위치한 자신의 빌라에서 오스카 와일드, 릴케 등과 교유했다. 자전적인 소설 『산 미셸의 이야기』는 이때의 추억을 담은 것이다.

스Colitis', 즉 대장염이라는 게 그것이다. 그 전까지만 해도 아무도 이 병을 앓지 않았다. 그러니까 어떤 시대, 무슨 문화든 각기 적절한 병이 필요하다는 악셀 문테의 통찰에 의해 '콜리티스'가 발명되기 전까지 아픈 배를 감싸쥐고 병원을 찾는 사람은 아무도 없었다. 그러나 이런 신비로운 병의 출현과 함께 이제 사정은 완전히 달라졌다. 파리는 곧 '콜리티스'의 몽환적인 열기로 휩싸였으며, 무슨 일인지 그런 병을 앓지 않는 사람은 쓰린 속을 달랠 수가 없었다. 그러나 자비로운 문테 박사가 '콜리티스'라는 병명만 귓가에 속삭여주면 이미 병세가 위중했던 사람일지라도 얼굴에 화색을 띠었다. 이는 곧 치유의 은총을 누릴 수 있다는 말이 아닌가! 그 치유과정이 오래 걸리면 걸릴수록 사람들은 행복한 미소를 지었다. 이 세상의 무수한 병들이 그 배후에 '건강염려증'이라는 근심을 숨기고 있다는 사실을 아는 사람이라면 절대 아플 일이 없으리라. 물론 치유의 은혜도 깨끗이 잊어야겠지만 말이다. 치유는 인간이 마음속 깊숙이 품는 간절한 소망이다. 이를 채워주어야 할 책임은 의사와 의료기관만 떠맡는 게 아니다. 사람들이 달리 종교에 매달리며 목사 앞에 머리를 조아리겠는가. 치유를 허락받은 사람은 다시금 몸과 영혼이 건강해진다. 예수의 치유행위는 병만 고쳐준 게 아니다. 동시에 죄를 용서한 데서 그 진정한 힘을 발휘했다. 병을 앓는 것보다 죄에 시달리는 것이 더욱 끔찍하고 추악하지 않은가. 저마다 죄라는 말을 조금씩 달리 이해하겠지만, 죄짓고 살기는 어려운 노릇이다. 죄는 우리를 짓누르며 심장이 오그라들게 만들고, 얼굴을 흙빛으로 물들이며, 잠을 빼앗아간다. 이러니 치유를 간절히 바랄 수밖에. 예전에야 종교와 그 사제들이 치유해주었다면, 오늘날 하얀 가운으로 갈아입은 의술의 사제가 이 역할을 맡는다. 그 전문 직종에 어울리게 그들은 우선 병을 돌보는 데 힘을 쏟는다. 이때 병을 치유받는 것은 마치 죄를 용서받는 것과 같은 정화의 과정으로 경험되기 마련이다. 다시 말해, 죄로 말미암아 많은 병이 생겨나는데, 식전의 코냑 한 잔, 식후의 담배 한 모금은 우리가 일상에서 저지르는 '작은 죄'이다. 간과 폐에 부담을 줄 뿐만 아니라, 양심까지도 멍들이기 때문이다. 물론 양심의 가책을 감추려는 사람은 한사코 입을 다물지만 말이다. 자신의 잘못으로 빚어졌다고 보기 어려운 고통도 치유의 손길을 소리쳐 부른다. 이렇게 본다면 이 땅에서 모든 병이 없어졌으면 좋겠다는 요구는 세상 이치를 모르는 섣부른 소리다. 병이라고는 모르는 건강한 사람이 치유의 손길을 찾을 이유가 없지 않은가. 그렇다면 교회의 목사는 물론이고 병원의 의사도 찾지 않을 게 분명하다. 그럼 대체 인간이 뭐가 되겠는가? 건강하도록 저주를 받은 인간은 채울 길 없는 치유의 갈증을 꿀꺽 삼키며 홀로 외로이 서 있을 게 틀림없다.

그러나 치유를 갈구하는 사람은 과연 무얼 얻을까? 앞서 말한 정화의 은총과 더불어 치유를 갈망하는 사람은 자신이 뭔가 필요로 하는 인간이라는 인정을 받으리라. 그리고 필요로 하는 것을 달라고 할 권리까지! 그럼 뭐가 그리도 필요한 것일까? 그야 물론 이 험하고 막막한 세상을 살아가는 괴로움을 달래줄 위로와 관심이다. 병이 나았음에도 가슴에 구멍이라도 난 것처럼 썰렁한 바람이 부는 이유가 달리 있을까. 이제 막 인생의 새로운 시기로 들어서는, 즉 성인식을 성공적으로 통과한 청년도 헛헛하기는 마찬가지다. 이제는 성인이라며 다 알아서 하라는 통에 청년은 어쩔 줄 모르고 불안에 떤다(렌첸•). 아니, 문득 자신이 죽을 수밖에 없는 유한한 생명의 소유자라는 사실을 떠올린 사람도 치유라는 이름의 위로를 간절히 그리워한다. 그러니까 치유의 손길을 구하는 사람은 믿음이 돈독한 사람이다. 어떤 이는 생명수를 믿을 것이며, 또 어떤 이는 '운스트루트•• 와인'을, 또다른 이는 닥터라는 이름의 와인을 믿고 매달리리라.(우테르•••) 조금 냉철한 사람이라면 그저 컴퓨터 단층 촬영을 믿을 것이고. 물론 아주 드물기는 하지만 전혀 믿음을 갖지 않는 경우도 없지는 않다. 이런 사람은 자신의 느낌에 충실하려고 하며, 최신 제품이나 오랫동안 효험이 좋다고 알려진 약품을 추천해주는 약사 선생의 말을 더 소중히 여긴다. 아니면, 세월이 모든 상처를 낫게 하는 가장 좋은 약이라고 믿거나. 더 나아가 그 어떤 치유 수단을 불신하는 경우라도, 자신은 반드시 치유되리라는 굳건한 믿음이 기적을 불러오는 사례도 왕왕 있다. 그래서 치유를 구하는 쪽과 치유를 베푸는 쪽은 서로 상대가 없으면 안 되는 밀접한 관계를 갖는다. 의사와 환자, 변호사와 의뢰인, 목사와 신도가 달리 특별히 은근하고 친밀한 관계를 맺는 게 아니다.

이 관계를 떠받드는 핵심은 신뢰다. 치유를 구하는 쪽에서는 치유를 베푸는 사람의 능력, 특히 성실함과 진지함을 믿을 수 있어

• Dieter Lenzen: 1947~. 독일의 교육학자. 베를린 자유대학교 총장 등을 역임했다.
•• Unstrut: 독일 잘레 지방의 강 이름. 강가에 포도원이 많아 와인 생산지로 유명하다.
••• Hans-Jörg Uther: 1944~. 독일의 문예학자. 동화 연구가로 이름이 알려져 있다.

야만 한다. 실력 있는 줄 알았더니 돌팔이였다는 충격만큼 신뢰를 무너뜨리는 것은 없다. 치유를 베푸는 쪽에서는 치유를 원하는 쪽이 마음의 문을 활짝 열고 다가와주기를 기대한다. 치유를 받고 싶다고 진지한 자세를 갖기를 원하는 것이다. 이유는 간단하다. 치유 받기 원하지 않는다면, 치유될 수 없기 때문이다. 그러나 진정으로 치유를 원하는 사람이라면, 자신이 바라는 게 그저 단순한 치유가 아니라, 구원의 은총이라는 점을 솔직하게 인정해야 한다. 모든 치유는 일종의 은총이며, 우리가 겪는 구원의 은혜는 언제나 치유로 나타나기 때문이다. 이렇게 볼 때 흔히 의사와 사제를 엄격하게 구분하는 것은 현실을 부정하는 이상일 따름이다.(호네펠더•) 인간이 느끼며 살아가는 현실이 어디 이상이던가? 이처럼 현실을 모르는 태도는 갈등을 낳는다. 의사는 환자의 기대를 채워줄 수 없어 당혹스러워할 뿐이다. 실망시킬 수밖에 없다는 확신에 의사는 괴롭기만 하다. 반대로 환자는 구원의 은총을 기대할 수 있는 곳에나 가야 건강해질 수 있다고 생각해 이를 악물고 의사를 째려본다. 이런 갈등 탓에 치유를 찾는 갈망과 구원의 열망은 달랠 길 없는 고통만 남긴다. 그럼에도 잣대라도 들이대듯 수학적 엄밀함으로 접근하는 의사를 보면 환자는 진저리를 칠 수밖에 없다. 눈금을 읽듯 건강을 측정할 수 있다면, 딱히 아픈 곳은 없지만 무언가 허전한 마음에 괴로워하며 구원의 위로를 간절히 그리는 사람은 어디 하소연할 곳도 없어지리라.(페드로니) 그런 기계적인 건강이라면 "건강이야말로 이 인생이

• Ludger Honnefelder: 1936~. 독일의 윤리철학자. 응용윤리의 선구자로 불린다.

누릴 수 있는 최고의 축복이며, 다른 모든 좋은 것의 기반이다"(데카르트)라는 말조차 의심을 사게 되리라. 치유를 바라는 희망과 구원의 갈망은 치료라는 건강 회복의 효과보다는 치유를 베푸는 이의 축복을 더욱 소중히 여긴다. 누구든 결국 자기 자신의 마음가짐에 따라 다시 건강해질 수 있다면, 모든 쾌유는 일종의 자기구원으로 해석해야만 하리라.(미크) 그러나 이런 해석은 한 가지 중요한 사실을 간과하고 있다. 스스로 자신에게 베푸는 축복으로 충분하다고 생각한다면, 절대 치유의 효과를 기대하기 힘들다는 것이다. 용서와 마찬가지로 축복에 있어서도 우리가 다른 사람과 관계 맺고 있다는 게 결정적인 역할을 하기 때문이다. 타인의 축복에 가슴을 활짝 열 수 있는 사람에게만 치유의 기적은 일어난다.

그러나 이런 성찰은 아쉽게도 공허한 울림만 남긴다. 신과 더불어 치유를 베푸는 모든 손길이 이 땅에서 쫓겨나고 말았기 때문이다. 전문 의학으로 무장한 이른바 '의료기관'이 안간힘을 쓰기는 하지만, 그곳에서 치유의 손길을 찾기란 허망한 일이다. 마음을 어루만지며 위로와 평안을 베푸는 손길은 현대 의학에서 설 자리를 잃고 말았다.(하슈테트•) 치유를 베푸는 손길을 더이상 찾을 수 없는 마당에 치유란 없다. 하물며 구원이 가능할까? 구원이 없는 인생은 그게 병든 것이든 건강한 것이든 아무런 희망이 없는 무기수의 삶이다. 치유를 원한다면 먼저 치유를 베푸는 손길이 돌아와야만 한다. 그러

• Heiner Hastedt: 1958~. 독일의 철학자. 로스토크 대학교에서 철학을 가르치며, 주로 기술과 윤리 문제에 천착하고 있다.

나 과연 이들이 돌아와줄지 현재로서는 전혀 알 수가 없다. 오늘날 남을 치유하는 사람이 되고자 한다면, 자신이 다칠 각오를 해야만 하기 때문이다.(프리크•) 고독과 싸우며 고행을 통해 신과 소통할 줄 아는 능력을 갖춰야 한다. 치유를 원하는 사람은 성스러운 세계에 치유란 없으며, 우리의 세상은 성스럽지 않다는 것을 알아야 한다. 너무도 간절한 나머지 자포자기에 가까운 심정으로 치유를 바란다면, 부족하기만 한 우리 인간들이 서로 손을 잡아야만 한다. 비록 거룩하지 않은 우리네 세상이지만, 서로 마음을 합쳐 거룩한 은총의 세상으로 가꿔나가야만 한다. 바로 이럴 때 우리에게 축복이 주어진다. 우리 모두가 내면의 가장 깊은 곳에서 우러나는 힘으로 하나가 되어 이 세상을 떠받드는 것이 곧 축복이기 때문이다. 그러므로 치유에 이르는 길은 강제된 고독으로 이끌지 않는다. 전문가의 진료실 앞 대기실에 앉아 기다려야만 하는 것도 아니다. 오히려 진정한 치유는 우리가 서로 의존하고 있다는 것을 인정하는 것에서부터 출발해야 가능하다.(매킨타이어) 서로가 서로에게 의지하고 귀속하는 세상, 이는 치유와 구원의 세상임에 틀림없다.

관련 항목

믿음, 다채로운 세상을 만드는 힘 | 쇠약해짐과 죽음 | 장애인으로 살아가기

• Eckhard Frick: 1955~. 독일의 의사이자 철학자. 예수회 소속 신부이기도 하다.

친구로 산다는 것

우정이란 복잡한 것이다. 갈라섰다가 회복하기를 반복한 끝에, 도저히 되살릴 수 없는 우정도 있다. 간신히 몸을 추스른 우정은 가늘어졌다가 굵어졌다 다시 가늘어지는 우여곡절을 겪는다. 끊어낼 수 없이 애착이 가면서도 어딘가 모르게 불안하다. 아무짝에도 쓸모없나 싶더니 그래도 인생을 떠받들어주는 유일한 버팀목이구나 하고 깨닫고 눈물을 흘리는 감격의 순간을 맛보기도 한다. 우정이라는 게 어떤 틀로 이루어지는지 아는 사람일지라도 그 내용에 관해서는 한마디도 못하는 경우가 허다하다. 하물며 우정의 본질에 대해 뭐라 할 것인가? 도대체 친구라는 게 뭘까? 누가 나의 친구일까? 함께 의기투합해 말 한 마리 훔친다거나 같이 어깨동무를 하고 오페라 구경을 가면 친구인가? 술집에 앉아 꼭지가 돌아버릴 정도로 취하면? 머리를 맞대고 인생의 고민을 함께 나누며 개똥철학을 이야기할 수 있으면? 아니, 더욱 중요한 물음은 다음과 같은 것이다. 그는 정말 내 친구일까? 진짜 친구를 가릴 수 있는 테스트는 어떻게 하는 것일까? 이를테면 바다 한복판에서 조난당한 상황이라도 연출해야 할까?("비상시에 쪽배 한 척만 남아도 진정한 친구끼리는 서로 도와 살아남는다.") 그저 함께 지낸 햇수를 꼽아보면 될까? 그냥 모른 척 시치미를 뚝 떼고 한동안 연락을 하지 말아볼까? 하지만 전화 한 통에 쪼르르 달려나가는 자신을 보며 씁쓸한 미소만 지을 따름이다.

누가 친구이며 우정이 무엇인지 알 수 없는 사람은 거꾸로 그 반대가 무엇인지 물어봄으로써 우정이라는 것의 믿을 만한 그림을 그려볼 수 있지 않을까. 물론 그렇다고 친구가 아닌 적의 불편하기 짝이 없는 그림을 그려보자고 서로 아픔과 환멸을 안기며 어떻게 하면 괴롭힐지 헤아리고 앉아 있을 수는 없는 노릇이다. 한마디로 적이란 우리를 기꺼워하지 않는 사람이다. 이 결론을 뒤집어본다면, 우리는 친구가 무엇인지 알 수 있다. 친구란 나를 기꺼이 여기는 사람이다. 기꺼움이라는 호의는 친구와 적의 경우뿐만 아니라, 세계 전체로도 얼마든지 확장할 수 있는 개념이다. 친구가 없는 곳에는 적이 있을 따름이다. 다시 말해서 친구와 적이라는 대립쌍이 없으면 공식적인 세상은 와르르 무너져내린다. 친구와 적이 없는 마당에 "국가도 정치도 없기 때문이다".(슈미트) 그러나 친구와 적이라는 개념의 쌍은 정치의 영역에서만 단선적인 게 아니다. 무엇보다도 우정이라는 본연에 있어서도 친구와 적을 대립시켜보는 것은 역시 문제가 많은 관점이다. 우선, 적에게 친구의 운명을 맡기는, 너무 과중한 과제를 준 게 아닐까? 적으로서야 고맙기 그지없는 일이겠으나, 적이라는 대립 개념이 없이도 친구는 충분히 있을 수 있다. 다시 말해서 친구를 적과 대립하는 개념으로 보는 것은 오히려 친구를 모욕하는 일이다. 적어도 니체는 "좋은 친구란 적으로 볼 때 더욱 좋다"고 보았다. 호전적인 말이 아닌가 하는 사람이라면, 말을 제대로 새겨들은 셈이다. "친구를 갖기 원하는가? 그럼 친구를 위해 전쟁이라도 치를 각오를 해야 한다. 전쟁을 하기 위해서는 적이 될 수 있어야만 한다." 이게 무슨 말일까? 아무튼 친구를 이야기하는 데 있어서는 적이라는 비유가 빠져서는 안 되는 모양이다. 그러니까 니체는 친구를 이야기함에 있어 먼저 살펴야 하는 것은 바로 '나 자신'이라고 지적하고 싶은 것이다. 당신은 자기 자신과 좋은 친구인가, 아니면 늘 갈등을 일으키는 원수인가? 아마도 자기 자신에게 최고의 적인 사람은 만인의 친구이리라. 이런 이치를 친구에게 그대로 적용해보자. 옆에서 당신을 적대적인 입장에서 날카롭게 지켜보며 쓴소리를 마다하지 않는 사람이야말로 가장 좋은 친구가 아닐까? 다시 말해서 친구와 적은 대립하는 게 아니다. 가장 좋은 친구는 나를 가장 호되게 비판할 줄 아는 적이어야 한다. 친구이면서 적이며, 적이며 친구인 관계, 이게 니체가 말하고자 하는 핵심이다.

친구를 다룬다는 문제에 대해 신중하고도 섬세하게 접근해야만 한다는 짐작을 두고, 혹 그게 무슨 우정이냐고 조금이라도 회의감이 든다면, 우정을 인생의 전부일 정도로 위대한 것으로 여겼던 시절로 거슬러올라가봐야만 한다. 우정의 철학자 아리스토텔레스는 적대적인 관계가 우정을 "냉정하게 떠맡는다"라고 말했다. 이게 무슨 말인가 싶어 깜짝 놀라리라. 아리스토텔레스는 우정이라는 게 개인의 사생활뿐만 아니라, 공적인 사회생활에 있어서도 냉정함을 유지해야만 한다고 보았다. 인생을 안정적으로 떠받드는 버팀목이 아리스토텔레스가 보는 냉정한 우정이었다. 물론 이런 버팀목 역할은 오로지 최고의 우정만이 떠맡을 수 있다. 그리고 아리스토텔레스가 쓰라린 눈물까지 감내하도록 요구하는 이러한 최고의 우정은 극히 드물다. 이보다는 '친구'에게서 써먹을 수 있는 유리함을 보는, 그래서 이 이용 가능성을 약속해주는 한 친구에게 달라붙는 그런 우정을 쉽게 볼 수 있다. 아마도 이런 우정이라면 너무 흔해서 그에 관한 노래라도 흥얼거릴 수 있을 지경이다. 그깟 게 무슨 우정이냐며 코웃음을 치는 사람일지라도 아리스토텔레스가 꼽는 두번째 우정의 행태에는 고개를 끄덕일 수밖에 없으리라. 두번째 우정이란 곧 '에로스'가 중심이 되는 관계다. 듣기만 해도 귀가 쫑긋하는 이 짜릿한 관계 역시 크게 다르지 않다. 쾌락의 강도가 줄어드는 그 순간, 우정은 풀어져버린다. 아무리 강인한 사람이라 할지라도 이 정도 불안에 무너져내릴 수 있기 때문에 완전한 우정을 향한 갈망이 그리도 큰 게 아닐까. 세상에 그런 완전한 사랑이 어디에 있느냐고 아무리 설득하고 달래도 끄떡없는 것을 보라. 실망, 환멸, 기만, 배신, 심지어 사기에 이르기까지 우리는 누구나 넌더리날 정도로 사랑의 아픔을 겪었다. 바로 그래서 우리는 모두 진짜 우정을, '도덕적 귀감이 될 우정'(아리스토텔레스)을 간구한다. 그러나 여기에서도 역시 실망은 도사리고 있다. 참된 우정의 가치를 모르는 사람도 있을까? 실망과 배신과 환멸이라고? 심지어 사기라고? 그럼 나는? 나는 참된 우정의 가치에 충실한 사람이었는가? 왜 우리는 항상 당한 것만 생각할 뿐, 자신이 저지른 것에는 관대한가? 슬그머니 자신이 없어지는 대목이다. 친구로 삼기 원하는 바로 그 남자 또는 여자가 정말 흠잡을 데

없이 좋은 것, 도덕적으로 훌륭한 것만을 행하는 사람인가? 더 나아가 그런 친구에게 좋은 친구가 되어줄 정도로 자신 있는가? 적어도 마지막 물음만큼은 아주 놀라우리만치 간단하게 처리할 수 있다. 이 물음에 부정적으로 답한다면, 이미 문제는 깨끗이 해결된 셈이다. 자신 있다며 긍정한다? 그렇다면 당신은 정말 교만한 사람이다. 이 교만만으로도 당신은 좋은 친구일 수 없다는 게 확인된 셈이다.

그렇다면 대체 이 우정이라는 것을 어찌 시작해야 좋을까? 우선 사랑의 시작과 아주 비슷하다고 말할 수 있다. 서로 눈길이 마주치는 순간, 불꽃이 번쩍 튄다. 상대방에게서 아주 흥미로운 점을 발견한다. 상대에게서도 마찬가지의 일이 일어난다면, 우정은 막을 올릴 수 있다. 그렇게 간단한 게 어디 있느냐고? 그렇다면 적어도 어디서 우정이 끝나는지는 쉽게 말할 수 있다. 우정은 깨어지는 순간, 끝난다. 이때 우리는 적대감과 증오심에 아주 가까이 서 있다. 사랑이 깨어질 때도 흔히 볼 수 있는 일이다. 그렇다고 사랑과 우정이 같은 것은 전혀 아니다. 둘을 구분하거나, 언제 우정에서 사랑으로 발전하는지 말하기란 어렵다. 아무튼 우정과 사랑 사이의 차이는 감정의 밀도가 만드는 것이리라. 이 밀도의 차이는 깨지는 순간 가장 분명하게 드러난다. 사랑은 우정에 비해 훨씬 더 큰 소란과 소동이 빚어진다.

이런 차이를 두고 우정이 사랑의 약화한 형식이라고 결론지을 수는 없다. 마찬가지로 우정이 사랑의 가벼운 버전이라고 말할 수도 없다. 많은 친구들이 우정을 사랑보다 가벼운 것으로 보는 인상에 사로잡혀 있기는 하다. 우정보다는 사랑이 더 많은 충족감을 주리라고 기대하기 때문이다. 그래서 우정의 가치를 과소평가하고 깨어질 위험으로 내몬다. 그러나 사랑과 우정의 문제에 능통한 아우구스티누스는 다음과 같이 경고한다. "우정이라는 느낌의 맑은 물줄기를 감각적 욕구라는 진창으로 틀어막지 마라." 이 경고는 새겨들음직하다. 인생에 있어 그 어떤 형태의 감정도 우정만큼 완벽함이라는 수식어를 누리지 못했기 때문이다. 서로 관심의 균형을 맞춰가며 상대를 고유한 권리를 갖는 존재로 존중해주는 우정은 친구를 있는 그대로 받아들이며, 자기 입맛대로 바꾸려 들지 않는다. 마찬가지로 인정을 기대할 수 있는 사랑은 익히 알려져 있다시피 쉽사리 질투의 감정에 휘말리며, 사랑의 대상을 있는 그대로 놓아둘 수 없는 각종 중독에 빠진다. 심지어 상대는 전혀 원하지 않아해도 좋은 것이라며 강요하는 게 사랑이라고 착각하기도 한다.

우정은 그런 어리석음에서 상당히 자유로운 덕분에 고령까지 지속될 수 있다. 끊임없는 변화와 고통스러운 좌절의 시절에도 우정이 꾸준한 모습을 보여주는 이유가 달리 있는 게 아니다. 물론 아리스토텔레스가 말하는 최고의 우정과는 거리가 있을지라도 웬만해서는 우정의 끈을 놓으려 하지 않는다. 함께 늙어가며 덕을 익히고 배우는 게 친구의 운명이자 과업일진대 어떤 우정이 이를 무시하려 들겠는가?(키케로) 친구가 되어 친구로 남기 위해서는 최소한의 덕을 알아야만 하기 때문이다. 아는 것에서 그치지 않고 덕을 존중하며 '인생관'에서 (하나가 되는 것일 뿐만 아니라), 더 나아가 '긍정적인 의미의 인생관'에서 삶을 공유하려 드는 게 우정이다.(키르케고르) 그렇다면 도덕적 엘리트만 우정을 누릴 수 있다는 말일까? 저지하세계의 친구들은 우정을 키워나갈 수 없다는 말인가? 그러나 키르케고르가 쓰는 '긍정적인 인생관'이라는 말을 오롯이 상대방을 존중하는 뜻에서 그를 위해 애를 쓰고 노력하는 것이라고 이해한다면, 현실에서 거의 실천하기 어려운 저 고결한 덕성이라는 문제를 제하고 생각해도 좋지 않을까? 그렇게 의기투합해 무슨 일을 함께 꾸밀까 하는 물음을 그대로 물음으로 남겨둔다면 말이다.

홀로 있음의 극복으로서의 우정은 물론 그에 상응하게 무장해야 얻어낼 수 있다. 우정은 고상한 사랑이 그 폐쇄적 경향 때문에 성취할 수 없는 것을 가능하게 만드는 장점을 가진다. 그리고 이 가능성만큼 세상은 넓어진다. 말인즉 우정은 공공의 삶을 위해 봉사해야 한다. 우정은 사랑이 필요로 하는 저 은밀한 구석자리에서 빠져나오려 한다.(아렌트) 그리고 삶의 한복판으로 걸어들어가 다른 사람들도 오라고 손짓을 한다. 친구들이 즐기는 파티는 사랑하는 연인이 즐기는 그것과 근본적으로 성격이 다르다. 연인은 커튼을 내리는 반면, 우정은 문을 활짝 열어놓는다. '친구로 살아가며 누리는 즐거움의 정점'이랄 수 있는 파티는 우정을 누리는 게 특히 성공적인 좋은 인생이라는 점을 확연히 보여준다.(렘케) 더불어 은둔자의 암자에서는 멋진 인생이라는 꽃이 피어나기 힘들다는 사실도 확인해준다. 굳게 마음을 다져 먹고 은둔의 길을 택한 사람은 단 한순간이라도 우정의 파티를 맛보는 순간, 눈에 띄게 불안해한다. 참으로 다양한 형식의 우정이 있지만, 친구끼리 웃고 떠들며 즐기는 파티만한 것도 쉽게 찾아볼 수 없기 때문이다. 물론 친구끼리라고 해서 언제나 열린 파티를 선호하는 것만은 아니다. 그런 기회를 피해 차라리 새로 지은 차고 안에서 자기네끼리만 은밀하게 즐기는 친구들도 적지 않다. 아니면 손에 손을 잡고 무슨 갯벌 체험 같은 것을 찾아가거나. 아예 시간적 공간적으로 거리를 둠으로써 삶에 필요한 소금을 얻는 우정도 있다. 한사코 거리를 두려 하니 이런 단절도 우정일까 의아스럽기만 하다. 별거를 하며 이혼 수순을 밟아가는 부부라면 모르되, 서로 없으면 죽고 못 산다면서도 한사코 거리를 두는 우정은 어찌 이해해야 할까? 이런 형이상학적 우정의 예로는 편지로만 우정을 나누는 경우를 꼽을 수 있다. 뭐 그렇다고 해서 거창한 고민을 나누는 진짜 형이상학과는 거리가 멀지만 말이다. 친구를 눈과 귀와 입으로 직접 대하기보다 글로만 자잘한 심정을 주고받는다는 점에서 형이상학이라는 표현을 써봤을 따름이다. 아무튼 일을 더 복잡하게 만들려는지, 아예 결코 자리를 함께하지 않으려 드는 우정도 있다. 지독한 야행성이라 한밤중에만 일어나 활동하는 '밤의 친구'를 두고 하는 이야기가 아니다. 이른바 '고독의 친구'라는 족속은 무슨 일이 있어도 만나는 것만큼은 회피하는 기이한 친구들이다. 이 '고독의 공모자' 혹은 '고독에 충실하기로 맹세한 일당'은 '공동체가 없는 공동체'를 형성한다.(데리다) 대체 이런 친구들은 어떻게 이해하는 게 좋을까?

우정을 공동체 결속의 기반으로 보려는 우리 입장에서는 저 고독의 친구들을 아예 친구라는 범주에서 몰아내버리고 '기분 나쁜 녀석들'로 낙인찍으면 차라리 속이라도 시원하리라. 그러나 고독하기로 공모를 했다는 친구들을 간단히 반사회적인 골통으로 내몰 수야 없는 노릇 아닌가. 게다가 고독의 친구들은 인생의 특정한 덕성을 함양하는 것을 최고의 목표로 삼는 경우가 적지 않다. 이런 덕성은 고결하기에 진정한 친구가 되기에 조금도 부족함이 없다. 그러니까 어찌 보면 이들이야말로 우정의 참맛을 아는 셈이다. 그리고 고독의 친구에는 몇몇이 모여 숲에 산책하러 간다든지, 오붓하게 낚시를 즐긴다든지, 별구경을 다니는 족속도 있다. 이들을 두고 은둔적 성향을 가졌다고 할 수는 없다. 오히려 이들은 친구가 생기면 아주 좋아한다. 물론 그 친구의 수가 극소수이지만 말이다. 그저 낚싯배에 함께 올라탈 정도면 만족하는 친구들이다. 많지는 않지만 배가 전복되는 것을 막기에는 충분하다. 또다른 주의 사항은 불필요한 잡담을 금한다는 것이다. "우정이 침묵을 지키는 것은 아니지만, 침묵은 우정을 지켜준다." 왜? 이유는 간단하다. "깨지지 않은 침묵은 우정을 보호하며, 우정을 보증한다."(데리다) 친구가 된다는 것은 쉬운 일이 아니다. 친구로 오래오래 남기 위해서는 갖은 수고를 아끼지 말아야 한다. 그럼에도 기꺼이 노고를 떠맡겠다는 사람은 오로지 하나만을 소중히 생각한다. 그것은 다른 무엇과도 바꿀 수 없는 우정이다.

관련 항목

고독은 반사회적인가 | 대화가 필요해 | 사랑은 영원에 대한 믿음이다

쾌락을 안전하게 맛보는 방법

쾌락은 그게 어떤 정원에서 맛보는 것이든 간에, 다른 모든 것을 잊어버리게 만드는 힘을 가졌다. 그래서 쾌락에 사로잡힌 나머지 할 일을 까맣게 잊고 뭐가 어떻게 된 것인지 몰랐다고, 그저 자신은 어디 다른 데 있었던 모양이라고 읊어대는 말이 믿기 어려울지라도 전혀 터무니없는 말은 아니다. 욕정에 깊이 빠지면 빠질수록 일상은 그만큼 더욱 멀어지며, 고통과 비탄의 시간, 슬픔과 곤궁의 시절을 뒤로 흘려보낸다. 지금 이 순간 쾌락에 빠진 사람은 더이상 바랄 게 없다. 욕정을 넘어서는 모든 것은 아무것도 아닐 뿐이다. 그래서 욕정이 채워지는 바로 그 순간 "멈춰라, 너 참 아름답구나!"(괴테) 하는 탄성이 터져나온다. 또 "모든 쾌락은 영원하리라! 깊디깊은 영원함을 자랑하리라!"(니체) 하고 외치기도 한다. 그러나 아쉽게도 쾌락은 오래 머물지 않는다. "갈망하는 쾌락, 아직 이르지 못한 쾌락, 이것만이 쾌락이다"(슈바이처) 하는 탄식이 괜스레 나오는 게 아니

다. 썰물처럼 빠져나간 쾌락이 남긴 헛헛함은 이내 새로운 갈증으로 다가온다. 도무지 얼굴이 기억나지 않는 그놈의 쾌락이 그리워서…… 아무것도 바라는 게 없는 쾌락은 그저 간단하게 꼬리를 감추고 말았기 때문이다.

바라는 게 없이 꾸며댈 줄 아는 탓에 쾌락은 언제나 새삼스럽게 강력한 의심에 시달려야 했다. 탐식을 혐오하며 깨달음에 굶주린 기독교가 인류를 더럽히는 사악함의 원인으로 쾌락을 의심하며 질시한 것이 처음은 아니다. 고대에 이미 막강한 영향력을 자랑하는 위인들은 쾌락을 상대로 투쟁을 선포했다. 적어도 육신의 쾌락은 언제나 집중포화의 표적이었다. 이를테면 플라톤은 육신의 쾌락에 정신과 영혼의 양식을 갈망하는 쾌락을 대비시키며 만족스러워하며 즐거운 미소를 지었다. 스스로 생각해도 절묘한 대비였기 때문이다. 그래야 육신의 생리적인 욕구, 즉 성욕을 두고 생명력을 낭비하는 허튼수작이며 헤픈 도락이라고 거침없이 깎아내릴 수 있지 않은가. 게다가 이 육신의 쾌락이라는 놈은 도무지 배부를 줄 몰라 하는 뻔뻔함을 자랑한다고 꾸짖어댔다. 하긴 쾌락을 갈망하는 이 굶주림이 얼마나 끈질긴지는 쾌락을 충족해주려는 각종 업종이 오늘날까지도 문전성시를 이루며 성업중인 것만 봐도 잘 알 수 있다. 플라톤은 쾌락을 비난하는 사람들이 대개 그러하듯 보편적인 의미에서 추구하는 쾌락은 문제삼지 않았다. 다만, 바로 이 구체적인 쾌락의 행태를 두고 반대의 목소리를 분명히 했다. 정신이라는 영역에서 추구하는 쾌락은 존재의 의미를 음미하며 자족하고 절제할 줄 아는 것이기에 플라톤은 쌍수를 들어 환영했다. 이 '참된 쾌락'은 육욕만이 판을 치는 에로스의 쾌락과는 거리가 멀다. 법과 질서를 한사코 외면하며 독재를 일삼으려는 육욕에 비해 '참된 쾌락'은 깔끔하게 정리를 할 수 있을 정도로 성숙한 면모를 자랑한다.(플라톤)

심지어 양쪽 쾌락의 규모는 계산을 통해 비교까지 할 수 있다. 간음이나 일삼는 무법의 독재자는 법과 윤리를 소중히 여기는 성군에 비해 정확히 729배는 더 불행하다.(플라톤) 플라톤이 어떤 복잡한 알고리즘으로 이런 계산을 해냈는지는 일단 그냥 넘어가기로 하자. 1년의 두 배라는 시간에 조금 못 미치는 불행 지수는 육욕을 채울 희망에 부풀어 있던 사람을 확 깨게 만들기에 충분한 수치다. 이 셈법이 보여주듯 육체적 쾌락만으로 사람은 결코 행복할 수 없다. 거꾸로, 참된 쾌락을 멀리하고 한사코 잘못된 쾌락의 꽁무니만 좇는 사람은 눈치도 못 채는 사이에 불행의 나락으로 굴러떨어질 뿐이다. 그래도 정신 차리지 않고 거리낌없이 정욕만 채우려는 사람의 불행은 성군보다 800배는 더 무겁게 느껴지리라. 이런 계산에서 얻을 수 있는 가르침은 간단하다. 진정 행복하고자 한다면, 성실함과 벗하라. 나중에 기독교는, 그리고 더욱 뒤에 출현한 계몽주의 윤리는 욕정을 삼가는 생활을 해야 마땅할 이유를 다음과 같이 설명했다. 쾌락을 줄이면 행복이 늘어난다. 그러니까 정욕에만 매달리면 나중에 비싼 대가를 치를 수밖에 없다.

이처럼 인간은 언제나 계산을 해야 직성이 풀리는 탓에, 나중에 뭐가 보탬이 되며 뭐가 보람이 있는지 꼽아보고서야 쾌락을 멀리해야겠다고 다짐한다. 그러나 쾌락의 정원에서 유혹의 손길은 예측을 불허할 정도로 좌충우돌 헤집고 다니므로 그냥 쾌락이라면 아예 멀리하고 절제하는 게 현명하다. 쾌락을 좇는 대신, 덕을 닦는 일에 매진하자. 하지만, 이때 혹 그 덕이라는 게 사람들의 비웃음이나 사는 게 아닌지 늘 겸손하게 돌아보는 자세를 갖추어야 한다. 이런 조심성이 없는 덕은 이내 악덕으로 돌변하기 마련이다. 덕을 숭배하는 인간은 겸허하고 고결한 삶을 살지만, 욕정의 꽁무니만 좇는 사람은 치욕을 당할 위험을 항상 끌어안고 다닌다.(세네카) 사람들은 쾌락에는 너무 빨리 쉽게 마음을 여는 반면, 덕은 좀체 생각하는 일이 없는 까닭에, 덕을 떠올리는 것만으로도 도움이 된다고 스토아학파는 가르친다. 거의 모든 도덕 이론이 절제를 강조하는 것 역시 같은 맥락이리라. 그러나 그 같은 절도를 지키는 태도를 만들어주는 가장 좋은 전제 조건인 침착함은 아쉽게도 누구나 갖는 게 아니다. 그만큼 쾌락의 유혹은 강렬하다. 고혹적인 웃음을 흘리며 다가서는 미인의 손길을 그 누가 과감하게 뿌리치랴. 그러나 명심하자. 육체적인 쾌락에 성공적으로 맞서 싸워 이기는 사람에게는 덕이 손짓할 뿐만 아니라, 신의 보상이 기다린다! 쾌락이 무엇인지 잘 알았을 뿐만 아니라, 꿈에서 쾌락을 떠올리는 것조차 금지된 쾌락임을 깨우친 아우구스티누스는 심지어 잠을 자면서도 '욕망이라는 올가미'(아우구스티누스)를 피하려고 조심할 정도였다. 그러나 꿈의 힘으로 무장한 밤만 우리를 사악한 욕망에 시달리게 하는 게 아니라, 하루가 깨어나는 아침 역시 유혹으로 시작된다. 먹을 것인가, 굶을 것인가? 매일 자기 자신을 상대로 벌어야 하는 싸움에서 그때마다 절절한 심정으로 질문을 던져야 한다. 여기서 아우구스티누스는 사도바울의 가르침을 상기한다. "음식이 우리를 하느님께로 가까이 나가게 해주는 것은 아닙니다. 그것을 안 먹었다고 해서 손해될 것도 없고 먹었다고 해서 더 이로울 것도 없습니다."(『고린도전서』 8장 8절) 그러나 동시에 우리의 머리는 이렇게 말한다. 살려면 먹어야 해! 먹고 살아남아야 하느님의 전능함을 찬송할 수 있을 게 아냐? 이처럼 전혀 상반된 태도들을 대비시킴으로써 아우구스티누스는 식욕의 유혹이 얼마나 강렬한 것인지 예리하게 보여준다. 강철 같은 결단으로 단호하게 끊을 수 있는 성욕과 달리 식욕은 나름 정당하다고 자신의 권리를 요구하며 만족시켜달라며 끊임없이 도전적이고 호전적인 자세를 취한다. 말을 능숙하게 다룰 줄 아는 기수는 때때로 고삐를 늦추어 말의 숨통을 풀어준다. 그래야 다시 잡아챌 수 있기 때문이다. 쾌락을 다스리는 데에도 늦추고 당기는 지혜가 중요한 게 아닐까?

그러나 쾌락은 절제의 그 어떤 요구에도 저항하기 때문에 쾌락이라는 문제로 고민하는 사상가는 더럭 두려움에 사로잡히곤 한다. 쾌락의 마수에 붙들려 세월이라는 이름의 강을 건넌 끝에 미지의 땅에 버려지는 것은 아닐까 무서운 생각이 드는 것이다. 더이상 자신을 알아보지 못할 정도로 망가져서 아프게 회한하는 것만큼 아찔한 악몽이 또 있을까. 이런 위험을 막는 방법은 예부터 한결같았다. 쾌락으로 끌리는 에너지의 흐름을 바꾸어 이성이라는 이름의 물레방아를 돌리게 만드는 것이다. 혹은 신을 경외하는 마음을 키우거나. 정신적인 가치를 추구하는 쪽으로 에너지를 집중함으로써 쾌락의 유혹을 떨쳐내는 것이랄까. 이처럼 물꼬를 돌리는 작업을 하면서 직면하는 문제는 간단치 않다. 쾌락에 봉사하기를 거부하려는 안간힘은 그 자체가 쾌락으로 변질될 위험을 안고 있기 때문이다. 다시 말해서 현실과 완전히 절연된 채 신이나 이성만 섬기는 광신 내지 이성 중독에 빠져버리는 것이다. 우리의 목적은 쾌락을 적절히 다스리는 것이지, 세상을 등지고 편협한 진리를 가꾸는 게 아니다. 그래서 철학자들은 여러 세대에 걸쳐 어찌하면 이런 문제를 풀 수 있을까 골몰해왔다(어쩐 일인지 여성 철학자들은 이 문제에 거의 관심을 보이지 않았다). 물음을 한마디로 정리하자면 이렇다. 어떻게 해야 우리는 쾌락의 하인으로 전락하지 않고, 쾌락이 우리에게 봉사하게 만들 수 있을까?

쾌락을 그저 간단하게 부정하라는 것은 결코 좋은 충고가 아니다. 눈을 질끈 감아버린다고 해서 쾌락이 우리 인간의 일부라는 것, 살아 생동함의 분명하고도 확실한 증거라는 엄연한 사실이 사라지지 않기 때문이다. 인간이 어떤 존재인지 너무나도 잘 알았던 칸트는 이런 사실을 분명히 의식하고 쾌락을 길들이려 시도했다. 다시 말해서 이성의 명령에만 복종하도록 쾌락을 굴복시키기보다는 이성을 위해 봉사할 수 있도록 달랬다. 쾌락에도 이른바 '지성'을 심어주었달까. '지적인 면모를 자랑하는 쾌락'은 '집착하지 않고 절제할 줄 아는 쾌락'이다. 또는 '감각에서 자유로운 취향'이다.(칸트) 바꿔 말해서 감각에 지배당하는 게 아니라, 감각을 충분히 즐기면서도 이를 다스릴 줄 아는 게 바로 '지적인 쾌락'이다. 이로써 균형과 절제를 아는 쾌락은 우리의 실천이성에 긍정적인 힘을 불어넣어준다.

그러나 철학과 정치, 즉 인간 정신의 역사가 보여주듯 인간의 실천이성은 무력하기만 했으며, 쾌락을 지속적으로 담장 안에 가두어두지도 못했다. 늘 깔끔하게 정리를 해두어야 직성이 풀리는 칸트식의 취향은 이성에게도 쾌락에게도 너무 지나친 요구이었던 셈이다. 이성과 쾌락은 강제된 질서라는 궤도를 일탈하려는 성향을 가지고 있다. 심각할 경우에는 일체의 것을 하나의 궤도 안으로만 몰아넣으려는 강압과 폭압만이 기승을 부릴 따름이다.(호르크하이머/아도르노) 심지어 쾌락이 일상의 프로그램이 되고 이성이 그 실현을 떠맡는 경우, 이성은 '계산 기관'으로 전락하고 만다. 그리고 쾌락은 그 만족을 위해 사투를 벌이며 온갖 기지를 구사하는 '곡예'를 서슴지 않는다.(호르크하이머/아도르노) 현대의 대중문화가 처한 현주소는 철학자들의 예언이 적중했음을 웅변한다.

어떤 대가를 치르고라도 가져야 하는 쾌락은 말 그대로 공짜로 누릴 수 있는 게 아니다. 심지어 쾌락을 멀리하는 것도 그에 맞춤한 대가를 치러야 한다. 쾌락을 강제로 억누르는 것은 인간의 행복을 결정적으로 가로막는 억지이지 않은가. 그러니까 쾌락을 무조건 찍어 누르면 스스로 불행을 택하는 대가를 치르고 만다. 쾌락이 인생에서 맛볼 수 있는 최고의 것이며, 행복한 인생은 쾌락으로 가득하다는 주장(아리스토텔레스)은 몇 가지 굳어진 오해만 정리한다면, 부정할 수 없는 진리다. 아리스토텔레스가 풀어보려 시도한 바 있는 오해는 적절한 쾌락과 지나친 쾌락을 혼동하는 데서 빚어진 것이다. 쾌락은 좋은 것이지만, 지나치면 더 좋아지는 게 아니라, 추악해진다.(아리스토텔레스) 쾌락이 선을 넘어가서 지나치게 되면, 그때부터 쾌락은 고통으로 가득한 악몽이 된다. 그런데 이 선이라는 것은 각자 직접 겪어봐야 그런 게 있다는 것을 안다. 바로 그래서 문제가 까다로워진다. 보다못한 남이 충고를 하고 아무리 좋은 말로 귀띔을 해줘도 버럭 성질부터 내는 게 인간이다. 그러니까 누구에게나 적용되는 보편적이고 구속력을 갖는 절도를 규정하기란 불가능에 가깝다. 행복의 원천이자 목적인 쾌락(에피쿠로스)은 적절히 선택해서 누려야지, 무작정 닥치는 대로 덥석 물어서는 안 된다. 공격적으로 쾌락을 맛보기를 절제하는 게 어떤 경우든 가장 안전한 길이다. 적어도 불행만큼은 피하고자 한다면 말이다. 눈대중으로 대충 어떤 쾌락을 골라잡거나 무슨 쾌락은 포기한다는 식의 태도는 실수를 자초할 위험이 크다. 운 좋은 경우에는 행복을 부여잡겠지만, 재수 없을 때는 불행을 고스란히 떠안는다. 한 번뿐인 소중한 인생을 운수소관에 맡겨서야 되겠는가.

관련 항목

마약, 현실 도피를 욕망할 때 | 성매매라는 참혹한 교환관계 | 행복은 시간으로부터의 해방이다

타인인가 손님인가

타인과 손님은 참 묘한 별종이다. 이들은 서먹서먹함과 친근함, 낯설음과 친숙함, 떨어져 있음과 가까이 있음이라는 긴장관계를 형성한다. 한쪽은 위험하고 사악하며, 다른 한쪽은 인자하고 거룩하다. 사실 이 세상의 모든 사람은 나에게 손님 혹은 타인이다. 낯선 얼굴은 어디에나 있다. 내가 살아가는 영역의 경계 저 바깥쪽뿐만 아니라 안쪽에도, 내가 속한 공동체에도 타인은 있다. 말하기 끔찍스럽지만, 바로 내 안에도 타인은 있다.(크리스테바) 어쨌거나 타인을 피할 길은 없어 보인다. 우리 자신을 이해하기 위해서는 다른 사람이 꼭 필요하기 때문이다. 타인이든 손님이든 내가 나를 아는 데 있어 남은 없어서는 안 될 존재다. 나와 다른 남이 있어야, 내가 누구인지 말할 게 아닌가. 그러니까 자기 자신과의 관계는 타인과의 관계를 필요로 한다. 남들을 두고 왈가왈부하는 것은 곧 우리 자신을 두고 왈가왈부하는 것이나 똑같다. 손님을 초대하려고 마음먹고 자기

자신에 관해 골똘히 생각해보지 않는 사람도 있을까? 그리스 사람들은 자신들 이외의 사람을 '바바리안barbarian', 즉 야만인이라고 불렀다. 바바리안은 야만스럽지 않았다. 다만 그리스인들은 바바리안이 하는 말을 알아들을 수 없었을 따름이었다. 뭐라고 중얼거리기는 하는데, 무슨 소리인지 도통 알아먹을 수가 없는 "바라-바라bara-bara"로 들렸던 것이다. 어떤 문화든 자기네 식구는 '인간'이요, 이방인은 '얼간이' 아니면 '짐승'이었다. 편가르기를 분명히 하려는 의도랄까. 어쨌거나 야만인과 얼간이와 짐승 덕분에 문화인과 똑똑한 천재와 인간이 어깨를 펼 수 있는 셈이다. 정체를 알 수 없는 짐승 같은 사람이 나타나면 인간은 당황하기 마련이다. 손님으로 맞아야 할지, 적으로 내몰아야 할지, 재빨리 판단을 내리지 못하면 자기 목숨이 위험하다. 내가 살아갈 터전과 동네를 지키기 위해 이런 판단 능력은 필수다. 남의 정체를 고민하지 않아도 좋은 존재는 신이 유일하리라. 신이란 자신의 바깥에 있는 모든 것을 포괄하는 존재가 아닌가. 다른 것이라도 무엇이든 끌어안는 신! 그렇기에 신은 도무지 속내를 알 수 없는 위대한 타자가 아닐까! 아무튼 우리에게 중요한 것은 이렇다. "타인이 누구인지 안다는 것은 결국 내가 누구인지 확인하는 일과 맞물려 있다."(빔머) 그러니까 체제를 지키겠다며 타인을 의도적으로 배제하는 것은 자기 자신을 부정하고 망각하는 자해 행위일 따름이다. 남을 내모는 자여, 너는 너 자신을 몰아내고 있느니라.

손님을 가장하고 찾아오는 이는 타인이나 적만이 아니다. 심지어 손님의 얼굴 뒤에는 악마가 숨어 있을 수도 있다. 악마의 괴기한 능력은 안정된 질서를 파괴하며 불안에 몰아넣는다. 손님과 타인은 경계를 넘나드는 첩자일 수도 있다. 세상을 두루 오가며 어떤 차이가 있는지 알려주면서 멀게만 느껴졌던 것을 가까운 것인 양 착각하게 만든다. 이로써 애면글면 지켜오던 경계선을, 자랑스럽기만 했던 애향심과 정체성을 사정없이 흔든다. 세상을 정처 없이 떠도는 방랑자가 경탄과 질시의 눈길을 한몸에 받는 이유가 달리 있는 게 아니다. 돌아온 탕아, 영원히 방랑하는 유대인 아하스베르, 세계대전이 낳은 난민들, 오늘날의 이민자들, 이들 모두는 어느 한곳에 정착하지 못하고 세계 역사의 곳곳을 누빈다.• 방랑자는 토착민을 자극하고 혼란에 빠뜨리며, 철석같이 믿고 있던 세계관을 말도 안 되는 우연의 연속이며 자의적으로 지어냈다고 속삭인다. 놀란 토박이는 설마 하면서도 전통적 도덕과 이념을 의심의 눈길로 흘겨보게 된다. 먼길을 돌아오느라 보고 들은 게 많은 손님이 허튼소리를 하겠어? 일단 의심의 싹을 틔운 토박이는 불안하기만 하다. 차라리 저 손님이라 불리는 타인을 내모는 게 좋지 않을까? 아니, 그럴 수야 없지. 저들이 사라진다고 해서 다시 옛날의 자신으로 돌아갈 수 있을까 불안해진 토착민은 난감해하며 한숨만 쉰다. 오히려 내가 달라져야만

• 이 문장에서 '돌아온 탕아'와 '영원히 방랑하는 유대인 아하스베르'는 성경과 관련된 이야기다. 구두장이 아하스베르(혹은 아하스베로스)는 13세기경 전설에 등장하는 인물로, 그는 형장으로 끌려가던 예수그리스도가 자신의 가게 앞에서 잠시 쉬어 가려고 하자 등을 떠밀며 빨리 가라고 내몰았다고 한다. 이에 예수는 "내가 다시 오는 그날까지 너는 세상을 떠돌리라"라고 저주를 내렸다고 한다. 이것이 유대인이 고향 땅에서 쫓겨나 세상을 떠돌게 된 배경이라는 것이다. 일각에서는 유대인에 대한 혐오감을 조장하기 위해 억지로 꾸며낸 전설이라고 지적하기도 한다.

하는 게 아닐까? 이럴 때 도덕은 대체 어떻게 하라고 가르쳤던가? 물음에 물음이 꼬리를 무는지라 머리가 터질 것만 같다. 이처럼 손님을 친절하게 대하는 것은 위험하기 짝이 없다. 지금껏 소중하고 귀중하게 여겨왔던 모든 게 허망해진다. 어디 그뿐인가? 나 자신이 누구인지 아리송해지는 혼란까지 겪어야 한다. 크니게는 이런 위협에 대해 잘 알았던 모양이다. 갈수록 세상이 사치스러워져가는 마당에 갖은 술수를 써가며 손님 대접을 받으려 하는 떠돌이 식객을 조심하라고 거듭 당부하기 때문이다. "얼굴에 환한 미소를 띠고 문을 두드리는 식객에게 부엌과 곳간에 있는 모든 걸 털리지 않으려면 지갑을 꽉 움켜쥐고 조심 또 조심을 해야만 한다."

사람 사는 곳은 어디나 손님을 반갑게 맞기 마련이다. 타인이 있어야 내가 있다는 무슨 거창한 철학적 이유 때문에 그러는 것만은 아닐 터. 무엇보다도 손님을 친절히 대해주는 심리의 바탕에는 언젠가 나도 손님으로 대접받으리라는 기대가 숨어 있으리라. 한 번쯤 융숭한 손님 대접을 받고 싶다는 생각을 하지 않는 사람도 있을까? 때때로 꽃단장을 하고 '바바리안'에게 가서 돈을 낚아채거나, 그도 안 되면 아예 가죽을 귀까지 벗겨 먹겠다고 사람이라면 누구나 기대를 품게 마련이다. 또 손님과 타인은 자신을 맞아주는 주인의 법도에 기가 막힐 정도로 잘 순응한다. 특히 후춧가루만 풀풀 날리는 척박한 나라 출신인 경우, 눈알을 획획 굴리는 처세 능력은 놀라울 정도다. 타인은 받아들여지거나 다시 내쫓길 수 있다. 물론 아무런 관계를 맺지 않고 소가 닭 보듯 심드렁한 관계를 유지하거나, 너희는 우리와 다르다며 한사코 밀쳐낼 수도 있다. 얼굴을 일그러뜨리며 너와 우리는 격이 맞지 않는다고 선을 그으며 강조하는 것이랄까. 이렇게 해서 타자와 맺는 관계는 세 가지 종류로 정리할 수 있다. 첫째, 가치를 기준으로 하는 관계다. 이 관계에서 타인은 좋은 사람 아니면 천하의 악당이며, 사랑이 아니면 증오의 대상이고, 나보다 지위가 높거나 형편없는 졸개일 뿐이다. 두번째는 단순히 가치만 보는 게 아니라 실천에 옮기는 관계다. 여기서 우리는 다른 사람의 가치를 받아들이거나 거부한다. 함께 잘해보자며 상대와 자신을 동일시하는 태도가 받아들이는 것이다. 아니면, 매몰차게 돌려세운다. 마지막으로 생각할 수 있는 관계는 상대방을 제대로 알아보았는가 아니면 오해하고 오인했는가 하는 인식과 깨달음 차원의 것이다.(토도로프) 어떤 관계든 서로 잘 알기 위해서는 각고의 노력이 필요하다. 그리고 이는 어느 한쪽의 일방적인 노력만으로 이뤄지지 않는다. 일방통행처럼 이뤄지는 관계에서는 "상대방이 가진 작은 차이가 어찌할 수 없는 다름이 되며, 상대가 나와 조금 같다고 해서 무조건적으로 받아들일 만큼 어리석어진다".(토도로프)

손님과 주인, 외국인과 자국민은 그들 사이에 가로놓이는 '불신과 적의라는 불모의 중간지대를 이어주는 다리'가 있어야 만날 수 있다.(슈타글•) 이 다리 위에서 폐쇄와 자포자기, 비굴하게 구는 노예근성과 될 대로 되라는 식의 방종은 소통을 통해 극복되어야만 한다. 손님과 타인이 극도로 상처받기 쉬운 인물로 여겨지는 데는 다 그만한 이유가 있다. 일자리를 찾아서든 전쟁으로 말미암은 난민이

• Justin Stagl: 1941~. 오스트리아의 사회학자. 문화사회학을 중점적으로 연구하고 있다.

든, 어떤 이유로든 자국을 찾아온 외국인을 대하는 일만큼 조심스럽게 다루어야 하는 사안도 없다. 이런 손님과 타인에게 권리를 보장해주면서도, 이들이 치안을 해치는 일이 없도록 각별히 신경을 써야 한다. 긴장관계가 빚어지는 것은 어찌 보면 당연하다. 이런 긴장이 폭발하지 않고 건강하게 소화되려면, 불모의 땅을 건너게 해주는 다리는 그 목적에 걸맞은 의식과 절차로 꾸며져야만 한다. 손님과 타인이 아무렇지도 않게 덜컥 오늘 찾아와, 내일 머무를 수는 없다.(지멜) 먼저 문화적 의식을 거치며 그들이 원래 살던 곳과 잘 떨어질 수 있게 해주는 게 중요하다(난민, 이주 노동자, 밀입국 불법체류자 등). 그리고 '새 고향'에 적응할 준비를 할 수 있는 중간단계(환영 의식, 수용 시설 마련 등)와 적극적인 수용정책(선물, 공동 식사, 정착금 지급, 망명 신청 등)이 반드시 뒤따라야 한다. 이런 준비 과정 없이는 문화에 평화롭게 적응할 수가 없다. 물론 세계는 글로벌화되면서 하루가 다르게 좁아지고 있다. 이런 마당에 손님에게 굳이 이름과 출신 지역 그리고 입국 의도 등을 캐물어야만 할지 의문스러운 사례도 많기만 하다. 이런 심문은 꼭 상대에게 당신 죽는 사람이요, 아니면 안 죽는 사람이요 하고 묻는 것만큼이나 불필요하지 않을까? 오늘날 고도로 발달한 기술 덕분에 어떤 개인의 신원을 확인하기가 상당히 간편하고 신속해졌다. 인권을 해치지 않는 범위 내에서 손님과 타인의 신원은 반드시 확보해야 한다. 그래야 그들이 유령과 같은 존재로 남을 위험을 차단할 수 있다. 이름을 물어보고 신원을 확인하며, 그 사람이 혹 사회를 위협하는 존재인지 아닌지 하는 판단은 중요하다. 이를테면 일종의 데이터베이스 같은 것을 구축해 범죄행위에 가담한 손님과 타인을 가려낼 수 있어야 한다. 물론 이런 판단은 어디까지나 인본주의적인 절차를 통해 내려져야 한다. 그저 경비병을 세움으로써 열린 문을 철저히 닫아거는 법치는 곤궁한 처지의 사람을 더욱 가혹하게 내모는 것과 다름없다. 이는 곧 개인이 평화롭게 사회에 적응하는 일을 원천적으로 가로막는 비인간적 폐쇄성일 따름이다.(카프카)

손님과 타인을 구별해주는 것은 무엇일까? 초대 여부가 기준일 수는 없다. '초대받지 않은 손님'이라는 말도 있지 않은가. 그리고 어떤 타인은, 굳이 말하자면, 초대를 받을 잠재적 권리를 지니고 있다. 그렇다고 위협 요소를 따지는 것만으로 타인이 손님과 구분되는 것은 아니다. 지극히 낯설기만 한 타인보다 훨씬 더 위험한 손님은 얼마든지 생각할 수 있기 때문이다. 지명도도 그 구분의 지점이 될 수 없다. 어떤 유명인이 음험한 의도로 손님을 가장해 찾아왔다면, 그는 전혀 모르는 타인보다도 더 위험할 수 있기 때문이다. 손님과 타인의 결정적인 차이는 이를테면 시간의 차이라 할 수 있다. 손님은 언제나 일정 기간 동안 찾아온 사람이다("손님은 물고기와 같아서/오래 신선하지 못하네"). 반면, 타인은 언제까지나 타인으로 남을 가능성이 있는 사람이다. 나의 제한된 지평을 언제나 넘어선 시간적 무한함의 구조가 타인의 바탕에 깔려 있다. 만약 타인이 도무지 정체 파악이 되지 않고, 우리를 공격하며 우리의 안전을 위협한다면, 이 타인은 우리와 시간을 공유할 수 없는, 철저한 타인일 따름이다. 이런 타인을 우리는 개념으로 정리해 표현할 수 없다.(레비나스) 그런 한에서 타인과의 만남은 서로 다른 시간이 충돌하는 것과 다르지 않다. 타인의 시간은 내가 가까이 갈 수 없는 다른 시간이다. 이 시간은 과거와 미래의 각각 다른 지평을 보여주기에 우리는 불안해진다. 타인이 누구인지 도무지 알 수가 없기 때문이다. 정체를 알 길이 없이 무한하게 뻗어나간 시간을 나의 유한한 시간이 이해할 수 없지 않은가. 전혀 들어본 일이 없는 타인은 언제나 아무것도 들을 수 없는 타인으로 남을 따름이다. 나 자신이 타인이 되지 않는 한, 조금도 그 타인처럼 생각할 수 없다. 나는 나의 유한한 시간에 들어온 타인만을 생각할 수 있을 뿐이다. 어쨌거나 나의 내면과 타인의 내면이 서로 접촉 가능한 점을 찾아야만 한다. 그래서 제3의 귀를 가지고 타인의 목소리는 물론 나 자신의 목소리를 들어보아야만 한다. 타인이 뭘 말하는지뿐만 아니라, 나는 무엇을 말하며, 또 어떻게 말하는지 들어봐야만 한다. 이 제3의 귀를 닫아두지 않을 때 비로소 타인과 손님을 맞을 (경청할) 공간이 열린다. "먼저 우리 자신에게 공간을 열어줄 수 있어야 한다. 이 공간 안에서 우리는 우리 자신이 손님이 된다."(바르•) 이때 공간은 포괄적인 의미에서의 경험 공간, 사유 공간, 언어 공간으로 열린 영역이라는 문화적이고 사회적인 공간이 된다. 이 공간에서는 주인이 손님의 손님이며, 자기 자신에게도 손님일 수 있음이 드러난다. 이처럼 손님과 주인의 관계는 주고받음이라는 상호 관계이며 서로 의지하는 관계다.

이는 성경도 분명히 증언하는 사실이다. "너희도 한때는 이집

• Hans-Dieter Bahr: 1939~. 독일의 철학자. 전통적인 자연철학을 대신하는 풍경의 철학, 즉 공간 개념을 완전히 새롭게 해석한 철학을 선보였다.

트 땅에서 떠돌이 신세였으니, 너희도 또한 떠도는 사람을 사랑해야 한다."(『신명기』 10장 19절) 칸트가 사해평화 정신에 기초해 전 세계가 손님을 따뜻이 맞이해야 한다고 지적한 것에서부터 오늘날 좌파 청년들의 구호인 "나도 밖에 나가면 외국인이다—우리는 모두 지구의 손님이다!"까지 손님과 타인을 소홀히 하지 않아야 한다는 정신은 역사를 통해 거듭 확인 가능한 진리다. 칸트는 국가들이 연합해 이룰 수 있는 영원한 평화는 손님의 권리를 지켜주려는 소극적인 것에서 더 나아가 방문의 권리를 보장해주는 데서 이뤄질 수 있다고 확신했다. 말하자면 '타인이 어떤 다른 나라의 땅을 밟았을 때 적대적으로 취급당하지 않을 권리를 보장해주는 것'이야말로 우주 어디서나 통용되는 보편법칙이어야 한다는 주장이다. 이유는 간단하다. 우리는 모두 지구라는 땅에 사는 이웃이기 때문이다. 누구든 지구에서 살아갈 똑같은 권리를 보장받아야 한다. 또한 남의 존재를 절대적으로 용인해야 할 의무가 있다. 저마다 출신지가 다르다는 우연성은 지구는 하나라는 절대성에 의해 소멸되고 만다. 이런 시각에서 확인할 수 있는 도덕의 표준은 다음과 같다. "우리는 모두 한 배를 타고 있다." 물론 칸트는 이런 깨달음이 우리 모두의 것으로 자리를 잡기까지 시간이 걸리리라는 점을 명확히 알고 있었다.

이 같은 상황이 여전히 실현되지 못하고 있다면, 우리의 태도는 달라져야 하는 게 아닐까? 과연 어떻게 달라져야 할까? 어찌해야 타인이나 손님이 우리와 다르다는 점을 인정하면서, 그 다름을 다른 그대로 대해줄 수 있을까? 누구에게 무엇을 베푼다는 식의 태도는 언제나 문제를 낳는다. 준다는 것과 받는다는 것은 그 주고받는 행위로 말미암아 결코 쉽게 파기될 수 없는 관계가 된다. 그러나 주인이 베푸는 것과 손님이 답하는 것은 어떤 경우에도 교환 관계가 되어서는 안 된다.(데리다) 뭔가 준다는 것은 경제학적 관점에서 지출이자 소비이며 비용이다. 그러나 뭔가 베푼다는 것이 다시 회수하겠다는 생각을 바탕으로 한다면 곤란하다. 얻어내기 위해 베푼다는 것은 상대를 도구화하는 데 지나지 않기 때문이다. 타인을 상대로 올바르게 처신한다는 것은 교환의 의미를 재지 않고 그저 주는 일이어야 한다. 그래야 타인과 관계를 열어갈 여지가 생긴다. 말하자면 숨통이 트이는 인간 대 인간이라는 관계의 시작이랄까. 따라서 베푼다는 것은 무엇을 줬는지 다시 기억하지 않겠다는 뜻이어야 한다. 이게 진정한 의미의 선물이다. 이렇게 준 선물은 늘 생생하다. 선물의 시간은 시간을 뛰어넘는 영원이기 때문이다. 나는 주었다는 사실을, 무얼 주었는가 하는 기억을, 깨끗이 잊어버려야 한다. 장차 상대방에게서 뭔가 다시 얻을 게 있겠지 하는 생각을 꿈에도 하지 말아야 한다. "기억이 없이, 지속하는 일관된 이해관계가 없이, 주체와 그 주체의 생계와도 관련이 없이, 그저 베푼 것, 이것이 우리가 진정 원하는 것이다. 있지 않은 것, 존재의 저편에 있는 것, 이런 영원의 잔재야말로 우리 인생을 떠받드는 것이다. 누구도 이야기하지 않는 비밀이지만, 이에 관해 침묵해서도 안 되는 진실이다."(데리다) 그러니까 역설적이게도 주인과 손님의 관계는 주고받는 관계다. 진심으로 교류를 나누며 서로 의존하는 관계다. 물론 여기서 주고받는다는 행위 자체는 중요하지 않다. 윤리적으로 말하자면 법이 없어도 좋은 상황에서 주고받는 관계가 이루어질 따름이다. 손님과 타인의 만남은 마음의 문을 활짝 열어놓는 개방적인 상태에서 이뤄져야 한다. 여기서 온전히 의도적으로 주의를 기울이며, 주의깊은 의도로 타인을 그 무한함에서 영접할 수 있어야 한다.(레비나스) 타인과 손님의 문제는 개인을 받아들이고 만날 때 그 어떤 집단이나 국가의 일원이 아닌, 바로 그 개인으로만 상대해야 함을 분명히 해준다. 완전히 열려 있는, 그 어떤 선입견에서도 자유로운 분위기에서 일대일로 만날 때 우리는 책임을 아는 인생을 이야기할 수 있다.

관련 항목

대화가 필요해 | 인사, 고독한 타인을 깨우는 일 | 친구로 산다는 것

탄생은 과연 죽음의 시작인가

"우트 이니티움 에세트, 호모 크레아투스 에스트Ut initium esset, homo creatus est." "태초를 위하여, 인간을 창조했나니" 하는 아우구스티누스의 육성이다. 인간을 태초의 증좌로, 새로운 시작을 알리는 신의 신호탄으로 바라보는 것은 서양 사상의 역사에서 흔치 않다. 서양 사상은 전통적으로 인간을 처음부터 '에페메로이ephemeroi', 즉 나날이 죽어가는 자로 인식했을 뿐, '태어난 자'로 주목하지는 않았다. 삶은 죽음의 진행형이며, 막판을 향해 치닫는 일이었고 죽음에 이르는 병이었을 따름이다. 말 그대로 '죽어가는 일'이랄까. 탄생의 진행형이나 영원한 새 출발 혹은 영구적인 생성처럼 출발점에서 삶을 바라보는 관점은 그야말로 손가락을 꼽을 정도로 희귀하다. 자기 자신을 관찰하며 사색에 빠진 인간은 삶이라는 감방에 갇혀 죽음의 순간을 기다리는 사형수였던 셈이다. 지난 세기를 뒤돌아볼 때 "메멘토 모리Memento mori", 즉 "죽음을 기억하라"는 "메멘토 비베레Memento vivere", 즉 "살아 있음을 의식하라"를 압도했다. 이런 마당에 "메멘토 나스키Memento nasci", 즉 "탄생을 기억하라"는 사치에 가까운 예외였달까.

탄생을 죽음의 시작으로 바라본 죽음 철학은 말 그대로 역설적이다. 인간의 생명이 함축하고 있는 죽음이 실제로 죽음으로써 비로소 무력화된다는 이야기가 아닌가! 죽을 수밖에 없는 모든 존재는 죽어서야만 죽음에서 벗어날 수 있다. 그렇다면 종종 영원한 축복이자 영생과 결부되어 생각되어지는 죽음을 우리는 결코 맛볼 수 없다는 말인가? 태어난 자는 그 순간부터 죽어간다. 이미 죽음을 받아들인 사람은 죽음에서 해방된다는 최고의 지혜를 맛보는가? 이런 생각은 이미 소크라테스와 플라톤에게서 심심찮게 찾아볼 수 있다.

탄생에 대한 불편한 관점은 프로이트의 말과 더해져 더욱 첨예해진다. 두려움을 나타내는 라틴어 '안구스티아angustia', 즉 '좁음'을 탄생의 과정과 결부해야만 한다고 프로이트는 강조한다. 이렇게 말하면서 프로이트도 겸연쩍었는지 라틴어로 다음과 같이 적어놓았다. '인터 파에세스 에트 우리남inter faeces et urinam'. 그러니까 탄생은 '똥과 오줌 사이를 통과'하는 것, '항문과 요도 사이'를 거쳐 세상의 빛을 보는 일이다. 체면을 불구하고 이러한 던지는 적나라한 표현은 탄생 이전의 상태를 떠올리게 한다. 이른바 '엄마 뱃속이라는 낙원'을, 그 영원한 만족의 땅을 벗어나기 위해 오물을 뒤집어쓴다는 말인가! 프로이트는 친구인 빌헬름 플리스*에게 다음과 같은 편지를 썼다. "행복은 선사시대의 간절했던 소망이 추후에 충족되는 것인 모양이로군." 선사시대, 즉 자궁으로 회귀를 열망하는 속내를 고스란히 드러낸 표현이다. 이로써 탄생과, 그와 결부된 결과를 평가절하하는 배경을 얼추 짐작할 수 있다. 한사코 애욕에 매달리는 인간의 모습은 그 한 점 불안도 없이 행복했던 천국으로 다시 돌아가고자 하는 몸부림으로 읽어야 하리라. 사랑하는데 똥과 오줌이 문제더냐.

행복, 긴장이 완전히 사라진 온전한 평안은 살아서 결코 맛볼 수 없다. 그런 행복은 죽음 안에서만 만날 수 있을 뿐이다. 탄생하자마자 인간은 곧장 타나토스, 즉 죽음의 본능이 내미는 손에 이끌려 죽음을 향해간다. 죽음이야말로 본격적인 삶이며, 탄생은 태아로 천국을 누리던 행복을 박차고 아난케[••]의 가혹한 현실로 내던져지는 타락에 지나지 않는다. 여기에 다시 원죄라는 것까지 뒤집어써야 하는 어처구니없음을 대체 어찌 이해해야 좋을까? 아무튼 탄생은 순수했던 만족을 현실이라는 가혹함과 맞바꾸는 결과를 초래할 수밖에 없다. 결국 죽음은 두번째 탄생이며, 다시금 일체의 긴장에서 해방된 평안함의 축복을 누릴 수 있는 원래적인 의미의 탄생이다.

이를 두고 한스 자너[•••]는 서양철학이 "탄생을 망각하고 죽음에 집착한다"라고 말한다. 그리고 페터 슬로터디예크는 이 생각의 핵심을 다음과 같이 정리한다. "탄생은 절대자의 변덕이다. 끝없이

• Wilhelm Fließ: 1858~1928. 독일의 의사이자 생물학자. 독일 과학 아카데미 의장을 지냈으며, 프로이트와 막역한 친구였다.

•• 그리스신화에 등장하는 운명의 여신. 신들까지 그녀 앞에서 벌벌 떨어야 할 정도로 막강한 힘을 자랑한다.

••• Hans Saner: 1934~. 스위스 철학자. 야스퍼스의 조교를 지냈다. 왕성한 집필활동으로 여러 차례 상을 받았다.

개인을 낳는 희극으로 영원의 무료함을 달래려는 것일까. 그러나 엄밀한 의미에서 개인화, 즉 탄생이라는 좁은 길을 통과한 개인을 두고 형이상학은 안타까움과 연민을 토로하며 그 개별화와 분리와 서로 다름이라는 가상을 빚어낸 신화를 부정하기 위해 안간힘을 쓴다." 가엾게도 현실이라는 고통의 바다에 내던져진 개인의 탄생을, 철학은 애도하며 위로하고 있다는 해석이다. 그러나 탄생한 개인을 우주의 보편자로 떠받드는 이런 길을 형이상학 이후 등장한 삶의 기술은 따를 수가 없다. 아니, 따르고 싶지 않다. 삶의 기술이 감당해야 할 과제는 우선 탄생의 순간을 세상으로 출현한 갑작스러운 순간으로 재현해보는 일이다. 이로써 탄생이 지닌 함의를 성공한 인생을 이야기하고자 하는 철학과 관련해 풀어보는 것, 이게 형이상학보다 인생에 가까이 가려는 철학이 떠맡아야 할 일이다. 인간으로 시작한다는 게 무슨 뜻일까? 무지의 장막으로 가려진 시점인 탄생의 순간에서 인간이 출발해야 한다는 게 어떤 의미인가? 수태와 탄생의 순간을 기억할 수 없는 인간에게 여기서부터 시작하라니 그게 대체 무슨 말인가?

우리는 탄생의 과정을 전혀 모르는 탓에 탄생이라는 선사시대를 존재하지 않는 것으로 바라볼 수밖에 없다. 그러니까 우리는 인생을 마지막으로 있었던 지점, 그러니까 인생의 첫번째 지점에서 해석하는 게 불가능하다. 그래서 말이지만 아마도 우리는 미래만 바라보도록 결정된 존재인 게 아닐까? 태초를 돌아볼 수 없는 우리에게 앞만 보고 나아갈 길만 남지 않았는가? 뒤돌아볼 수 있는 인생은 없는 것일까? 언젠가는 죽어야만 하는 바로 그 지점을 전망할 때 우리의 삶은 철두철미하게 유한할 수밖에 없을까? 그러나 언젠가는 죽을 수밖에 없다는 것을 알아서가 아니라, 애당초 기억의 능력이 제한된 탓에 우리는 유한한 게 아닐까? 개인의 시간이 세계의 시간에 들어선 순간을 망각했기에 시간은 나의 의지와는 무관한 것으로 나를 짓누른다. 인간이 시간을 다스릴 수 없는 이유는 그 '0'이라는 지점, 즉 출발점을 망각했기 때문이 아닐까? 탄생의 시점을 확정할 수 없다는 사실은 인간의 인생에 짙은 어둠을 드리운다. 결국 시간에 사로잡힐 수밖에 없다는 암울함이 드리우는 그림자이다. 어쨌거나 우리는 이렇게 말해야만 한다. 인생은 본질적으로 불완전하다. 언젠가 죽기 때문에 불완전한 게 아니다. 언제인지 모를 시점에 태어났기에 우리는 불완전하다. 다시 말해서 우리는 언제나 다시금 새롭게 시작해야만 한다. 완성이 없이 늘 다시 출발해야만 하기에 우리는 불완전하다. 하지만 시작할 수 있고, 시작해야만 하기에, 발전과 생성 그리고 자유가 있으리라.

헤라클레이토스는 영원한 삶을 어린아이와 비교함으로써 탄생의 의미를 새겼다. 노는 데 열중하는 아이의 순수하면서도 의젓한 모습을 닮고 싶었던 것일까? 니체 역시 어린아이를 정신의 세 가지 변형 가운데 시작이 아닌 끝으로 파악한다. 인간은 낙타와 사자를 거쳐 어린아이가 된다는 것이다. 니체는 어린아이를 모든 것을 깨끗이 잊어버리고 긍정의 힘을 자랑하는 순결함으로 바라본다. 이는 "하늘과 땅의 주인이신 아버지, 안다는 사람들과 똑똑하다는 사람들에게는 이 모든 것을 감추시고 오히려 철부지 어린아이들에게 나타내 보이시니 감사합니다"(『마태복음』 11장 25절) 하는 성경의 말씀에 매우 근접해 있다. 여기서 어린아이는 땅을 새롭게 일구는 것의 상징이다. "스스로 구르기 시작하는 바퀴이며 첫번째 운동이자 거룩한 '예Yes'이다".(니체) 니체가 어린아이에게서 발현된다고 보는 신의 번뜩임은 '크레아티오 엑스 니힐로creatio ex nihilo', 즉 무無로부터의 창조라는 생각뿐만 아니라 영구운동기관•이라는 개념으로 구체화된다. 신생아는 자기 자신을 넘어서서 참되고 좋으며 아름다운 새 우주를 창조해낸다. 아기와 더불어 세계는 새로운 시작을 알린다. 새 출발의 육화한 표현이 신생아랄까.

그러나 탄생이 시작할 수 있음을 의미한다면, 탄생이 시작의 시작이며 자유의 시작과 다르지 않다면, 왜 서양철학은 탄생에 큰 의미를 두지 않으려는 것일까 묻지 않을 수 없다. 어째서 죽음은 중요하게 생각하면서 탄생은 한사코 내모는 것일까? 정신분석과, 정신분석보다도 더 최근에 나온 실존철학의 관점에서 보자면 다음과 같이 대답할 수 있으리라. 탄생은 두려움을 낳는다. 이 두려움은 열려 있음을, 자유를 두려워함이다. 두려움을 한사코 몰아내려 하지만 우리는 자유롭도록, 두려워하며 살도록 심판받은 존재다. 탄생(탄생의 두려움)을 감내할 때, 태어남을 감수할 때 우리는 비로소 자유를 창조하기에 이른다. 헤겔은 자유가 필연성에 이르는 통찰이라고 확신하지 않았던가? 태어남의 필연성을 받아들여라, 너에게 자유가 열리리라!

• Perpetuum Mobile: 일단 가동되기 시작하면 외부의 에너지 공급이 없어도 영원히 운동한다는 가상의 기관. 그러니까 본문은 아기가 탄생함으로써 우주가 영구운동을 한다고 설명한다.

단 한순간이라도 탄생과 자유의 연관을 따라본다면 신생아를 교육할 의무를 다룬 칸트의 생각과 만난다. 칸트에게 있어 의무는 탄생 이전에 이미 시작된다. 그러니까 임신과 더불어 교육의 의무는 이미 막을 올린 것이다. 이 생각은 두 가지 방향으로 나아간다. 우선, 탄생을 인생의 출발로 이해하지 않는 게 그 하나다. 자궁 속의 태아가 이미 계통 발생학적으로 발달한다고 본다. 다른 한편으로 아기가 태어났다는 인류학적 사실 때문에 좋은 교육을 해줘야 하는 것은 아니라고 칸트는 주장한다. 아기를 임신했다는 윤리적 행동에서 이미 교육의 의무는 시작한다. 임신과 더불어 우리는 아기의 자율성을 간섭한다. 그리고 묻지도 않고 아기를 '우리'의 세상에 내보낸다. 바로 그래서 아기들이 자주 운다고 설명할 수 있다. 아기는 자신의 자율성을 침해당했다고 직감하기 때문이다. 교육을 탄생이라는 인류학적 사실에 대한 반응으로 이해 가능한 반면, 교육을 바라보는 윤리는 아기의 자율성을 간섭한 빚을 갚도록 요구한다. 칸트식으로 말하자면 타인의 자유를 간섭한 것을 보상해줘야 한다. 아기가 태어난 다음 부모는 가장 만족스러운 교육을 아기에게 보장해주어야 할 의무가 있다. 이로써 칸트는 현실과 차이가 있을지라도 언제 어디서나 지켜야만 하는 의무교육이라는 프로그램을 완성했다.

탄생은 세대를 이어주는 일종의 릴레이다. 이미 고대에서부터 탄생은 사회정치의 핵심 주제였다. 사회, 즉 폴리스가 안정적으로 살아남기 위해서는 출산의 문제를 잘 다루어야 한다고 본 것이다. 인구정책이라는 형태에서 세대 문제는 국가의 존립을 위해서는 너무 많아서도 그렇다고 너무 적어도 곤란하기 때문에, 적정 수준의 후손을 낳아야 한다고 보았다. 심지어 플라톤은 수치까지 제시할 정도로 완벽하게 알고 있었다. 폴리스 시민은 정확히 5040명이어야 한다! 바로 그래서 플라톤은 결혼하지 않은 사람(자녀가 없는 사람)은 형벌에 처해야 한다고 주장했다. 반면, 크레타 사람들은 아이가 지나치게 많아지는 것을 막으려고 동성애를 조장했다. 사회의 인구가 희망하는 대로 궤도를 타도록 플라톤은 수태 이전에 이미 교육 정치를 시작할 것을 권고한다. 교육은 탄생과 더불어 국가가 주도해야 한다는 주장이다. 그러나 세대의 계승이 영원이라는 무한함과 결부되는 것을 어쩌랴. "이제 인류라는 종은 전체 시간과 밀접하게 맞물려 함께 성장한다. 그리고 끝까지 시간과 더불어 흘러가리라. 아이를 낳고 아이가 또 아이를 낳으며 불사의 존재로 발돋움하는 것이랄까. 아이를 만들어냄으로써 불사와 불멸의 영생을 맛보는 일은 언제나 동일하다."(플라톤) '수브 스페시 애터르니타티스Sub specie aeternitatis', 즉 영원이라는 관점 아래서 볼 때 모든 세대는 죽음이라는 것을 모르는 불사의 혈통처럼 보인다. 신들과는 반대로 세대 계승이라는 인류학의 시간으로 죽지 않는 영원함을 맛본다. 달리 말하자면 우리는 불사의 영생을 나누어 받기 위해 아이를 낳는다.

물론 아이를 긍정하고자 하는 물음에는 달리 대답할 수도 있다. 아이를 가지고 싶다는 소망이 영원에 이르는 세대의 고리와 결부되어 불사의 희망을 담아낼 수도 있지만, 인류라는 거창한 역사 말고도 개인이 갖는 좋음이 개인 고유의 역사로 이어지기를 바란다고 말할 수도 있다. 물론 인생은 한 번뿐이라는 논리를 들이대며 인생의 유일함을 보상받기 위해 수많은 인생이 필요하다고 고집을 부릴 수도 있으리라. 아니면 (훌륭하게) 함께 사는 인생을 넌지시 강조하거나. 결과적으로 아이를 가지고 싶다는 세속적인 희망은 개인으로 성숙했다는 증거를 갖고 싶은 마음으로 풀어볼 수 있다. (함께) 사랑을 나누었다는 의미이자, 위기 상황을 이겨냈다는 것과 결부되기도 하리라. 어찌됐든 탄생이 사회적 관계의 결과물이라는 점만은 냉정하게 확인할 수 있다. 물론 자궁 바깥에서 어떤 삶이 신생아를 기다리고 있는지, 인간은 어떻게 태어나는 것인지 하는 물음도 결코 사소한 것으로 치부될 수는 없다.

이제 현대에서 죽음의 사라짐이 탄생의 사라짐과 어느 정도 상응하는지 생각해볼 차례다. 인간의 생명을 의료화하고 병원화하며 기술의 대상으로 만들어버린 오늘날의 우리는 정말 "탄생"하는 것일까? 기술의 힘을 빌리는 것도, 강조하자면 "자연적인 탄생"일까? 기술에 의한 탄생을 은총이자 축복이라고 할 수 있을까? 여성 자신이 책임져야 하는 출산이라는 몸의 사건을 합리적 기술이라는 미명 아래 남성 의사의 이성에 떠넘기면 무슨 일이 벌어질까? 출산이라는 역사적 순간의 의미가 그래도 살아날 수 있을까? 통계와 위험도 계산과 서비스 정신이 출산이라는 사건을 지배하게 되면, 그러니까 출산이라는 사회적 의식儀式이 과학이라는 프로세스로 대체되어버리면 어떤 변화가 일어날까? 거룩해야 할 모태를 모니터로 관찰하는 실험 대상으로 전락시켜버림으로써 산모의 감정 따위는 일체 무시하는 무시무시한 일이 천연덕스럽게 벌어지고 있다. 그래도 탄생에서 그 신비적인 분위기와 절대적인 태초라는 의미가 남을까? 탄생이라는 사건이 갖는 위험과 운명적인 분위기는 흔적도 없이 사라지지 않을까? 자궁 안에 있는 아기에게 세례를 준다는 설레는 기쁨은 입도 뻥긋하지 말아야 하는 게 아닐까? 도대체 어느 선까지 탄생이라는 사건을 의료 행정과 리스크 관리, 비용 계산, 능률의 극대화 따위에 떠넘겨야 할까? 독일에서는 25퍼센트이지만 리우데자네이루에서는 80퍼센트에 육박하는 제왕절개 수술 비율은 대체 무엇을 뜻하는 것일까? 엄마의 배를 가르고 나온 아이들에게는 "They know the easy way out!", 즉 "그들은 쉽게 빠져나갈 길을 알고 있었어!" 하는 영어 속담이 제격일까? 혹 우리는 출산의 현대적인 형태로 말미암아 사이보그가 되는 것은 아닐까? 반은 기계고 반은 생명체인 잡종으로 첨단장비를 두루 갖춘 수술실에서 태어나는 인간? 아마도 그런 사이보그가 처음으로 발견하는 것은 '60와트짜리 램프가 뿜어내는 빛'이리라. "'빛이 생겨라!' 하시자 빛이 생겨났다"라는 성경 말씀이 '오스람' 회사의 선전 문구로 전락하는 역사가 실현된 것일까?(귄터 그라스) 인공수정부터 태내 진단과 '산모 등록증'을 거쳐 출산 전후의 간섭 내지는 태아 연구에 이르기까지, 출산은 관료적이고 사무적이며 법률적이고 경제적이며 기술적이고 의학적인 사건일 따름이다. 이런 마당에 아기가 세상으로 '도약'하며, 엄마가 아기를 '분만'하는 본래적인 의미는 뒷전으로 내몰린다.

마지막으로 독일 정부가 출산 문제에 지나칠 정도로 높은 의미를 부여한 이민정책을 편다는 점을 지적하고 싶다. 꼭 그렇게 순혈주의에 따라서 국적을 줘야만 할까? 만약 의학이 출산이라는 사건을 엄마 몸과는 전혀 상관이 없는 기계적 과정으로 바꾸어버린다면 무슨 일이 벌어질까? 그것참 흥미진진한 물음이다. 그럼 '유스 산구이니스 jus sanguinis'•는 독일제 시험관을 써야만 한다고 요구할까?

관련 항목

나이를 먹는다는 것 | 인생이라는 실타래 | 허락, 금지, 그리고 약속

• '혈통의 권리'를 의미하는 라틴어. 아이에게 국적을 부여함에 있어 태어난 장소를 따지는 속지주의인 'jus soli'와 달리, 부모의 국적을 따지는 일종의 순혈주의이다.

패거리라는 이름의 윤리적 난민

패거리는 족벌이나 등산 동호회와 다르다. 이렇게 구분을 해야 패거리만의 특별한 점을 알아볼 수 있다. 족벌이란 친족과 사돈만 총애하는 핏줄일 뿐이다. 등산 동호회 회원은 이따금씩 다른 회원을 줄에 매달아놓는다. 그래야 자신 쪽으로 끌어올릴 수 있으니까. 패거리에 속하는 사람은 언제나 자신의 이익만 염두에 두며, 동료의 부탁을 귀담아둔다. 족벌주의자는 대개 집에 친척이 찾아오는 것보다 곳간에 쥐가 들끓기만을 바라며, 동호회 회원은 정기적으로 전체 팀과 산에 올라야 한다. 반면, 패거리에 속하는 인간은 언제나 육감적인 도덕주의자이다. 그는 결코 홀로 있지 않으며, 늘 짝패의 지척에 있어야 한다는 도덕을 실천에 옮긴다. 자신을 이용하려는 짝패의 말을 기꺼이 듣기 때문이다. 물론 패거리는 세계를 포용하는 박애주의라는 고상한 이유로 연대감을 호소하며 도움을 청하는 사람은 애써 무시하기도 한다. 특히 중요한 능력은 한패가 아닌 사람

의 냄새는 귀신같이 맡을 수 있어야 한다는 것이다. 한마디로 패거리는 떼를 지어 몰려다니며 '이기적인 이해관계'를 맺으려 드는 편가르기 선수라 하겠다. 패거리가 언제나 자기편만 찾는 이유가 달리 있겠는가? 그러니까 패거리는 그루초 막스•와 정반대의 인간형이라 볼 수 있다. 패거리는 항상 자신이 회원인 클럽에만 드나든다.

역사적으로 볼 때 패거리는 한 가지 두드러지는 특성을 자랑한다. 물론 고대부터 이미 인간은 '그 본성상' '조온 폴리티콘zoon politikon', 곧 공동체를 지향하는 존재라는 짐작에 힘이 실리기는 했다. 그러나 이 '조온zoon', 즉 생명체가 갖는 정치적 성격이 패거리를 뜻한다는 것, 그래서 이와 결부된 편가르기라는 습성에 다분히 문제의 소지가 있다는 점은 간파되지 않았다. 하지만 패거리는 직접적인 관계를 갖는 작은 규모의 집단이라는 '굵직한 의리'를 선호하면서, 보다 더 큰 규모의 공동체의 절차적인 윤리를 중시하며 각 구성원의 자유를 배려하려는 '가녀린 미덕'을 무시하고 틈만 나면 이를 짓밟으려 들 뿐이다. 현대사회에서 패거리의 의리는 그 일당에게 먹고살 기반과 버팀목을 마련해주는 데 혈안이 될 따름이다. 복잡다단하기만 한 현대사회는 그 구성원을 일일이 돌볼 수 있는 능력을 이미 오래전부터 상실한 터라, 개인의 그런 요구를 절대 만족시킬 수 없다. 소비에만 치중하는 현대의 대중문화는 그럴 여력이 없기 때문이다. 그렇다고 패거리를 일일이 법으로 다스리는 것도 역부족이다. 그렇

• Groucho Marx: 1890~1977. 할리우드의 전설적인 코미디언. "나 같은 사람을 회원으로 받아주는 클럽에는 가입할 생각이 없다" 하는 익살로 유명하다.

기에 패거리는 끈끈함을 앞세워 개인에게 버팀목을 제공하며 안정을 줄 수 있다. 이야말로 '도 우트 데스do ut des'*, 즉 내가 주는 것은 받기 위함이라는 오랜 격언의 실현인 셈이다. 자고로 뭔가 베풀어야만 나도 받는 법이다. 이 말은 굳이 예를 들지 않아도 좋을 정도로 차고 넘치는 경험이 입증하는 진리이다. 물론 이 미묘한 경제적 진리를 패거리 바깥의 외부인은 깨끗이 단념해야 한다.

패거리는 집단 안에서, 집단을 위해 사는 인생을 철칙으로 삼아야 한다. 여기에는 함께 지켜야 하는 무수한 법령과 금령이 시퍼런 칼날을 자랑한다. 패거리가 지켜야 할 도덕 가치와 공통 경험이 이루어내는 체계랄까. 패거리의 도덕은 여차하면 몸소 체험할 수 있다. 이는 밀접함과 친근함 그리고 속속들이 들여다보는 투명성이라는 인간적인 욕구의 직접적 표현과 다름없다. 다른 한편으로 패거리 도덕은 사회적 실천과 도덕 문제에 필수적인 행위의 규범 및 덕목을 포괄한다. 이를테면 결속, 연대감, 동지애, 책임감, 공동 전통의 보존 및 준수 등은 패거리가 존속하는 한, 그들이 요구하는 가치들이다. 패거리 도덕의 기본 골격은 적어도 다음과 같은 일곱 가지 요소들을 포괄한다. 첫째, 패거리는 자기네 이해관계를 다른 집단의 이해관계에 맞서 관철하는 것을 최우선시한다. 항상 너의 행동이 패거리의 행복을 늘리게끔 유념하라! 둘째, 구성원 개개인의 권리가 패거리 전체의 이익과 충돌할 때면 개개인의 권리는 무시하라. 공동의 이익이 가장 중요하다. 셋째, 이로써 패거리는 개인의 자유보다는 공동

• 계약을 비롯한 사회적 관계의 기본을 규정한 라틴어 격언.

의 구속을 중시한다. 넷째, 패거리는 서로 주고받는 관계라는 사회적 네트워크를 최고의 도덕이자 경제 원칙으로 삼는다. 가족이든 이웃이든 일자리든 개인이 인생의 방향을 잡아나가는 가장 중요하고 영속적인 원천은 패거리다. 다섯째, 패거리는 낯설기만 한 가치 다원주의라는 것을 철저히 배격하고, 집단의 이익이라는 아리송하기만 한 가치 지평의 통일성을 한사코 고집한다. 여섯째, 패거리의 도덕 원칙은 권리와 의무라는 형태로 구성원에게 강제된다. 공동체를 떠받드는 생각과 실천을 위해서라면 부도덕한 일이라도 감행할 것을 요구하며 감시한다. 일곱번째, 패거리는 이로써 잘못된 것을 올바른 것이라고 고집한다. 패거리는 패거리 정서를 중시하는 곳이면 어디나 있으며, 그런 정서가 무시되는 곳에는 아예 없다.

패거리는 패거리에 속하지 않는 사람들이 있다는 암시이다. 어쨌거나 미국식 패거리가 등장하는 일만큼은 막아야 한다. 1835년 미국 여행에서 돌아온 토크빌의 증언을 들어보자. 공산사회주의 정신의 주창자 가운데 한 명인 토크빌의 증언이기에 설득력은 더욱 크다. "북아메리카에는 1억 5000만 명의 인간들이 사는 때가 오리라. 이들은 모두 같은 가족에 속하며 출신, 문화, 언어, 종교, 습관과 풍속이 같으리라. 생각도 한결같을 것이며, 생각을 그려내는 색깔도 똑같으리라. 나머지 모든 것은 따돌림을 받으며 존재의 불안에 떨리라. 이는 틀림없는 이야기이다".(토크빌) 패거리에게 있어 남들과의 차이를 드러내는 태도는 건설적이다. 패거리에게 타인은 뿌리 없는 보편성의 원형이며, 아무래도 좋은 상대성을 갖는 글로벌 망명자이고, 윤리적인 '난민'이다. 타인을 철저히 배격하는 패거리는 그들만의 특별한 개인적인 '집단 정체성'을 고집한다. 이러한 '집단 정체성'은 패거리가 속한 더욱 큰 공동체(사회, 국가)의 전통과 여론만으로 설명할 수 없으며, 그 패거리만의 독특한 논리를 갖는다. 이기적인 동기로 뭉친 패거리가 그 성원들끼리 보여주는 이타주의 성향은 어느 정도 꾸준하게 유지되면서 성원들에게 마치 고향과 같은 편안함을 안겨준다.

패거리라는 형태의 공동체가 좋은 것처럼 여겨지는 이유가 따로 있는게 아니다. 더 나아가 패거리는 자신들이 떠받드는 신조가 완전하다고 확신한 나머지, 여기서 조금이라도 빗겨나는 것은 처벌하고 응징해야 할 부도덕한 짓이라고 간주한다. 물론 패거리가 폐쇄적인 기관과 같은 것은 아니라 할지라도 그들이 중시하는 덕목은 비밀 사이비종교집단의 그것처럼 은밀하고 배타적이다. 패거리는 당연히 그 존립을 위해 요구되는 모든 것을 인간적이라고 치켜세운다.

관련 도서

이웃, 적당한 거리의 미학 | 인사, 고독한 타인을 깨우는 일 | 잇속은 존중에서 비롯된다

표정, 공동체를 위한 얼굴의 대화

"왜 또 표정이 그래?" 평소와 뭔가 낌새가 다를 때 흔히 듣는 질문이다. 가장 좋은 것은 그저 기분이 나빠 뾰로통한 경우이며, 최악은 더이상 참을 수 없어 폭발 일보 직전일 때이다. 이런 물음은 그 표현상 이미 상대방이 뭔가 이상하다는 것, 심지어 완전히 심사가 틀어졌다고 접고 들어가는 탓에, 말을 꺼낸 사람도 폭발 일보 직전이라는 의미다. 묻는 사람도 표정을 가지고 있기 때문에 말을 뒤집어보면 네 지금 인상을 참을 수 없다는 속내를 고스란히 드러내는 셈이다. 말하자면 전운이 감돈다는 신호탄이라고 할까. 상대방의 표정을 보고 매혹을 느끼는 경우야 서로 대화를 나누는 데 있어 전혀 어려움이 없을 테지만.

왜 표정이 그런지 묻기 전에 우리는 도대체 표정이라는 것을 어떻게 알아볼 수 있는지 물어야만 한다. 우리는 보통 상대를 면전에 두고 표정을 읽는다. 얼굴에 그려진 여러 선의 모양을 따라가며 상대의 표정을 좇는다. 무슨 일 때문에 저러는 것일까? 낯빛이 왜 저럴까? 얼굴이 좌우 대칭을 이루지 못하고 무너지는 이유는? 어째서 입술 주위와 눈가가 저리 떨리며 일그러질까? 눈길은 험상궂을까, 아니면 친근할까?

서로 시선을 맞추는 것은 특히 의미심장하다. 상대방에게서 뭔가 알아내고자 한다면 시선을 맞추는 것만큼 좋은 방법이 없다. 물론 여기서도 거저 주어지는 것은 없음을 명심해야 한다. 상대방의 시선에는 나의 눈길도 비치기 때문이다. 먼저 나 자신을 들여다볼 수 있게 열어주어야 대화가 시작될 수 있다.(지멜) 그러니까 먼저 나의 표정을 보여주지 않고 남의 표정을 훔쳐보기란 정말 어렵다. "남의 눈길을 본다는 것은 뭔가 본다는 것에서 그치는 게 아니다. 무엇보다도 그 상대가 '무엇을 어떻게 보는지' 겪는 일이다".(발덴펠스•) 시선에 담긴 것을 상대가 맞받아주지 않고 애써 몰아내려 한다면, 그래서 나로 하여금 두려움과 희망 사이의 온갖 감정을 맛보게 한다면, 그만큼 상대와 거리는 멀어지고 불안해진다. 상대의 시선에 담긴 것을 보는 만큼, 혹은 보았다고 믿는 만큼, 정작 상대방은 자신의 본심을 들키지 않았다고, 알 수 없게 어둠 속에 꽁꽁 숨겨두었다고 자신한다. 참 야릇하고도 놀라운 일이 아닐 수 없다. 그만큼 상대방의 시선을 경험한다는 일은 두렵다. 동시에 묘한 흥분과 자극을 준다. 저 눈길의 정체를 알 수만 있다면 무엇인들 주지 못하랴. 우선 치

• Bernhard Waldenfels: 1934~. 독일의 철학자. 현상학에서 특히 타인의 문제를 중점적으로 다룬다.

러야 할 대가는 먼저 눈길을 주는 일이다. 눈길을 줌과 동시에 받는다는 것은 있을 수 없는 일이다. 먼저 줘야 받을 수 있다. 상대방과 절대 함께 있고 싶지 않은 경우일지라도 먼저 눈길을 주지 않으면 알아낼 수 있는 게 없다. 그러니까 시선은 내가 보는 주관의 관계일 뿐만 아니라, 내가 받는 객체의 관계이기도 하다. 마조히즘이나 사디즘의 경우, 남의 눈길을 받는다는 객체로서 맺는 관계는 기대감에 부푼 야릇한 흥분, 심지어는 사랑을 듬뿍 담은 시선을 되돌려주고 싶은 충동을 불러일으킨다. 그러니까 사디스트는 남의 눈길을 받으면서 드디어 먹잇감을 발견했구나 하는 흥분에 몸을 떤다. 이럴 때 타인은 나의 대상으로서 처음으로 시야에 들어온다. 그럼에도 타인이 던지는 눈길을 보며, 그 타인이 대상이 아니라, 하나의 독립된 주체라는 사실을 경험한다. 이것이 바로 '타인을 보는 일의 진리'(사르트르)다. 그리고 타인은 주체로서 처음으로 권력을 손에 쥔다. 이제 상대의 마음을 사로잡으려 노력해야 하는 쪽은 타인이 아닌 나다. 상대방은 마음을 열어줄까 말까 요모조모 살피며 손에 굴러들어온 권력을 즐긴다. 이처럼 타인과 눈길을 주고받으며 나는 나의 한계를 경험한다. 상대방의 눈길이 견디기 어렵다고 느껴지는 순간, 부끄러움이라는 반응을 보인다. 부끄러워하는 나를 보며 상대는 화들짝 놀라 당혹해한다. "타인의 눈길을 의식하는 순간, 나를 뒤흔드는 충격은 늘 갑작스럽다."(사르트르) 그러니까 상대의 시선을 의식한다는 것은 내 건너편에도 세상이 있다는, 내 것과는 다른 세상이 있다는 깨달음이다. 이는 곧 이승이 아닌 저승이, 현세가 아닌 피안이 있다는 증거다.(사르트르)

시선 안에서 알아볼 수 있는 표정은 눈으로 보는 능력만으로 설명할 수 없는 무엇인가 특별한 것을 담고 있다. 심지어 표정은 눈을 감고도 느낄 수 있기 때문이다. 상대방의 몸이 내 앞에 있다는 느낌만으로도 표정은 고스란히 전해지곤 한다. 표정을 두고 기풍이라고 표현하는 이유도 여기서 찾을 수 있지 않을까. 기풍은 '표정을 짓는 일'이 꼭 시비를 걸기 위함만은 아니라는 점도 확인해준다. 얼굴로 빚는 몸의 표현인 표정은 우리 몸의 다른 부분과도 확연히 다르다. 얼굴이 자리를 잡고 있는 머리와도 별 관계가 없는 게 표정이다. 머리를 공들여 손질하고 얼굴을 화장하면 전혀 딴사람처럼 보일 수 있다. 아예 얼굴도 성형을 통해 완전히 뜯어고칠 수 있는 세상이 아닌가. 그럼에도 표정에는 몸의 다른 어떤 부분에서도 볼 수 없는 그 사람만의 개성이 살아 있다. 바로 그렇기에 언어 행동 이론과 마찬가지로 시선 행동 이론이라는 철학(발덴펠스)을 시도해볼 만한 가치가 충분해 보인다. 타인의 시선과 표정을 파악할 수 있는 능력을 설명 가능한 이론이 있다면, 아주 유용하게 써먹을 수 있기 때문이다.

표정 문제를 다루는 철학 연구가 지지부진한 반면, 컴퓨터 업계는 이 문제와 관련해 이미 놀라울 정도의 발전을 이뤘다. 이제 머지않아 표정을 완벽히 그림으로 구현해 보여줄 수 있을 정도라고 한다. 여기서 컴퓨터는 인간이 자신을 다루는 것보다 훨씬 더 관대하게 인간을 대한다. 연구 초기에는 아주 엄격한 규칙을 적용했다. "특정 표정을 지은 사람은 언제나 같은 표정을 지어야만 한다." 그래야 컴퓨터라는 전자기계가 상대를 알아볼 거라고 생각했던 모양이다.

그러나 이미 컴퓨터의 생체 측정법은 그런 불쾌한 요구를 포기하는 단계라 한다. 이제 현금 자동인출기 앞에 선 사람이 자기 마음대로 표정을 지어도 아무 문제 없이 기계가 계좌 주인을 식별한다. 그에 반해 인간은 어떤 사람을 처음 만나기 전에 사진부터 요구한다. 여전히 특정 인상에 얽매이고 있달까. 아마 이런 추세는 계속될 것 같다. 인터넷으로 배우자를 찾는 요즘에도 사진은 무시할 수 없는 결정적인 요소이니 말이다. 컴퓨터 기술이 더욱 혁신적으로 발전해 자동으로 잘 맞는 배우자를 검색해주기 전까지 표정은 그 무시 못할 역할을 자랑하리라. 물론 표정과 인상을 중요시하는 동호회 회원들은 감소해가는 추세이기는 하다. 그러나 그럼에도 자기만의 표정을 짓는 사람은 동호회 출석부에 스탬프를 찍는 것과 같다. 인터넷을 통해 이뤄지는 커뮤니케이션이 갈수록 얼굴을 포기하는 쪽으로 흘러가며, 심지어 아바타라는 인공적이고 가공적인 표정들을 만들어내지만, 그것은 어디까지나 일종의 가면에 지나지 않기에, 앞으로도 표정과 인상을 둘러싼 숭배 사상은 여전히 그 절정을 구가할 것으로 보인다.

이 모든 것은 기억의 부담을 덜어내려는 기술 혁신으로 시작되었다. 사진 덕분에 우리는 '호모 포토그라피쿠스homo photographicus'(라울프•)라는 영예로운 별명을 얻었을 뿐만 아니라, 얼굴과 표정을 휴대하고 다닐 수 있는 행운도 누리고 있다. 애인의 사진을 코팅해 지

• Ulrich Raulff: 1950~. 독일의 역사가이자 저널리스트. 독일 유력 일간지들의 문예 담당 전문기자와 편집장을 지냈다.

갑 속에 넣어 다니는가 하면, 고속도로 휴게소마다 현상범을 공고하기도 한다. 사람들은 이런 사진들이 모사에 지나지 않는다는 데 관심을 갖지 않는다. 또 사진을 모사라고만 할 수도 없다. 누가 애인의 사진을 보며 그게 사진에 지나지 않는다고 생각할까? 광고 산업은 얼굴 사진의 다양한 쓸모를 오래전부터 적극 활용하고 있다. 이로써 얼굴과 표정은 하필이면 '모든 걸 외모로 따지는 속세'(마코•)에서 만물에 영혼의 힘을 불어넣어주는 애니미즘의 역할을 떠맡는다. 사실 외모부터 보는 속물은 오래도록 꿈꿔온 영혼의 정기를 기대하는 것일까? 이렇게 해서 치약에서 최고급 스포츠카에 이르기까지 구매자를 기다리는 모든 상품은 얼굴로 무장하고 영혼의 기운을 뽐낸다. 이런 애니미즘은 물론 얼굴에 깃든 진정한 영혼과는 비교도 할 수 없다. 인간들도 한때는 이런 진정한 영혼을 담은 얼굴을 알고 있었다. 얼마나 열심히 그 얼굴을 훔쳐보려 했으면, 하느님이 더 쳐다보지 말라고 금지의 명령까지 내렸을까.(『출애굽기』 33장 20절••) 아무튼 인간이든 신이든 그처럼 얼굴을 중시하는 태도는 부끄러움이라는 게 뭔지 아는 모든 문화에서 볼 수 있다. 특히 이슬람이나 아시아 문화권에서 얼굴을 빳빳이 들고 내세우는 것은 있을 수 없는 금기이다. 서로 낯을 가리며 부끄러워하는 문화에는 얼굴에 담긴 영혼을 소중히 여기라는 하늘의 가르침이 투영된 게 아닐까. 이런 가르

• Thmas Macho: 1952~. 오스트리아 출신 문화평론가 겸 철학자.

•• 이 성경 구절은 다음과 같다. "그러나 나의 얼굴만은 보지 못한다. 나를 보고 나서 사는 사람이 없다." 마지막 문장을 『공동번역성서』는 "나를 본 사람은 아무도 살 수 없기 때문이다"라고 옮겼다.

침에서는 해당 문화가 갖는 윤리의 차원이 분명히 드러난다. 원죄를 짊어지고도 얼굴 빳빳이 세우고 침략을 일삼던 서양문화는 모르는 차원이다. 그러나 작금 위의 가르침은 시장경제의 넘쳐나는 사진과 영상으로 뿌리째 흔들리고 있다. 여기서는 누가 누구인지 얼굴의 선을 알아보기 힘들다. 꾸미고 다듬으며 가려진 얼굴에서 우리는 그 얼굴이 얼마나 상처받기 쉽고 가난한 것인지 가장 분명하게 알아볼 수 있다. 깨지고 다치기 쉬운 헐벗은 영혼은 겉치장에 안달하기 때문이다. 꾸밈없는 얼굴과 여린 영혼을 그대로 드러내는 인간을 마주하면 그 진솔함을 간과해버리는 우리의 어리석음은 대체 어떻게 이해해야 하는 것일까? 다치거나 뒤틀린 얼굴은 그 당사자만 속상해하는 게 아니다. 어디에 시선을 둬야 좋을지 몰라 전전긍긍하는 상대방 또한 곤혹스러워 어쩔 줄을 모른다. "더이상 참을 수 없어 얼굴을 돌리고 맙디다." 런던의 알코올중독자 자활 그룹 '체인징 페이스'의 어떤 회원은 자신을 위문하겠다고 찾아온 상대방의 반응을 이렇게 증언했다.(콜•)

온전한 얼굴이 자신을 고스란히 드러낼 때에도 그 헐벗음과, 남에게 그대로 노출되어 있음을 부끄러워하는 마음이 표출된다.(레비나스) 우리가 얼굴이 욕보기 쉬운 것이라는 앎을 잃어버리는 경우, 얼굴은 특히 위험에 처한다. 이때는 주님이 자신의 얼굴을 보이지 않겠다던 약속, 그리고 얼굴에 담긴 영혼을 소중히 하라는 가르침을 새기지 않기 때문이다. 그럼에도 얼굴은 표정과 언어로 이야기

• Jonathan Cole: 1942~. 미국의 사회학자.

한다. "살인하지 말지라."(레비나스) 살인은 타인을 완전히 부정하는 행위이자 타인을 가장 강력하게 인정하는 행위다. 타인이 상대방의 관심을 살인자에게서처럼 받을 수는 없기 때문이다. 얼마나 강렬했으면 죽이려 들까? 그러나 동시에 주님의 말씀을 거역했다는 것도 분명히 드러난다. 죽어가는 사람과 눈길을 맞춘 살인자는 두려움에 부르르 몸을 떤다. 결국 얼굴은 우리 몸의 다른 어떤 곳과 달리 범인과, 뒤에 남아 고통스러워하는 이들에게 지울 수 없는 기억을 남긴다. 얼굴은 이런 식으로 늘 구체적인 모습으로 살아가기를 추구한다. 그러니까 타인에게 옮겨진 기억으로! 이로써 얼굴이 꿈꿔온 게 무엇인지 확연히 드러난다. 얼굴이 소망한 것은 함께 더불어 사는 공동체이다. 죽음 이후 다시 살기 위해 얼굴은 공동체를 필요로 한다. 이는 얼굴 없는 공동체가 있을 수 없는 것과 마찬가지 이치다. 얼굴이 짓는 표정은 공동체를 이루기 위한 대화가 아니었던가. 가면으로 얼굴을 가린 가장무도회는 언제나 일종의 예외 상황일 뿐이며, 이런 게 지속되면 기만과 사기라는 성격을 띤다. '프리마 비스타prima vista•', 즉 처음 마주한 얼굴은 아름답지도 추하지도 않다. 그것은 진실할 따름이다.

얼굴을 두고 불평을 하며 지금과 달랐으면 하는 희망을 갖는 사람은 진실이 두렵다는 것을 적나라하게 털어놓으며 아주 비인간적인 행위, 즉 다른 얼굴을 만드는 짓을 요구하는 것이나 다름없다.

• '처음 본'이라는 뜻의 라틴어로, 아무 연습도 없이 악보를 보자마자 즉흥적으로 연주하는 '초견연주'를 말한다.

더구나 다른 사람에게 다른 얼굴을 가지라는 것처럼 곤란한 망발은 없다. 모두 나와 같이 돼라? 인간이 그런 말도 안 되는 요구를 따르려 하지 않으리라는 점은 지당한 진리이다.

관련 도서

잔혹함, 관심의 가뭄 | 주목할 것인가, 호기심만 채울 것인가 | 증오는 자기파멸의 심연

행복은 시간으로부터의 해방이다

소원을 빌기만 하면 되었던 시절…… 동화의 시작은 이미 그 결말을 암시한다. 결국 나쁜 놈은 벌을 받을 것이요, 착한 이는 보상을 받으리라. 걱정 마라! 언젠가는 틀림없이 행복하리니! 착하게만 살아서 행복을 누려 마땅한 사람이 행복하다면 우리의 가슴도 따스해진다. 반면, 자기밖에 모르는 사람은 빈손으로 해변에 서서 슬피 울며 외치리라. "넙치야, 넙치야, 바다의 넙치야!"• 아마도 동화는 계속 이어지지 않고 행복한 순간에 끝을 맺어서 행복한 결말이 나는 게 아닐까? 자연스레 '행복 다음에는 무엇이 올까?' 하는 의문이 고개를 든다. 혹시 인간 실존의 비극은 행복의 꽁무니만 좇다가 불행에 빠지고 마는 행복주의의 역설에 있는 게 아닐까. 그러니까 이러

• 그림 형제의 동화 「어부와 아내」에 나오는 이야기. 소원을 들어주는 넙치에게 아내의 끝없는 욕심을 전해주다가 쪽박을 차게 되는 어부의 불행을 그렸다. 원래 북독일 지방의 민담이었다. 안데르센 같은 동화 작가들의 여러 다른 버전이 있다.

저러하면 행복해진다는 온갖 감언이설은 결국 '불행으로 이끄는 꼬드김'(바츨라비크•)에 지나지 않는다. 더 나아가 인간은 오로지 행복만 추구하는 동물이라는 주장도 억지가 아닐까?

그럼 먼저 우리 모두의 공감대에서 출발해보자. 즉, 불행하고자 하는 사람은 아무도 없다. 사람이라면 누구나 당연히 불행에 빠지는 것을 한사코 피하려 든다. 혹시 당신 불행해지고 싶은 것은 아니겠지? 이 얼마나 우스꽝스러운 질문인가! 도대체 왜 아프고 싶어 하지 않는 거야? 이렇게 묻는 바보는 없지 않을까! 이렇게 물어야 할 이유라도 있는가? 불필요한 질문은 하지도 말자. 그러나 우리가 행복하다면 정확히 어떤 일이 일어날까? 행복을 의심의 눈초리로 바라보는 사람은 언제나 인류의 역사를 끌어다댄다. 인류의 유장한 역사를 되짚어보면 행복하다는 것은 어딘가 모르게 불행한 냄새를 풍겼을 뿐이라는 주장이다. 우선 짚어볼 수 있는 이유는 충족이 주는 암담함이다. 드디어 해냈구나, 이제 뭐 하지? 또다른 이유는 행복을 누리는 순간, 언제나 새로운 목표가 고개를 든다는 점이다. 달떴던 기분은 돌연 먹물을 뒤집어쓰고 만다. 드디어 해냈구나, 다음에 뭘 해야 하더라?

행복이 무엇인지 말할 수 없다손 치더라도 어찌해야 덜 불행해질 수 있을지 간절히 알고 싶기만 하다. 운명을 마음대로 주무를 수 없다는 점과 어차피 인생은 유한한 것이라는 애통한 사실로 미루

• Paul Watzlawick: 1921~2007. 오스트리아 출신으로 미국에서 주로 활약한 소통 전문가이자 철학자.

어 스토아학파 이후 행복은 격정과 고통이 없는 자유로운 상태(엘레우테리아eleutheria)라는 식의 부정적인 정의를 선택해왔다. 이 정의는 네 가지로 이루어진다. 첫째가 동요가 없는 마음의 평온(아타락시아ataraxia)이며, 둘째는 일체의 격정과 욕정을 벗어버린 평정(아파테이아apatheia)이고, 셋째로는 종종 간절하기만 한 아픔에서 벗어난 자유(알리피아alypia)를, 마지막으로는 두려움을 벗어던진 상태(아포비아aphobia) 등이다. 인간을 바라보는 이런 시각에 더해 스토아학파는 완전한 충족으로서 행복보다는 충족이 없는 자족, 행복의 기대치를 상대적으로 최소화하는 만족처럼 사뭇 조촐한 행복에만 초점을 맞추었다. 인간이 자기 자신을 지키고 살아남는 데 있어 일종의 최소치만 제시했달까. 아무튼 욕심을 줄이고 될 수 있는 한 굶주리며 행복해하라는 이런 요구는 카프카의 소설에 나오는 배고픈 예술가만 지킬 수 있으리라. 무슨 악담도 아니고 원…… 이론상으로만 보자면 먹고사는 일과 행복 사이에는 서로를 부추겨주는 상호작용이 있어야 하는 게 아닐까? 배고픈 행복이 무슨 소용이 있을 것이며, 돈만 아는 짐승처럼 추한 것도 없다. 그러니까 다시 말해서 가치 있는 행복을 추구하기란 먼저 어느 정도 먹고살 수 있는 여유를, 밥벌이를 위해 아등바등하는 일은 어느 정도의 가치 충족을 각각 전제해야 한다. 물론 욕구를 만족만 시켜주면 되지, 행복 따위가 뭐 필요하냐고 말하는 사람도 없지는 않으리라. 하지만 원하는 대로 남김없이 이룰 수 있는 능력? 그런 능력을 가진 사람이 뭐하려고 이 땅에서 살겠으며, 또 욕망의 무한 충족이 바람직한 일도 절대 아니다. 세상에는 해서는 안 되는 일이 있다는 것을 아는 자세야말로 지혜의 근원이기 때문이다.

행복이란 조화를 이루려는 노력이다. 적어도 형식적으로는 한마디로 이렇게 정의할 수 있다. 플라톤과 아리스토텔레스 이후 철학의 전통은 조화로운 삶을 이상으로 삼아왔다. 균형과 꾸준함 그리고 자기 자신과의 갈등이 없는 평안이 조화의 주요 덕목이다. 물론 도덕과 정의라는 문제는 잠깐 논외로 하고서 말이다. 한사코 옳은 것을 주장하기에 앞서 균형을 이루려 잠깐 굽히는 것도 행복을 위해서는 나쁘지 않다고 본다. 그러니까 행복이라는 것을 굳이 따로 떼어내 정의한다면, 행복이란 일종의 중재와 중개의 역할을 떠맡는 개념이다. 행복은 주관적인 느낌만으로 설명할 수 없으며, 그렇다고 외적인 재화나 가치로 환원할 수 있는 것도 아니다. 의지로 행복을 이룰 수 있다고 주장하는 행복주의자와 마찬가지로 일장훈시를 일삼는 (모든) 복에 겨운 도덕주의자도 행복의 본질을 잘못 보고 있는 셈이다. 행복주의자는 행복을 만족으로만 봄으로써 행복이 이뤄지는 형식을 간과했다. 본능적 충동이나 욕구만 채운다고 행복해지는 게 아니다. 오히려 일정 틀을 벗어나지 않으려 노력하면서 남들을 배려하고 존중할 때 행복은 그 모습을 드러낸다. 더 나아가 행복주의자는 행복이 반드시 행복의 목표를 실현하는 데 맞춰진 것은 아니라는 심리적인 사실을 놓치고 말았다.

도덕주의자 역시 늦어도 성경의 욥 이후 행복과 도덕 사이에는 직접적인 연관이 없음을 눈치챘다. 바로 그래서 도덕주의자들은 지칠 줄도 모르고 행복하고 부정한 것보다 불행하고 정의로운 게 훨씬 낫다고 주장해댄다. 덕성은 행복의 유일한 조건이 아니며, 행복만이 덕성을 결정짓는 충분한 기준도 아니다. 어쨌거나 먼저 주린 배를 채워야 그다음에 도덕이 온다. 결국 여기서 도덕주의자는 착하고 올바른 행동이라는 것도 일신의 만족이 선행해야 가능할 수밖에 없다는 것을 실토하고 있는 셈이다. 도덕주의자의 논리는 이른바 '자기만족 예언Self fullfilling prophecy'•과 다를 바가 전혀 없다. 앞으로 벌어질 일을 예언한다는 게 결국은 자기최면에 걸려 예언을 실행에 옮기는 것에 지나지 않기 때문이다. 불행하고 정의로운 게 낫다고 예언을 해놓고, 거기에 맞추느라 진땀을 흘리며 곤욕을 치르고 있는 게 그들의 자화상이다. 따라서 정의로운 훌륭한 세상에 대한 굳은 믿음은 우리의 생명력을 더욱 잘 착취하고 보다 더 체계적으로 갉아먹는 참상을 빚는다. 보다 더 범속하게 말할 수도 있다. 도덕군자인 척하는 태도의 배면에는 국가나 사회가 내리는 모든 형벌을 피하려는 의도가 숨어 있는 게 아닐까? 그래서 처벌받는 사람보다 상대적으로 행복하다고 느끼려는 모양이다.

끝내 이해하기 힘든 묘한 점은 또 있다. 스스로 최고의 성인군자이기를 자처하는 사람은 대개 자신이 저지른 도덕적 실수를 별것 아니라며 너그럽게 넘어가려는 경향을 보인다. 지극히 작은 실수라도 몸소 엄격하게 처벌할 줄 알아야 진정한 성인이 아닐까? 조금 불편한 것을 참지 못하고 자신이 편한 쪽으로 행동하면서 성인군자 운운하는 것은 위선일 따름이다. 도덕과 행복이 서로 맞설 때, 약간

• 흔히 '피그말리온 효과'라고도 부른다. 자신이 원하는 대로 행동하려는 경향을 이르는 말이다. 예를 들어 혈액형 심리 테스트에서 A형인 사람이 "A형은 이렇다" 하는 문항을 봤다면, 이후 항상 그 내용에 맞춰 행동을 하는 식이다.

의 양심의 가책으로 얼렁뚱땅 때우고 행복을 택하는 것은, 말하자면 도덕과 행복의 변증법이라 할 수 있다. 성인군자께서 지나치게 덕을 강조하시자, 행복의 몰락을 막기 위해 변증법이 양심의 가책이라는 매를 든 것이랄까. 거꾸로 부도덕하다고 낙인이 찍힌 사람이 진정 행복을 누리는 행운아처럼 보인다. 아예 양심의 가책을 느끼지 않기 때문에 행복의 결산표가 훨씬 나은 성적을 나타내기 때문이다. 마지막으로 살펴볼 행복의 유형은 이 세상을 초월한 천국을 그리는 신앙인이다. 여기서도 기묘한 점은 적잖이 두드러진다. 물론 피안의 행복을 확신하는 태도가 얼마든지 이승에서도 행복함을 뜻할 수는 있다. 경건한 신앙심으로 무장한 신도가 장차 천국의 은총을 흠뻑 맛보리라는 확신에 차 있다면, 여기 이 땅에서도 실제 행복을 만만찮게 누릴 것이기 때문이다. 다만, 이 실제 행복이라는 게 의문을 낳는다. 여기서도 충분히 행복한데 왜 굳이 다른 인생을 갈구하는가?

행복의 가장 큰 적대자는 아마도 이렇게 말하리라. 엄밀한 의미에서 행복은 결코 경험될 수 없는 것이라고! 행복한 순간, 그러니까 주관적으로 최고의 기쁨으로 충만해 들뜬 순간, 이게 바로 행복이라고 여기는 바로 그 순간, 엄격하게 말해서 우리는 행복하지 않다. 이유는 간단하다. 우리는 그게 행복이라는 것을 모르기 때문이다. 다시 말해서 행복을 실감할 수 없기 때문이다. 행복한 순간, 우리는 행복하므로 장님이 된다. 문학에서 이에 빗댄 표현을 자주 찾을 수 있는 것은 우연이 아니다. 이를테면 행복한 사람이란 자신의 행복에 관해 아무것도 모르는 사람일 뿐이라는 구절을 곱씹어보라. 아, 그게 행복이었구나 하고 우리는 나중에야 무릎을 칠 따름이다.

행복은 언제나 지나가버린 과거형이다. 간절히 원하고 바랐던 것을 돌이키며 이게 그거였나, 우리는 머리만 긁적인다. 이처럼 행복은 물과 바람같이 손에 잡을 수 없다. 혹은 이렇게도 말할 수 있으리라. 행복은 그저 스쳐지나가는 순간의 쾌락에 지나지 않는다! 그래서 늘 돌아보며 아쉬워할 수밖에 없는 것이라고! 꼭 행복을 알아야만 행복할 수 있을까? 황홀함이나 몽환, 기나긴 명상 끝에 환히 빛나는 경지, 게임, 스포츠 등 행복의 진짜 형식은 생각과 앎, 그 자체를 멀리하는 게 아닐까? 그래서 행복의 경험은 우리의 답답한 현실을 풀어갈 열쇠를 주는 게 아니라, 그저 현실에 눈멀게 하는 것일까?

이런 물음들은 인간은 정말 행복할 수 있는가 하는 문제로 이어진다. 느낌으로서 행복이 그토록 찰나적이고 순간적이라면, 차라리 지나가버린 행복을 바라보고 어찌해야 그 순간이 다시 찾아올지 반성해보는 것은 어떨까? 붙들 수 없다면 이렇게 해서라도 행복의 원리를 파헤쳐보자. 철학이 반성을 무기 삼아 늘 그래왔듯. 그러나 명상하고 관조하는 행복? 이런 것을 두고도 행복이라고 할 수 있을까? 행복과 철학적 반성 사이의 관계는 처음 보았던 것처럼 간단치 않다. 행복이 무엇인지 구체적으로 떠올려볼 수가 없기 때문이다. 행복을 본다? 행복을 어떻게 무엇으로 본다는 말인가?

행복을 뜻하는 독일어 단어 '글뤼크Glück'의 어원은 게르만어의 '루칸lukan'에서 왔다. 'lukan'은 '닫다, 잠그다' 하는 원래의 뜻에서 '끝내다, 마감하다' 하는 의미로 발전했다. 여기에 다시 '확정하다, 갈무리하다, 결정하다' 하는 변형이 따라붙었다. 이런 변화의 과정을 되짚어보면, 독일어는 일종의 법률용어가 신학의 개념으로 바뀌어왔음을 알 수 있다. 그러니까 인간의 의지가 대소사를 판결하고 마감하던 차원에서 격상해 신의 뜻이나 운명의 힘이 지상에서 인간의 신세를 확정하고 결정하는 게 '글뤼크'인 셈이다. 현세에서 천국으로 넘어가는 이런 초월을 통해 행복은 처음에는 신이 예견하고 예정한 인간의 운명이었다. 그러니까 행복은 좋은 운명과 나쁜 운명을 모두 아우르는 것이었다. 18세기 후반에 들어서도 이런 이해는 별로 달라지지 않았다. 행복이라는 말을 역겨운 운명, 즉 불행Unglück으로도 이해했기 때문이다. 이러던 게 최근 200년 전에 들어와서야 비로소 행복은 갈수록 중립적인 의미에서 긍정적인 쪽으로 그 성격을 명확하게 잡아갔다. 그래도 여전히 의미론적인 입장에서 볼 때 행복이라는 개념은 불행을 포괄한다. 불행이란 행복에서 비껴간 것이기 때문이다. 그래서일까? 인간은 불행한 가운데서도 행복할 수 있다. 아니, 불행함 속에서만 행복할 수 있는 게 인간이 아닐까?

반종교적 성격으로 무장한 계몽주의 이후에도 운명은 끝장나지 않았다. 오히려 행복의 주권이 옮겨지는 현상만 일어났을 따름이다. 이제 행복의 주권은 '죽는 바람에' 창조주이자 구원의 실체이며 행복의 배달부이기를 멈춘 신에게서 인간에게로 넘겨졌다. 이제 인간은 자신의 운명과 우연에 스스로 책임을 져야 한다. 이렇게 해서 인간은 존재의 목적을 갈수록 '불행'에서 찾는 가해자가 되고 말았다.(마르크바르트) 손에 쥔 주권을 감당할 수 없는 무능의 당연한 결과이다. 인간은 행불행의 가해자이자 피해자이면서도, 동화에서처럼 운명이 자신을 해변과 길가에 버려두지 않기만 희망한다. 숙명적인 유죄판결을 스스로 벗어날 수 있다는 점에서 인간은 행운을 잡은 셈이다.

행복이 행복한 운명일 수 없다면, 우연은 어떨까? 여러 가지 사례들을 생각할 수 있겠으나, 여기서는 로또에 목을 매는 사람들을 살펴보기로 하자. 이들은 자신의 행복을 순전히 우연에 내맡긴다. 우연에 기대어 행복을 이루려 한다. 그러나 복권을 사는 사람들은 우연을 생각하지 않는다. 그가 기대하는 것은 일종의 선택받은 사람으로서 누리는 행운이다. 이로써 복권을 손에 든 노름꾼은 일종의 연쇄반응이라는 형태로 행복을 찾는다. 확률적으로는 도저히 승산이 없지만 자신은 선택받은 운명의 소유자라고 굳게 믿으며 연겨푸 복권을 사댄다. 언젠가는 결정적인 숫자의 연쇄 고리가 반드시 찾아와주리라는 기대와 함께. 그러나 복권놀이는 정작 운명과 우연을 무력화하기에 지나지 않는다. 행운에 목을 매고 눈이 벌게진 탓에 주변 사람들이 줄줄이 떨어져나가는 필연적인 불행을 자초한다. 행운을 바라고 행복을 짓밟아버린다.

결국 핵심은 이것이다. 궁극적으로 행복하기 원하는가? '더 이상 원이 없을 정도로 행복하기'를 바라는가? 잠깐, 다음과 같은 시나리오를 떠올려보자. 약이 차고 넘쳐서 평생 약물중독자로 살고 싶은가? 또는 늘 헤죽거리는 미치광이로? 언제나 행복의 약 '소마 Soma'를 국가에서 배급해준다는 저 '멋진 신세계'(헉슬리)의 시민으로 살고 싶은가? 아니, 늘 쾌락을 느끼게 해준다는 기계를 아예 몸에 이식하고 싶은가? 우리는 아마도 이런 물음에 '아니!'라고 대답하리라. 그럼 이런 인생을 택하지 않는 이유는 무엇인가? 행복주의자가 결산을 할 때 왜 위와 같은 인생은 평범한 보통의 인생보다 더 나쁜 평점을 얻을까? 행복에 있어서 양과 질을 구별하지 못하는 사람만이 불행한 소크라테스보다 배부른 돼지를 선호하리라. 인간은 근본적으로 배부른 만족이나 쾌락만 원하는 존재가 아니기 때문에, 다시 말해서 궁극적으로 행복해지기를 원하는 존재이기 때문에, 우리는 불행해질 가능성과도 타협을 해야만 한다. 외롭고 지치고 힘들다고 술과 약물에 손을 댄다면 그 순간, 걷잡을 수 없는 나락으로 떨어진다는 것을 잘 알기 때문이다. 그래서 불편하고 괴로워도 참는 게 진정 인간의 참모습이다.

우리를 불행하게 만드는 원인 가운데 잘 알려진 것으로는 시간 부족이 있다. 인간은 언젠가는 죽는 존재이기에, 시간은 턱없이 부족하기만 하다. 총량이 정해진 시간은 우리를 초조하게 만든다. 여기서 인간은 이중부정을 시도한다. 죽지 않을 조건에서, 죽지 않고 영원히 살기를 갈망한다. "멈춰라, 너 참 아름답구나!" 하는 괴테의 말이나, "쾌락이여 영원하라!"라는 니체의 갈구, "눈크 스탄스nunc stans", 즉 "현재여, 영원하라"라는 신비주의자의 외침, 고대 기독교가 말하는 은총, 불멸을 추구하는 플라톤과 프로이트의 에로스, 아리스토텔레스의 '테오리아theoria' 즉 관조 등은 시간의 흐름에서 부침하는 일상을 뒤로한 '비시간적인 행복 모델'들이다. 그러니까 행복은 시간에서 도피해 영원으로 들어간다. 말하자면 다른 종류의 시간, 혹은 시간의 반대 모델로 나아가는 길이 곧 행복이다.

인간은 시간이 없이, 즉 시간을 거스르며 혹은 시간을 넘어서서만 시간과 더불어 행복해질 수 있다. 말하자면 시간의 지배에 맞서 이를 무너뜨리며 시간을 자신의 것으로 동화시킨달까.(토이니

센•) 인간은 자신의 행복을 나중에 깨닫거나 오로지 희망하는 자세로만 누릴 수 있다. 오롯한 행복의 순간은 결코 머무르지 않으며, 언제나 이미 지나갔거나, 아직 찾아오지 않았기 때문이다. 이처럼 인간의 시간은 그가 받는 고통이기에, 완전한 행복이라는 모델은 시간에서 해방될 때만 가능하다는 것은 조금도 놀랍지 않다. 시간으로부터의 해방은 곧 고통으로부터의 해방이며, 이게 곧 행복의 모델이다. 해방은 시간을 놓아버리고 시간 밖으로 떨어져 나오는 것이기 때문이다. 시간 자체는 그저 끊어진 순간의 나열에 지나지 않는다. 적확한 순간을 포착한 행복한 카이로스••는 시간이라는 '침묵하는 죽음 본능'에 의해 지배를 받으며 두려워할 뿐이다.

이 세상의 모든 것에는 저마다 자신의 때가 있는 법이다. 다만, 행복만은 여기서 예외이다. 행복은 시간에서 해방되는 구원을 받는 것이기 때문이다. 인간의 본질을 형성하는 조건들을 고려할 때, 행복은 언제나 '현재적'이라는 사실을 새겨야만 한다. 다시 말해서 인간의 행복은 영원한 게 아니다. 행복이 영원하게 보인다면, 그것은 행복이 지금 여기에 있지 않기 때문이다. 이에 반해 시간에서 완전히 해방된다는 것은 불사의 영생으로서 시간, 즉 시간에서 완전히 놓여난 자유다. 인간이 간절히 추구해온 목적은 인간 이후, 곧 죽음 이후 실현될 따름이다. 모든 시간의 끝은 인간이 시간에서 벗어

• Michael Theunissen: 1932~2015. 독일의 철학자. 신학과 종교철학 연구의 권위자이며 헤겔과 키르케고르의 철학에 특히 조예가 깊다.

•• Kairos: 종교철학에서 믿음과 믿지 않음의 적확한 순간을 결정하는 개념. 이름은 그리스신화에서 왔다. 일설에 따르면 카이로스는 제우스의 막내아들이라고 한다.

나 영원으로 들어가는 것이다. 이 넘어감으로써의 죽음은 '최후의 심판'이다. 죽음은 행복이 영원히 현재하도록 만들어주는 조건이다. 인간의 현재하는 영원이 죽음이다. 인간이 죽지 않고 영원히 산다는 것은 결코 행복이 아니다. 죽음과 행복은 그만큼 근원적인 문제인 동시에 피할 수도 없고, 그렇다고 어찌하지도 못하는 것이다. 적어도 죽는 그 순간, 가슴 치며 후회하지 않을 인생을 살자고 다짐한다.

관련 항목

마약, 현실 도피를 욕망할 때 | 잇속은 존중에서 비롯된다 | 쾌락을 안전하게 맛보는 방법

허락, 금지, 그리고 약속

허락과 금지라고 하면 우리는 언제나 아, 또 무슨 교육의 문제로구나 하는 인상을 받기 마련이다. '척 보기만 해도(프리마 비스타)' 무슨 노래인지 아는 셈이랄까. 그러나 허락과 금지라는 단어의 어감에서 알 수 있듯, 교육이라는 상황은 언제나 비대칭을 이루는 불균형의 관계이다. 허락하거나 금지하는 사람과, 허락받거나 금지당하는 사람의 입장은 판이하기 때문이다. 지식의 정도나 권력, 권위 등에서 훨씬 앞서는 사람이 내리는 게 허락이자 금지가 아닌가. 물론 도덕적 식견이나 그 준수 능력에 있어서도 차이는 무시할 수 없을 지경이다. 약속의 경우 상황이 전혀 다르다. 약속은 주고받는 쌍방의 관계가 수평적이며 대칭적인 균형을 이룬다. 약속은 사회의 도덕적인 근간을 이루는 제도적 틀을 바탕으로 삼아 이루어진다. "팍타 순트 세르반다Pacta sunt servanda!"[*] 계약은 지켜야만 한다!

윤리의 전체 역사는 물론 다양한 측면에서 살펴볼 수 있지만,* 그 가운데서도 대칭이냐 비대칭이냐 하는 관점은 상당히 의미심장하다. 입만 열었다 하면 허락, 교육, 약속 등의 단어를 들먹이는 교육자에게는 물론 이런 관점이 거북할 수 있으리라. 위에서 묘사한 비대칭은 교육의 바탕을 이루기는 하지만, 도덕적으로 볼 때 문제가 될 수밖에 없는 요소이기 때문이다. 어떤 형태든 모든 교육은 능력과 실력의 차이를 기정사실로 전제한다. 인간으로 하여금 이론의 자유와 실천의 자유를 기르도록 하기 위해서는 교육자와 피교육자 사이의 이런 차이를 인정할 수밖에 없다. 이런 난처함을 칸트는 다음과 같은 짤막한 말로 정리해냈다. "어떻게 나는 강제를 통해 자유를 키울 것인가?" 윤리를 언제나 대칭의 윤리로 이해해온 윤리학 전통의 큰 흐름을 일거에 뒤흔드는 발언이 아닐 수 없다. 말하자면 윤리학 전통은 능력과 실력의 차이를 인정하는 불균형의 관계를 대칭을 이루는 것인 양 착각하고 조금도 문제삼지 않았기 때문이다. 그러나 윤리의 역사를 조감하는 장거리 비행을 하며 내려다보면, 대칭을 이루는 장면은 그야말로 순식간에 지나치는 몇몇 단면에 지나지 않는다. 고대의 윤리는 자유 귀족의 몫이었다. 같은 귀족끼리 나누는 윤리는 대칭일 수밖에 없다. 흄은 윤리를 상처받기 쉬우면서도 그 아픔을 극복할 줄 아는 존재에 국한되게 이해했다.** 상처를 받았음에도 이를 의연하게 이겨낸 사람의 윤리는 당연히 조화와 대칭을 이룬

• "계약은 지켜야만 한다!"라는 뜻으로 법정신의 기본을 이루는 말. 로마법에서 따왔다.

•• 흄은 이른바 '도덕감각Moral sense'이 윤리의 바탕을 이룬다고 본다. 흄의 윤리학은 감각을 철저히 강조함으로써 모든 인간에게 적용되는 평등의 윤리학이다. 본문은 이 점을 대칭성의 요소로 보았다.

다. '일체의 것을 갈아엎는' 칸트는 자유, 자율, 이성이라는 '보편타당'하고 일반적인 가치만 언급할 뿐이다. 자유와 자율과 이성이라는 보편 가치에 기반을 둔 윤리는 평등과 조화라는 대칭의 도덕을 완성한다. 홉스는 쌍방의 의무를 중시하는 입장에서 계약주의를 이끌어냈으며, 헤겔의 '주인과 노예의 변증법'은 인간이 서로 상대방을 인정하는 게 중요하다고 강조했다. 의사소통의 합리성을 중시하는 하버마스는 이른바 '토론윤리'•로 모든 사람이 권력의 지배에서 자유로워져야 한다고 주장했다. 니체는 인간 사회를 친구들이 모여 이룬 싸움의 공동체라고 보았다. 여기서의 친구는 적수로 받아들여진 사람이다. 그러니까 대등한 실력을 갖춘 친구들이 서로 맞붙는 게 사회다. 모두 인정과 대칭성을 윤리의 기반으로 본 입장들이다. 몇천 년의 장구한 역사에서 서로 어깨를 나란히 하는 대칭성을 그 출발점으로 삼은 이론은 이처럼 몇 되지 않는다.

허락이나 금지를 하는 사람은 도덕적으로 수상하다는 혐의를 받게 마련이다. 다시 말해서 무슨 근거로 그처럼 선생 노릇을 하려고 드는지 교육자로서의 자격을 정당화해야만 한다. 교육적으로 볼 때 선생이라는 사람은 달래고 어르며 응석을 받아주는 '맹목적인 사랑'과, 회초리를 들며 무릎을 꿇리는 이른바 '검은 교육'(루츠키••)이라는 교육 방식 사이를 허겁지겁 오가야만 한다. 이 무슨 난리법

• Diskursethik: 윤리의 핵심 기준을 토론으로 보는 윤리학. 토론과 논의를 통해 윤리적 가치를 찾아야 한다는 입장이다.

•• Katharina Rutschky: 1941~. 독일의 여성 저널리스트이자 자유기고가. 특히 교육 문제를 전문적으로 다뤘다.

석일까? 난처한 나머지 선생은 다짜고짜 자신의 권위부터 강조하고 본다. 교육적으로 난처한 상황에서는 이런 태도가 유일한 탈출구이기 때문이다. 권위는 신이나 자연을 끌어다대며, 역사와 사회를 내세우기도 한다. 심지어 너는 어린애라며 윽박지르는 권위가 있는가 하면, 자신이야말로 '이성적'인 인간이라며 으스대는 권위도 있다. 또는 비대칭성을 대칭적인 양 교묘하게 꾸며대는 '꼼수'도 있다. 이런 수법에는 흔히 "같이 대화 좀 나누자는 데 뭘 그래?"라거나 "뭐가 최선일지 협상을 해보자!" 하는 식의 대사가 따른다. 같은 세대임을 은근히 강조하거나, 비슷한 생김새에 기대기도 하며, 어차피 막판에 어떻게 될지는 모르는 거니까 하며 회유하기도 한다. 이처럼 대화와 소통, 공감, 신체적 경험, 의무감 등이 교육의 기초를 이루는 요소들이다. 여기서 우리는 두 가지 물음에 직면한다. 우선, 교육자와 학생 사이에 이처럼 '급경사'(권력, 지식, 도덕 등)가 있어야만 교육이 이뤄질 수 있을까? 오히려 서로 존중하고 합의를 이끌어내는 균형감각의 도덕이 필요한 게 아닐까? 물론 물음은 위의 두 가지에서 그치지 않고 더 나아갈 수 있다. 상호 존중과 신뢰만큼 좋은 교육 방법이 또 있을까? 교육이라는 것은 좋은 쪽으로 이끌어야 하는 것일까, 아니면 좋은 분위기 속에서 이뤄져야 하는 것일까? 분위기 좋게 달래가며 해야 할까, 좋은 쪽으로 이끌어야 할까, 물론 선택은 교육 대상이 누구인가에 따라 달라지리라. 아이가 어떤 성격인지, 더 나아가 인간의 본성이 착한 쪽인지 나쁜 쪽인지에 따라 전혀 다른 결론을 내려야 하기 때문이다. 길을 잃고 방황하는 아이나 포악해서 심각한 위협이 되는 아이가 있는 반면, 천성이 착하고 의젓하며, 똑똑하고

사리에 밝은 아이도 있다. 어쨌거나 이것만큼은 분명하다. 좋은 쪽으로 이끄는 교육은 우리를 도덕으로 안내하리라. 이게 근대까지 교육과 도덕의 상관 구조를 이해하는 시각이었다. 다음으로 좋은 분위기에서 이뤄지는 교육은, 일단 도덕이 교육의 전제 조건이라는 점에서 특히 현대적이다.

그러나 현대적인 교육은 허가와 금지의 뒷받침이 되는 이른바 '이성적 근거'가 결국은 선입견에 바탕을 두지 않는가 하는 의심을 불러일으킨다. 선생은 학생들을 위해 최선의 것을 제공하려 한다지만, 정작 학생에게는 최선의 경우에도 가닿지 않는 게 태반이다. 도덕적으로 생각하고 행동하는 게 여기서는 서로 합의를 봐야만 하는 상황으로 전락해버린다. 좋게 대해줘야겠다는 의무감에 선생이 제자의 눈치를 보는 어처구니없는 일이 벌어진다. 도대체 왜 교육적으로나 도덕적으로 가치가 있는 행동 규범이나 규율이 미성년자의 동의나 거부에 매달려야만 할까? 아예 싹수가 노래서 책임을 아는 성년이 되기는 그른 망나니에게 동의나 거부를 구해야만 할까? 허락받거나 금지당해야 하는 수신인이 교육자가 좋은 뜻으로 하는 충고를 정말 '이성적'이라고 판단하고 실천에 옮기는 정신연령은 언제부터일까? 한 인간이 언제부터 '이성적'이고 '성숙'한 판단력을 갖는가 하는 물음에 대해서는 이에 책임이 있는 교육학마저도 200년이 넘는 역사에도 불구하고 속시원히 풀지 못한다는 사실을 유념해야만 한다. 그동안 의사와 법관은 18살이라는 숫자가 부모의 허락과 금지에서 벗어날 수 있는, 필요하고도 충분한 기준이라는 합의를 간신히 이끌어냈다. 철학자들은 성년식이라는 것을 기꺼이 대칭성이라는 균형감각으로 파악하려 든다. 그러니까 균형감각을 갖춘 대칭성은 당사자가 타인과 관계를 맺을 때 요구만 일삼을 게 아니라, 자신의 의무도 생각하는 상호 관계에 관한 기초적인 의식을 갖추는 것으로, 이것이 성인으로서 출발점이라고 보는 것이다. 쉽게 말하자. 받았으면 주는 것도 알아야 하며, 베풂에는 보답으로 응수해야 한다. 이런 기초는 물론 일련의 능력과 습성을 먼저 익혀야만 하며, 관계의 쌍방 모두 비슷한 수준으로 의식을 다져야만 한다. 무엇보다도 서로 대화를 나눌 줄 알아야 한다. 바꿔 말해서 각자 자신이 생각하는 바람을 상대방에게 정확히 전달하며, 의무를 지킬 것을 오해의 소지가 없이 명확히 요구해야 한다. 둘째, 자신이 무엇을 해야 할지 깨닫고 이를 실천에 옮길 자세가 되어 있어야만 한다. 셋째, 어떤 게 좋은 인생인지 자신은 물론이고 더불어 사는 다른 이들을 위해 계획하고 꾸밀 줄 알아야 한다. 한 가지만 덧붙이자면 이렇다. 상대방을 나와 같은 인격체로 받아들인다는 고전적인 '인정' 이론에서 균형의 대칭성은 요구와 의무를 성실히 수행하는 도덕 공동체의 기반이자 기초다. 그런데 교육이라는 관계에서는 이 대칭성이라는 게 관계의 끝을 의미하는 것처럼 보인다. 다시 말해서 스승과 제자 사이에 균형을 갖춘 대칭성이라는 상호 관계가 성립하는 순간, 교육은 더이상 필요없게 된다. 제자가 스승과 대등한 관계를 이루었는데 교육이라니 시간낭비일 뿐이지 않은가. 바로 그래서 선생은 교육의 끝이 다가오는 것을 못마땅하게 바라본다. 그 누가 기꺼이 허락하고 금지하는 위치를 포기할까? 더욱이 자기 아래 제자를 두는 게 자신의 권위를 세우는 유일한 방법이라면?

도덕 철학자는 약속이라는 말만 들어도 기분이 좋아진다. 특히 약속이 지켜졌을 때는 더 말할 나위가 없다. 약속을 지킨다는 것, 이는 곧 정의이기 때문이다. 약속이 도덕 철학에서 갖는 의미와 비중은 이루 말할 수 없이 크다. 한 가지 간단한 실험을 해보자. 아빠나 엄마 혹은 선생으로서 아이에게 언제 어떻게 해주겠다고 약속을 한 다음 이 약속을 깬다. 무슨 일이 벌어질까? 십중팔구 아이가 소리를 지르며 항변을 하는 상황을 감수해야만 하리라. 그동안 아이는 약속은 지켜야 하는 것이라고 귀가 따갑게 배우지 않았던가. 무엇은 기대해도 좋고 뭐는 바라서 안 되는지 구분할 줄 알아야 한다고 가르친 어른이 약속을 깬다면, 아이는 이만저만 실망스러우리라. 그런 어른의 말을 아이가 다시 들으려 할까? 아이는 경험을 통해 배우는 법이다. 자신의 경험과 남의 경험을 비교해가면서 어떤 규범에 따라야 하는지 생각을 키워가는 게 어린아이다. 아직 확실하게 무르익지 못한 이런 규범이 흔들릴 때, 아이는 격심한 충격을 받는다. 성장 과정에서 정의가 무엇인지 그 특별한 의미를 음미하고 키워야 하는 아이에게 이런 충격은 그 뿌리에서부터 도덕관념을 흔들어놓는다. 서로 주고받는 관계에서 대칭을 이루는 주관의 자율성은 이로써 지울 수 없는 상처를 받는다. 도덕적인 기대치가 채워지지 못하고 실망과 환멸만 불러온다면, 다른 사람과의 유대를 강조하는 도덕적 기초만 흔들리는 게 아니다. 더 나아가 아이의 인격은 위중한 병을 앓는다. 유대감을 통해 적응하려던 사회에서 등을 돌리고 만다. 그러므로 아이가 소리를 지르는 일은 도덕적인 관점에서 지극히 정당하다. 아이의 고함이 정의감의 상실을 나타내는 경우를 배제할 수 없다. 도덕적인 기대가 채워지지 않았다는 것은 지금껏 꼬치꼬치 캐묻지 않고 당연하게 여겨온 도덕규범의 지평선이 무너져내리는 것을 뜻한다. 지금까지 존중되어온 모든 게 시들해지면서 정의감이 꼬리를 감추는 것은 시간문제일 따름이다.

아이는 엄마(혹은 아빠)가 약속한 것을 지킬 때 약속이라는 게 무엇을 뜻하는지 배운다. 아이는 일종의 채권을 갖는 셈이다. 말하자면 장래의 도덕을 담보해주는 자본이랄까. 엄마와 아빠는 이런 의미에서 보면 아이를 상대로 빚을 진 셈이다. 부모와 아이는 이런 식으로 교환관계를 형성한다. 약속을 이행한다는 것은 부모가 아이의 손에 고삐를 쥐여주는 것과 같다. 아이는 고삐를 잡아채기만 할 게 아니라 놓을 줄도 알아야 한다는 것을 깨우칠 필요가 있다. 말하자면 약속이 실행되기를 기다리는 법도 익혀야 한다. 이로써 아이는 권리와 의무라는 놀이가 어떻게 이루어지는 것인지 배운다. 지금까지의 논리를 수긍한대도 끝내 남는 물음이 있다. 도대체 왜 우리는 약속을 지켜야 할까? 좀더 일반적으로 말해보자. 대체 왜 우리는 정의롭게 행동해야 할까?

플라톤처럼 다음과 같이 물어볼 수도 있으리라. 만약 어떤 인간이 철두철미하게 부당하게 굴면서도 '정의로운 사람'이라는 최대의 찬사를 받는다면 무슨 일이 벌어질까? 이런 인간을 우리는 도덕적으로나 사회적으로 어떻게 보아야 할까? 온갖 호들갑을 떨면서 거짓말을 입에 달고 사는 사람은 일단 앞으로 벌어질 일은 조금도 심각하게 받아들이지 않는다고 볼 수 있다. 이런 사람이 살아야 할 인생은 오직 하나가 아닐까? 다른 사람들을 상대로 천연덕스럽게 거짓말을 했기 때문에, 그도 남에게 속임과 배신을 당할 수밖에 없다. 자신부터 속인 마당에 누구를 원망할 것인가? 결국 그는 자신이 한 거짓말의 핑계를 끝없이 꾸며대며 살 수밖에 없다. 남는 것은 자기기만과 환멸일 뿐이다. 도덕적으로 볼 때 거짓말을 하는 사람은 책임져야 할 미래를 꾸며놓고, 책임지지 않는 셈이다. 말하자면 자신의 명예를 스스로 짓밟는 것이랄까. 자기 손으로 신뢰에 먹칠을 했으니 누구를 탓하랴. 칸트의 생각도 여기서 크게 빗겨나지 않는다. 그러나 놀랍게도 칸트는 인간을 사랑하는 마음에서 빚어진 것이라면 거짓말을 할 '권리'도 인정해야 한다는 논리를 편다. 사랑하는 마음에서 하는 거짓말? 이를테면 자식에게 꿈을 심어주기 위해 부모는 없는 것도 있다고 말해도 좋다는 것일까? 이 물음을 긍정적으로 답한다면, 도덕 철학의 교육학은 인정의 대칭성과 상호 관계를 바탕으로 하는 게 아닌, 의존성과 차별적 관계로 이뤄진 비대칭성이라는 전통에 기대는 것이 된다. 그러니까 자유와 평등이라는 대칭성의 이념은 포기된다. 도대체 왜 허락과 금지라는 비대칭적인 경험을 도덕성의 기초로 삼아야 하는 것일까? 약속의 경우에서 보았듯 부모와 자식 사이에 무슨 결정적인 차이가 있는 것은 아니지 않는가? 약속이라는 규칙을 깬 아이는 벌을 받는다. 약속을 깨는 게 도덕적으로 나쁜 짓이라는 체험을 심어주기 위해서다. 그러나 부모가 약속을 깨도 마찬가지다. 아이는 부모의 행동을 올바르지 못한 것으로 받아들인다. 부모가 자신을 존중해주지 않는다고 괴로워하며 과연 도덕이라는 것을 지켜야 할까라는 의문을 품는다. 하지만 자식을 키우는 부모의 입장에서는 허락과 금지라는 수직 구조의 관계를 생각하지 않을 수 없다. 따라서 목적을 중시하는 도덕을 경험과 결부해야만 할까 하는 문제는 여전히 확답을 내릴 수 없는 논란의 대상이다. 실제 경험과 일치하지 않더라도 좋은 뜻에서 아이에게 허락과 금지를 할 수밖에 없다면, 경험에만 치우친 잘못된 판단을 내리지 않아야 하기 때문이다. 자유와 평등을 중시하는 대칭적 관계라는 규범은 경험이 우리에게 다른 도덕, 즉 차별성의 도덕을 가르치는 한 잠시 유보되어야 마땅하다. 말하자면 도덕에도 일종의 시효를 인정해야만 하는 측면이 있다고 할까. 무릇 인생에서는 교육이라는 관계에서만 비대칭성과 맞부닥뜨리는 게 아니다. 그래서 윤리학의 역사를 돌아보며 이런 비대칭적인 상황에서 우리는 어디까지 상호 인정이라는 대칭적 관계를 유보해야만 할까라는 의문을 떠올리지 않을 수 없다.

비대칭적 윤리는 '타인이 나에게 던지는 절대적인 요구에 맞서 나도 타인에게 그런 요구를 해서는 안 된다'라고 고집한다. "이런 맥락에서 내가 다른 사람에게 마음의 빚을 느낀다고 해서 다른 사람도 나에게 마찬가지 감정을 느껴야 하는 것이 비대칭성은 아니다. 나에게 명령을 내리며 복종을 요구하는 상대방의 입장은 분명 나의 입장과 다르며, 상대의 입장을 낱낱이 헤아린다는 게 불가능한 경우는 틀림없이 있다."(브룸리크) 이런 경우 나의 입장만 고집한다는 것은 관계의 와해를 뜻할 뿐이다. 이로써 비대칭성의 윤리가 갖는 고민이 분명해진다. 일방적으로 고통을 당해야 하는 비대칭성의 윤리는 도덕적으로 철저히 정당화할 수 없는 논리이지만, 적어도 특정 상황에서만큼은 도덕적으로 훌륭하고 정당하며 가치 있는 판단을 내릴 수 있는 기준을 얻게 해준다. 물론 이런 기준은 형식적으로 완전히 모순이 없는 게 아니다. 공감과 책임 그리고 용서를 말하는 도덕의 입장에서 보면 부족한 점이 많다. 그러나 역설적이게도 도덕의 대칭적 관계는 종종 비대칭적 관계의 도움을 받아야 한다. 이게 바로 허락과 금지라는 윤리가 주는 역설적인 가르침이다.

관련 항목

교육의 딜레마 | 권리를 주장하는 일 | 예의란 인간다운 나에 대한 열망

화의 이면

현대 게임 문화의 고전이라 할 수 있는 '인간아, 화내지 마Mensch, ärgere dich nicht'라는 보드게임이 있는데 그 이름부터 어떤 것인지 모두 말해준다. 물론 왜 이 게임이 그토록 인기를 끄는가 하는 물음도 자연스레 풀린다. 막판에 가서 승자와 패자를 가리는데다가, 게임의 목적이 상대방을 굴복시키는 것이기 때문에 이 게임은 전형적인 제로섬게임이다. 어느 한쪽의 승리는 다른 쪽의 화를 불러일으킨다. 그러니까 이 게임은 노골적으로 다음과 같은 요구를 담고 있다. 상대가 원하는 바를 짓눌러야 이긴다! 상대가 고꾸라져야 내가 올라가기 때문이다. "다음번에는 훨씬 더 잘할 거야!"라든가 "처음부터 타고난 선수가 어디 있겠어!" 하는 따위의 위로나 격려는 사실 입에 발린 말에 지나지 않는다. "그래도 진다는 건 아름다운 거야" 하는 유행가 가사가 품은 서푼짜리 지혜도 하나 마나 한 말에 지나지 않는다. 거꾸로 패자의 상처에 기름을 부어가며 넌 무능한 인간이라고 놀려대는 게 승자의 솔직한 속내이리라.

게임은 잔혹한 현실을 대비하는 좋은 훈련일 수 있다. 말하자면 일상이라는 거친 바다에 적응하기 위해 뭍에서 벌이는 모의훈련이랄까. 연습은 물에 빠져 아우성을 치거나 감정을 마음껏 발산할 일련의 다양한 기회들을 제공한다. 화를 내고 분통을 터뜨리는 게 얼마나 뜨거울 수 있는가는 흔히 그 같은 감정을 불에 빗대 표현하는 데서 잘 알 수 있다. 걷잡을 수 없이 화를 내는 사람을 두고 '불에 덴 사람' 같다거나 '얼굴이 시뻘겋게 달아올랐다' 혹은 '부글부글 끓는다' 또는 '뚜껑이 열렸다'라고 하지 않던가. 지나치게 꾸며대고 과장한 구석이 없지 않지만, 그래도 핵심만큼은 잘 잡아주는 표현이다. 이에 우리의 생각은 자연스레 인류의 소중한 문화유산인 불과, 우리에게 불을 선물한 프로메테우스로 이어진다. 플라톤이 바라본 신화는 다음과 같이 시작한다. 신들은 인간을 짓고 난 다음 프로메테우스와 에피메테우스 형제•에게 "인간들에게 힘과 능력을 나누어 주라고 시켰다".(플라톤) 덤벙대다가 뒤늦게 후회하기 일쑤인 에피메테우스는 형을 졸라 자신이 힘과 능력을 분배할 터이니, 형은 지켜보고 있다가 뭐 잘못되는 게 없나 감독만 해달라고 했다. 손이 크고 씀씀이가 헤픈 에피메테우스는 동물들에게 먼저 뛰어난 능력과 감각을 베풀었다. 나중에 감독을 하러 온 프로메테우스는 인간이 '헐벗고 신발도 얻어 신지 못한 채 거의 아무런 능력도 없이' 흘깃거

• 프로메테우스는 '앞서 생각하는 자'이며, 에피메테우스는 '나중에 생각하는 자'이다. 형제는 고대 그리스신화에서 올림포스의 신들보다 한 세대 앞선 티탄족에 속하는 신이다.

리며 서 있는 것을 보고 기가 막혔다. 인간이 가장 뒤떨어진 못난이로 전락해버린 것이다. 이후 벌어진 일은 누구나 아는 이야기이다. 프로메테우스는 헤파이스토스에게 불을, 아테나에게 손재주 등을 훔쳐다가 인간에게 선물해주었다. 신화는 다음과 같은 결론을 이끌어낸다. "이렇게 해서 인간은 살아남는 데 필요한 기술은 얻었으나, 함께 어울려 사는 법은 익히지 못했다."(플라톤) 이후 인간은 불 덕분에 추위를 피해 아늑한 삶을 살기는 했지만, 늘 외톨이로 살 수밖에 없었다. 혹시라도 불을 빼앗길까 늘 두려워하고 경계했다. 그래서 인간은 함께 있으면 불편해하고, 떨어져 있으면 서로 간절하게 그리워한다나. 아무튼 인간은 불과, 내 것 네 것 따지기 좋아하는 성깔밖에 지니지 못한 못나고 부족한 존재로 풀이된다. 도둑질 탓에 프로메테우스는 신들로부터 독수리에게 간을 쪼아 먹히는 가혹한 처벌을 받았다.

신화는 여기서 그치지 않고 계속 이야기를 이어나간다. 함께 어울려 살아가는 지혜를 갖추지 못한 인간은 맹수에게 멸종당할 위험이 크다. 어느 모로 보나 맹수보다 허약하기 때문이다. 멸종의 위험을 피하려면 불을 중심으로 모일 수밖에 없다. 힘을 모아야 맹수를 물리칠 게 아닌가. 그러나 인간은 잠깐이나마 같이 있는 게 불편하고 싫은 나머지 서로 멱살을 쥐고 주먹다짐을 하며 모욕하기에 바쁘다. 이내 흩어질 수밖에 없다. 인류가 절멸을 당할까 걱정이 된 제우스는 전령인 헤르메스를 보내 인간에게 '부끄러움과 올바름'이 무엇인지 아는 능력을 나누어주라고 시켰다. 남을 배려할 줄 아는 마음과 정의가 무엇인지 새겨보는 자세를 선물함으로써 서로 잘 어우러져 살라는 바람에서 말이다. 누구나 골고루 이런 덕목을 갖도록 분배했고, 불이나 기술의 경우처럼 몇몇 전문가나 '꾼'에게만 혜택이 돌아가지 않도록 했다.

활활 타는 불에서 분노가 세상으로 퍼져나갔다. 다툼과 복수, 시기와 질투 등을 통해 화는 불길처럼 번졌다. 심지어 화를 잘 내는 담즙질의 개인 성격 유형도 등장했다. 불에서 비롯되는 화는 우리를 언제나 뜨겁게 만든다. 아니, 더 정확하게 이야기하자면 자기 불이나 지키고 앉아 국을 끓이는 대신 여기저기 기웃거리고 다니며 남의 불을 비웃고 속을 뒤집어놓는 심술쟁이 때문에 활활 분노가 타오른다. 화의 마력과도 같은 힘은 우리를 '사로잡고' '불을 지르며' '집어삼키고' '잡아먹는다'. 심지어 뚜껑이 열린 나머지 '가죽을 박차고 나온' 우리는 꼭지가 돌아버린다. 내가 나 자신이 아니다.

화의 또다른 이면은 '쿨함'이다. 상대가 뭘 하든 무관심하며 냉담하다. 팔짱 끼고 비죽 비웃으며 남의 속에 불을 지르기 일쑤다. 남의 속을 긁어 화를 돋우는 악취미를 가진 악동을 심심찮게 볼 수 있는 이유다. 남을 화나게 만든다는 것은 여전히 비유적으로 풀어보자면, 그의 불을 빼앗는 것이다. 남들이 지켜보는 앞에서 상대방의 약점을 까발리고 무장을 해제시키며 좋다고 낄낄댄다. 상대방의 약을 올려 분통이 터지게 만드는 사람은 아무래도 가학성의 변태 성향을 갖는 모양이다. 또 이런 도착적인 기질을 만족시키는 데서 그치지 않고, 상대에게 고통스럽기 짝이 없는 자백을 강요하기도 한다.

일단 불같이 일어난 화는 당연히 더 큰 불을 부른다. 왜 사람들이 나를 가만히 내버려두지 않는지, 어째서 내 안타까운 사정은 주목해주지 않는지, 열불이 치받친다. 다시 한번 플라톤의 신화를 살펴보면, 인간이 가진 근본적인 결함은 사회성 부족이다. 함께 더불어 살 수 없는 못난 이기심이 그 원인이다. 이렇게 보면 인간에게 결여된 것은 권력이나 힘 혹은 탐욕이 아니다. 마음이 맞는 사람이 없는 것도 아니다. 다만, 인간이라면 누구나 한결같이 바라는 것은 남이 자신을 인정해주는 일이다. 남이 나를 인정해줄 때 공손해지는 모습을 보라. 아무도 인정해주지 않을 때, 인정은커녕 따돌리고 비웃을 때, 인간은 화로써 앙갚음을 한다.

그러나 화를 내는 것은 수치심의 적극적인 발로일 수도 있다. 이를테면 수치심의 생산적인 측면이 화라고나 할까. 수치심은 죄책감이나 양심의 가책 혹은 후회처럼 사회에 기본적으로 깔려 있는 규범을 지키지 못해서 스스로를 벌하기로 작정하고 불같이 화를 내는 태도다. 그런 한에서 수치심은 인간이 자신을 전인격체로 파악하고 표현하는 일이다. 부끄러움에 얼굴을 붉히는 인간은 자신이 규범을 어김으로써 사회의 존립기반을 흔들어놓았다고 자책하는 것이기 때문이다. 즉, 자신의 정체성을 사회적 존재라는 인간의 본질에서 파악한다. 나만 아는 게 아니라 남을 생각할 때 인격은 완성되고 충족을 누린다. '부끄럽다'라는 자백은 곧 주고받는 상호 관계 속에서 형성되는 도덕의 틀을 지킬 수 없었다고 인정하는 것을 뜻한다. 따라서 부끄럽다고 화를 내는 사람은 자신의 인격 전체를 문제시하는 것이나 다름없다. 그런데 여기서 그치지 않고 화를 내는 사람은 자신이 부족하게 된 원인을 누가 혹은 무엇이 제공했는지 찾는다. 그러니까 수치심은 모든 게 내 탓이오 하고 외치는 반면, 화는 자신이 아닌 다른 사람 또는 물건이 문제를 일으켰다고 고집한다. 자기 자신은 어디까지나 아무런 죄가 없다. 오로지 어떤 음모의 희생자일 뿐이다. 상황이 자신을 그렇게 몰아간 것이며, 사회의 터무니없는 규범이 자신을 희생의 제물로 삼았다고 이를 간다. 원인을 제공한 이런 것을 두고 증오와 복수의 칼날을 벼린다. 수치심이 도덕이라는 잣대에 수동적으로 내몰리고 말았음을 안타까워하는 것인 반면, 화는 패배를 감수할 수밖에 없다는 무능함을 겨눈 적극적인 표현이다. 자기 자신이나 남에게 내세웠던 요구가 좌절됨으로써 빚어진 상실감이 곧 화이다. 한마디로 말해서 화는 생겨난 차이를 어떤 식으로든 소화하려는 수단이다. 따라서 생산적으로 분출된 화는 남과 차이를 극복할 수 있게 해준다.

인간이 화를 내는 것은 반성, 곧 되짚어 생각하는 근본적 성향 때문이다. 남과 세상, 그리고 자기 자신과 지금까지 쌓아온 관계를 돌이켜 생각하고, 이런 식으로는 안 된다고 다짐하며 자신이 원하는 쪽으로 관계를 끌고 가려는 감정의 분출이 화이다. "화가 난다"는 말이 함축하듯, 화는 나를 대신해 주어의 자리로 치고 올라간다. 화를 내는 순간, 나의 자리를 화가 차지한다. 이는 곧 화가 나에게 질책과 비난을 퍼부으며 좀더 나아지라는 채찍질을 하는 셈이다. 말하자면 자신과 자신이 마주서는 자기관계라고 할까. 이런 자기관계는 무엇보다도 자신의 현재 모습을 있는 그대로 받아들이라는 요구를 품는다. 그러니까 현재의 나를 인정하고, 이런 부족한 나를 바꾸어가라는 실천적 요구다. 인간의 현존재가 갖는 본질은, "자신의 존재를 자기 것으로 만들어나가는 데 있다".(하이데거) 인간은 언제나 독특한 색채를 갖는 특정 문화 안에서 살아가기 마련이다. 이런 가운데 자신과 관계를 꾸려간다는 것은 이 문화의 틀 안에서 자신의 미래를 가꾸어나간다는 것을 뜻한다. 그러니까 다시 말하자면 문화라는 형태로 미리 주어진 존재를 자신의 것으로 만들어나가는 게 우리네 인생이다. 비록 이 존재로 '내던져지기'는 했지만, 이제 자신을 어떤 존재로 만들어나가느냐 하는 것은 어디까지나 나의 선택이자 결단이다. 이런 점에서 자기관계란 언제나 의지와 열정을 가지고 실천하는 행위이다.

이런 자기관계를 화가 주도한다는 것은 전력을 다해 내 존재의 전반을 문제삼는다는 것을 뜻한다. 화는 뭐가 나의 문제인지, 무엇이 내 인생에 있어 진정 중요한 것인지, 분명하게 밝혀준다. 더 나아가 화는 내가 아직 실현하지 못하는 게 무엇이며, 아무리 노력을 해도 끝내 이룰 수 없는 게 무엇인지 보여준다. 다른 사람과 세상, 더 나아가 신에게 화를 내다가 끝내 자신을 향해 분통을 터뜨릴 수밖에 없는 것은 지금껏 노력을 해온 게 실현될 수 없는 요구라는 사실을 깨달았기 때문이다. 자신이 원하는 대로 되지 않으면 아예 데굴데굴 바닥을 구르며 화를 내는 어린아이를 보라. 화를 내는 사람은 아직 자신이 원하는 인간이 되지 못한 사람이다. 자신이 원하는 대로, 혹은 해야만 하는 대로 할 수 없을 때, 인간은 좌절하고 화를 낸다. 이런 가능성의 여지는 모든 행동 상황의 근본이라고 할 수 있는 자기관계에 있어 특히 두드러진다. 말하자면 무엇인가 되고 싶다는, 되어야만 한다는 존재의 목적성이다. 이 목적성을 우리는 '되어감의 존재Zusein'(하이데거)라 부른다. 다시 말해서 나는 언제나 어떤 인간이 되어야만 한다. 그러니까 화는 아직 이루어지지 못한 존재를 겨눈 것이다. 이로써 자아는 자존심과 자부심과는 한참 떨어져서 흔들리지 않는 여유로움을 이루지 못한 채, 인간으로서, 도덕적 존재로서, 자신이 올라야 할 정상에 오르지 못했음을 가슴 아프게 곱씹는다.

화를 낼 때 우리의 자아는 모든 관계의 중심에 선다. 중심에서 타인과 맺는 관계를, 세상과 맺는 관계를 바라보며 입장을 정리한다. 이런 입장 정리를 통해 무엇이 되고 싶다는 의지와, 할 수 있다는 능력과, 마땅히 해내야 한다는 당위, 이렇게 세 가지가 어떤 불균형을 초래하고 있는지 알아낸다. 이렇게 알아낸 것을 바탕으로 두 가지 전략을 세울 수 있다. 의지와 당위를 끌어내려 낮추거나, 능력을 끌어올리는 것이다. 이제 남은 건 세 가지의 조정된 관계를 실천에 옮기는 일이다. 물론 어디서 실수가 빚어질지 살피며 늘 신중하게 시도해야만 한다. 또 이런 시도를 아예 하지 않을 때 자신에게 어떤 심판의 불길을 내려야 할지 고민해두어야 한다. 이처럼 화를 내는 것 혹은 자신과 맺는 관계로서 '화가 난다'는 것은 자신이 사회적으로나 도덕적으로 어떤 행동을 취해야 좋을지 결정하는 데 동기 부여가 될 수 있다. 반대로 화를 낼 줄 아는 능력을 잃는다는 것은 기존의 것을 긍정하고, 이미 주어져 있는 세상을 무비판적으로 수용한다는 것을 뜻한다. 우리 안의 불은 문화적 유산으로 남겨두자. 프로메테우스 이후의 시대를 살아가는 우리로서는 불을 부끄러워할 이유가 조금도 없다. 헤르메스가 윤리적 성품과 정치적 덕목을 인간에게 베풀어주려 길을 떠났음에도 아직도 소임을 다하지 못하고 헤매는 게 틀림없지만, 우리 안의 화가 형제자매의 사랑으로 도약할 수 있도록 우리를 도우려고 여전히 그 불길을 키울 터이니 말이다.

관련 항목

감각은 악마의 간계일까 | 고독은 반사회적인가 | 적절한 행동의 척도는 무엇인가

철학 없는 사회

오늘, 한국 사회는 정처 없이 표류하는 난파선을 연상케 한다. 저마다 살아남으려 안간힘을 쓰며 고된 일상을 버텨보지만, 인생이라는 이름의 배는 파도에 부딪칠 때마다 몸서리를 치며 이리저리 쓸려갈 뿐이다. 하루가 멀다 하고 사건 사고가 꼬리를 물지만, 책임을 지고 근원적인 해결책을 찾으려 노력하는 모습은 별로 찾아볼 수 없다. 아니, 오히려 문제의 실상을 비틀고 가리며, 싸구려 위로를 전하고는 외면해버리는 작태만 넘쳐난다.

헤아리기 힘든 비극으로 목숨을 잃은 생명을 어묵에 빗대며 시시덕대는 지경에 이르면 모골이 송연해진다. 어쩌다 사람의 상식이 이렇게까지 망가지고 말았을까? 대체 무엇 때문에 인간의 기본적 예의마저 이토록 철저히 무시할까? 황망한 물음의 답은 의외로 간단하다. 바르게 살고자 노력하는 본보기를 보아오지 못했던 게 그 이유다. 원칙과 약속과 믿음을 중시하고 살다가는 손해만 볼 뿐이라는 경험을 해오다보니 결국 가치관의 왜곡이 빚어졌다고 하면, 지나친 해석일까?

한국 사회는 태어나면서부터 무한 경쟁에 뛰어들 것을 강요한다. 그저 달리라고 하니, 눈가리개를 한 경주마처럼 어디로 달려야 하는지도 모르는 채 무작정 내달리는 게 우리네 자화상이다. 차분히 앉아서 왜, 어디로, 어떻게 달려야 하는지 생각해볼 여유는 허락되지 않는다. 무엇 때문인지는 모르지만 무작정 남보다 앞서 뛰어야만 한다. 방향을 알지 못하는 무한 질주라니, 참으로 기괴한 노릇이다.

이처럼 악다구니로 내몰리기만 하다보니 마음의 여유라곤 찾을 길이 없다. 재미가 없으면 잠시도 견디지 못하는 시대다. 텔레비전 채널은 1초가 길다 하고 돌아간다. 갈수록 더 강한 자극을 찾는 요구에 막말과 막장이 넘쳐난다. 처참한 뉴스를 볼 때만 잠깐 진저리를 칠 뿐, 이내 다른 채널을 찾아 아무렇지 않다는 듯 킬킬댄다.

철학은 재미있는 게 아니다. 철학은 쉽지 않다. 어려운 세상을 살아가며 흔들리지 않고 꼿꼿이 서게 해줄 정신적 좌표를 찾고 방향감각을 갖추는 일이 쉬울 리는 없다. 그러나 재미없고 쉽지 않다고 외면한다면, 우리는 인생으로부터 외면당한다. 스스로 애써 좌표를 찾고 방향감각을 갖추지 않으면 사기꾼의 농간에 놀아날 수밖에 없기 때문이다. 생각 없이 사는 사람은 이리저리 끌려다니는 노예에 지나지 않는다. 무의미한 인생이지만 의미 있게 살아내려 노력하지 않는다면, 우리네 인생은 한 편의 '서글픈 코미디'에 불과하다. 한쪽 귀로 들어온 게 이내 다른 쪽 귀로 빠져나가는!

이 책은 보기 드물게 잘 차려진 철학의 성찬이다. 고금을 아울러 철학자들의 다양한 가르침을 담으면서, 의미 찾기라는 철학의 본질에 일관되게 충실한 역작이다. 책에 제시된 순서를 그대로 따르지 않고 그때그때 눈길 가는 주제어를 골라 읽어볼 수 있다는 점도 매력이다. 어느 꼭지를 펼쳐 읽든 철학 본연의 향기가 가득하다. 장담컨대, 우리네 인생에서 고마운 나침반 노릇을 톡톡히 해줄 책이다.

2015년 6월

김희상

옮긴이 **김희상**
성균관대학교와 동 대학원에서 철학을 전공했다. 뮌헨 루트비히 막시밀리안 대학교와 베를린 자유대학교에서 헤겔 이후의 계몽주의 철학을 연구했다. 옮긴 책으로 『악의 어두운 창고에서』 『죽음을 어떻게 말할까』 『늙어감에 대하여』 『사랑은 왜 불안한가』 『사람은 어떻게 말을 하게 되었을까』 등 70여 종이 있으며, 지은 책으로 『생각의 힘을 키우는 주니어 철학』이 있다.

삶의 기술 사전
삶을 예술로 만드는 일상의 철학

초판 인쇄 2015년 6월 8일
초판 발행 2015년 6월 12일

지은이 안드레아스 브레너·외르크 치르파스
옮긴이 김희상
펴낸이 강병선

책임편집 장영선 | 편집 황은주 임혜지 | 저작권 한문숙 박혜연 김지영
디자인 이효진 이주영 | 마케팅 정민호 이연실 정현민 지문희 김주원
홍보 김희숙 김상만 한수진 이천희 | 제작 강신은 김동욱 임현식 | 제작처 영신사

펴낸곳 (주)문학동네
출판등록 1993년 10월 22일 제406-2003-000045호
주소 413-120 경기도 파주시 회동길 210
전자우편 editor@munhak.com | 대표전화 031) 955-8888 | 팩스 031) 955-8855
문의전화 031) 955-1933(마케팅), 031) 955-1913(편집)
문학동네카페 http://cafe.naver.com/mhdn | 트위터 @munhakdongne

ISBN 978-89-546-3669-8 03100

www.munhak.com